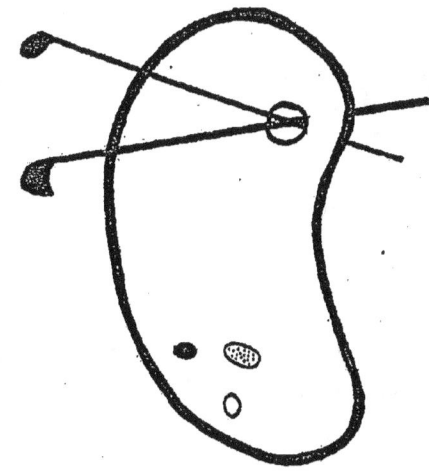

DÉBUT D'UNE SÉRIE DE DOCUMENTS EN COULEUR

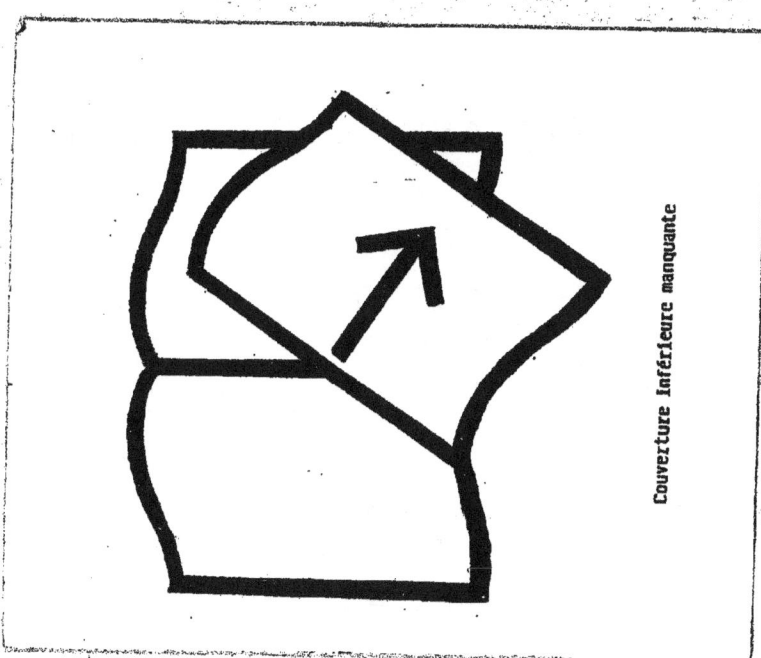

Couverture inférieure manquante

Des Indes

à la

Planète Mars

ÉTUDE SUR UN CAS
DE
SOMNAMBULISME AVEC GLOSSOLALIE

PAR

TH. FLOURNOY

Prof. de Psychologie à la Fac. des Sciences de l'Université de Genève

TROISIÈME ÉDITION
conforme à la 1re édition

44 figures dans le texte

PARIS	GENÈVE
F. ALCAN, Éditeur	Ch. EGGIMANN & Cie, Édit[eurs]
108, Boulevard S.-Germain, 108	9, Rue Calvin, 9

1900

Des Indes à la Planète Mars

Etude sur un cas de Somnambulisme

DU MÊME AUTEUR :

Contribution à l'étude de l'Embolie graisseuse. — 1 vol. gr. in-8. Strasbourg, Noiriel, 1878. (Thèse de doctorat en médecine.)

Métaphysique et Psychologie. — 1 vol. in-8. Genève, Georg. 1890. (*Epuisé.*)

Des Phénomènes de Synopsie (audition colorée). Photismes, schèmes visuels, personnifications. — 1 vol. in-8, avec 82 figures dans le texte. Genève (Eggimann) et Paris (Alcan), 1893.

Illusions de Poids; de l'influence de la perception visuelle des corps sur leur poids apparent. (Extrait de l'*Année Psychologique* de MM. Beaunis & Binet, tome I.) — Brochure in-8 (Genève, 1895), Imprimerie Rey & Malavallon.

Observations sur quelques Types de Réaction simple. — Brochure in-8. Genève, 1896, Eggimann.

Notice sur le Laboratoire de Psychologie de l'Université de Genève, publiée à l'occasion de l'Exposition nationale suisse à Genève en 1896. — Brochure in-8, Genève, 1896, Eggimann.

Genèse de quelques prétendus Messages spirites. (Extrait de la *Revue Philosophique*, février 1899.) — Brochure in-8, Genève, 1899, Eggimann. (*Epuisé.*)

Des Indes

à la

Planète Mars

ÉTUDE SUR UN CAS

DE

SOMNAMBULISME AVEC GLOSSOLALIE

PAR

TH. FLOURNOY

Prof. de Psychologie à la Fac. des Sciences de l'Université de Genève

TROISIÈME ÉDITION
conforme à la 1re édition

44 figures dans le texte

PARIS	GENÈVE
F. ALCAN, Editeur	Ch. EGGIMANN & Cie, Edit^{rs}
108, Boulevard St-Germain, 108	9, Rue Calvin, 9

1900

IMPRIMERIE CH. EGGIMANN & Cie, Pélisserie, 18, GENÈVE

PRÉFACE

Le double titre de cet ouvrage en marque le caractère mixte et défectueux. A l'origine, ce devait être une *Étude sur un cas de somnambulisme*, c'est-à-dire une courte monographie, visant uniquement à l'exactitude, et limitée aux quelques faits de nature à intéresser les psychologues et physiologistes. Mais les circonstances en ont décidé autrement. Certaines polémiques locales, l'impossibilité évidente de restreindre aux spécialistes seuls la connaissance d'un cas auquel s'attachait déjà la curiosité d'un public plus étendu, d'autres considérations encore, m'ont fait dévier de mon plan purement scientifique pour orienter mon étude vers la vulgarisation. Si au moins j'en avais franchement pris mon parti en renonçant d'emblée à toute rigueur de méthode! Si je m'étais appliqué à extraire d'un cas complexe, où l'on passe sans cesse *des Indes à la planète Mars* et à d'autres choses aussi imprévues, tout ce qu'il comportait d'intérêt anecdotique, de réflexions morales, de rapprochements historiques et de ressources littéraires! Mais je n'ai pas su le faire. Je suis resté l'esclave, partagé et indécis, des directions opposées entre lesquelles il eût fallu choisir. J'ai couru deux lièvres à la fois, et l'on sait ce qu'il en advient!

Telle est la genèse de ce livre, d'une longueur hors de proportion avec l'importance de son contenu. Trop hérissé de termes techniques et de barbares interprétations pour rien dire aux gens du monde, trop rempli d'explications élémentaires et banales pour mériter l'attention des hommes du métier, il n'a ni la forme qu'il faut aux premiers, ni le fond que les seconds sont en droit d'exiger. Je le publie néanmoins — comme un exemple à ne pas suivre — afin de ne plus avoir à y penser, et en me consolant à l'idée qu'après tout personne n'est obligé de l'acheter ni de le lire.

Cela dit pour soulager ma conscience d'auteur, il me reste le devoir beaucoup plus doux d'exprimer ma reconnaissance à ceux qui m'ont aidé dans ma tâche.

Je tiens à mentionner en premier lieu mon excellent collègue M. le prof. Aug. Lemaître, dont j'aurais presque dû inscrire le nom à côté du mien en tête de cette étude, tant elle est à divers égards un produit de notre commune collaboration. M. Lemaître, qui m'a fait faire la connaissance du remarquable médium dont les phénomènes remplissent les pages suivantes, l'a observé et suivi depuis près de six ans avec une assiduité égale à la mienne, et m'a laissé profiter sans restriction, non seulement de ses notes et documents, mais, chose plus précieuse encore, de ses impressions personnelles d'observateur sagace et de psychologue pénétrant[1]. Il a bien voulu aussi revoir la plupart des épreuves de ce livre; cependant, ma paresse ou mon entêtement n'ayant pas toujours tenu compte de ses corrections, on ne doit point le rendre responsable des fautes d'orthographe et de style qui émaillent encore ma prose. Quant aux idées, quoiqu'en dépit d'un fréquent échange de vues nous ne soyons pas arrivés à nous mettre d'accord sur tous les points de détail (ce qui n'a rien d'étonnant en ces matières), nous ne différons guère, je le crois, sur la façon générale de comprendre et d'interpréter le présent cas. Aussi M. Lemaître est-il absolument hors de cause, il est bon de le dire une fois pour toutes, dans

---

[1] M. Lemaître a publié sur ce cas, dans les *Annales des Sciences psychiques* du Dr Dariex (tome VII, 1897, pp. 65 et 181), deux articles auxquels j'aurai souvent l'occasion de renvoyer le lecteur. — Ces articles de M. Lemaître constituent, avec ma communication sur la langue martienne à la Société de Physique et d'Histoire naturelle de Genève (6 avril 1899; *Archives des Sciences Physiques et Naturelles*, tome VIII, p. 90), tout ce qui a été publié jusqu'ici sur le présent cas.

les allusions qu'il m'est arrivé de faire ici et là à l'adresse de l'entourage ou des amis *spirites* du médium.

M. Eug. Demole, docteur ès sciences, le savant numismate et directeur de la *Revue suisse de Photographie*, qui a assisté à beaucoup de nos séances, a eu l'amabilité d'y prendre un bon nombre de clichés d'attitudes et de scènes somnambuliques, dont la personne intéressée n'a malheureusement pas autorisé la publication, par un scrupule de réserve et de modestie devant lequel nous ne pouvions que nous incliner. — M. Ch. Roch a bien voulu se charger de la tâche ingrate de tenir le procès-verbal dans la plupart de nos réunions. — Je dois à l'extrême obligeance de M. le prof. Cuendet, vice-président de la Société d'Etudes Psychiques de Genève, la communication de plusieurs documents et d'observations marquées au coin d'un parfait bon sens. Malgré la différence inévitable de nos points de vue, les rapports que j'ai eus avec lui ont toujours été empreints de la plus franche cordialité. — Mon frère, M. Edm. Flournoy, m'a rendu de grands services par ses recherches bibliographiques étendues. — De nombreuses personnes encore, que je regrette de ne pouvoir nommer toutes ici, m'ont fourni d'utiles renseignements sur les faits dont je n'ai pu être personnellement témoin.

Pour l'étude des données arabes et hindoues dont il sera question au chapitre VIII, j'ai eu recours aux lumières de plusieurs orientalistes de notre pays. Ce sont : M. Léop. Favre et M. le prof. Luc. Gautier, à Genève; M. Aug. Glardon, ancien missionnaire aux Indes et associé honoraire de la *Society for Psychical Research* de Londres, à la Tour-de-Peilz (Vaud); et mes distingués collègues de l'université de Genève, MM. Ed. Montet, professeur d'arabe, P. Oltramare, professeur d'histoire des religions, et Ferd. de Saussure, professeur de sanscrit. Par l'intermédiaire de ces messieurs, j'ai également obtenu les appréciations de deux éminents indianistes étrangers, MM. A. Barth, à Paris, et Ch. Michel à Liège. Que tous ces savants veuillent bien recevoir ici l'expression de ma gratitude et me pardonner la liberté que j'ai prise de citer divers passages de leurs lettres qui m'ont paru jeter un jour instructif sur les points en litige. Je tiens à remercier très spécialement M. de Saussure de la patience et de l'inépuisable complaisance qu'il a apportées à l'examen de nos textes « hindous ».

C'est enfin et avant tout au médium lui-même, à Mlle Hélène Smith, l'héroïne de ce livre, que j'ai à cœur de témoigner ma reconnaissance — et celle du lecteur — pour la permission d'imprimer qu'elle a bien voulu octroyer à ce travail. Car il n'est pas superflu d'attirer l'attention sur le fait que je me trouvais ici en présence d'un délicat problème de déontologie professionnelle. Les médecins n'éprouvent aucune hésitation à faire paraître dans leurs journaux spéciaux, à la réserve des noms propres, les cas intéressants qu'ils rencontrent au cours de leur pratique hospitalière ou de leur clientèle privée; il est admis que ce droit de propriété scientifique leur revient en sus (et quelquefois comme succédané) de leurs honoraires, et le bon public ne s'en émeut point. Les expérimentateurs aussi qui travaillent avec des sujets *payés* se sentent les libres propriétaires des observations qu'ils ont pu recueillir, et toute latitude leur est laissée de les publier sans avoir égard aux convenances des individus d'où elles proviennent. Mais il n'en est point de même du pauvre psychologue aux prises avec des personnes non malades, plongées dans la vie sociale ordinaire, qui livrent leurs phénomènes étranges par pure bonne volonté, et dont les dits phénomènes sont si frappants, si admirés d'un nombreux entourage, qu'il ne saurait être question d'en publier la moindre parcelle sans que cela se sache rapidement et que le sujet décrit soit facilement reconnu de beaucoup de lecteurs. Comment agir en pareil cas ? A-t-on le droit, vis-à-vis de la *science* et de la vérité, de se désintéresser complètement des choses instructives dont on est témoin, et de se renfermer dans un prudent mutisme sur des faits où les badauds, eux, ne se feront aucun scrupule d'avoir et d'émettre des opinions d'autant plus tranchées qu'elles sont peu éclairées ? A-t-on le droit, vis-à-vis des *personnes*, de livrer à une publicité indéfinie, et sous un jour qui n'est pas forcément celui auxquel elles étaient accoutumées, des faits confinés jusque-là dans un cercle limité d'amis et de connaissances ? Questions bien embarrassantes. En attendant que l'usage ait établi sur ce point des règles précises, je me suis arrêté au parti le plus simple, qui consistait à soumettre mon manuscrit ou mes épreuves au médium lui-même, et à n'imprimer qu'avec son assentiment.

Il est clair que je n'aurais pas songé à une telle entreprise avec n'importe qui. Car d'une part il ne pouvait être question pour moi d'abdiquer en rien ma liberté, tant de penser que d'écrire conformément à mes idées ; or combien y a-t-il, d'autre part, de médiums qui accepteraient de voir leurs phénomènes exposés et expliqués d'une façon à peu près scientifique, c'est-à-dire bien différente de la manière qui prévaut généralement dans les milieux spirites où leurs facultés se sont développées ? — Dans le cas particulier, heureusement, la difficulté me semblait moindre, grâce au caractère élevé et distingué du médium avec qui j'avais affaire. Mlle Smith me semblait en effet une personne remarquablement intelligente et bien douée, fort au-dessus des préjugés ordinaires, très large et indépendante d'idées, et capable en conséquence de consentir, par simple amour de la vérité et du progrès des recherches, à ce que l'on fît de sa médiumité une étude psychologique, au risque d'aboutir à des résultats peu conformes à ses impressions personnelles et à l'opinion de son milieu.

Mes espérances n'ont pas été déçues. Sans doute Mlle Smith a manifesté plus d'une fois un certain étonnement de ma façon d'interpréter les phénomènes les plus singuliers de sa médiumité ; elle est loin d'être d'accord avec mes conclusions ; elle taxe même sévèrement mes procédés d'analyse, et elle estime que souvent je « dénature » les faits à force de vouloir les ramener à mes explications ordinaires de prosaïque psychologue ; bref, ses jugements sont en maints endroits, et sur des points capitaux, en éclatante opposition avec les miens. C'était à prévoir. Mais, et c'est ici le fait sur lequel je désire insister, elle n'a point pris occasion de ces inévitables différences d'appréciation pour entraver le moins du monde mon étude et tenter de restreindre ma liberté. Même dans les cas où notre désaccord devait lui être le plus sensible, elle a fait preuve d'une tolérance scientifique, d'une hauteur de vues, et je dirai d'une abnégation, que l'on ne rencontre certes pas souvent. Elle a ainsi rendu ce travail non seulement possible, mais relativement aisé, ce dont je tiens à lui exprimer ici mes sincères et vifs remerciements.

Encore un mot sur mes rares citations d'auteurs. La littérature considérable concernant l'hypnotisme et la psychopathologie, sans parler de la psychologie normale ni de l'histoire du spiritisme ou des sciences occultes, m'aurait facilement fourni de nombreux rapprochements à propos d'un cas touchant à toutes ces branches, et j'eusse pu accumuler au bas des pages, sans m'écarter de mon sujet, des renvois à plusieurs centaines d'ouvrages ou articles divers. J'ai préféré me priver de ce plaisir — ou m'épargner cette peine! — afin de ne pas alourdir encore un volume déjà trop gros, et me suis borné aux quelques indications bibliographiques qui me revenaient comme d'elles-mêmes à la mémoire. Il est cependant quelques théories, d'ailleurs parentes et en partie coïncidentes, que je tiens à rappeler parce que, sans peut-être les citer jamais explicitement, je leur ai constamment emprunté leurs expressions, leurs vues, leurs métaphores, qui sont du reste plus ou moins entrées dans le domaine commun au point qu'il serait malaisé de s'en passer en pratique. Je veux spécialement parler de la *désagrégation mentale* de M. P. Janet, du *double-moi* de M. Dessoir, des *états hypnoïdes* de MM. Breuer et Freud, et surtout de la *conscience subliminale* de M. Myers[1]. Je n'avais point à exposer ici ces théories, ni à les discuter dans leurs rapports et leur valeur respective; la dernière particulièrement, celle de M. Myers, dépasse tellement le niveau d'une

---

[1] P. JANET, *L'Automatisme psychologique*, Paris 1889. *Etat mental des hystériques*, etc. — M. DESSOIR, *Das Doppel-Ich*, Berlin 1890. — BREUER und FREUD, *Studien uber Hysterie*, Wien, 1895. — F. W. H. MYERS, *The subliminal Consciousness*, Proceedings of the Society for Psychical Research, vol. VII, p. 298 et volumes suivants.

conception scientifique ordinaire pour prendre les hautes envolées et l'allure parfois mystique d'une véritable métaphysique (ce dont je suis loin de lui faire un reproche), que ce n'est pas à l'occasion d'un cas individuel que l'on peut songer à l'apprécier, ce que je serais au surplus fort embarrassé de faire. Mais je voulais au moins nommer ces théories dans cette préface, en reconnaissance de tout ce que je leur dois de précieuses suggestions et de formules commodes.

Florissant, près Genève, novembre 1899.   T. F.

P. S. — Bien que j'attache peu d'importance aux définitions nominales — trop peu sans doute, car je crois avoir souvent manqué de conséquence et de fixité dans mon vocabulaire — il ne me paraît pas inutile de donner au lecteur non spécialiste de brèves indications sur quelques termes qui reviennent fréquemment sous ma plume.

Le mot de *médium* s'applique dans les milieux spirites à tout individu qui est censé pouvoir servir d'intermédiaire entre les vivants et les esprits des morts ou autres. Comme c'est un inconvénient, pour l'exposition scientifique des faits, d'employer une terminologie impliquant des affirmations dogmatiques discutables, les psychologues anglais et américains, gens pratiques, substituent volontiers au mot de *médium* celui d'*automatiste,* qui ne préjuge rien et désigne simplement les personnes présentant des phénomènes d'automatisme — c'est-à-dire involontaires et souvent ignorés du sujet, quoique empreints d'intelligence — où les spirites voient l'intervention des esprits désincarnés (songes significatifs, hallucinations véridiques, écriture mécanique, dictées par la table, etc.). En attendant qu'*automatiste* soit reçu en français, j'ai conservé le terme de *médium*, mais abstraction faite de son sens étymologique et de toute hypothèse spirite, comme un vocable commode pour désigner les personnes présentant les susdits phénomènes, quelle que soit d'ailleurs l'explication véritable de ces derniers.

A *médium* se rattachent *médianimique, médianimisme,* qui suggèrent encore plus fortement cette idée d'âmes intermédiaires *(media anima)* ayant la faculté d'entrer en rapport avec les habitants de l'autre monde ; et *médiumnité, médiumnisme,* etc., qui conservent jusque dans leur *n* un vestige étymologique de cette même doctrine. Il m'a paru préférable, puisque je prenais le mot de *médium* en le dépouillant de son sens dogmatique, d'en former directement (c'est-à-dire sans l'introduction de cette *n* grosse de sous-entendus spirites) les dérivés *médiumique, médiumité,* etc., à l'exemple des allemands qui emploient déjà *Mediumität.* Cela n'exclut pas d'ailleurs l'usage occasionnel de *médianimique, médiumnité,* etc., lorsqu'on tient à évoquer spécialement le souvenir des théories spirites.

Les mots *subliminal* (*sub limen*; unter der Schwelle; sous le seuil), et *subconscient* ou *sous-conscient*, sont pratiquement synonymes et désignent les phénomènes et processus qu'on a quelque raison de croire conscients, bien qu'ils soient ignorés du sujet parce qu'ils ont lieu pour ainsi dire au-dessous du niveau de sa conscience ordinaire. La question reste naturellement ouverte de savoir si et jusqu'à quel point, dans chaque cas particulier, ces processus cachés sont vraiment accompagnés de conscience ou se réduisent au pur mécanisme de la « cérébration inconsciente », auquel cas l'expression « conscience subliminale » ne peut plus leur être appliquée que métaphoriquement, ce qui n'est point une raison pour la bannir.

L'adjectif *onirique* (du grec *oneiron*, rêve) est actuellement reçu en français; peut-être est-il regrettable que le mot, moins savant mais plus clair, de *rêverique*, qui a été parfois employé jadis, n'ait pas prévalu.

Par *cryptomnésie* enfin, j'entends le fait que certains souvenirs oubliés reparaissent sans être reconnus du sujet, qui croit y voir quelque chose de nouveau. Dans les communications ou messages fournis par les médiums, la première question (mais non la seule) qui se pose est toujours de savoir si, là où les spirites font intervenir les désincarnés ou quelque autre cause supranormale, on n'a pas simplement affaire à de la cryptomnésie, à des souvenirs latents du médium qui ressortent, très défigurés parfois par un travail subliminal d'imagination ou de raisonnement, comme cela arrive si souvent dans nos rêves ordinaires.

Les crochets [ ] renferment mes remarques personnelles intercalées dans des citations ou contextes étrangers.

ERRATA

Page 50, ligne 5 d'en haut, lire *ou* au lieu de au.
» 58, ligne 7 d'en bas, lire *m'en* au lieu de me.
» 63, ligne 5 d'en haut, lire *seuls* au lieu de seul.
» 65, ligne 1 d'en haut, lire *cours* au lieu de cour.
» 71, ligne 13 d'en haut, lire *ou* au lieu de on.
» 136, ligne 9 d'en haut, lire *témoignages* au lieu de témoignagnes.
» 169, ligne 11 d'en haut, lire *ci-dessous* au lieu de ci-dessus.
» 192, ligne 13 d'en haut, lire *n'est-elle* au lieu de n'est-t-elle.
» 208, ligne 7 d'en haut, lire *Approche, et ne* au lieu de Approche, ne.
» 232, ligne 8 d'en bas, lire *tês* au lieu de tês.
» 238, ligne 11 d'en bas, lire *(30 et 34)* au lieu de (34).
» 243, ligne 1 d'en haut, lire *si* au lieu de sl.
» 250, ligne 15 d'en haut, lire *est-il* au lieu de est-t-il.
» 295, ligne 5 d'en haut, lire *phases* au lieu de phrases.
» 306, ligne 3 d'en haut, lire *hypnoïde* au lieu de hynoïde.
» 319, lignes 16 et 18 d'en bas, lire *quant* au lieu de quand.

CHAPITRE PREMIER

Introduction et Aperçu général.

Au mois de décembre 1894, je fus invité par M. Aug. Lemaître, professeur au Collège de Genève, à assister chez lui à quelques séances d'un médium non-professionnel et non-payé, dont on m'avait déjà vanté de divers côtés les dons extraordinaires et les facultés apparemment supranormales. Je n'eus garde, comme bien l'on pense, de laisser échapper une telle aubaine, et me trouvai au jour dit chez mon aimable collègue.

Le médium en question, que j'appellerai Mlle Hélène Smith, était une grande et belle personne d'une trentaine d'années, au teint naturel, à la chevelure et aux yeux presque noirs, dont le visage intelligent et ouvert, le regard profond mais nullement extatique, éveillaient immédiatement la sympathie. Rien de l'aspect émacié ou tragique qu'on prête volontiers aux sibylles antiques, mais un air de santé, de robustesse physique et mentale, faisant plaisir à voir et qui n'est point d'ailleurs un fait très rare chez les bons médiums.

Dès que nous fûmes au complet, nous nous assîmes en cercle les mains sur la traditionnelle table ronde des groupes spirites, et bientôt Mlle Smith qui possédait la triple médiumité voyante, auditive et typtologique[1], se mit à décrire de la façon la plus naturelle les apparitions variées qui surgissaient à ses yeux dans la douce pénombre de la chambre. Par moment, elle s'interrompait pour écouter ; quelque nom résonnant à son oreille et qu'elle nous répétait avec étonnement, ou de laconiques indications épelées en coups frappés par la table, venaient compléter ses visions en précisant leur signification. Pour ne parler que de ce qui me concerne (car nous fûmes trois à partager les honneurs de cette soirée), je ne fus pas peu surpris de reconnaître, dans les scènes que Mlle Smith vit se dérouler dans l'espace vide au-dessus de ma tête, des événements de ma propre famille antérieurs à ma naissance. D'où pouvait donc venir à ce médium que je rencontrais pour la première fois, la connaissance de ces incidents anciens, d'ordre privé et à coup sûr bien ignorés de la génération présente ? Les prouesses retentissantes de Mme Piper, l'illustre médium bostonien dont la géniale intuition lit dans les souvenirs latents de ses visiteurs comme en un livre ouvert, me revinrent à la mémoire, et je sortis de cette séance avec un renouveau d'espoir — l'espoir si souvent déçu, vestige des curiosités enfantines et de l'attrait du merveilleux, qui rêve de se trouver enfin une bonne fois face à face avec du « supranormal », mais du vrai et de l'authentique : télépathie, clairvoyance, manifestation spirite, ou autre chose, n'importe quoi, pourvu que cela sorte décidément de l'ordinaire et fasse sauter tous les cadres de la science établie.

Sur le passé de Mlle Smith, je n'obtins à cette époque que des renseignements sommaires, mais tout à fait favorables et que la suite n'a fait que confirmer.

D'une situation modeste, et d'une irréprochable moralité, elle gagnait honorablement sa vie comme employée

---

[1] C'est-à-dire la faculté d'obtenir des réponses par coups frappés.

dans une maison de commerce où son travail, sa persévérance et ses capacités l'avaient fait arriver à l'un des postes les plus importants. Il y avait trois ans qu'initiée au spiritisme et introduite par une amie dans un cercle intime où l'on interrogeait la table, on s'était presque aussitôt aperçu de ses remarquables facultés « psychiques ». Depuis lors elle avait fréquenté divers groupes spirites. Sa médiumité avait dès le début présenté le type complexe que j'ai décrit tout à l'heure, et ne s'en était jamais écartée : des visions en état de veille, accompagnées de dictées typtologiques et d'hallucinations auditives. Au point de vue de leur contenu, ces messages avaient pour la plupart porté sur des événements passés, ordinairement ignorés des personnes présentes, mais dont la réalité s'était toujours vérifiée en recourant soit aux dictionnaires historiques, soit aux traditions des familles intéressées. A ces phénomènes de rétrocognition ou d'hypermnésie, s'étaient jointes occasionnellement, suivant les séances et les milieux, des exhortations morales dictées par la table, en vers plus souvent qu'en prose, à l'adresse des assistants ; des consultations médicales avec prescriptions de remèdes généralement heureux ; des communications de parents ou d'amis récemment décédés ; enfin des révélations aussi piquantes qu'invérifiables sur les *antériorités* (c'est-à-dire les existences antérieures) des assistants, lesquels, presque tous spirites convaincus, n'avaient été qu'à demi étonnés d'apprendre qu'ils étaient la réincarnation qui de Coligny, qui de Vergniaud, qui de la princesse de Lamballe ou d'autres personnages de marque.

Il convient enfin d'ajouter que tous ces messages paraissaient plus ou moins liés à la présence mystérieuse d'un « esprit » répondant au nom de Léopold, qui se donnait pour le guide et le protecteur du médium.

Je ne tardai pas à faire plus ample connaissance avec Hélène Smith. Elle voulut bien venir donner des séances chez moi, alternant d'une façon plus ou moins régulière avec celles qu'elle avait chez M. Lemaître et dans quelques autres familles, en particulier chez M. le prof. Cuendet, vice-président de la Société [spirite] d'Etudes Psychiques de Genève. Ces divers milieux ne constituent point des groupes absolument séparés et exclusifs les uns des autres, car leurs membres se sont souvent mutuellement conviés à leurs réunions respectives. C'est ainsi que j'ai pu assister à la plupart des séances d'Hélène au cours de ces cinq années. Les observations personnelles que j'y ai recueillies, complétées par les notes que MM. Lemaître et Cuendet ont eu l'obligeance de me fournir sur les réunions auxquelles je n'étais pas présent, constituent la base principale de l'étude qui va suivre. Il y faut joindre quelques lettres de Mlle Smith, et surtout les nombreuses et très intéressantes conversations que j'ai eues avec elle, soit avant ou après les séances, soit dans les visites que je lui ai faites à son domicile, où j'avais l'avantage de pouvoir également causer avec sa mère. Enfin, divers documents et renseignements accessoires, qui seront cités en leur temps et lieu, m'ont permis d'élucider en partie certains points obscurs. Mais tant s'en faut qu'avec toutes ces voies d'informations je sois arrivé à débrouiller d'une manière satisfaisante les phénomènes complexes qui constituent la médiumité d'Hélène. Leur enchevêtrement est tel, leurs racines sont si profondément cachées dans le passé de sa vie, leur interprétation est si délicate, que j'ai le sentiment d'y avoir souvent perdu mon latin — je veux dire ma psychologie, car en fait de langues, ce n'est pas de latin qu'il est question en cette affaire, comme on le verra.

A partir de l'époque où je fis la connaissance de Mlle Smith, c'est-à-dire dès l'hiver 1894-95, beaucoup de ses communications spirites continuèrent à présenter les caractères de forme et de contenu que j'ai indiqués tout à l'heure, mais il se produisit cependant dans sa médiumité une double modification importante.

1. D'abord au point de vue de sa *forme* psychologique.

Tandis que, jusque-là, Hélène n'avait que des automatismes partiels et limités — hallucinations visuelles, auditives, typtomotrices — compatibles avec une certaine conservation de l'état de veille et n'entraînant pas d'altérations notables de la mémoire, il lui arriva dès lors, et de plus en plus fréquemment, de perdre entièrement sa conscience normale et de ne retrouver, en revenant à elle, aucun souvenir de ce qui venait de se passer pendant la séance. En termes physiologiques, l'hémisomnambulisme sans amnésie auquel elle en était restée jusque-là, et que les assistants prenaient pour l'état de veille ordinaire, se transforma en somnambulisme total, avec amnésie consécutive. En langage spirite, Mlle Smith devint complètement intrancée, et de simple médium voyant ou auditif qu'elle était, elle passa au rang supérieur de médium à incarnations.

Je crains que ce changement ne doive m'être en grande partie imputé, puisqu'il a suivi de près mon introduction aux séances d'Hélène. Ou du moins, si le somnambulisme devait fatalement se développer un jour en vertu d'une prédisposition organique et de la tendance facilement envahissante des états hypnoïdes, il est cependant probable que j'ai contribué à le provoquer, et en ai hâté l'apparition, par ma présence et les petites expériences que je me permis sur Hélène.

On sait, en effet, que les médiums sont volontiers entourés d'une auréole de vénération qui les rend intangibles. Il ne viendrait à l'idée de personne, dans les cercles bien pensants où ils exercent leur sacerdoce, de toucher à leur peau, surtout avec une épingle, ni même de leur palper ou pincer les mains pour tâcher de voir ce qu'il en est de leurs fonctions sensitives et motrices. Le silence et l'immobilité sont de rigueur pour ne pas troubler le déroulement spontané des phénomènes; tout au plus se permet-on quelques questions ou remarques à l'occasion des messages obtenus;

à plus forte raison ne s'y livre-t-on à aucune manipulation sur le médium. Mlle Smith avait toujours été entourée de cette respectueuse considération. Pendant les trois premières séances auxquelles je pris part, je me conformai strictement à l'attitude passive et purement contemplative des autres assistants, et me tins assez joliment coi et tranquille. Mais à la quatrième réunion, ma sagesse fut à bout. Je ne résistai pas à l'envie de me rendre compte de l'état physiologique de ma charmante visionnaire, et j'entrepris quelques expériences fort élémentaires sur ses mains qui reposaient gracieusement étalées vis-à-vis de moi sur la table. Le résultat de ces essais, repris et poursuivis à la séance suivante (3 février 1895) fut de montrer qu'il existe chez Mlle Smith, *pendant qu'elle a ses visions*, toute une collection de troubles très variés de la sensibilité et de la motilité, qui avaient jusque-là échappé aux assistants[1], et qui sont foncièrement identiques à ceux qu'on observe d'une façon plus permanente chez les hystériques ou qu'on peut momentanément produire par la suggestion chez les sujets hypnotisés.

Il n'y a rien là d'étonnant et l'on pouvait s'y attendre. Mais une conséquence que je n'avais point prévue fut que, quatre jours après cette seconde séance d'expérimentation bien anodine, Mlle Smith, pour la première fois[2], s'endormit complètement à une réunion chez M. Cuendet (7 février), à laquelle je n'étais point présent. Les assistants furent quelque peu effrayés lorsque, essayant de la réveiller, ils constatèrent la rigidité de ses bras contracturés; mais Léopold, parlant par la table sur laquelle Hélène était appuyée, les rassura et leur apprit que ce

---

[1] A moins d'admettre que ces troubles n'existaient pas auparavant et n'ont pris naissance qu'au moment même où je m'avisai de les constater.

[2] J'ai su plus tard, par les documents qui m'ont été fournis sur les séances du groupe spirite de Mme N., qu'Hélène s'y était parfois endormie pour quelques moments dans le courant de 1892. Mais ces somnambulismes, pendant lesquels la table continuait à dicter certaines indications, ne prirent jamais le développement de scènes jouées comme celles auxquelles nous avons assisté dès 1895, et ils paraissent avoir assez promptement cessé pour ne plus se reproduire pendant deux ans et demi.

sommeil n'était point préjudiciable au médium. Après diverses attitudes et une mimique souriante, Mlle Smith se réveilla d'excellente humeur, conservant comme dernier souvenir de son rêve celui d'un baiser de Léopold qui l'avait embrassée sur le front.

A partir de ce jour, les somnambulismes d'Hélène furent la règle, et les séances où elle ne s'endort pas complètement, au moins pendant quelques moments, ne forment que de rares exceptions au cours de ces quatre dernières années. Pour Mlle Smith, c'est une privation que ces sommeils dont il ne lui reste ordinairement aucun souvenir au réveil, et elle regrette les réunions du bon vieux temps, où les visions se déroulant devant son regard éveillé lui fournissaient un spectacle inattendu et toujours renouvelé qui faisait de ces séances une partie de plaisir. Pour les assistants, en revanche, les scènes de somnambulismes et d'incarnations, avec les phénomènes physiologiques divers, catalepsie, léthargie, contractures, etc., qui s'y entremêlent, ajoutent une grande variété et un puissant intérêt de plus aux très remarquables et instructives productions médiumiques d'Hélène Smith.

Le plus entraîné aussi le moins, quelquefois. Avec les accès de complet somnambulisme, et dans le même temps, sont apparues de nouvelles formes et d'innombrables nuances d'hémisomnambulisme. Le triple genre d'automatisme qui distinguait déjà Mlle Smith dans les premières années de ses pratiques spirites a été bien vite dépassé à partir de 1895, et il n'est pour ainsi dire aucun mode principal de médiumité psychique dont elle n'ait fourni de curieux échantillons. J'aurai l'occasion d'en citer plusieurs dans la suite de ce travail. Sans doute son répertoire ne contient pas toutes les variétés et qualités secondaires d'automatisme qui ont été observées ici ou là; on ne peut demander l'impossible. Mais, à l'exception des phénomènes dits « physiques » qui paraissent nuls ou sont du moins très douteux chez Hélène, elle constitue le plus bel exemple que j'aie jamais rencontré, et réalise certainement à un très haut degré l'idéal, de ce qu'on pourrait appeler le médium *polymorphe* ou multiforme, par opposition aux médiums uniformes, dont les facultés ne s'exercent guère que sous une seule espèce d'automatisme.

2. Une modification analogue à celle que je viens d'indiquer dans la forme psychologique des messages, c'est-à-dire un développement en richesse et en profondeur, se produisit vers le même moment dans leur *contenu*.

A côté des petites communications complètes en une fois, indépendantes les unes des autres et comme égrenées, qui remplissaient chez Hélène une bonne partie de chaque séance et ne différenciaient en rien ses facultés de celles de la plupart des médiums, il s'était, dès le début, manifesté chez elle une tendance marquée à une systématisation supérieure et à un plus grand enchaînement des visions ; c'est ainsi qu'à diverses reprises déjà on avait vu certaines communications se poursuivre à travers plusieurs séances, et n'arriver à leur terminaison qu'au bout de bien des semaines. Mais à l'époque où je fis la connaissance de Mlle Smith, cette tendance à l'unité s'affirma avec plus d'éclat. On vit éclore et se développer peu à peu plusieurs longs rêves somnambuliques, dont les péripéties se déroulèrent pendant des mois, puis des années, et durent encore ; sortes de romans de l'imagination subliminale, analogues à ces « histoires continues »[1] que tant de gens se racontent à eux-mêmes, et dont ils sont généralement les héros, dans leurs moments de far-niente ou d'occupations routinières qui n'offrent qu'un faible obstacle aux rêveries intérieures. Constructions fantaisistes, mille fois reprises et poursuivies, rarement achevées, où la folle du logis se donne libre carrière et prend sa revanche du terne et plat terre-à-terre des réalités quotidiennes.

[1] Voir sur ce sujet l'instructive enquête et la statistique de LEAROYD, *The continued story*, American Journal of Psychology, t. VII, p. 86.

Mlle Smith n'a pas moins de trois romans somnambuliques distincts. Si l'on y ajoute l'existence de cette seconde personnalité, que j'ai déjà laissé entrevoir et qui se révèle sous le nom de Léopold dans la plupart de ses états hypnoïdes, on est en présence de quatre créations subconscientes de vaste étendue, qui ont évolué parallèlement depuis plusieurs années, se manifestant en alternances irrégulières au cours de séances différentes et souvent aussi dans la même séance. Elles ont sans doute des origines communes dans le tréfonds d'Hélène, et elles ne se sont pas développées sans s'influencer réciproquement et contracter certaines adhérences au cours du temps; mais — à supposer même qu'il n'y faille voir en dernier ressort que les ramifications d'un seul tronc, ou les parties ébauchées d'un tout dont la synthèse s'achèvera un jour (si elle n'est déjà accomplie dans quelque couche subliminale encore inconnue) — en pratique du moins et en apparence ces constructions imaginatives présentent une indépendance relative et une diversité de contenu assez grandes pour qu'il convienne de les étudier séparément. Je me bornerai en cet instant à en donner une vue générale.

Deux de ces romans se rattachent à l'idée spirite des existences antérieures. Il a été révélé, en effet, qu'Hélène Smith a déjà vécu deux fois sur notre globe. Il y a cinq cents ans, elle était la fille d'un cheik arabe et devint, sous le nom de Simandini, l'épouse préférée d'un prince hindou nommé Sivrouka Nayaka, lequel aurait régné sur le Kanara et construit en 1401 la forteresse de Tchandraguiri. Au siècle dernier, elle réapparut sous les traits de l'illustre et infortunée Marie-Antoinette. Réincarnée actuellement, pour ses péchés et son perfectionnement, dans l'humble condition d'Hélène Smith, elle retrouve en certains états somnambuliques le souvenir de ses glorieux avatars de jadis, et redevient momentanément princesse hindoue ou reine de France.

Je désignerai sous les noms de *cycle hindou* ou *oriental*

et de *cycle royal* l'ensemble des manifestations automatiques relatives à ces deux antériorités.

J'appellerai de même *cycle martien* le troisième roman, dans lequel Mlle Smith, grâce aux facultés médianimiques qui sont l'apanage et la consolation de sa vie présente, a pu entrer en relation avec les gens et les choses de la planète Mars et nous en dévoiler les mystères. C'est surtout dans ce somnambulisme astronomique que se sont produits les phénomènes de glossolalie, de fabrication et d'emploi d'une langue inédite, qui sont l'un des principaux objets de cette étude; on verra cependant que des faits analogues se sont également présentés dans le cycle hindou.

Quant à la personnalité de Léopold, elle entretient des rapports fort complexes avec les créations précédentes. D'une part elle se rattache très étroitement au cycle royal, par le fait que ce nom même de Léopold n'est qu'un pseudonyme sous lequel se dérobe en réalité le célèbre Cagliostro, qui s'était, paraît-il, éperdûment épris de la reine Marie-Antoinette et qui, actuellement désincarné et flottant dans les espaces, s'est constitué l'ange gardien en quelque sorte de Mlle Smith, depuis qu'après bien des recherches il a enfin retrouvé en elle l'auguste objet de sa passion malheureuse d'il y a un siècle. D'autre part, ce rôle de protecteur et de conseiller spirituel qu'il joue auprès d'Hélène lui confère une place privilégiée dans ses somnambulismes. Il est plus ou moins mêlé à la plupart d'entre eux; il y assiste, les surveille, et peut-être les dirige jusqu'à un certain point. C'est ainsi qu'on le voit parfois, au milieu d'une scène hindoue ou martienne, manifester sa présence et dire son mot par des mouvements caractéristiques de la main. En somme — tantôt se révélant dans les coups frappés de la table, les tapotements d'un doigt, ou l'écriture automatique, tantôt s'incarnant complètement et parlant de sa voix propre par la bouche de Mlle Smith intrancée — Léopold remplit dans les séances les fonctions multiples et variées d'esprit-guide qui donne de bons conseils relativement à la façon de traiter le médium ; de régisseur caché derrière les coulisses, surveillant le spectacle et toujours prêt à intervenir ; d'interprète bénévole disposé à fournir des explications sur les scènes muettes ou peu claires; de censeur-moraliste dont les vertes semonces ne ménagent pas les vérités aux assistants ; de médecin compatissant prompt au diagnostic et versé dans la pharmacopée, etc. Sans parler des cas où, en tant que Cagliostro proprement dit, il se montre aux regards somnambuliques de Marie-Antoinette ressuscitée et lui donne la réplique en hallucinations auditives. Ce n'est pas tout encore, et il faudrait, pour être complet, examiner aussi les rapports personnels et privés de Mlle Smith avec son invisible protecteur. Car elle invoque et questionne souvent Léopold en son particulier, et s'il reste parfois de longues semaines sans lui donner signe de vie, à d'autres moments il lui répond par des voix ou des visions, qui la surprennent en pleine veille, au cours de ses occupations, et il lui prodigue tour à tour les conseils matériels ou moraux, les avertissements utiles, les encouragements et les consolations dont elle a besoin. Mais tout cela dépasse le cadre de cet aperçu.

Si je me suis accusé d'avoir été peut-être pour beaucoup dans la transformation des hémisomnambulismes d'Hélène en somnambulisme total, je me crois en revanche absolument innocent de la naissance, sinon du développement ultérieur, des grandes créations subliminales dont je viens de parler. Pour ce qui est d'abord de Léopold, il est très ancien, et remonte même probablement, comme on le verra, beaucoup plus haut que l'initiation de Mlle Smith au spiritisme. Quant aux trois cycles, ils n'ont, il est vrai, commencé à déployer toute leur ampleur qu'après que j'eusse fait la connaissance d'Hélène, et à partir du moment où elle fut sujette à de véritables trances, comme si cette suprême forme d'automatisme était la seule pouvant permettre le plein épanouissement de productions aussi complexes, le seul contenant psychologique approprié et adéquat à un tel contenu. Mais leur première apparition est pour tous trois nettement antérieure à ma présence. Le rêve hindou, où l'on me verra jouer un rôle que je n'ai point cherché, a clairement débuté (le 16 octobre 1894) huit semaines avant mon admission aux séances de Mlle Smith. Le roman martien, datant de la même époque, se rattache étroitement, ainsi que je le montrerai, à une suggestion involontaire de M. Lemaître qui fit la connaissance d'Hélène au printemps 1894, soit neuf mois avant moi. Le cycle royal enfin s'ébauchait déjà l'hiver précédent aux réunions tenues chez M. Cuendet dès décembre 1893. Toutefois ce n'est, je le répète, qu'à partir de 1895 qu'ont eu lieu la grande poussée et les magnifiques floraisons de cette luxuriante végétation subliminale, sous l'influence stimulante et provocatrice, quoique nullement intentionnelle ni même soupçonnée sur le moment même, des divers milieux où Mlle Smith faisait ses séances. Il faut naturellement renoncer à faire le départ des responsabilités dans cette suggestion globale, infiniment complexe, à laquelle non seulement M. Lemaître, M. Cuendet, et moi-même, avons évidemment coopéré chacun suivant son caractère et son tempérament, mais où sont aussi intervenus beaucoup d'autres agents, notamment les spectateurs occasionnels, très divers et au total assez nombreux, qui ont assisté à une ou plusieurs séances de Mlle Smith, ainsi que les personnes allant la consulter chez elle.

Pour ce qui est des indiscrètes révélations sur ma famille qui m'avaient tant étonné lors de ma première rencontre avec Mlle Smith, ainsi que des innombrables faits extraordinaires du même genre dont fourmille sa médiumité et auxquels elle doit son immense réputation dans les milieux spirites, ce sera assez tôt d'y revenir dans les derniers chapitres de ce travail. La question du caractère supranormal des communications obtenues par un médium, de quelque façon que vous la tranchiez, vous attirera toujours des ennuis, car on ne peut contenter tout le monde et soi-même. Il est donc d'une sage diplomatie de l'éluder jusqu'à la dernière extrémité, en même temps que d'une bonne méthode d'examiner le développement psychologique des automatismes avant de rechercher l'origine de leur contenu.

CHAPITRE II

Enfance et Jeunesse de Mlle Smith.

L'histoire psychologique de Mlle Smith et de ses automatismes se divise naturellement en deux périodes séparées par le fait capital de son initiation au spiritisme au commencement de 1892. Avant ce moment, ne soupçonnant pas la possibilité de communications volontaires avec le monde des désincarnés, elle ne pouvait avoir et n'a eu, en effet, que des phénomènes spontanés, premiers mouvements de ses facultés médiumiques encore endormies, dont il eût été intéressant de connaître en détail la nature exacte et les progrès; malheureusement, en l'absence de documents écrits sur cette période préspirite, nous en sommes réduits aux récits d'Hélène et de ses parents, et l'on sait combien la mémoire est défaillante lorsqu'il s'agit d'événements un peu anciens. La période spirite, en revanche, s'étendant sur ces sept dernières années, et infiniment plus fertile en manifestations tant provoquées (séances) que spontanées, nous est beaucoup mieux connue; mais pour la bien comprendre, il convient de passer d'abord en revue le peu que nous avons pu recueillir sur la période préspirite, c'est-à-dire l'enfance et la jeunesse de Mlle Smith. Ce sera l'objet de ce chapitre.

Mlle Smith a toujours habité Genève depuis sa tendre enfance. Après avoir suivi les écoles, elle entra comme apprentie, à l'âge de 15 ans, dans une grande maison de commerce, qu'elle n'a plus quittée et où elle s'est peu à peu acquis une fort jolie situation. Son père, négociant, était hongrois, et avait une extrême facilité pour les langues, ce qui a son intérêt en présence des phénomènes de glossolalie dont il sera question plus loin. Sa mère est genevoise. Tous deux se sont en somme bien portés et ont atteint un âge respectable. Hélène a eu une sœur cadette morte jeune, et deux frères aînés, actuellement pères de famille et établis à l'étranger, où ils ont fait de bonnes carrières commerciales.

Je ne sache pas que M. Smith, qui était un homme positif, ait jamais présenté de faits d'automatisme. Mme Smith, en revanche, ainsi que sa grand'mère, a eu plusieurs phénomènes bien caractérisés de ce genre, et des frères d'Hélène, l'un au moins, paraît-il, serait facilement devenu un bon médium. Ainsi se vérifie une fois de plus la tendance nettement héréditaire des facultés médiumiques.

M. Smith, d'un caractère actif et entreprenant, est mort assez subitement, probablement d'une embolie, à l'âge de 75 ans. Il avait quitté la Hongrie déjà dans sa jeunesse, et finit par se fixer à Genève après avoir voyagé ou séjourné plusieurs années en Italie et en Algérie. Il parlait couramment le hongrois, l'allemand, le français, l'italien et l'espagnol, comprenait assez bien l'anglais, et savait aussi le latin et un peu le grec. Il semblerait que sa fille ait hérité de ses aptitudes linguistiques, mais seulement d'une manière latente et subliminale, car elle a toujours détesté l'étude des langues et s'est montrée rebelle à l'allemand dont elle a pourtant eu des leçons pendant trois ans.

Mme Smith, qui est une femme de beaucoup de cœur et d'un grand sens pratique, est actuellement âgée de 67 ans. Ni elle ni son mari n'ont été des nerveux ou des psychopathes, mais tous deux ont présenté une tendance marquée aux affections broncho-pulmonaires, d'une forme suspecte qui inspira plusieurs fois au médecin des inquiétudes heureusement jamais réalisées. Mme Smith a, en outre, fréquemment souffert de rhumatismes. Hélène ne paraît pas avoir hérité de ces fâcheuses dispositions; elle a toujours joui d'une magnifique santé, et n'a pas même eu les petites maladies accoutumées de l'enfance. Ce n'est pas le lieu d'examiner la question fort obscure des rapports possibles des facultés dites médianimiques avec les diathèses arthritique ou bacillaire.

Bien que M. et Mme Smith fussent protestants, par suite de diverses circonstances leur fille fut baptisée catholique peu après sa naissance, avant d'être inscrite quelques mois plus tard sur les registres de l'Eglise protestante de Genève. L'idée de ce baptême insolite n'a certainement pas été perdue pour l'imagination subliminale d'Hélène, et a dû y contribuer à l'hypothèse d'une mystérieuse origine. Des années d'enfance, je ne sais rien de spécial. A l'Ecole secondaire, où elle ne passa qu'un an et où j'ai consulté les registres de sa classe, elle ne se distingua ni en bien ni en mal au point de vue de la discipline, mais elle n'y donna certainement pas la mesure de son intelligence, car elle finit par échouer aux examens de fin d'année, ce qui décida son entrée en apprentissage. D'autre part, le digne pasteur qui fit son instruction religieuse peu après, et ne la perdit pas de vue dans la suite, m'a fourni sur elle les témoignages les plus élogieux ; il en avait conservé le souvenir d'une jeune fille très sérieuse, intelligente, réfléchie, appliquée à ses devoirs et dévouée à sa famille.

M. Smith ne présenta jamais la moindre trace de phénomènes médianimiques ; très indifférent ou même hostile au spiritisme lorsque sa fille commença à s'en occuper, il finit cependant par subir son influence et se rallia à cette doctrine sur la fin de sa vie. Mme Smith, au contraire, y a de tout temps été prédisposée et a eu plusieurs phénomènes de cet ordre au cours de sa vie. A l'époque de la grande épidémie de tables tournantes qui sévit sur notre pays au milieu de ce siècle, elle pratiqua momentanément le guéridon avec ses amies et connaissances, non sans succès. Plus tard, elle eut quelques visions sporadiques. Voici l'une des plus typiques. Comme sa fille cadette âgée de trois ans était malade, Mme Smith se réveillant au milieu de la nuit aperçut un ange, éclatant de lumière, debout à côté du petit lit et les mains étendues au-dessus de l'enfant ; au bout de quelques moments, l'apparition se dissipa peu à peu comme un nuage qui se fond dans la nuit. Mme Smith avait eu le temps de réveiller son mari, qui d'ailleurs ne vit rien et se moqua d'elle, et de lui faire part de la fatale signification qu'elle donnait à cette vision. En effet, le lendemain matin, l'enfant était mort, au grand étonnement du docteur. C'est un joli exemple de pressentiment maternel exact, subconsciemment éprouvé et se traduisant dans la conscience ordinaire par une hallucination visuelle qui emprunte son contenu symbolique à une image populaire appropriée.

Mme Smith n'a pas connu sa mère morte peu après sa naissance ; mais de sa grand'mère, qui l'a élevée, elle se rappelle et m'a raconté des visions caractéristiques ; divers phénomènes chez l'un des frères d'Hélène (audition de pas pendant la nuit, etc.) lui ont aussi montré qu'un de ses fils au moins était médium.

Hélène Smith était certainement prédisposée, par son hérédité et son tempérament, à devenir médium dès que l'occasion extérieure, c'est-à-dire les suggestions du spiritisme, se présenteraient. Il ressort, en effet, de ses récits, qu'elle fut plus ou moins visionnaire dès son enfance. Il ne semble d'ailleurs pas qu'elle ait jamais présenté de phénomènes capables de frapper par eux-mêmes l'attention de son entourage. Je n'ai pu recueillir aucun indice de crises ou attaques quelconques, ni même de noctambulisme. Ses automatismes sont toujours restés presque entièrement confinés dans la sphère sensorielle ou mentale, et ce n'est que par ses propres récits que les autres personnes en avaient connaissance. Ils ont revêtu la double forme de rêveries plus ou moins conscientes, et d'hallucinations proprement dites, sans qu'il soit toujours possible de dire exactement dans laquelle de ces deux classes rentre tel fait particulier.

1. *Rêveries.* — L'habitude de rêvasser, de construire des châteaux en Espagne, de se transporter dans de tout autres conditions d'existence, ou de se raconter des histoires où l'on joue volontiers le beau rôle, est encore plus répandu chez la femme que chez l'homme, et dans l'enfance et la jeunesse que plus tard[1]. Elle s'accommode de l'inactivité et des occupations devenues en quelque sorte mécaniques, qui, n'exigeant plus un effort soutenu d'attention, laissent un libre cours au vagabondage de la pensée. Chez Mlle Smith, cette propension semble avoir été extrêmement forte, car dès ses années d'école elle se montra d'un tempérament sédentaire et casanier, préférant aux

---

[1] Voir l'enquête de LEAROYD, citée plus haut, p. 8. Voir aussi sur les Rêveries subconscientes, le chapitre de P. JANET, dans *Névroses et Idées Fixes*, Paris, 1898, t. I, p. 390.

jeux de ses camarades la compagnie tranquille de sa mère, et aux distractions extérieures les travaux à l'aiguille, qui stimulent plus souvent qu'ils ne réfrènent les grandes chevauchées de l'imagination. Du contenu de ces rêveries, nous ne connaissons malheureusement que les rares épaves qui ont survécu à l'oubli dans la mémoire consciente d'Hélène, c'est-à-dire pas grand chose. Ce peu suffit toutefois à révéler la tonalité générale de ces fictions, et nous montre que les images défilant ou surgissant à l'improviste dans sa vision mentale avaient un caractère singulier, le plus souvent méridional et fantastique, qui permet d'y voir le prélude de ses grands romans somnambuliques ultérieurs. Il est à remarquer aussi que les dessins, broderies, ouvrages artistiques variés qui furent de tout temps l'occupation favorite de ses moments de loisir et dans lesquels elle excelle, étaient presque toujours, dès son enfance, non des copies de modèles extérieurs, mais des produits de son invention, marqués du sceau original et bizarre de ses images internes. De plus ces travaux s'accomplissaient sous ses doigts avec une aisance et une rapidité qui l'étonnaient elle-même : ils se faisaient tout seuls, pour ainsi dire. Cette description fait songer à une exécution automatique.

D'après les récits de Mme Smith et les siens propres, Hélène était timide, sérieuse, renfermée, et n'allait pas volontiers jouer avec les fillettes de son âge. Elle préférait ne sortir qu'avec sa mère, ou rester tranquille et silencieuse à la maison, s'amusant à dessiner, ce qu'elle faisait avec la plus grande facilité, ou à exécuter des ouvrages de sa composition, de style oriental, qui réussissaient comme par enchantement entre ses doigts de fée : « Je n'en avais point de mérite, dit-elle, car cela ne me donnait aucune peine; j'étais poussée à faire ces ouvrages et ces dessins je ne sais comment, parfois avec de petits morceaux d'étoffe qui s'assemblaient en quelque sorte d'eux-mêmes sous ma main. »

Elle aimait à rêvasser seule, et se rappelle être restée des quarts d'heure et des demi-heures, le dimanche après-midi par exemple, immobile dans un fauteuil; elle voyait alors toutes sortes de choses, mais peu expansive de sa nature, elle les gardait pour elle et n'en parlait guère à ses parents de crainte de n'être pas comprise. C'étaient des couleurs roses, des paysages excessivement dorés, un lion de pierre à tête mutilée, des ruines au milieu d'un terrain dénudé, des chimères sur un piédestal, etc. Elle ne se souvient plus exactement des détails, mais elle a le sentiment bien net que cela ressemblait absolument à ses visions hindoues et martiennes actuelles.

Ces fantasmagories lui apparaissaient aussi la nuit. Elle se rappelle entre autres avoir aperçu, vers l'âge de 14 ou 15 ans, une grande lueur qui remplissait sa chambre, avec des caractères étrangers, inconnus, contre la paroi; elle avait l'impression d'être bien réveillée, mais se demanda après coup si elle n'avait point rêvé; ce n'est que maintenant qu'elle comprend que ce devait être une « vision ». Souvent aussi elle voyait, en rêve ou en vision, arriver auprès de son lit un homme au costume étrange et tout chamarré. Il lui semblait d'ailleurs toujours voir du monde autour d'elle, et plus d'une fois elle raconta le matin que sa mère était venue vers son lit pendant la nuit, alors qu'il n'en était rien.

2. *Hallucinations.* — Dans les exemples précédents, il serait difficile de dire au juste à quelle catégorie de faits psychologiques on a affaire, surtout pour les phénomènes nocturnes, et l'on peut hésiter entre de simples rêves d'une grande vivacité, des visions hypnagogiques ou hypnopompiques[1], ou de véritables hallucinations. On est par contre en droit de donner cette dernière qualification aux apparitions assez nombreuses que Mlle Smith eut de jour et en pleine activité.

Un jour, par exemple, qu'elle jouait dehors avec une amie, elle se vit poursuivie par quelqu'un et appela sa compagne, mais celle-ci ne vit personne; l'individu imaginaire, après lui avoir couru après autour d'un arbre, pendant un moment, disparut soudain et elle ne put le retrouver.

Dans un tout autre genre, on peut regarder comme des hallucinations graphomotrices les caractères inconnus qu'elle se souvient d'avoir parfois substitués involontairement aux lettres françaises lorsqu'elle écrivait à ses amies; il s'agit sans doute là des mêmes caractères qui lui apparaissaient en images visuelles à d'autres moments (voir plus haut). C'était le prélude du phénomène, qui s'est

---

[1] Ce terme, emprunté à M. Myers, désigne les visions qui se produisent au sortir du sommeil, avant le réveil complet, et qui font ainsi pendant aux hallucinations hypnagogiques bien connues, beaucoup plus fréquentes, surgissant dans l'état intermédiaire entre la veille et le sommeil.

assez fréquemment produit chez elle ces dernières années et dont on verra plus loin des exemples, d'écritures automatiques venant se mêler en plein état de veille à son écriture habituelle.

A côté d'hallucinations qui n'offrent, comme celles-là, aucun caractère intentionnel ni profitable, et ne sont que l'irruption capricieuse et fortuite, dans la conscience normale, des rêves ou imaginations remplissant les couches subconscientes, il s'est aussi présenté chez Hélène des hallucinations d'une utilité manifeste, qui ont par conséquent le sens de messages adressés par la conscience subliminale du sujet à sa personnalité ordinaire, dans un but de protection et d'avertissement. Il est à remarquer que ces hallucinations, qu'on pourrait appeler *téléologiques*, ont été plus tard revendiquées par Léopold, tandis qu'il n'a pas souvenir ou ne se donne pas pour l'auteur des précédentes.

En voici un exemple curieux. Vers l'âge de 17 ou 18 ans, Hélène revint un soir de la campagne portant une belle gerbe de fleurs. Pendant les dernières minutes du trajet, elle entendit derrière elle un singulier cri d'oiseau qui lui semblait la mettre en garde contre quelque danger, en sorte qu'elle hâta le pas sans se retourner. Arrivée à la maison, le cri la poursuivit encore dans sa chambre, sans qu'elle réussît à voir l'animal qui le poussait. Elle se coucha fatiguée, et au milieu de la nuit se réveilla pleine d'angoisse, mais ne pouvant crier. A ce moment, elle se sentit délicatement soulevée par derrière, avec le coussin sur lequel elle reposait, comme par deux mains amies, ce qui lui permit de retrouver son souffle et d'appeler sa mère; celle-ci accourut la réconforter, puis emporta les fleurs, trop odorantes, hors de la chambre. — Léopold, récemment interrogé, pendant un somnambulisme d'Hélène, sur cet incident remontant à tant d'années en arrière, en a le souvenir très net et m'en donne l'explication suivante: il n'y a pas eu de cri d'oiseau réel, mais c'est lui, Léopold, qui a fait entendre à Hélène une sorte de sifflement afin d'attirer son attention sur le danger que présentait la gerbe de fleurs, où se trouvaient beaucoup de citronnelles au violent parfum; malheureusement, Hélène ne comprit pas et garda le bouquet dans sa chambre. Il ajoute que s'il ne lui a pas donné un avertissement plus clair et intelligible, c'est qu'à ce moment-là cela lui était impossible; ce sifflement, qu'Hélène a pris pour un cri d'oiseau, était tout ce qu'il pouvait faire. C'est de nouveau lui qui est intervenu à l'instant de son malaise nocturne et l'a soulevée pour lui permettre d'appeler au secours.

Je n'ai aucune raison de douter de l'exactitude générale tant du récit d'Hélène et de sa mère, que de l'explication (ignorée de ces dames) récemment fournie par Léopold. L'incident rentre dans la catégorie des cas bien connus où un danger quelconque non soupçonné de la personnalité ordinaire, mais subconsciemment aperçu ou pressenti, se trouve conjuré grâce à une hallucination préservatrice soit sensorielle (comme ici le cri de l'oiseau), soit motrice (comme le soulèvement du corps). La conscience subliminale n'arrive pas toujours à produire un message net ; dans le cas présent, l'automatisme auditif est resté à l'état d'hallucination élémentaire, de simple sifflement, sans pouvoir se préciser en hallucination verbale distincte. Son sens général d'avertissement a cependant été compris par Hélène, grâce au sentiment confus de danger qu'elle éprouva en même temps. Toutefois, ce sentiment confus, qui lui a fait presser le pas, ne me semble point devoir être considéré comme le résultat du sifflement entendu, mais bien plutôt comme un phénomène parallèle : la vue ou l'odeur des citronnelles qu'elle portait, sans attirer son attention réfléchie, ont néanmoins suscité obscurément en elle la notion du mal que ces fleurs pourraient lui faire, et cette notion a affecté sa claire conscience sous la double forme d'une vague émotion de danger, et d'une traduction verbo-auditive qui n'a pas réussi à se formuler explicitement.

Dans plusieurs circonstances de nature à occasionner une forte secousse émotionnelle, et surtout lorsque la sphère psychique des sentiments de pudeur se trouvait spécialement en jeu, Hélène a eu l'hallucination visuelle d'un homme, vêtu d'une longue robe brune avec une croix blanche sur la poitrine, à la manière d'un moine, qui s'est porté à son secours et l'a accompagnée, sans rien lui dire, pendant un temps plus ou moins long. Ce protecteur inconnu, toujours silencieux, chaque fois apparu et disparu d'une façon subite et mystérieuse, n'était autre que Léopold lui-même, d'après les affirmations ultérieures de ce dernier.

On pourrait s'attendre à ce qu'Hélène ait eu dans sa jeunesse beaucoup de faits frappants de double-vue, d'intuition merveilleuse, de divination, etc., qui sont une des formes les plus répandues d'automatisme téléologique. Il ne semble guère cependant que cela ait été le cas ; ni elle ni sa mère ne m'ont rien cité de saillant en ce genre, et tout se borne de leur part à l'affirmation générale de fréquents pressentiments qui se sont trouvés justifiés sur les personnes ou les événements, mais sans spécification d'histoires et d'anecdotes extraordinaires comme celles dont tant de gens ont leur sac plein.

Tous les exemples que je viens de rapporter concourent à mettre en lumière le penchant de Mlle Smith à l'automatisme. Mais au point de vue de leur intelligence, il y a une notable différence entre les phénomènes téléologiques, pressentiments ou hallucinations d'une utilité manifeste, et ceux qui ne le sont pas, rêveries et autres perturbations à tout le moins superflues, sinon franchement nuisibles, de la personnalité normale d'Hélène. Les premiers se comprennent par leur utilité même, ni plus ni moins que tant d'autres faits curieux, organiques ou psychologiques, portant le cachet de finalité de la vie. Peu nous importe qu'on ne voie, dans ces hallucinations préservatrices et autres interventions avantageuses de couches étrangères à la conscience ordinaire, que des conséquences accidentellement heureuses, les petites fiches de consolation pour ainsi dire, d'une disposition essentiellement pathologique et fâcheuse au fond à la désagrégation mentale ; ou qu'on les érige au contraire en réels et purs privilèges, parfaitement normaux en soi malgré leur rareté, attachés à la possession enviable d'un Moi subliminal exceptionnellement doué, plus alerte, plus rapproché du génie proprement dit, que les Moi subliminaux alourdis et obtus du commun des mortels. Ces vues théoriques sur l'origine et la vraie nature des automatismes téléologiques sont d'un haut intérêt, mais leur discussion serait un hors-d'œuvre ici, et les phénomènes de Mlle Smith rentrant dans cette catégorie de faits déjà bien connus et souvent étudiés ne demandent pas que nous nous y arrêtions davantage en ce moment, d'autant plus que nous aurons l'occasion d'y revenir à propos de la personnalité de Léopold qui, comme on l'a vu, semble s'y trouver régulièrement mêlée.

Il n'en est pas de même des rêveries et autres automatismes absolument inutiles, qui venaient se faufiler sans rime ni raison dans la vie normale d'Hélène. On ne sait de quelle façon interpréter ces phénomènes en apparence capricieux et fortuits, et ils restent de menus faits, isolés, sans portée et sans intérêt, tant qu'on ne peut les rattacher à quelque principe central, à une idée-mère ou à une émotion fondamentale qui les aurait tous engendrés et leur servirait de trait d'union. Il est malheureusement impossible d'assigner avec certitude la source inspiratrice et de démêler la trame de fantasmagories qui, déjà sur le moment même, ne jaillissaient sans doute dans la conscience d'Hélène que fort confuses, désordonnées, incohérentes comme nos rêves, et dont au surplus elle ne retrouve en sa mémoire actuelle que des lambeaux épars tout à fait insuffisants pour reconstituer leur enchaînement et remonter à leur origine.

On en est donc réduit à des conjectures. La plus vraisemblable est que ces divers fragments faisaient partie de quelque vaste création subconsciente, où tout l'être de Mlle Smith, comprimé et froissé par les conditions imposées de la vie réelle comme c'est plus ou moins le cas pour chacun de nous, donnait un libre essor aux aspirations profondes de sa nature et s'épanouissait dans la fiction d'une existence plus brillante que la sienne. Outre que c'est le tour assez ordinaire de ces constructions imaginatives, qui sont comme une protestation de l'idéal contre les grises réalités, une retraite inaccessible où, sur les ailes du rêve, l'individu s'envole pour échapper aux mille écœurements de la prose quotidienne, — tout ce que nous savons du caractère d'Hélène, enfant et jeune fille, nous montre que la note émotionnelle dominante en elle était bien celle d'une instinctive révolte intérieure contre le milieu modeste où le sort l'avait fait naître, un profond sentiment de crainte et d'opposition, de malaise inexplicable, de sourd antagonisme vis-à-vis de tout son environnement matériel et intellectuel.

Tout en se montrant très dévouée à ses parents et à ses frères, elle n'avait que de faibles affinités naturelles avec eux. Elle se sentait comme étrangère et dépaysée dans sa famille. De vagues et obscurs élans vers autre chose, une secrète incompatibilité de goûts et d'humeur — sans aller jusqu'à se traduire en pénibles frottements dans les rapports journaliers, ni porter atteinte à l'accomplissement de ses multiples devoirs de fille et de sœur — lui inspiraient pourtant un sentiment d'isolement, d'abandon, d'exil, et creusaient une sorte d'abîme entre elle et son entourage. Il lui arriva de demander sérieusement à ses parents s'ils étaient bien sûrs qu'elle fût leur fille, et que la bonne ne leur eût pas jadis ramené par erreur une autre enfant de la promenade. Ce manque d'adaptation à son milieu, cette espèce de mystérieuse nostalgie pour une patrie inconnue, se reflètent d'une façon caractéristique dans le fragment suivant, où Hélène, qui a toujours attribué une grande importance aux songes, m'en racontait un dans lequel figurait une maison à l'écart :

« .... Selon moi, cette maison retirée dans laquelle je me suis vue seule, isolée, représente mon existence, qui, depuis mon enfance, n'a été ni heureuse ni gaie. Très jeune déjà, je ne me souviens pas avoir partagé aucun des goûts, aucune des idées des membres de ma famille, c'est pourquoi toute enfant j'ai été laissée dans ce que j'appellerai un profond isolement du cœur.

« Et, malgré tout, malgré ce manque complet de sympathie, je n'ai pas encore pu me décider à me marier, quoique les occasions se soient souvent présentées. Une voix me criait toujours : Ne te presse pas, le moment n'est pas venu, ce n'est pas celui que le destin te réserve ! Et j'ai écouté cette voix, qui n'a absolument rien à faire avec la conscience, et je ne regrette pas, surtout depuis que j'ai eu l'occasion de m'occuper de spiritisme, car dès cet instant, j'ai trouvé autour de moi tellement de sympathies et d'amitiés que j'ai un peu oublié mon triste sort, et que je n'en ai plus voulu à la destinée de m'avoir placée dans un milieu dont ni les goûts ni les sentiments n'avaient de rapport avec les miens.

« Je me souviens qu'étant enfant — douze ans environ — on sonna un jour à notre porte, et que, toujours craintive quand on sonnait, au lieu de me cacher comme j'avais l'habitude de le faire, je m'étais précipitée vers la porte ayant eu l'idée fixe que quelqu'un venait pour moi, afin de m'emporter et de m'emmener bien loin. Et ce quelqu'un je me l'étais représenté comme étant un beau monsieur, devant avoir de riches habits galonnés d'or et d'argent. Aussi, ma déception fut grande, quand à sa place je vis un petit marchand d'allumettes. Je me suis toujours souvenue de cet instant de joie, puis ensuite de ma déception et du chagrin que me causa cette dernière. »

Cette citation en dit plus que beaucoup de commentaires sur la tournure d'esprit et la disposition émotionnelle qui régnaient généralement chez Hélène petite fille. C'est assurément, si l'on veut, l'histoire banale et le lot commun de tout le monde; autant d'enfants et de jeunes gens, autant de génies incompris qui se sentent étouffer dans leur milieu trop étroit lorsque commmencent à fermenter en eux les énergies latentes de la vie. Soit, mais il y a des différences de degré et de qualité. Chez Mlle Hélène Smith, le sentiment de n'être pas faite pour ses alentours, et d'appartenir par nature à une sphère supérieure, était intense et continu, et avait pour effet (ou pour cause) un malaise général, pour ne pas dire un état de véritable souffrance, très réel et persistant. Sa mère a toujours eu l'impression qu'Hélène n'était pas heureuse, et s'étonnait qu'elle fût si sérieuse, si absorbée, si dépourvue de l'exubérance et de l'entrain naturels à son âge. Son père et ses frères, se méprenant sur les vraies raisons de cette absence de joie, la taxaient fort injustement d'orgueil ou de hauteur, et l'accusaient parfois de mépriser son humble entourage. Il y a des nuances de sentiment que l'on ne comprend que lorsqu'on les a éprouvées; Hélène savait bien qu'il n'y avait vraiment chez elle ni mépris ni orgueil vis-à-vis d'un milieu matériel et social qui lui inspirait un plein respect par son honorabilité, mais qui simplement ne cadrait pas avec sa nature à elle. Des goûts et des couleurs on ne peut disputer, et ce n'est point mésestimer les gens que de se rendre compte malgré soi qu'on a d'autres aspirations qu'eux, des façons meilleures ou tout au moins différentes de sentir, une délicatesse esthétique plus raffinée, une plus haute conception de ce que devrait et pourrait être la vie, un idéal supérieur en un mot.

A ce sentiment fondamental d'emprisonnement dans une sphère trop mesquine, se joignait chez Hélène une disposition craintive permanente. La nuit, le moindre bruit, un craquement de meuble, la faisait tressaillir; le jour, un passant marchant derrière elle, un mouvement inattendu, un coup de sonnette comme on vient de le voir, lui donnait l'impression que c'était à elle qu'on en voulait, et qu'on allait la prendre et l'emporter au loin. Il eût été difficile de faire en chaque cas particulier, dans cette émotion complexe, le départ entre la peur angoissante de l'inconnu, et la souriante perspective de quelque heureux changement; l'espérance domine dans l'incident ci-dessus, où le coup de sonnette suscite l'attente enivrante d'un sauveur galonné, mais il ressort du récit lui-même que c'était une exception. Au total, la prédisposition d'Hélène à sursauter pour tout et pour rien constituait chez elle une sorte de douloureuse panophobie, un état de frayeur et d'insécurité qui venait renforcer encore son impression de désunion, de mésalliance, avec un milieu auquel elle se sentait décidément supérieure.

Il est difficile de ne pas faire dès maintenant un rapprochement entre cette nuance d'émotivité dépressive qui fut le partage d'Hélène dès son enfance, et la note quelque peu mégalomaniaque de ses romans subliminaux ultérieurs. L'idée s'impose qu'en dépit — ou en raison — de leur contraste apparent, ces deux traits ne sont point indépendants l'un de l'autre, mais liés par un rapport de cause à effet. Seulement, ce rapport causal risque fort d'apparaître en sens précisément inverse aux yeux du psychologue empirique et de l'occultiste métaphysicien. Ce dernier expliquera par les illustres antériorités de Mlle Smith sa curieuse impression d'étrangèreté et de supériorité aux basses conditions de son existence actuelle; le psychologue, au contraire, verra dans cette même impression l'origine toute naturelle de ses grandioses personnifications somnambuliques. A défaut d'une entente complète, toujours douteuse, entre ces points de vue si divergents dont nous reparlerons plus tard, il serait avisé d'adopter du moins un *modus vivendi* provisoire, basé sur le mur mitoyen de la constitution native ou du caractère individuel de Mlle Smith. Au delà de ce mur, je veux dire dans l'éternité *a parte ante* qui précéda l'arrivée d'Hélène en cette vie, l'occultiste aura toute latitude d'imaginer telle succession d'existences qu'il lui plaira pour expliquer le caractère qu'elle eut dès son enfance. Mais en deçà du mur, c'est-à-dire dans les limites de la vie présente, le psychologue aura le droit d'ignorer toutes ces métempsychoses prénatales, et prenant pour son point de départ la constitution innée d'Hélène, sans s'inquiéter qu'elle l'ait reçue des hasards de l'hérédité ou conservée de ses royales préexistences, il essaiera d'expliquer par cette constitution même, telle qu'elle se révèle dans le commerce journalier, la genèse de ses créations subliminales sous l'action des influences occasionnelles extérieures. L'occultiste peut donc s'accorder le plaisir de regarder le trait caractéristique de Mlle Smith enfant, cette impression de solitude et de fourvoiement dans un monde qui n'était point fait pour elle, comme l'*effet* de ses réelles grandeurs passées; pourvu qu'on laisse au psychologue la permission d'y voir la *cause* de ses futurs rêves de grandeur, c'est tout ce qu'il lui faut.

La disposition émotionnelle que j'ai dépeinte et qui est une des formes sous lesquelles se traduit quelquefois la maladaptation de l'organisme, physique et mental, aux dures conditions du milieu, me paraît donc avoir été la source et le point d'attache de toutes les rêvasseries d'Hélène dans son enfance. De là, ces visions toujours chaudes, lumineuses, colorées, exotiques, bizarres, et ces apparitions éclatantes, chamarrées et superbes, dans lesquelles se traduisait son antipathie pour l'entourage terne et maussade, sa lassitude des gens ordinaires et communs, son dégoût des occupations prosaïques, des choses disgracieuses et vulgaires, du logis étroit, des rues sales, des hivers froids et du ciel gris. Quant à savoir au juste si, comme je l'ai supposé plus haut, ces images, très diverses mais de même tonalité brillante, étaient déjà organisées en un tout continu et logique dans la pensée subconsciente d'Hélène encore enfant ou jeune fille, c'est ce qui est naturellement impossible aujourd'hui. Il est toutefois probable que leur systématisation était loin d'atteindre alors au degré de perfection qu'elle a présenté ces dernières années sous l'influence du spiritisme.

Tous les faits d'automatisme auxquels Hélène peut assigner une date vaguement approximative se groupent autour de sa quinzième année, et restent en somme compris entre les limites d'âge de 9 et de 20 ans. Cette connexion évidente avec une phase de développement d'une importance majeure, m'a été à diverses reprises confirmée par Léopold, qui dit s'être montré à Hélène pour la première fois dans sa dixième année, à l'occasion exceptionnelle d'une grande frayeur, puis plus du tout pendant environ quatre ans, parce que les « conditions physiologiques » nécessaires à ses apparitions n'étaient point encore réalisées. Du moment qu'elles le furent, il put de nouveau se manifester, et c'est à la même époque, suivant lui, qu'Hélène commença à retrouver les souvenirs de son existence hindoue sous forme de visions étranges dont elle ne comprenait point la nature ni l'origine. Inutile d'insister sur ces indices chronologiques significatifs.

A partir de l'âge de vingt ans environ, sans affirmer ni croire que ses visions et apparitions aient jamais cessé, Mlle Smith n'en a plus de souvenirs saillants, et elle ne m'a cité aucun phénomène « psychique » tombant sur la série d'années qui précéda sa connaissance du spiritisme. On peut en inférer avec quelque vraisemblance que les bouillonnements de la vie imaginative subconsciente se calmèrent peu à peu après la grande explosion de l'époque susdite. Il se fit un apaisement. Les conflits de la nature intime d'Hélène et du milieu où elle était appelée à vivre s'adoucirent. Un certain équilibre s'établit entre les nécessités de la vie pratique et les aspirations intérieures. D'une part elle se résigna aux exigences de la réalité; et si sa fierté native ne put jamais abdiquer au point de condescendre à quelque union fort honorable sans doute, mais pour laquelle elle ne se sentait pas faite, comme on l'a vu par sa lettre citée plus haut, il faut du moins rendre hommage à la persévérance, à la fidélité, au dévouement, qu'elle apporta toujours dans l'accomplissement de ses devoirs professionnels et familiaux. D'autre part, elle ne laissa point s'éteindre en elle la flamme de l'idéal, et réagit sur son environnement dans la mesure du possible en y mettant l'empreinte bien marquée de sa personnalité. Elle introduisit un certain cachet d'élégance dans la modeste demeure de ses parents. Elle s'y arrangea un petit salon coquet et confortable en sa simplicité. Elle prit des leçons de musique et réussit à s'acheter un piano. Elle a quelques gravures anciennes pendues aux murs, des potiches, une jardinière garnie de plantes, des fleurs coupées dans de jolis vases, sur sa lampe à suspension un opulent abatjour de sa confection, des tapis qu'elle a composés et brodés elle-même, des photographies curieusement encadrées suivant son invention propre; et de cet ensemble, toujours en ordre et soigneusement entretenu, se dégage un quelque chose d'original, bizarre et gracieux à la fois, bien conforme au caractère général de sa fantaisie subconsciente.

En même temps que Mlle Smith s'accommodait tant bien que mal de ses conditions d'existence tout en les modifiant à son image, l'état de crainte latente où elle avait vécu jusque-là diminua graduellement. Il lui arrive encore maintenant d'éprouver des frayeurs, mais beaucoup plus rarement que jadis, et jamais sans cause extérieure légitime. Vraiment, à la juger sur ces dernières années, je ne reconnais point en elle l'adolescente ou l'enfant de jadis, toujours peureuse, effarouchée et tremblante, taciturne et morose, qui m'a été dépeinte par elle-même et par sa mère.

Il me paraît donc qu'il y a eu, après le déchaînement de rêveries et d'automatismes, symptôme d'une tendance à la désagrégation mentale, qui a marqué les années de la puberté, une diminution progressive de ces troubles et comme un assagissement graduel des couches subliminales. On peut présumer que cette harmonisation, cette adaptation réciproque de l'interne et de l'externe, n'aurait fait que se perfectionner avec le temps, et que la personnalité toute entière de Mlle Smith eût continué à se consolider et s'unifier, si le spiritisme n'était venu tout à coup ranimer le feu qui couvait encore sous la cendre et donner un nouveau branle au mécanisme subliminal en train de se rouiller. Les fictions assoupies se réveillèrent, les rêveries d'antan reprirent leurs cours, et les images de la fantaisie subliminale recommencèrent à proliférer de plus belle lorsqu'elles eurent rencontré, dans les fécondes suggestions de la philosophie occulte, des points de ralliement ou des centres de cristallisation — tels que l'idée des existences antérieures et des réincarnations — autour desquels elles n'avaient plus qu'à se grouper et s'organiser pour donner naissance aux vastes constructions somnambuliques dont nous aurons à suivre le développement.

CHAPITRE III

Mlle Smith depuis son initiation au Spiritisme.

Après avoir essayé dans le chapitre précédent de reconstituer en ses grands traits l'histoire de Mlle Smith jusqu'au moment où le spiritisme vint s'en mêler, j'aurais voulu dans celui-ci faire une étude détaillée de sa vie psychologique au cours de ces dernières années, sans d'ailleurs aborder encore le contenu proprement dit de ses automatismes. N'ayant pu accomplir ce dessein à ma satisfaction, faute de temps et de patience, je tâcherai du moins de mettre un peu d'ordre dans mes notes en les groupant sous quatre chefs. Je retracerai d'abord la naissance de la médiumnité d'Hélène, pour autant que cela est possible avec les maigres renseignements que j'ai réussi à me procurer sur une époque où je ne la connaissais point. Puis, passant à des faits qui me sont plus familiers, je décrirai rapidement son état normal tel que j'ai pu le voir depuis quatre ans ; c'est ici qu'une étude de psychophysiologie individuelle eût été à sa place, mais j'ai dû y renoncer par suite de difficultés multiples. Enfin, je présenterai quelques remarques sur les principaux phénomènes automatiques qui constituent le côté anormal de son existence, et qu'il convient de subdiviser en deux groupes, selon qu'ils sont *spontanés*, c'est-à-dire jaillissant d'eux-mêmes dans le cours de sa vie ordinaire, ou *provoqués* par la recherche voulue de certaines circonstances favorables, ce qui constitue les séances proprement dites.

I. Débuts médiumiques de Mlle Smith.

Dans l'hiver 1891-1892 Mlle Smith entendit parler du spiritisme par une de ses connaissances, Mme Y., qui lui prêta le livre de Denis *Après la mort*. Cette lecture ayant vivement excité la curiosité d'Hélène, Mme Y. l'engagea à l'accompagner chez une sienne amie, Mlle Z., qui s'intéressait aux mêmes questions et avait de l'écriture automatique. On décida de se réunir pour des expériences régulières. J'emprunte aux notes personnelles que Mlle Z. a bien voulu me communiquer le récit, trop succinct malheureusement, de ces séances où les facultés médiumiques d'Hélène firent leur première apparition.

« C'est le 20 février 1892 que je fis la connaissance de Mlle Smith. Elle fut amenée chez moi par Mme Y., dans le but de tenter l'organisation d'un groupe spirite. Elle était alors absolument novice en fait de spiritisme, n'avait jamais rien tenté, et ne se doutait pas des facultés qui se développeraient en elle.

« *20 février*. — Première réunion. Nous débutons par la table: nous n'arrivons qu'à la faire osciller. Nous considérons Mme Y. comme le médium sûr lequel nous pouvons compter. Nous essayons de l'écriture : nous recevons par mon intermédiaire des encouragements à persévérer.

« *26 février*. — Progrès; la table se meut bientôt, salue tour à tour tous les membres du groupe, nous donne quelques noms, dont un seul connu..... Ecriture : Mlle Smith, qui essaye pour la première fois, écrit mécaniquement, les yeux fermés, quelques phrases où l'on peut déchiffrer quelques mots.

« *11 mars*. — Pas d'autre note sur cette séance qu'une communication écrite par moi.

« *18 mars*. — Progrès. Communication nette par la table. Tentative d'expérience dans l'obscurité (qui n'était pas absolue, le foyer contenant encore des braises incandescentes répandait une faible lueur; nous nous distinguions à peine). Mlle Smith voit un ballon tantôt lumineux, tantôt s'obscurcissant; elle n'a jamais rien vu auparavant. Ecriture : Mlle Smith écrit mécaniquement une assez longue communication du père de M. K. [un étudiant bulgare présent à la séance] : conseils à celui-ci ».

A partir d'ici, l'assistance devenue trop nombreuse se scinda en deux groupes, dont l'un continuant à se réunir chez Mlle Z. ne nous concerne plus. Mlle Smith fit partie de l'autre qui s'assembla chez une dame N., et y eut à peu près une séance par semaine pendant près d'un an et demi (jusqu'à fin juin 1893). Les procès-verbaux de ces réunions, conservés par Mme N., sont malheureusement très sommaires et muets sur beaucoup de points qui intéresseraient le psychologue. Ceux des premiers mois sont de la main même de Mlle Smith, qui fonctionna comme secrétaire du groupe pendant treize séances; comme on ne notait sur le moment que les dictées textuelles des esprits, et qu'elle rédigeait le reste de mémoire les jours suivants, on ne peut trop compter sur l'exactitude objective de ces rapports qui ont en revanche l'avantage de nous présenter la médiumité d'Hélène racontée par elle-même. Elle y parle d'elle à la troisième personne. Je me borne pour l'instant à résumer d'après ces comptes-rendus les deux premières séances tenues dans ce nouveau milieu.

25 mars 1892. — Onze personnes autour d'une grande et lourde table de salle à manger en chêne, à deux battants. La table « se met en mouvement et plusieurs esprits viennent donner leurs noms [par coups frappés] et témoigner du plaisir qu'ils ont à se trouver au milieu de nous. C'est dans cette soirée que Mlle Smith commence à distinguer de vagues lueurs, de longs rubans blancs s'agitant du plancher au plafond, puis enfin une magnifique étoile qui dans l'obscurité s'est montrée à elle seule pendant toute la séance. Nous augurons de là qu'insensiblement elle finira par voir des choses plus distinctes et possèdera le don de voyante. »

1er avril. — Violents mouvements de la table dus à un esprit qui se nomme David et s'annonce comme le guide spirituel du groupe. Puis il fait place à un autre esprit qui se dit être Victor Hugo et le guide protecteur de Mlle Smith qui est fort surprise d'être assistée d'un personnage aussi important. Il disparaît bientôt. Mlle Smith se sent très agitée; elle a des frissons, est partiellement glacée. Elle est très inquiète et voit tout à coup, se balançant au-dessus de la table, une figure grimaçante et très laide avec de longs cheveux rouges. Elle est si effrayée qu'elle demande qu'on fasse de la lumière. On la calme et la rassure; la figure disparaît. Elle voit alors, posé sur la table devant l'un des assistants M. P., un magnifique bouquet de roses de nuances diverses; tout à coup elle voit sortir de dessous le bouquet un petit serpent qui, rampant doucement, vient sentir les fleurs, les regarde, cherche à s'approcher de la main de M. P., s'en éloigne un instant, revient doucement se blottir et disparaître dans l'intérieur du bouquet. Puis tout se dissipe et la table frappe les trois coups terminant la séance. [M. P. comprit après coup le sens de la vision du bouquet et du serpent, qui était une traduction symbolique d'une impression émotionnelle ressentie par Mlle Smith.]

Telle fut l'éclosion de la médiumité d'Hélène. Quasi nulle le 20 février, où les mouvements de la table (quoique venant déjà d'elle selon toute probabilité) ne lui sont pas attribués, elle apparaît aux séances suivantes dans deux essais d'écriture automatique (malheureusement perdus) à l'imitation du médium écrivain chez qui elle se trouvait; la réussite du second essai fait supposer que les facultés d'Hélène se seraient rapidement développées dans cette voie, si elle ne l'eût aussitôt abandonnée en changeant de milieu. Sa faculté de voyante, suggérée par les tentatives de séances obscures, se montre le 18 et le 25 mars sous la forme d'hallucinations élémentaires, ou vaguement figurées, ayant leur point de départ probable dans de simples phénomènes entoptiques, lumière propre de la rétine, images consécutives, etc.; puis, encouragée par les prédictions des assistants. elle atteint dès le 1er avril aux visions proprement dites, ayant un contenu varié et une signification réelle ou symbolique. En même temps se perfectionnait son automatisme typtologique, confondu les premières fois dans l'action totale des assistants réunis autour de la table, mais qu'on ne tarda pas à distinguer; on le reconnait dans ce nom de Victor Hugo venu pour Mlle Smith particulièrement, et on le soupçonne rétrospectivement dans un nom donné déjà à la seconde séance. Les hallucinations auditives n'ont pas tardé à compléter cet ensemble, mais il est impossible de savoir au juste à quelle date, les procès-verbaux n'indiquant pas clairement si les messages textuellement rapportés sont dus à cette origine ou ont été épelés par la table. A ces formes déterminées d'automatisme, il faut encore joindre les fréquents phénomènes d'émotion, frissons, tristesse, inquiétude, frayeur, etc., qui, éprouvés par Hélène sans qu'elle sache d'abord pourquoi, se trouvent ensuite en parfaite conformité et en connexion évidente avec le contenu des communications que ces phénomènes émotifs précèdent généralement de quelques moments.

Ainsi, en une demi-douzaine de séances hebdomadaires, la médiumité de Mlle Smith avait revêtu l'aspect psychologique complexe qu'elle devait dès lors conserver intact pendant trois années, et dont je fus témoin lorsque je fis sa connaissance. La rapidité de ce développement initial n'a rien d'excessif, puisqu'on voit des médiums, qui s'ignoraient complètement jusque-là, atteindre dès le premier essai un degré qu'ils ne dépasseront plus guère dans la suite. Ce qu'il y a de particulier chez Hélène, c'est qu'après être restées absolument stationnaires, dès leur apparition, pendant une aussi longue période, ses facultés médiumiques subirent tout à coup au printemps de 1895 l'énorme transformation et le magnifique épanouissement, tant au point de vue de la forme que du contenu des automatismes, que j'ai décrits dans le premier chapitre et sur lesquels je ne reviens pas. (On trouve cependant un lointain présage de cette évolution future dans les courts moments de « sommeil », en réalité de somnambulisme, qu'Hélène eut dans quelques séances de 1892. Voir la note 2, p. 6.)

Pour une histoire complète de la médiumité de Mlle Smith, il faudrait maintenant passer en revue les nombreuses séances qu'elle eut d'abord dans le groupe de Mme N. jusqu'en juin 1893, puis, après un intervalle de six mois sur lequel je n'ai aucun renseignement, dans la famille de M. Cuendet et chez diverses autres personnes pendant l'année 1894. Mais je me sens incompétent pour narrer tout au long des phénomènes auxquels je n'ai pas assisté et dont il n'existe que des procès-verbaux peu circonstanciés. Je dois donc me borner à faire un choix des faits les plus caractéristiques, et qu'il serait vraiment regrettable de passer entièrement sous silence ; mais c'est dans les chapitres suivants que ces faits trouveront leur place naturelle, à propos des sujets auxquels ils se rapportent plus directement.

II. Mlle Smith dans son état normal.

J'allais dire qu'à l'état normal, Mlle Smith est normale. Quelques scrupules m'ont retenu — la crainte d'imiter ce bon M. de la Palice — et je me ravise en disant que dans son état ordinaire elle paraît comme tout le monde. J'entends par là qu'en dehors des trouées que les séances et les explosions spontanées d'automatisme font dans son existence, nul ne se douterait, à la voir vaquer à ses diverses occupations ou à causer de choses et d'autres avec elle, de tout ce dont elle est capable dans ses états anormaux et des trésors de curiosités qu'elle recèle en ses couches subliminales.

De complexion saine et vigoureuse, de belle stature, bien proportionnée, aux traits réguliers et harmonieux, tout en elle respire la santé. Elle ne présente aucun stigmate visible de dégénérescence. Quant à des tares ou anomalies psychiques, abstraction faite de sa médiumité même, je ne lui en connais point de notables, les dispositions craintives de sa jeunesse ayant presque complètement disparu. Au physique elle se porte à merveille. Il le faut bien d'ailleurs, pour faire face aux exigences d'une profession où elle est occupée près de onze heures par jour, presque continuellement dans la station debout[1], et qui ne lui laisse guère

---

[1] Ce n'est pas l'une des moins scandaleuses barbaries de notre prétendue civilisation que ces maisons de commerce et ces grands magasins d'où le « sens des

qu'une semaine de vacances en été. Sans compter qu'outre
ce travail si absorbant hors de chez elle, elle aide sa mère
à la maison, matin et soir, aux soins du ménage, et trouve
encore le temps de lire un peu, de jouer parfois du piano,
et de faire de ravissants ouvrages d'agrément, qu'elle compose et monte elle-même et où éclate son goût exotique
très original. Ajoutez enfin, à cette vie si remplie, les
séances spirites qu'elle veut bien accorder ordinairement
le dimanche, parfois dans la soirée d'un autre jour, d'une
façon toujours absolument désintéressée, aux personnes
qui s'occupent de questions psychiques ou qui désirent
consulter Léopold sur des sujets importants.

Avant d'affirmer qu'une personne présentant des phénomènes
aussi extraordinaires que ceux de la médiumité est normale quant
au reste, il faudrait s'être livré à une investigation approfondie de
toutes ses fonctions organiques et mentales, analogue à l'examen
auquel un chef de clinique peut soumettre les malades de son service
sans cesse à sa disposition, ou qu'un psychologue entreprend dans
son laboratoire sur un sujet de bonne volonté prêt à répondre à
toutes ses questions. Or tel n'a point été mon cas avec Mlle Smith.
Pour diverses raisons sociales ou pratiques, je ne me suis pas trouvé
vis-à-vis d'elle dans la position privilégiée du professeur Pierre
Janet vis-à-vis des ressortissantes de la Salpêtrière, ni même du
docteur Toulouse vis-à-vis de M. Zola. L'exemple de ce dernier,
prouvant une fois de plus qu'aux yeux de la science les individus
exceptionnels finissent toujours par se trouver entachés peu ou prou
de névropathie, donne à penser, indépendamment de cent autres
raisons, que les facultés médiumiques ne vont pas sans un accompagnement de diverses particularités plus ou moins cachées. Je me
plais néanmoins à reconnaître qu'en ce qui concerne Mlle Smith,
pour autant qu'il ressort de ses conversations, des renseignements
que j'ai pu recueillir, et de quelques petites expériences banales, elle
ne présente aucune anomalie des facultés physiques, intellectuelles
et morales, entre les moments où la vie automatique fait irruption
en elle.

Son champ visuel, qu'elle m'a permis de mesurer au périmètre
de Landolt, s'est trouvé normal tant pour le blanc que pour les cou-

affaires » semble avoir banni toute notion d'humanité, et où l'on voit des organismes féminins, au mépris de la physiologie la plus élémentaire, condamnés des heures durant à une quasi immobilité dans la station debout, et exposés aux foudres de
l'honorable patron pour chaque instant de repos pris à la dérobée et par contrebande
sur quelque méchant escabeau.

leurs. Elle a une perception très délicate de ces dernières. Pas trace d'anesthésie tactile ni douloureuse aux mains. Aucun trouble connu de la motilité. Le tremblement de l'index donne une ligne, à quatre oscillations par seconde en moyenne, ne différant en rien des lignes recueillies sur des étudiants normaux. (Voir plus loin fig. 2.) — Il est clair qu'on ne peut pas conclure grand chose de recherches aussi peu étendues.

Mlle Smith n'a jamais eu aucune maladie proprement dite, rougeole, fièvre typhoïde ni autre. Sauf qu'elle a toujours souffert d'une dysménorrhée qui a résisté à divers traitements, et qu'elle prend parfois la grippe au printemps, elle jouit d'une excellente santé, qui a cependant subi il y a trois ans une atteinte momentanée dont je dois dire quelques mots. Il s'agit d'une phase de ménorrhagie et d'affaiblissement général, qui l'obligea à suspendre ses occupations pendant six mois. Ces troubles, qui finirent par céder à une cure de repos chez elle suivie d'un séjour à la campagne, s'expliquent par une période de surmenage physique où elle dut travailler debout à son magasin encore plus que de coutume. Depuis lors elle n'a plus eu d'accroc dans sa santé.

Il est à noter que pendant cette demi-année d'indisposition où elle suspendit ses séances spirites, la vie automatique prit spontanément chez elle un développement considérable sous forme de visions, de rêves éveillés, de demi-somnambulismes durant parfois une bonne partie de la journée. Cette véritable submersion de la conscience ordinaire sous le débordement des états hypnoïdes pourrait être attribuée précisément à la suppression des séances proprement dites, qui canalisent en quelque sorte les flots de l'imagination subliminale et leur servent d'exutoires; mais il est encore plus simple d'y voir le résultat de l'adynamie générale d'Hélène à cette époque; son épuisement nerveux favorisait la désagrégation mentale et l'envahissement de la personnalité normale par les rêves subconscients.

On ne s'attend pas à ce que je fasse de Mlle Smith un portrait intellectuel et moral complet, qui risquerait de blesser sa modestie en tombant par hasard sous ses yeux. Je n'y relèverai que quelques points. L'un des plus saillants est sa grande dignité naturelle; son maintien, son langage, ses manières sont toujours parfaitement comme il faut, et prennent volontiers un certain caractère de noblesse et de fierté qui cadre bien avec ses rôles somnambuliques. Il lui arrive de se montrer altière et souverainement hautaine à l'occasion. Elle est extrêmement impressionnable, et ressent avec intensité les moindres choses. Ses antipathies comme ses sympathies sont promptes, vives et tenaces. Elle a de l'énergie et de la persévérance. Elle sait très bien ce qu'elle se veut, et rien ne passe inaperçu, ni ne s'efface de sa mémoire, de la conduite des autres gens à son endroit. « Je vois tout, rien ne m'échappe, et je pardonne, mais je n'oublie rien », m'a-t-elle souvent répété. Peut-être un moraliste sévère trouverait-il à reprendre en elle une certaine exagération de sensibilité personnelle, une tendance un peu bien accentuée à ruminer outre mesure sur les façons de penser ou d'agir d'autrui en ce qui la concerne de près ou de loin ; mais cette nuance d'autophilie est un trait trop commun de la nature humaine, et se comprend trop bien chez les médiums facilement exposés à se trouver sur la langue ou sous l'œil du public, pour qu'il y ait lieu de lui en faire un reproche.

Elle est très intelligente et très bien douée. Dans la conversation elle se montre vive, enjouée, parfois mordante. Les problèmes psychiques et toutes les questions se rattachant aux phénomènes médiumiques, dont elle est elle-même un si bel exemple, la préoccupent beaucoup, et font le sujet principal de ses méditations solitaires et de ses entretiens avec les personnes qui s'y intéressent. Ses vues philosophiques ne manquent ni d'originalité ni de largeur. Elle ne tient pas au spiritisme propement dit, et n'a jamais voulu, malgré les avances qui lui ont été faites, se rattacher comme membre à la Société d'Etudes Psychiques [spirite] de Genève, parce que, dit-elle, elle n'a pas d'idées arrêtées sur des sujets aussi obscurs, ne veut pas de théories toutes faites, et « ne travaille pour aucun parti ». Elle cherche, elle observe, elle réfléchit et discute, ayant adopté pour maxime « en tout, pour tout, toujours la Vérité ».

Il n'y a que deux points sur lesquels elle se montre intraitable : la réalité objective de Léopold, et le contenu supranormal de ses automatismes. Il ne faut pas lui aller dire que son grand protecteur invisible n'est qu'une apparence illusoire, une autre partie d'elle-même, un produit de son imagination subconsciente; ni que les étrangetés de ses communications médiumiques, le sanscrit, les signatures reconnaissables de décédés, les mille révélations exactes sur des faits inconnus d'elle, ne sont que de vieux souvenirs oubliés de choses qu'elle aurait vues ou entendues dans son enfance. De telles suppositions, contraires à ses évidences intimes et par conséquent fausses en fait pour ne pas dire absurdes en soi, l'irritent facilement comme un défi au bon sens et un outrage à la vérité. Mais hormis ces deux points, elle examinera et discutera de sang-froid toutes les hypothèses qu'on voudra. L'idée qu'elle serait la réincarnation de la princesse hindoue ou de Marie-Antoinette, que Léopold est vraiment Cagliostro, que les visions dites martiennes sont bien de Mars, etc., tout en lui paraissant assez conforme aux faits, ne lui est pas indispensable, et elle serait prête à se rallier, s'il le fallait, à d'autres opinions : la télépathie, des mélanges d'influences occultes, une mystérieuse rencontre, en elle, d'intuitions venant de quelque sphère supérieure à la réalité, etc. Sans doute la supposition de ses préexistences dans l'Inde et sur le trône de France lui semble expliquer d'une façon plausible le sentiment, qui l'a poursuivie dès l'enfance, d'appartenir à un monde plus relevé que celui où le hasard de la naissance l'a emprisonnée pour cette vie; mais elle n'affirme pourtant point ce brillant passé, n'en est pas très convaincue, et reste dans une sage expectative à l'endroit de ces mystères ultimes de son existence.

Il y a un autre sujet encore qui lui tient au cœur. Elle a entendu dire qu'aux yeux des savants et des médecins, les médiums passent facilement pour des fous, des hystériques, des détraqués, en tous cas des êtres anormaux dans le mauvais sens du mot. Or, au nom de son expérience de toute sa vie et de chaque jour, elle proteste énergiquement contre cette odieuse insinuation. Elle déclare bien haut qu'elle est parfaitement « saine de corps et d'esprit, nullement déséquilibrée », et repousse avec indignation l'idée qu'il pourrait y avoir une anomalie fâcheuse ou le moindre danger dans la médiumité telle qu'elle la pratique. « Je suis loin d'être un être anormal, m'écrivait-elle récemment encore, je n'ai jamais été aussi clairvoyante, aussi lucide, aussi apte à juger de tout et à vol d'oiseau, que depuis que l'on a cherché à me développer comme médium. » — Léopold, à son tour, parlant par sa bouche pendant ses trances, lui a plus d'une fois rendu solennellement le même témoignage de parfaite santé. Il est également revenu sur ce sujet par lettre, et l'on trouvera plus loin un très intéressant certificat d'équilibre qu'il a lui-même dicté à Hélène, et lui a fait écrire en partie de sa main à lui, comme pour donner plus de poids encore à ses déclarations. (Voir plus loin fig. 8, p. 131.)

Il est incontestable qu'Hélène a une tête extrêmement bien organisée, et qu'au point de vue des affaires, par exemple, elle mène admirablement le rayon très important et compliqué qui se trouve sous sa direction dans la maison de commerce où elle est employée. Et l'accuser d'être une malade simplement parce qu'elle est médium, comme des âmes charitables (le monde en est plein) n'ont pas manqué de le faire quelquefois, constitue à tout le moins une pétition de principe inadmissible, tant que l'essence même de la médiumité reste chose aussi obscure et sujette à discussion qu'elle l'a été jusqu'ici.

Si l'on s'étonne de la place que cette peur de passer pour malade ou anormale tient dans les préoccupations de Mlle Smith et de son guide, il faut dire à sa décharge — et à celle des médecins et des savants incriminés — que la faute en est aux racontars, aux potins, aux propos en l'air de tout genre dont le public ignorant empoisonne à plaisir l'existence des médiums et de ceux qui les étudient. Il est clair qu'il se rencontre dans les rangs de la docte Faculté ou des Corps scientifiques constitués, comme en toute compagnie un peu nombreuse, certains esprits étroits et bornés, très forts peut-être dans leur spécialité, mais prêts à jeter l'anathème sur ce qui ne cadre pas avec leurs idées toutes faites, et prompts à traiter de maladif, de pathologique, de folie, tout ce qui s'écarte du type normal de la nature humaine tel qu'ils l'ont conçu sur le modèle de leur petite personnalité. C'est naturellement le verdict défavorable, mais plein d'assurance, de ces médecins à œillères et de ces prétendus savants, qui se colporte de préférence et qui vient rebattre les oreilles intéressées. Quant au jugement réservé et prudent de ceux qui n'aiment point à se prononcer à la légère et ne se pressent pas de trancher des questions dont la solution est encore impossible à l'heure présente, il va sans dire qu'il ne compte pour rien, car il faut à la masse des conclusions nettes et décidées. « Vous n'osez pas affirmer que la médiumité est une chose bonne, saine, normale, enviable, qu'il faut développer et cultiver partout où on le peut, et que les médiums nous mettent bien en relation avec un monde invisible supérieur? Mais c'est donc que vous tenez cette disposition pour funeste, malsaine, morbide, détestable, digne d'être extirpée ou anéantie partout où elle fait mine de se montrer, et que vous regardez tous les médiums comme des détraqués ! » Voilà la logique imperturbable du vulgaire, le dilemme taillé à coups de hache dans lequel le milieu ambiant spirite et non spirite s'amuse parfois à m'enfermer et qu'il ne cesse de faire résonner aux oreilles de Mlle Smith. On conviendra que cela explique et justifie amplement qu'elle se préoccupe parfois de ce que l'on dit et pense de sa santé, et que Léopold lui-même croie devoir s'en mêler.

Si la raison, qui est toujours complexe et faite de nuances comme la nature réelle des choses, pouvait quoi que ce soit contre cette logique à l'emporte-pièce et ce dilemme de grand inquisiteur, je répondrais par diverses considérations dont voici les deux principales.

D'abord, même quand il serait démontré que la médiumité est un fait pathologique, une disposition maladive, une forme de l'hystérie, une cousine germaine de la folie, cela ne voudrait point dire que les médiums méritassent moins d'estime, de considération, et d'égards, ni qu'ils fussent moins capables de remplir leur rôle dans la société, que la grande armée des gens soi-disant normaux. Bien au contraire. Car enfin respecte-t-on moins les grands hommes et sont-ils devenus une superfluité pour l'évolution de notre race, depuis qu'on a fait du génie une névrose et que M. Lombroso trouve des symptômes épileptoïdes chez tous ceux qui ont marqué dans l'histoire de la pensée? L'essentiel pour juger de la valeur proprement humaine d'un individu, et de sa vraie place dans l'échelle sociale, n'est pas de savoir s'il est bien ou mal portant, bâti comme tout le monde ou plein d'anomalies, mais s'il est à la hauteur de sa tâche spéciale, comment il s'acquitte des fonctions qui lui sont dévolues, et ce que l'on peut attendre et espérer de lui. On juge l'arbre à son fruit; or la médiumité pourrait en avoir d'excellents. Dans le cas particulier, je ne sache pas que les facultés « psychiques » de Mlle Smith aient jamais nui à l'accomplissement d'aucun de ses devoirs; elles l'y ont bien plutôt aidée, car son activité normale et consciente a maintes fois trouvé un secours inattendu et un appoint d'importance, qui manquent à ses compagnes non médiums, dans ses inspirations subliminales et les ressources de ses automatismes téléologiques.

En second lieu, il est loin d'être démontré que la médiumité soit un phénomène pathologique. Anormal dans le sens de rare, exceptionnel, éloigné de la moyenne, il l'est assurément; mais c'est autre chose que la morbidité. Il y a trop peu de temps, quelques années à peine, qu'on a inauguré l'investigation sérieuse et scientifique des phénomènes dits médianimiques, pour qu'on puisse encore se prononcer sur leur nature véritable. Autant d'observateurs, autant d'avis différents, ou à peu près. Il est cependant intéressant de constater que dans les pays où ces études ont été poussées le plus loin, en Angleterre et en Amérique, le courant dominant chez les savants qui ont le mieux approfondi le sujet n'est point du tout défavorable à la médiumité, et que loin d'en faire un cas particulier de l'hystérie, ils y voient au contraire une faculté supérieure, avantageuse, saine, dont l'hystérie serait une forme de dégénérescence, une contrefaçon pathologique, une caricature morbide. La seule conclusion à tirer de l'ensemble des faits bien observés jusqu'ici, c'est... que l'on n'en peut point tirer de générale, et que chaque cas particulier où se montrent des facultés automatiques un peu développées, doit être examiné pour lui-même. Or je répète que dans celui de Mlle Smith, tout bien évalué, le compte de profits et pertes de sa médiumité me paraît solder par un boni qui n'est point négligeable.

En résumé, le jugement que Mlle Smith porte dans son état ordinaire sur ses phénomènes automatiques est tout à fait optimiste, et rien ne prouve qu'elle ait tort. Elle regarde sa médiumité comme un rare et précieux privilège que pour rien au monde elle ne consentirait à perdre. Certes elle y voit une épreuve aussi, à cause des jugements malveillants et injustes, des jalousies, des basses suspicions, dont la foule ignorante et envieuse abreuva de tout temps ceux qui s'élèvent au-dessus d'elle par des facultés de ce genre. Mais au total, les ennuis sont largement balancés par les bénéfices d'un ordre supérieur, et les satisfactions intimes, attachés à la possession d'un tel don[1]. Sans parler des séances, qui, malgré tout ce que lui en dérobent ses sommeils suivis d'amnésie, sont pourtant une source de divertissement et un puissant intérêt intellectuel dans sa vie[2], ses automatismes spontanés l'ont souvent secondée, sans jamais l'entraver notablement dans ses occupations. Il y a en effet, fort heureusement pour elle, une grande différence d'intensité entre les phénomènes des séances et ceux qui font irruption dans son existence habituelle, ces derniers n'allant jamais jusqu'à un bouleversement aussi profond de sa personnalité que les premiers.

Dans sa vie de tous les jours, elle n'a que des hallucinations passagères et limitées à un ou deux sens, des hémisomnambulismes superficiels et compatibles avec un degré suffisant de possession de soi, en somme des perturbations éphémères et sans gravité au point de vue pratique de ses fonctions sensorielles, intellectuelles ou motrices, en sorte que son activité quotidienne n'a pas eu à en souffrir sérieusement. Les fâcheuses aventures de la condition seconde ou de l'automatisme ambulatoire lui ont toujours été épargnées, et elle n'a jamais eu de crises ou attaques capables d'interrompre son travail et d'attirer sur elle d'une manière pénible l'attention de son entourage. Tout compte fait, les interventions du subliminal dans son existence ordinaire lui sont plus profitables que nuisibles, car elles portent très

---

[1] J'insiste une fois pour toutes sur le fait qu'Hélène n'appartient point à la classe des somnambules de profession, ni des personnes qui battent occasionnellement monnaie avec leur médiumité. (Soit dit en passant, ces deux catégories d'industriels, dont je n'ai aucune raison de médire du reste, me paraissent beaucoup moins nombreuses chez nous, même toute proportion gardée, que dans la plupart des grandes villes et beaucoup d'autres pays.) Mme Smith, qui gagne largement sa vie dans la place où son intelligence et ses aptitudes l'ont fait arriver, et dont la famille jouit d'ailleurs d'une modeste aisance, ne retire jamais aucun profit pécuniaire de ses séances ou consultations. Un tel trafic de facultés qui ont une sorte de valeur et de signification religieuses à ses yeux, répugnerait absolument à son caractère.

[2] Hélène désire naturellement savoir ce qui s'est passé pendant ses somnambulismes, et on le lui raconte — en gros.

souvent un cachet d'utilité et d'à propos qui lui rend de grands services. Phénomènes d'hypermnésie, divinations, objets égarés retrouvés mystérieusement, heureuses inspirations, pressentiments exacts, intuitions justes, automatismes téléologiques de tout genre en un mot, elle possède à un haut degré cette petite monnaie du génie, qui constitue une compensation plus que suffisante des inconvénients résultant de la distraction et des moments d'absence, passant d'ailleurs le plus souvent inaperçus, qui accompagnent ses visions.

Dans les séances, au contraire, elle présente les plus graves altérations fonctionnelles qu'on puisse imaginer, et passe par des accès de léthargie, catalepsie, somnambulisme, changement total de personnalité, etc., dont le moindre serait une bien désagréable aventure pour elle s'il venait à se produire dans la rue ou à son bureau. Cette éventualité n'est heureusement pas à redouter, car on sait combien cette énorme disproportion, entre l'intensité des phénomènes spontanés et celle des phénomènes provoqués par les réunions spirites, est un fait général chez les médiums. Ce fait rappelle ce qui se passe chez tous les « bons sujets » hypnotisables, et cela montre assez que l'autohypnotisation du médium qui entre en séance équivaut absolument à l'hétérohypnotisation d'une personne suggestible quelconque. Mais ceci m'amène à laisser maintenant l'état ordinaire d'Hélène pour aborder l'étude de ses automatismes.

III. Phénomènes automatiques spontanés.

Les automatismes dont est parsemée la vie de Mlle Smith en dehors des séances, ceux du moins qu'elle se rappelle et raconte, sont d'une fréquence très variable et indépendante de toute circonstance connue : il s'en présente quelquefois plusieurs en un jour, comme il lui arrive de passer deux ou trois semaines sans en avoir aucun. Extrêmement divers dans leur forme et leur contenu, ces phénomènes peuvent se répartir en trois catégories quant à leur origine. Les uns proviennent d'impressions reçues par Hélène dans des moments de suggestibilité spéciale. D'autres sont l'apparition fortuite, au-dessus du niveau ordinaire de sa conscience, des romans en train de s'élaborer au-dessous. Les derniers enfin — qui diffèrent des deux espèces précédentes (toujours inutiles si ce n'est gênantes) par leur caractère avantageux et leur adaptation aux besoins du moment — relèvent de l'automatisme téléologique que j'ai déjà signalé dans la jeunesse d'Hélène et qui a participé à la recrudescence générale de sa vie subconsciente sous le coup de fouet des expériences spirites. Passons rapidement ces divers cas en revue.

1. *Permanence de suggestions extérieures.* — Ce sont naturellement les réunions spirites qui en sont la principale source. Non pas que Mlle Smith y soit traitée en sujet à expériences de suggestion posthypnotique ; je crois que tous ceux qui ont pris part à ses séances peuvent se rendre cette justice qu'ils n'ont jamais abusé de la suggestibilité qu'elle présente à ce moment-là, comme la plupart des médiums en fonction, pour lui insinuer des images de nature à la troubler les jours suivants ; tout au plus, par manière d'essais inoffensifs, lui a-t-on parfois suggéré quelques petites choses à exécuter peu d'instants après le réveil[1]. Point n'est besoin de suggestions intentionnelles pour l'influencer d'une façon durable ; bien qu'on évite autant que possible tout ce qui pourrait lui laisser des traces désagréables, et qu'on lui suggère avant la fin de la séance de n'avoir, le lendemain, ni lourdeur de tête consécutive, ni fatigue, etc., il arrive que des incidents quelconques, souvent absolument insignifiants, restent gravés dans sa mémoire de la façon la plus imprévue et l'assaillent

---

[1] Deux fois seulement à ma souvenance j'ai profité de ce qu'elle avait un jour de vacances devant elle, pour lui donner une suggestion à l'échéance du lendemain matin.

comme d'inexplicables obsessions pendant la semaine suivante. Voici quelques spécimens de ces suggestions involontaires qui durent généralement trois à quatre jours, mais peuvent aller jusqu'à douze ou quinze.

Hélène me raconte un dimanche que pendant toute la semaine elle a été obsédée plusieurs fois par jour par l'image hallucinatoire d'un chapeau de paille, se présentant par l'intérieur, situé verticalement en l'air à 1 ou 1 $^1/_2$ mètre devant elle, sans être tenu par personne. Elle a le sentiment que ce chapeau doit m'appartenir, et le reconnaît, en effet, lorsque je vais lui chercher le mien. Il me revient alors à la mémoire qu'à la séance du dimanche précédent il m'est arrivé par hasard et pour la première fois de l'éventer pendant son sommeil final avec ledit chapeau, dont l'image se sera gravée en elle dans l'un de ces éclairs où elle entr'ouvre les paupières et les referme instantanément avant l'éveil définitif. — Cette obsession, dit-elle, a été surtout forte le lundi et la première moitié de la semaine, puis a beaucoup diminué ces derniers jours.

Une autre fois, elle a conservé pendant toute une semaine la sensation de la pression de mon pouce sur son arcade sourcilière gauche. (La compression des nerfs frontaux externes et sous-orbitaires, à la sortie de leurs trous respectifs, est un procédé que j'emploie souvent pour hâter le réveil, d'après une indication donnée par Léopold lui-même.)

Il lui est arrivé d'avoir deux fois dans la même journée l'hallucination auditive et visuelle d'un personnage âgé qu'elle ne reconnaît pas, mais dont le signalement extrêmement caractéristique correspond si bien à un monsieur de Genève, dont on lui a parlé peu de jours auparavant, immédiatement avant le début d'une séance (donc probablement déjà dans son état de suggestibilité), qu'il n'est guère douteux que ces apparitions ne soient la conséquence de cette conversation.

A la suite d'une autre séance où elle eut, au début d'une scène hindoue, l'hallucination d'un bracelet qu'elle faisait de vains efforts pour arracher de son poignet gauche, elle conserva pendant trois jours la sensation de quelque chose qui lui serrait ce poignet, sans comprendre ce que cela pouvait bien être.

De même, des sentiments divers de tristesse, colère, fou rire, envie de pleurer, etc., dont elle ne pouvait s'expliquer la cause, l'ont parfois poursuivie plus ou moins longtemps à la suite de séances dont ces sentiments étaient l'écho émotionnel manifeste. C'est l'effet si fréquent des rêves sur l'état de veille : les premiers s'oublient, mais leur influence (ou leur concomitant affectif) subsiste, parfois plus marquée quand il s'agit des rêves de l'hypnose ou du somnambulisme que de ceux du sommeil ordinaire.

Les séances ne sont pas la source exclusive de ces suggestions involontaires qui viennent troubler la vie quotidienne de Mlle Smith sans aucun profit pour elle. Il est évident qu'en toute occasion où elle se trouvera dans cette disposition particulière de moindre résistance que notre ignorance de sa nature intrinsèque désigne par le nom commode de « suggestibilité », elle sera exposée à recevoir du milieu des impressions capables de revenir l'assaillir ensuite au cours de ses occupations. Il ne semble heureusement pas que la suggestibilité se développe facilement en elle en dehors des réunions spirites, qui en sont la véritable serre chaude, et pour trouver un exemple typique d'obsession ramassée pour ainsi dire dans la rue, loin de toute séance, je dois l'emprunter à la période exceptionnelle de psychasthénie dont j'ai parlé p. 38.

Au milieu de juin 1896, comme Hélène, sur le point d'aller faire un séjour de repos à la campagne, visitait l'Exposition nationale à Genève, en compagnie d'une famille amie, la vue du ballon captif prêt à partir avec ses passagers se grava avec une telle intensité en elle, à la suite d'une parole imprudente qui lui donna pendant quelques instants l'idée d'y monter à son tour, que pendant plus de six semaines cette image revint, chaque jour à la même heure, accaparer son attention et s'imposer à elle avec la vivacité de la perception première.

Voici comment elle me raconta la chose dans une lettre du 29 juillet : « La veille de mon départ, nous sommes allés, la famille X. et moi, visiter l'exposition, et tout en regardant le ballon s'élever, Madame X. me faisait cette réflexion : J'aimerais tant vous voir faire une ascension en ballon afin que vous nous disiez l'impression que vous ressentiriez en vous élevant dans les airs ! [1] Je lui ai répondu que je ne craindrais pas du tout de faire cette ascension, qu'au contraire cela me ferait même plaisir. Nous en sommes restées

---

[1] Selon le récit concordant de M. X., sa femme dit à Mlle Smith : « Je serais curieuse de savoir, quelles impressions vous ressentiriez si vous montiez dans ce ballon. »

là et n'en avons pas reparlé le reste de la journée. Mais pensez que, depuis cet instant, je ne manque pas de voir tous les jours, contre les cinq heures de l'après-midi, le ballon se balançant devant moi et toujours à la même place, la nacelle ne contenant jamais plus de six personnes. J'avais oublié de vous raconter cette chose, et c'est parce qu'il est cinq heures et que j'ai le ballon devant les yeux que je pense à le faire.

« C'est très curieux : surtout que quand que ce soit, n'importe où je me trouve, et chaque jour sans exception, je me trouve forcée de lever la tête pour regarder ce ballon dont je distingue les plus petits cordages, étant donné qu'il ne me fait pas l'effet d'être éloigné de moi de plus d'une vingtaine de mètres. Aujourd'hui, cependant, et hier déjà, tout en le sentant à la même distance que d'habitude, je le vois moins distinctement; on dirait qu'on l'a couvert d'un voile et dans ce moment même il commence à s'effacer lentement. [Suivent dix lignes sur un autre sujet.] Le ballon a tout à fait disparu et je ne l'aperçois plus. »

D'après les explications orales d'Hélène, cette hallucination à point de repère (attachée au sentiment de l'heure ou du moment de la journée), dont elle évalue la durée à une dizaines de minutes, l'absorbait dans les premières semaines au point de la rendre absente de la conversation pendant ce temps, et débutait par des sensations générales et motrices : avant d'avoir l'apparition visuelle du ballon, elle *sentait sa présence* dans une certaine direction et était instinctivement *forcée de se tourner* de ce côté-là pour le contempler. L'intensité de cet automatisme diminua peu à peu, et l'on voit qu'à la fin de juillet elle pouvait continuer à m'écrire pendant sa présence.

Ce petit exemple montre combien, chez une personne affaiblie et suggestible, le moindre sentiment subitement provoqué, ici la curiosité et le désir, peut fixer en une obsession plus ou moins consciente l'idée ou la perception à laquelle ce sentiment se rattache. On reconnaît là l'influence des chocs émotionnels sur la désagrégation mentale, le développement des états hypnoïdes et la naissance des automatismes.

2. *Irruptions des rêveries subliminales.* — J'aurai trop d'occasions de citer des exemples concrets de visions, voix, et autres jaillissements spontanés du travail d'imagination qui se poursuit sous la conscience ordinaire de

Mlle Smith, pour m'y arrêter longtemps ici. Quelques remarques générales suffiront.

Le rapport que ces phénomènes imprévus entretiennent avec ceux des séances elles-mêmes est très divers. Tantôt on y reconnaît des reproductions plus au moins incomplètes d'épisodes qui ont déjà paru dans les séances précédentes, en sorte qu'on y peut voir de simples échos ou récidives posthypnotiques de ces dernières. Tantôt il semble, au contraire, qu'on ait affaire à des sortes d'ébauches ou de répétitions préparatoires de scènes qui se dérouleront plus au long et se continueront dans quelque séance ultérieure. Tantôt enfin il s'agit de tableaux ne faisant aucun double emploi avec ceux remplissant les séances; ce sont comme des pages, envolées pour ne plus revenir, des romans qui se fabriquent ou se feuillettent sans cesse dans les couches profondes de Mlle Smith.

Ce dernier cas paraît être le plus fréquent, et le décousu qui subsiste dans ses divers cycles lorsque nous essayons de les reconstituer par la réunion des séances et des automatismes spontanés, provient sans doute de ce que ceux-ci sont loin de nous être tous connus, beaucoup s'envelissant à mesure dans le linceul de l'amnésie; de là des lacunes irréparables. Hélène ne se souvient pas longtemps, en effet, ni en bien grand détail, à part quelques exceptions, de ces visions qui la surprennent dans son état ordinaire, le plus souvent de bonne heure le matin, alors qu'elle est encore au lit ou levée depuis peu et travaillant à la lampe, quelquefois le soir ou pendant les courts instants de sieste au milieu du jour, beaucoup plus rarement en pleine activité de veille à son bureau. Si elle n'avait depuis longtemps, à ma demande et avec une grande bonne volonté, pris l'habitude de noter au crayon le contenu essentiel de ces apparitions, soit pendant l'apparition elle-même (ce qui ne lui est pas toujours possible), soit immédiatement après, nous aurions à déplorer bien plus de déficits encore dans la trame de ses romans.

L'état psychologique d'Hélène, pendant ses visions spontanées, ne m'est connu que par ses propres descriptions, puisque, quand elle en a eu ma présence, on peut admettre qu'involontairement il y a eu plus ou moins attente de sa part ou provocation de la mienne, ce qui par définition rentre dans le cas des séances dont nous parlerons plus loin. Elle est heureusement observatrice très intelligente et assez fine psychologue.

Ses récits montrent que ses visions sont accompagnées d'un certain degré d'obnubilation. Pendant quelques instants, par exemple, la chambre, la clarté même de la lampe, disparaissent à ses yeux, le roulement des chars dans la rue s'évanouit; elle se sent comme inerte et passive, souvent avec une nuance de béatitude et de bien-être extatique, devant le spectacle qui s'offre à elle; puis ce spectacle s'efface à son grand regret, la lampe et les meubles reparaissent, les bruits extérieurs recommencent, et elle s'étonne de n'avoir pas eu l'idée d'écrire sur-le-champ avec le crayon qui était pourtant à sa portée les mots étranges qu'elle entendait, ni même de toucher, de caresser, par exemple, ces beaux oiseaux au plumage multicolore posés et chantant devant elle. Il lui arrive bien parfois de conserver assez de présence d'esprit et de spontanéité pour griffonner sous dictée les paroles frappant son oreille; mais son écriture toute déformée et de travers prouve assez que son regard absorbé par l'apparition ne pouvait suivre le crayon, et que la main le dirigeait fort mal. D'autre fois encore c'est l'inverse : il lui semble au cours de la vision qu'on s'empare de son bras et qu'on s'en sert malgré elle; il en résulte alors de magnifiques calligraphies, toutes différentes de son écriture à elle, et pendant l'exécution desquelles elle était totalement absente, si l'on en juge par la surprise qu'elle raconte avoir éprouvée en se retrouvant devant ces textes étrangers écrits à son insu, et par les scènes analogues qui se passent aux séances.

Ce qui précède s'applique surtout aux cas les plus fréquents, c'est-à-dire à ces visions matinales ou vespérales qui lui arrivent à la maison, dans cette phase intermédiaire entre la veille et le sommeil, toujours si favorable comme l'on sait à l'éclosion des produits de la cérébration subconsciente. Mais il y a d'innombrables nuances et gradations entre ce type moyen pour ainsi dire, et les extrêmes opposés : d'une part le cas heureusement très exceptionnel où elle est prise d'extase à son bureau, et, d'autre part, celui où l'automatisme se borne à glisser quelques caractères inconnus ou des mots d'une autre main que la sienne dans sa correspondance et ses écritures, singuliers *lapsus calami* dont elle ne tarde pas à s'apercevoir en se relisant. Voici un exemple d'extase.

Etant un jour montée à l'étage supérieur pour chercher quelque chose dans une salle de débarras assez obscure, elle y eut l'apparition d'un homme en turban et en grand manteau blanc, qu'elle avait l'impression de reconnaître[1], et dont la présence la remplit d'un calme délicieux et d'une profonde félicité. Elle ne put se rappeler la conversation qu'il y eut entre eux, dans une langue inconnue qu'elle avait cependant le sentiment d'avoir parfaitement comprise. Au départ du mystérieux visiteur, elle fut navrée de se retrouver dans la sombre réalité, et stupéfaite de constater à sa montre que leur entretien avait duré beaucoup plus longtemps qu'il ne lui semblait. Elle conserva toute la journée une délicieuse et bienfaisante impression de cette étrange apparition.

Quant à l'immixtion d'écritures étrangères au milieu de la sienne, elle est relativement fréquente et on en verra divers spécimens dans les chapitres suivants à propos des romans spéciaux auxquels ce phénomène se rattache. Je n'en donnerai ici qu'un exemple complexe, qui servira en même temps d'illustration pour un genre spécial d'automatisme, très inoffensif, auquel Hélène est également sujette, et qui consiste à faire des vers, non point sans le savoir comme M. Jourdain faisait de la prose, mais du

---

[1] Vision se rapportant au cycle oriental ; cet homme était le cheik arabe père de Simandini.

moins sans le vouloir et à propos des plus vulgaires incidents. Il y a des temps, en effet, où elle se sent malgré elle poussée à parler en distiques rimés de huit pieds, qu'elle ne prépare point et dont elle ne s'aperçoit qu'au moment où elle a fini de les prononcer[1]. Dans le cas particulier, c'est exceptionnellement par un quatrain qu'elle répondit à quelqu'un qui la consultait sur des rubans de couleur bleue. Or ce quatrain, par son allure, par la vision d'une blonde tête d'enfant qui l'accompagna, et par la façon dont elle l'écrivit aussitôt après, laisse deviner une inspiration dépendant du cycle royal sous-jacent; tandis que dans la lettre suivante, où elle raconta la chose à M. Lemaître, sa plume glissa à son insu des caractères

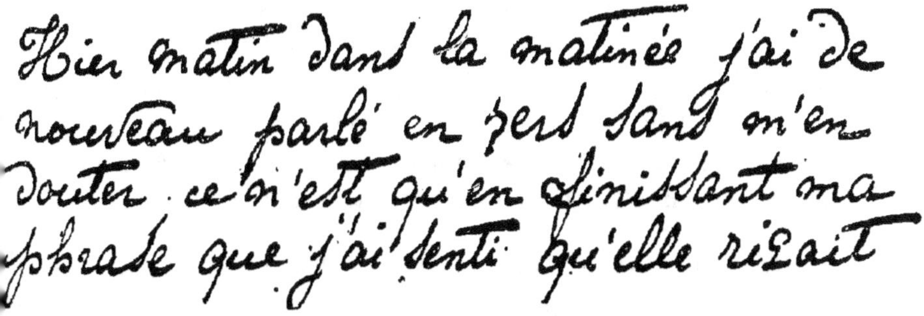

Hier matin dans la matinée j'ai de nouveau parlé en vers sans m'en douter. ce n'est qu'en finissant ma phrase que j'ai senti qu'elle rimait

Fig. 1. — Fragment d'une lettre (écriture normale) de Mlle Smith, renfermant deux caractères martiens. [Collection de M. Lemaître.]

étrangers évidemment dus à l'affleurement du cycle martien dont elle vient de parler dans ladite lettre. (Voir fig. 1 un passage de cette lettre renfermant un V et un M martiens dans les mots *vers* et *rimait*.)

« ..... J'ai entendu des paroles martiennes cette après-midi, mais n'ai jamais pu les retenir. Je vous envoie celles entendues il y a bien quelques jours déjà, alors que j'ai eu la vision dont je viens de vous faire le dessin [lampe martienne]. Hier matin dans la matinée j'ai de nouveau parlé en vers sans me douter; ce n'est qu'en finissant ma phrase que j'ai senti qu'elle rimait et que je l'ai reconstituée pour bien m'en assurer. Un peu plus tard, en examinant des rubans, je me mis de nouveau à parler en vers et je vous les joins également, ils vous divertiront. Chose curieuse, j'eus à ce moment même la vision d'une tête d'enfant blonde et toute bouclée; les cheveux

[1] Voici quelques échantillons de ces impromptus, assurément à la hauteur

étaient entourés d'un ruban bleu; la vision dura tout au plus une minute. Ce qu'il y a de plus curieux encore, c'est que je ne me souviens pas du tout d'avoir porté des rubans de cette nuance étant enfant; des roses, des rouges, oui je m'en souviens, mais des bleus alors cela non, je n'en ai aucun souvenir. Je ne sais vraiment pas pourquoi j'ai prononcé ces paroles, c'est des plus amusant; j'ai dû, je vous assure, les prononcer bien malgré moi. Je me suis empressée de les inscrire sur un papier, et j'ai constaté, en écrivant déjà, que par moment, l'écriture n'était pas régulière, c'est-à-dire qu'elle changeait un peu de la mienne. »

Voici ce quatrain, que son crayon trop pâle empêche de reproduire en cliché, et où j'indique en italiques les mots et syllabes dont la calligraphie ou l'orthographe diffèrent de celles d'Hélène et rentrent dans son écriture automatique dite de Marie-Antoinette :

> Les nuances de ces rubans
> *Me* rappelent *mes* jeunes ans :
> Ce bleu *ver*di, je m'en sou*vien*,
> Dans mes cheveux *alloit* si bien !

La tête aux blonds cheveux bouclés, ornés de rubans bleus, figure souvent dans les visions du cycle royal, et paraît se rapporter tantôt comme ici à Marie-Antoinette elle-même, tantôt à l'un ou l'autre de ses enfants, spécialement au dauphin.

Bien qu'il soit le plus souvent aisé de rattacher ces fulgurations, projetées par le travail souterrain dans la conscience ordinaire, aux divers rêves dont elles émanent, ce n'est cependant pas toujours le cas et il y a des visions d'une origine ambiguë et douteuse.. Il ne faut pas oublier qu'à côté des grands cycles d'Hélène, qui sont le mieux connus, il circule encore dans son imagination latente d'innombrables petits systèmes accessoires, plus ou moins indépendants, qui alimentent une bonne partie des séances,

---

des circonstances qui les ont inspirés, mais sur lesquels il ne faudrait point juger les facultés poétiques *conscientes* de Mlle Smith.

A une petite fille toute fière de ses souliers neufs :

« Marcelle est là, venez la voir,
« Elle a ses petits souliers noirs. »

Dans une discussion culinaire :

« Vous détestez les omelettes
« Autant que moi les côtelettes. »

A une personne quelque peu vaniteuse :

« Vos richesses, ma chère amie,
« Ne me font point du tout envie ! »

tels que les révélations d'événements anciens concernant les familles des assistants, etc.; il n'est pas toujours possible d'identifier les fragments provenant de ces rêves isolés.

3. *Automatismes téléologiques.* — Les phénomènes spontanés de cette catégorie, ayant comme trait commun d'être d'une utilité plus ou moins marquée pour Hélène dans les circonstances de la vie pratique, peuvent se subdiviser en deux classes suivant qu'ils se rattachent directement à la personnalité de Léopold, ou qu'ils n'affichent aucune personnalité distincte et ne font qu'exprimer sous une forme vive le résultat du fonctionnement normal, quoique plus ou moins inconscient, des facultés de mémoire et de raisonnement. Je me borne à citer maintenant un cas de chacune de ces classes, dont on verra d'autres exemples dans les chapitres relatifs à Léopold et aux apparences supranormales.

Un jour Mlle Smith, voulant prendre un objet lourd et volumineux situé sur un rayon élevé, en fut empêchée parce que son bras levé resta comme pétrifié en l'air et incapable de mouvement pendant quelques secondes; elle y vit un avertissement et renonça à l'acte projeté. Dans une séance ultérieure, Léopold raconta que c'était lui qui avait figé le bras d'Hélène pour l'empêcher de prendre cet objet qui était beaucoup trop pesant pour elle et lui aurait occasionné quelque accident.

Une autre fois, un commis qui cherchait vainement un certain échantillon, demanda à Hélène si elle savait peut-être ce qu'il était devenu. Hélène répondit comme mécaniquement et sans réflexion : « Oui, il a été remis à M. J. [un client de la maison] »; en même temps elle vit apparaître devant elle le nombre 18 en gros chiffres noirs de vingt à vingt-cinq centimètres de hauteur, et ajouta instinctivement : « Il y a dix-huit jours. » Cette indication fit rire le commis, qui releva l'impossibilité de la chose, la règle de la maison étant que les clients auxquels de tels échantillons sont prêtés à l'examen doivent les rapporter dans les trois jours, sinon on les leur fait reprendre. Hélène, frappée de cette objection et n'ayant aucun souvenir conscient relatif à cette affaire, répondit : « En effet, peut-être que je fais erreur. » Cependant, en se reportant sur le registre de sortie à la date indiquée, on constata qu'elle avait pleinement raison; c'était par suite de diverses négligences où elle n'était pour rien que cet échantillon n'avait encore été ni rapporté ni réclamé. — Léopold interrogé n'a aucun souvenir et ne paraît pas être l'auteur de cet automatisme cryptomnésique, non plus que de beaucoup d'autres analogues par lesquels la mémoire subconsciente d'Hélène lui rend des services signalés et lui a valu une certaine réputation bien méritée de devineresse.

On voit que si les automatismes spontanés de Mlle Smith sont souvent le résultat fâcheux de ses moments de suggestibilité, ou l'irruption intempestive de ses rêveries subliminales, ils revêtent quelquefois et même souvent la forme de messages utiles. Cette compensation n'est point à dédaigner.

IV. Des séances.

Mlle Smith n'a jamais été hypnotisée ou magnétisée. Dans son aversion instinctive, qu'elle partage avec la plupart des médiums, pour tout ce qui lui apparaît comme une expérience entreprise sur elle, elle s'est toujours refusée à se laisser endormir. Elle ne se rend pas compte qu'en évitant le mot elle accepte la chose, car ses exercices spirites constituent en réalité pour elle une autohypnotisation qui dégénère inévitablement en hétérohypnotisation par le fait qu'elle y subit l'influence spéciale de telle ou telle des personnes présentes.

Toutes ses séances ont, en effet, à peu près la même forme psychologique, le même déroulement à travers leur énorme diversité de contenu. Elle se met à la table avec l'idée et l'attente que ses facultés médiumiques vont entrer en jeu. Au bout d'un temps variant de quelques secondes à près d'une heure, en général d'autant plus court que la pièce est moins éclairée et les assistants plus silencieux, elle commence à avoir des visions, précédées et accompagnées de troubles très variables de la sensibilité et de la motilité, puis elle passe peu à peu à la trance complète. Dans cet état, il arrive rarement, et seulement pendant des moments de peu de durée, qu'elle soit entièrement étrangère aux personnes présentes, et comme enfermée dans son rêve personnel ou plongée en léthargie profonde (syncope hypnotique). Ordinairement elle reste en communication plus particulière avec l'un des assistants, qui se trouve alors vis-à-vis d'elle dans la même relation qu'un hypnotiseur vis-à-vis de son sujet et peut profiter de ce rapport électif pour lui donner toutes les suggestions immédiates ou à échéance qu'il voudra.

Lorsque la séance ne consiste qu'en visions éveillées, elle dure généralement peu de temps, une heure à une heure et demie, et se termine franchement par trois coups énergiques de la table, après lesquels Mlle Smith se retrouve dans son état normal qu'elle n'a d'ailleurs guère paru quitter. S'il y a eu somnambulisme complet, la séance se prolonge jusqu'au double et même davantage, et le retour à l'état normal se fait lentement à travers des phases de sommeil profond séparées par des récidives de gestes et attitudes somnambuliques, des moments de catalepsie, etc. Le réveil définitif est toujours précédé de plusieurs éveils très courts suivis de rechutes dans le sommeil.

Chacun de ces éveils préliminaires, ainsi que le définitif, s'accompagne du même jeu de physionomie caractéristique. Les yeux, fermés depuis longtemps, se sont largement ouverts, le regard hébété fixe le vide ou se promène lentement sur les objets et les assistants sans les voir, les pupilles dilatées ne réagissent pas, la figure est un masque impassible et rigide dénué d'expression. Hélène semble absolument absente. Tout à coup, avec un léger redressement du buste et de la tête et une brusque inspiration, un éclair d'intelligence illumine sa physionomie; la bouche s'est gracieusement entr'ouverte, les paupières se sont animées et les yeux brillent, tout le visage rayonne d'un joyeux sourire et témoigne à l'évidence qu'elle vient de reconnaître son monde et de se retrouver elle-même. Mais avec la même soudaineté qu'il est apparu, cet éclat de vie d'une à deux secondes à peine s'éteint de nouveau, la physionomie reprend son masque inerte, les yeux redevenus hagards et fixes ne tardent pas à se refermer et la tête à retomber sur le dossier du fauteuil. Ce retour de sommeil sera suivi bientôt d'un nouvel éveil instantané, puis parfois d'autres encore, jusqu'au réveil définitif, toujours marqué, après le sourire du début, par cette phrase stéréotypée : « Quelle heure est-il ? » et par un mouvement de surprise en apprenant qu'il est si tard. Aucun souvenir d'ailleurs de ce qui s'est passé pendant le somnambulisme, mais seulement des réminiscences assez complètes des visions à demi éveillées qui l'ont précédé.

Telle est la marche générale des séances.

A côté de ces séances proprement dites qu'on pourrait appeler les grandes séances, qui sont fixées plusieurs jours à l'avance et pour lesquelles Mlle Smith s'est rendue, à l'heure convenue, dans quelque salon ami, il y a aussi les « petites séances », qui sont improvisées et faites comme par raccroc à l'occasion d'une visite ou d'une réunion non préméditée, ou qu'Hélène s'accorde à elle-même et à ses parents soit dans une veine de pure curiosité, soit pour demander à Léopold un renseignement utile ou un conseil urgent. C'est encore ici le guéridon qui sert habituellement d'amorce et d'entraîneur, jusqu'à ce que les facultés médiumniques déclanchées se manifestent par des visions ou d'autres modes plus relevés que les coups frappés d'un meuble matériel. Ce recours à la table n'est cependant pas indispensable, et, ces dernières années surtout, Mlle Smith use volontiers du procédé d'autohypnotisation le plus simple, qui consiste à rester tranquille et passive soit en prêtant l'oreille et laissant vaguer le regard dans l'espérance de quelque voix ou apparition, soit les paupières baissées en tenant un crayon pour obtenir de l'écriture automatique. Ces petites séances une fois en train se déroulent du reste comme les grandes, sauf qu'elles sont beaucoup plus courtes, leur contenu se bornant dans la règle à une seule communication et le réveil, s'il y a eu somnambulisme complet, s'effectuant plus rapidement et sans autant d'alternances variées.

Une description complète des phénomènes psychologiques et physiologiques qui peuvent se présenter ou s'obtenir au cours des séances m'entraînerait trop loin, car il n'y a rien d'absolument constant ni dans la nature ni dans la succession de ces phénomènes, et il n'y a pas deux séances évoluant exactement de la même façon. Je dois me borner à quelques traits saillants.

Trois symptômes principaux, et à peu près contemporains, annoncent généralement que Mlle Smith commence à être prise et va entrer en vision.

Ce sont d'une part des modifications émotionnelles ou cénesthésiques dont la cause ne se révèle qu'un peu plus tard, dans les messages subséquents. Hélène est, par exemple, atteinte d'un fou rire invincible qu'elle ne peut ou ne veut expliquer ; ou bien elle se plaint de tristesse, de crainte, de malaises divers, de froid ou de chaud, de nausée, etc., suivant la nature des communications qui se préparent et dont ces états affectifs sont les signes avant-coureurs.

Ce sont, d'autre part, des phénomènes d'anesthésie systématique (hallucinations négatives) limitée aux membres de l'assistance auxquels se rapporteront les messages ultérieurs. Hélène cesse de les voir, tout en continuant à entendre leur voix et à sentir leur contact ; ou au contraire s'étonne de ne plus les entendre tout en les voyant encore remuer les lèvres, etc. ; ou enfin, ne les perçoit plus d'aucune façon et demande pourquoi ils sont partis à peine la séance commencée. Dans les détails, cette anesthésie systématique varie à l'infini, et ne s'étend parfois qu'à une partie de la personne concernée, à sa main, à la moitié de sa figure, etc., sans qu'il soit toujours possible d'expliquer ces menus caprices par le contenu des visions suivantes ; il semble que l'incohérence du rêve préside à ce travail préliminaire de désagrégation, et que les perceptions normales soient maladroitement déchiquetées et absorbées par la personnalité sous-consciente avide de matériaux pour l'achèvement des hallucinations qu'elle prépare. L'anesthésie systématique se complique souvent d'hallucinations positives, et Hélène manifeste sa surprise de voir, par exemple, un costume étrange ou une coiffure insolite aux gens que tout à l'heure elle commençait à perdre de vue. C'est déjà la vision proprement dite qui s'installe.

Le troisième symptôme, qui ne se manifeste pas de lui-même mais que l'on constate souvent avant tous les autres lorsqu'on prend soin de le chercher, est une allochirie complète, ordinairement accompagnée de divers autres troubles sensibles et moteurs. Si, dès le début de la séance, on prie de temps en temps Hélène de lever, par exemple, la main droite, de remuer l'index gauche, ou de fermer tel œil, elle commence par effectuer ponctuellement ces actes divers, puis tout à coup, sans qu'on sache pourquoi et sans hésitation, elle se met à se tromper régulièrement de côté, et lève la main gauche, remue l'index droit, ferme l'autre œil, etc. C'est l'indice qu'elle n'est plus dans son état ordinaire, bien qu'elle y paraisse encore et discute avec la vivacité d'une personne normale à qui l'on soutiendrait qu'elle prend sa droite pour sa gauche et vice-versa. Il est à noter que Léopold — qui, une fois l'allochirie déclarée, ne tarde plus beaucoup à se manifester soit par la table, soit par les mouvements de tel ou tel doigt — ne partage pas cette erreur de côté; j'ai assisté à de curieuses querelles entre Hélène et lui : elle soutenant que telle main était sa droite, ou que l'île Rousseau est à gauche quand on passe le pont du Mont-Blanc en venant de la gare, et Léopold lui donnant carrément tort par les coups de la table.

Cette allochirie, qui porte non seulement sur les perceptions présentes, mais sur les souvenirs d'endroits comme dans l'exemple que je viens de citer, n'est pas le simple renversement d'un couple verbal, une inversion des mots *droite* et *gauche* qui seraient régulièrement pris l'un pour l'autre, par un phénomène de contraste exagéré, comme on voit des malades ou simplement des gens distraits dire demain pour hier, ou fermer pour ouvrir. C'est une allochirie réelle résistant d'une sorte de transfert réciproque des perceptions symétriques elles-mêmes, d'un chassé-croisé des divers signes locaux affectifs, tactiles ou kinesthésiques, auxquels restent attachées les étiquettes verbales *droite* et *gauche*[1]. Car si, derrière un écran et sans rien dire, on pique, pince, remue un des doigts d'Hélène, c'est le doigt correspondant de l'autre main qu'elle agite en y localisant ces diverses impressions, et qui se met souvent à répéter automatiquement tous les mouvements qu'on communique passivement au premier (syncinésie). L'allochirie simple (impossibilité de rapporter les sensations à l'un des côtés du corps plutôt qu'à l'autre) est plus rare chez Hélène, et paraît être une transition assez courte entre l'état normal et l'allochirie complète, en sorte qu'on n'a pas souvent la chance de tomber précisément sur cet instant-là ; il lui arrive, par exemple, de sentir qu'on lui touche ou lui secoue la main, sans pouvoir dire laquelle, puis au bout d'un petit moment de réflexion elle se décide, mais à faux. Elle a souvent présenté de l'allochirie de l'ouïe, tournant la tête et même dirigeant ses pas du côté opposé à celui d'où on l'interpellait. — Sans qu'on l'ait cherchée, l'allochirie éclate quelquefois d'elle-même dans certains incidents ; j'ai par exemple vu Hélène, voulant tirer son mouchoir au commencement d'une séance, s'obstiner vainement à chercher sa poche du côté gauche alors qu'elle l'avait à droite comme toujours.

Habituelle chez Hélène quand elle est en séance, l'allochirie n'est cependant pas absolument constante. Il y a eu des réunions où je n'ai pas réussi à la constater, sans qu'il y eût des raisons apparentes auxquelles attribuer cette exception. Cette absence de fixité montre bien la part de l'autosuggestion dans les désordres fonctionnels accompagnant l'exercice de la médiumité ; il est même possible qu'ils soient tous, ou peu s'en faut, d'origine purement suggestive. Assurément, la désagrégation même qui permet le développement des états hypnoïdes aux séances est un phénomène spontané, naturel, découlant de la constitution individuelle du sujet, mais le type spécial qu'elle revêt et les formes dans lesquelles elle se moule peuvent fort bien dépendre du hasard des circonstances ambiantes lors de ses premières apparitions.

Il me semble cependant probable que dans le cas de Mlle Smith l'allochirie préexistait aux petites expériences que j'entrepris pour la première fois sur ses mains, le 20 janvier 1895, sans m'attendre ni même songer aucunement à ce phénomène particulier. Je soulevai par curiosité sa main droite, qui m'offrit une grande résistance et me parut anesthésique, tandis que je trouvai la gauche sensible et souple ; ayant fortement pincé la peau de l'annulaire *droit* entre mes ongles, Hélène n'accusa aucune impression, mais pendant le quart d'heure qui suivit elle s'interrompit à diverses reprises au cours

---

[1] Voir sur l'allochirie P. Janet, *Stigmates mentaux des hystériques*, p. 66-71, et *Névroses et Idées fixes*, t. I, p. 234.

d'une vision pour regarder sa main *gauche* en se plaignant d'y éprouver une vive douleur, comme si on y avait enfoncé une épingle, et n'en comprenant pas la cause, elle la demanda, sur mon conseil, à la table (Léopold) qui répondit par épellation : *C'est que l'on t'a fortement pincé le doigt.* Plus tard, comme je tâtai de nouveau sa main droite à peu près insensible, la gauche, ballante sur le dossier de la chaise, se mit à reproduire les positions et mouvements que je communiquais à la droite, au grand étonnement d'Hélène, qui regardait et sentait ces contorsions involontaires de sa main gauche sans éprouver autre chose qu'une vague impression de chaleur dans l'autre main que je triturais. Dans cette première séance, l'allochirie semble être authentique et sous la dépendance de troubles de la sensibilité et du mouvement; mais dans beaucoup de séances ultérieures, où on la voit apparaître avant toute trace d'aucun de ces autres troubles, il se peut qu'elle soit involontairement suggérée par les questions mêmes ou les essais que l'on fait pour constater sa présence. Quoi qu'il en soit, résultat de l'hypoesthésie commençante ou d'une pure suggestion, son apparition à un moment donné plus ou moins rapproché du début de la séance est toujours une marque certaine que l'état normal d'Hélène vient de faire place à l'état de suggestibilité et de perturbation des centres nerveux favorable au développement des visions.

Peu après l'allochirie, et parfois en même temps qu'elle, on constate divers autres phénomènes extrêmement variables, dont je ne cite que quelques-uns. — L'un des bras, par exemple, est contracturé sur la table et résiste comme une barre de fer aux efforts des assistants pour le soulever; les doigts de la main tantôt participent à cette rigidité, tantôt y échappent et conservent leur mobilité active ou passive. Parfois cette contracture ne préexiste pas, mais s'établit visiblement à l'instant même où l'on touche l'avant-bras et s'accroît proportionnellement aux efforts que l'on fait pour la vaincre; ces essais eux-mêmes sont ressentis par Hélène, quelques secondes ou minutes plus tard, dans l'autre bras sensible et mobile, où elle se plaint de fatigue et de douleur. — Une de ses mains, entièrement anesthésique, lui étant cachée par un écran, si on la pique simultanément en deux, trois, quatre points, ou qu'on y trace, par exemple, une M ou une H, ou qu'on lui pince l'index ou un autre doigt, et qu'en même temps on la prie de penser et de nommer au hasard un chiffre quelconque, ou une lettre de l'alphabet, ou un de ses doigts, sa réponse correspond toujours exactement à l'impression qu'on vient de communiquer à sa main insensible. C'est l'expérience bien connue de M. Binet, qui montre que des perceptions restées inconscientes évoquent cependant les images ou idées associées et les imposent, comme une carte forcée, à la conscience ordinaire alors que celle-ci croit choisir à volonté. — Il arrive aussi que les doigts de la main insensible commencent à remuer, à être pris de trémulation, à tapoter sur la table. Hélène regarde avec surprise ces doigts « qui bougent tout seul »; cela l'amuse d'abord, puis l'irrite, sa volonté n'ayant plus de prise sur eux, et elle essaye avec son autre main de les maintenir immobiles, mais en vain. Ces mouvements automatiques finissent bientôt par se régulariser en frappements intelligents d'épellation par lesquels Léopold se manifeste, ou bien ils se généralisent à toute la main et aux bras, pour aboutir, après diverses contorsions spasmodiques figurant une attaque en miniature, à des attitudes passionnelles et des gestes significatifs se rattachant au rêve somnambulique qui commence. — Il n'y a, en somme, aucune régularité dans la distribution, changeant d'un instant à l'autre, des anesthésies, contractures, convulsions de tous genres que présentent les mains et les bras d'Hélène. Tout cela semble du pur caprice, ou ne dépend que des rêves sous-jacents mal connus. J'ai vu, par exemple, Hélène faire tous ses efforts pour arracher ses mains de la table, et n'arriver qu'à les retirer péniblement jusqu'au bord, où les phalangettes des trois plus longs doigts restèrent comme clouées, tandis que la table, remuée par ce minime contact, lui déclarait qu'elle ne pourrait se libérer entièrement tant qu'elle n'aurait pas raconté à haute voix un certain incident qu'elle s'obstinait à taire.

Des phénomènes analogues et tout aussi capricieux d'anesthésie, tics convulsifs, paralysie, sensations de toutes sortes dont Hélène se plaint, se produisent souvent au visage, dans les yeux, la bouche, le cou, etc. Au milieu de tous ces troubles, dont ni la présence ni le groupement n'ont rien de constant, les visions se déclarent et le somnambulisme s'introduit avec des modifications également variables d'autres fonctions : pleurs, sanglots, soupirs, hoquets répétés, bruits œsophagiens, changements divers du rythme respiratoire, etc.

Si l'on continue trop longtemps à expérimenter sur Hélène et à la questionner, on gêne le développement des visions originales, et elle arrive facilement à un degré de suggestibilité où l'on retombe sur le répertoire classique des représentations publiques d'hypnotisme : état de charme et de fascination, dans lequel elle reste en arrêt devant quelque objet brillant, la bague, les breloques ou un bouton de manchette de l'un des assistants, puis se précipite avec frénésie sur cet objet lorsqu'on tente de l'enlever; poses et attitudes émotionnelles sous l'influence d'airs joués au piano; hallucinations suggérées de tout genre, serpents effrayants qu'elle poursuit avec les pincettes, fleurs magnifiques qu'elle respire à pleins poumons et distribue aux assistants, blessures saignantes qu'on lui fait à la main et qui lui arrachent des larmes, et ainsi de suite. La banalité de ces phénomènes décourage de les pousser bien loin, et l'on s'ingénie par divers moyens dont aucun n'est très rapide ni très efficace, par exemple en lui faisant des passes sur les yeux, à la plonger en un sommeil tranquille, d'où elle ne tarde pas à glisser d'elle-même dans son somnambulisme propre et à reprendre le fil de ses imaginations personnelles.

Si l'on a évité toutes ces investigations perturbatrices, le déroulement spontané des automatismes se fait avec plus de rapidité et d'ampleur. On peut alors assister, dans la même séance, à un spectacle très varié, et avoir d'abord dans un état encore à demi-éveillé des communications particulières pour tel ou tel assistant; puis, en somnambulisme complet, une vision hindoue suivie d'un rêve martien, avec une incarnation de Léopold au milieu, et une scène de Marie-Antoinette pour finir. A l'ordinaire, deux de ces dernières créations suffisent déjà à bien remplir une séance. Une telle représentation ne va d'ailleurs pas sans causer au médium une notable dépense de force qui se traduit par le sommeil terminal se prolongeant parfois jusqu'à une heure de temps, et entrecoupé, comme je l'ai dit, de récidives des scènes somnambuliques précédentes, bien reconnaissables à certains gestes ou au murmure de paroles caractéristiques. A travers ces diverses oscillations et les réveils éphémères dont j'ai parlé plus haut, Hélène finit par revenir à son état normal; mais les séances qui ont été trop longues ou mouvementées lui laissent une grande fatigue pour le reste du jour; il lui est même souvent arrivé de rentrer dans le somnambulisme (dont elle n'était probablement pas complètement sortie) au cour de la soirée ou en retournant à la maison, et de ne recouvrer son état parfaitement normal qu'à la faveur du sommeil de la nuit.

Sur la nature réelle des sommeils d'Hélène à la fin des séances et sur les états de conscience qu'ils recouvrent, il m'est difficile de me prononcer, n'ayant pu les observer que dans des conditions défavorables, c'est-à-dire en présence d'assistants plus ou moins nombreux et peu tranquilles. La plus grande partie consiste certainement en somnambulismes, où elle entend tout ce qui se passe autour d'elle, car bien qu'elle semble profondément endormie et absente, les suggestions qu'on lui donne alors pour après le réveil sont enregistrées et s'exécuteront à merveille — à moins que Léopold, qui est presque toujours là et répond par les mouvements de tel ou tel doigt aux questions qu'on lui fait, n'y fasse opposition et ne déclare que la suggestion ne s'accomplira pas! Il y a pourtant de courts moments où Hélène paraît se trouver dans un profond coma et une sorte de syncope sans trace de vie psychique; le pouls et la respiration continuent paisiblement, mais elle ne réagit à aucune excitation, les bras soulevés retombent lourdement, on ne peut plus obtenir aucun signe de Léopold, et les suggestions faites en cet instant ne se réaliseront pas. Ces phases léthargiques où toute conscience semble abolie sont généralement suivies de phases cataleptoïdes où les bras et les mains conservent toutes les positions et continuent les mouvements de rotation ou d'oscillation qu'on leur imprime, mais jamais au-delà d'une à deux minutes. La suggestion par l'ouïe accompagne souvent, mais pas toujours, celle par le sens musculaire : les claquements de doigts ou de langue, les coups de poings sur la table, le choc des mains l'une contre l'autre, etc., etc., sont fidèlement reproduits, avec le même rythme, après un retard allant jusqu'à vingt ou trente secondes. Je n'ai, par contre, jamais observé d'écholalie, ni l'harmonisation de la mimique du visage avec les attitudes communiquées aux membres supérieurs, et au total je ne saurais dire où se trouve la limite, dans ces phénomènes cataleptoïdes d'Hélène, entre la catalepsie véritable et sa contrefaçon somnambulique par suggestion. En tout cas, authentiques ou seulement apparents, les états syncopaux et cataleptiques ne constituent à la fin des séances que des phases transitoires et très courtes, comparées aux divers somnambulismes manifestés par des attitudes significatives, la présence de Léopold, et la réceptivité aux suggestions posthypnotiques.

A défaut d'expériences plus complètes, voici une comparaison de la force musculaire d'Hélène et de sa sensibilité à la douleur avant et après une séance de près de trois heures, dont la seconde moitié en plein somnambulisme. — A 4 h. 50, en se mettant à la table, trois essais dynamométriques avec la main droite donnent kil. 27.5 ; 27 ; 25 ; moyenne 26,5. La sensibilité à la douleur, mesurée sur le dos de la phalange médiane de l'index avec l'algésiomètre de Griesbach, donne à droite gr. 35, 40, 20, 20, moyenne 29 ; à gauche 35, 20, 20, 15, moyenne 22,5 gr. (Sensibilité un peu plus délicate que chez une autre dame présente à la séance, pas médium et en parfaite santé.) — A 7 h. 45, quelques minutes après le réveil définitif : Dynamomètre, main droite 8 ; 4,5 ; 4,5 ; moyenne 5,7. Algésiomètre : analgésie complète tant à gauche qu'à droite ; sur tout le dos de l'index, comme sur le reste de la main et du poignet, le maximum de l'instrument (100 gr.) est atteint et dépassé sans éveiller aucune sensation douloureuse, mais seulement une impression de contact. — Une heure plus tard, après avoir dîné : Dynamomètre 22, 22, 19, moyenne 21 ; Algésiomètre 20, 18, à droite ; 15, 20, à gauche. On peut donc dire que la force et la sensibilité à la douleur, normales immédiatement avant l'entrée en séance, sont encore abolies dans le premier quart d'heure après le réveil, mais se trouvent restaurées au bout d'une heure de temps. — La perception des couleurs, en revanche, paraît aussi parfaite immédiatement après le réveil qu'avant la séance.

Le tremblement de l'index, normal avant la séance, est très exagéré dans son amplitude pendant un certain temps après le réveil, et reflète parfois les mouvements respiratoires comme on peut le voir par les courbes de la fig. 2. Cela dénote une forte diminution de la sensibilité kinesthésique et du contrôle volontaire sur l'immobilité de la main.

L'état dans lequel Mlle Smith réalise les suggestions posthypnotiques qu'on lui a faites au cours de ses somnambulismes, lorsqu'elles ne se sont heurtées ni à l'opposition déclarée de Léopold ni aux états de léthargie dont j'ai parlé, est intéressant par sa diversité, qui semble dépendre de la plus ou moins grande facilité de concilier l'hallucination ou l'acte suggéré avec la personnalité normale d'Hélène. L'exécution en plein état de veille paraît réservée aux suggestions anodines, exemptes d'absurdité, ne jurant point avec son caractère et les circonstances présentes, et dont l'idée peut être, par conséquent, facilement acceptée et réalisée par le Moi ordinaire lorsqu'elle

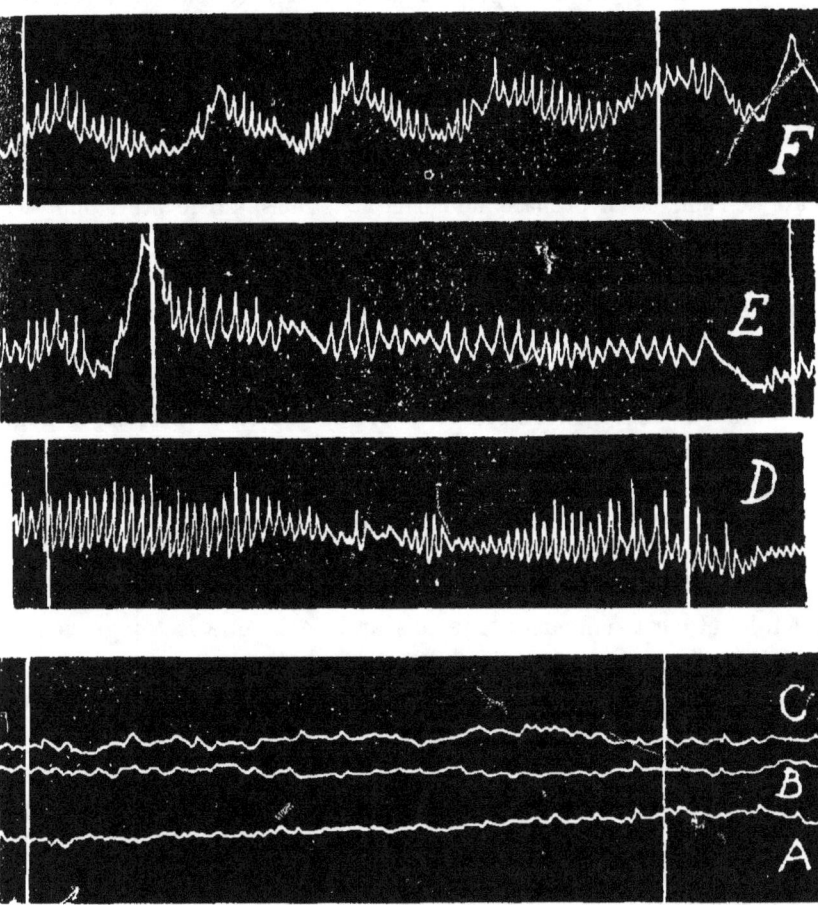

Fig. 2. — Tremblement de l'index droit. — *A, B, C*, fragments de courbes prises à l'état normal avant une séance (*A* et *C*, yeux fermés ; *B*, yeux ouverts regardant l'index). *D, E, F,* fragments de courbes recueillies successivement un quart d'heure après la séance. La courbe *F* reflète les oscillations respiratoires. — Les courbes vont de droite à gauche, et l'intervalle entre les deux lignes verticales est de 19 secondes.

y surgit au moment voulu. Si, au contraire, il s'agit de choses plus compliquées et difficilement compatibles avec les points de vue raisonnables de l'état de veille normal, Hélène retombe momentanément en somnambulisme pour l'exécution de l'ordre donné, si même elle n'y est pas restée d'une manière permanente, nonobstant son réveil apparent, pour ne rentrer définitivement et complètement dans son état ordinaire qu'après cette exécution dont il ne lui reste alors aucun souvenir.

Quand on a, par exemple, suggéré à Hélène d'aller, après son réveil, admirer la photographie qui est au coin de la cheminée, ôter le coussin du fauteuil pour le mettre sur le canapé, sentir le bouquet et demander à la dame de la maison de lui en donner quelques fleurs, feuilleter tel volume sur la table, etc., elle s'acquitte de ces actes insignifiants et faciles de la façon la plus naturelle, sans avoir l'air de rien, et en prenant de curieux détours, s'il le faut, pour les fondre dans le cours normal de la conversation, en sorte qu'un témoin non prévenu n'en serait aucunement surpris. Interrogée ensuite sur ce qu'elle a éprouvé, elle décrit très clairement la genèse de son acte : tout en causant, elle s'est sentie attirée vers l'angle de la cheminée sans savoir pourquoi; après avoir résisté un moment à ce sentiment inexplicable, elle a trouvé un prétexte quelconque pour se lever de sa chaise et changer de place, de façon à s'approcher en passant du dit angle, où son regard s'est alors porté malgré elle sur la photographie, etc. Il est intéressant de noter que, d'après ses descriptions, l'acte final ne se présente pas d'emblée à son esprit; elle est d'abord vaguement attirée dans telle direction, vers tel meuble, et c'est seulement une fois arrivée là que la suggestion se précise, par étapes successives, jusqu'au bout.

Dans d'autres cas, la suggestion qui surgit en elle comme une obsession la trouble davantage, et tout en se dirigeant sans savoir encore au juste dans quel but du côté obligé, elle soupçonne la nature anormale de l'impulsion à laquelle elle obéit : « Vous m'avez fait quelque chose, dit-elle,... vous m'avez joué un tour... je ne sais pas ce qu'il y a... » — Il s'établit parfois un compromis entre l'idée suggérée et le Moi normal qui la trouve absurde : Hélène, par exemple, prendra bien une fleur dans un vase et l'apportera sur la table devant Mme X., mais sans la lui offrir explicitement comme on le lui avait suggéré, parce que cela lui semble déplacé dans les circonstances données.

Si quelque hasard empêche l'accomplissement de l'acte en temps opportun, Hélène est exposée à être poursuivie pendant les jours suivants par le sentiment pénible d'une chose à faire dont elle ne se rend pas clairement compte. Un jour, par exemple, que je lui avais dit d'aller prendre, cinq minutes après son réveil, un certain presse-papier sur une de mes tables, j'oubliai ma suggestion à la fin de la séance et nous quittâmes la chambre avant qu'Hélène l'eût accomplie. Pendant toute la quinzaine qui suivit, elle fut obsédée par l'image vive, non pas du presse-papier, mais d'un certain angle de ma table (vers lequel elle se serait dirigée pour le prendre), avec l'impression qu'elle avait à y faire quelque chose d'indéterminé; je n'arrivai pas à la délivrer de cette hantise dans l'intervalle en lui racontant à l'état de veille cette suggestion et lui disant de n'y plus penser, et il fallut pour l'en débarrasser qu'au début de la première séance qui eut lieu de nouveau chez moi, Léopold lui dictât par le guéridon l'ordre d'aller enfin saisir le fatal presse-papier.

Quand la suggestion est plus compliquée ou heurte décidément le bon sens (je ne parle pas de suggestions choquant la morale ou les convenances, que par un motif d'égards extra-scientifiques je n'ai jamais essayées avec Mlle Smith, et que Léopold, tel que je le connais, n'eût probablement pas laissé passer), Hélène reste ou rentre en somnambulisme pour son exécution et ne s'en souvient pas ensuite. Je lui dis un jour, pendant une scène hindoue, qu'à son réveil elle prendrait M. Paul Seippel, présent à la réunion, pour M. T. [qui avait assisté jadis à quelques séances, mais n'y était pas revenu depuis un an] et lui manifesterait son plaisir de le revoir. Ces deux messieurs n'ont aucune ressemblance de visage ni de caractère, et une telle confusion était en somme inconciliable avec l'état normal. Après le réveil, qui eut lieu deux heures plus tard selon les formes accoutumées et semblait parfait, Hélène ne tarda pas à se tourner vers M. Seippel et l'apostropha comme s'il était M. T., s'étonnant de le revoir après une si longue absence, lui demandant des nouvelles de Mme T., etc. M. Seippel, qui connaissait à peine M. T., soutint avec son humour habituel ce rôle imposé, et il s'ensuivit une conversation d'un burlesque achevé, toute pleine des coq-à-l'âne les plus désopilants, où Hélène, absolument anesthésique à l'égard des autres assistants, ne cessa de causer avec un naturel, un sérieux, une présence d'esprit qu'il faut être somnambule pour déployer à ce degré dans de telles circonstances. Les éclats de rire des spectateurs, ceux de M. Seippel lui-même et les apartés à notre adresse dont il émaillait sa conversation, rien de tout cela n'existait pour Hélène qui ne voyait et n'entendait, dans les gestes et les paroles de son interlocuteur, que ce qui pouvait en quelque mesure cadrer avec son idée de M. T. Elle ignorait si bien le reste de son entourage qu'elle se laissa entraîner par les questions insidieuses du faux M. T., à émettre sur plusieurs des assistants des jugements qu'elle n'eût jamais énoncés en leur présence dans son état de veille, car elle sait bien que toute vérité n'est pas bonne à dire (mais le somnambulisme excuse tout, et peut-être au fond Léopold, ou le subliminal de Mlle Smith, s'en doute-t-il un peu). Cette scène inénarrable dura près d'un quart d'heure; puis soudain Hélène, fermant les yeux avec un soubresaut convulsif et une sorte de hoquet, retomba dans le fond du canapé, plongée dans un profond sommeil, d'où elle se réveilla quelques minutes après, pour de bon cette fois, et complètement amnésique sur ce qui venait de se passer. Un de ses premiers mots fut bien de demander : « Où est donc M. T. ? » mais ce ne fut que comme un écho fugitif de la scène précédente, car elle parla aussitôt d'autre chose, et questionnée à ce sujet quelques moments plus tard, elle se rappelait seulement avoir vaguement pensé à M. T. ce jour-là, mais n'avait aucun souvenir précis de toute la séance qui avait duré trois heures de temps.

Dans cet exemple, le premier éveil n'était certainement qu'apparent. Il en est de même en beaucoup d'autres cas où, tout en semblant dans son état normal parce qu'elle cause et boit du thé avec les assistants, elle n'y est pas du tout en réalité — comme suffiraient à le montrer son air absorbé et la lenteur de ses réponses, sans même recourir aux troubles sensibles et moteurs qu'on peut constater à ses mains — jusqu'à ce que dans le cours de la soirée elle ait trouvé l'occasion de s'acquitter de quelque suggestion dont le souvenir inquiétant la maintenait en demi-somnambulisme. Mais il y a aussi des exemples où le réveil paraît vraiment complet entre la séance et l'exécution de la suggestion ; c'est surtout le cas lorsque l'échéance de celle-ci est liée à un signal extérieur, tel que trois coups frappés sur la table, etc. ; du changement d'apparence et d'état que la production de ce signal détermine chez Hélène, on peut inférer qu'avant ce moment elle était bien réellement éveillée comme elle le semblait, et que la subconscience attendait paisiblement dans l'ombre le signal convenu pour envahir de nouveau la personnalité ordinaire.

Tous les faits qui précèdent ne renferment rien de neuf, et j'aurais pu me dispenser de les citer s'il ne m'avait paru utile de mettre en lumière, par ces quelques exemples, l'extrême suggestibilité de Mlle Smith pendant ses séances. Il est permis d'en conclure qu'à peu près rien de ce qui se dit ou se passe autour d'elle n'échappe à sa subconscience, en sorte que ses romans somnambuliques trouvent continuellement de nouveaux aliments et de puissantes impulsions dans les réflexions mêmes qu'ils provoquent de la part des assistants.

Un mot encore sur la préparation des séances.

Je ne songe point à une préparation consciente, à un travail réfléchi et voulu de la part d'Hélène, mais à une incubation ou élaboration subliminale, ignorée d'elle, affleurant tout au plus le niveau de sa personnalité ordinaire sous la forme de fugitives lueurs, d'images fragmentaires, pendant le sommeil de la nuit ou les moments de rêvasserie. M¹¹ᵉ Smith n'a, en effet, aucune prise, ne possède aucune influence, sur la nature de ses visions et somnambulismes. Elle peut, sans doute, jusqu'à un certain point favoriser d'une façon générale leur apparition en recherchant la tranquillité, la pénombre, le silence, et en s'abandonnant à une attitude d'esprit passive (autohypnotisation, séances); ou l'entraver, au contraire, par le mouvement, la distraction, l'activité au grand jour; mais dans le contenu même, déterminé et concret, de ses automatismes, elle n'est pour rien et n'a aucune part de responsabilité. Qu'il s'agisse de ses grands cycles ou de messages détachés, tout cela se fabrique en elle malgré elle, et sans qu'elle y ait son mot à dire, pas plus que nous dans la formation de nos rêves.

Si l'on se rappelle, d'autre part, que les phénomènes d'incubation, de préparation subliminale ou cérébration inconsciente, sont un fait général et jouant son rôle dans la psychologie de tout le monde, on doit s'attendre à ce qu'ils se rencontrent également chez les médiums et y tiennent une place d'autant plus grande que la vie subconsciente est en eux plus développée. Chez chacun de nous déjà, l'attente ou la simple perspective d'un événement quelconque, un départ, une visite, une commission ou une démarche à faire, une lettre à écrire, et, en somme, tous les incidents jusqu'aux plus insignifiants de l'existence quotidienne, du moment qu'ils ne sont pas absolument imprévus, provoquent d'avance une adaptation psychophysiologique plus ou moins étendue et profonde. A côté et au-dessous de l'expectative consciente, des émotions ressenties, des dispositions physiques ou mentales prises volontairement en vue de l'événement, il se fait toujours une préparation sous-jacente plus intime, un changement que l'on peut concevoir, suivant la face sous laquelle on considère l'individu, comme une orientation psychique particulière ou un certain ajustement cérébral, une modification dans l'associabilité des idées ou dans le dynamisme des neurones corticaux. Or tout nous montre que chez les personnes douées de médiumité, par suite même du fossé creusé entre leur Moi normal et les sous-personnalités qui s'agitent dans la profondeur, la préparation sous-jacente est susceptible de revêtir à la fois une importance plus considérable que chez le commun des mortels, et une indépendance beaucoup plus complète de la conscience ordinaire.

Pour en revenir à Mlle Smith, comme elle sait plus ou moins longtemps d'avance chez qui aura lieu sa prochaine séance et quelles personnes elle y rencontrera presque à coup sûr, il serait tout naturel que cette connaissance préalable du milieu et des assistants influât sur ses préoccupations subliminales et dirigeât en une certaine mesure le cours de l'incubation latente dans un sens plutôt que dans un autre. On peut donc se demander si le spectacle varié qui remplit les séances est toujours impromptu et prend naissance au gré du moment comme les rêves ordinaires, ou s'il était subconsciemment prémédité, la séance n'étant alors que l'exécution d'un programme arrêté, la représentation *coram populo* de scènes d$^{...}$ nûries dans les couches profondes du médium.

Aucune de ces deux hypothèses, prise exclusivement, ne répond aux faits, mais il y a du vrai en toutes deux. Le menu des séances, si l'on me passe cette expression, est toujours composé d'un ou deux plats de résistance, soigneusement mitonnés à l'avance dans les officines subliminales, et de divers hors-d'œuvre laissés à l'inspiration du moment. Plus exactement encore, la trame générale, les grandes lignes et les points saillants des scènes qui se dérouleront sont fixés au préalable, mais les détails d'exécution et les broderies accessoires dépendent entièrement du hasard des circonstances. On en a la preuve d'une part dans la souplesse, la parfaite aisance, l'à-propos avec lequel les automatismes d'Hélène — si l'on peut encore appliquer le mot d'automatismes à des cas dont la spontanéité, la possession de soi, le libre jeu de toutes les facultés, constituent le trait dominant — s'adaptent souvent aux conditions inattendues du milieu et à l'intervention capricieuse des assistants; d'autre part, dans le fait que Léopold, interrogé dès le début de la séance, sait ordinairement fort bien et annonce les principales visions ou incarnations qui vont avoir lieu, pourvu du moins que les spectateurs n'en viennent pas arrêter le déroulement par leur intempestive insistance à réclamer autre chose.

Les conversations animées, et parfois pleines de spirituelles réparties, de Léopold ou de Marie-Antoinette avec les assistants, n'ont pu être préparées à l'avance et sont tout le contraire de la répétition stéréotypée qu'on attend volontiers des phénomènes automatiques. Mais, d'un autre côté, cette répétition presque purement mécanique et dénuée de sens s'est présentée en maintes occasions. J'ai vu, par exemple, surgir des scènes somnambuliques tout à fait déplacées et constituant à ce moment-là de véritables anachronismes, tandis qu'elles auraient eu leur pleine raison d'être et se seraient trouvées en parfaite situation huit jours plus tôt et dans un autre milieu; seulement, la séance qui avait été organisée dans cet autre milieu, et à laquelle les dites scènes étaient évidemment destinées, ayant dû être renvoyée au dernier moment par suite de circonstances imprévues, c'est la séance suivante qui a bénéficié de ces messages ajournés. Cela prouve à la fois que l'imagination subliminale d'Hélène prépare jusqu'à un certain point ses principales productions en vue des conditions et de l'entourage où la séance aura probablement lieu, et que, d'autre part, ces produits une fois élaborés doivent s'éliminer et jaillissent avec une sorte de nécessité aveugle, en temps ou hors de temps, dès que l'entrée d'Hélène dans un état hypnoïde favorable leur en fournit l'occasion. Il en ressort également que sa personnalité normale n'est en somme pour rien dans la préparation des séances, puisqu'elle ne peut ni réprimer ou transformer des scènes mal adaptées au milieu réel, et dont l'apparition ennuie parfois beaucoup Mlle Smith lorsqu'on les lui raconte après la séance; ni provoquer des messages dont elle désirerait et espère vainement la production, tels par exemple qu'une consultation médicale de Léopold, l'incarnation d'un parent défunt, ou une scène d'un certain cycle plutôt que des autres, pour un assistant qui en a spécialement envie et à qui elle ne demanderait pas mieux que de procurer ce plaisir si cela dépendait d'elle.

Il y aurait beaucoup à dire encore sur le côté psychologique des séances de Mlle Smith, mais il faut se borner. On pourra, du reste, s'en faire une idée plus complète par les exemples servant d'illustrations, dans les chapitres suivants, aux principaux cycles de sa brillante fantaisie subliminale.

CHAPITRE IV

La Personnalité de Léopold.

Léopold est-il vraiment Joseph Balsamo comme il le prétend? Ou bien, sans avoir rien de commun que de superficielles analogies avec le fameux thaumaturge du siècle dernier, est-il du moins un individu réel, distinct et indépendant de Mlle Smith? Ou enfin ne serait-il qu'une pseudo-réalité, une sorte de modification allotropique d'Hélène elle-même, un produit de son imagination subliminale comme nos créations oniriques et les rôles que l'on suggère à un sujet hypnotisé?

De ces trois suppositions, c'est la dernière qui, à mes yeux, est certainement la vraie, tandis qu'aux yeux de Mlle Smith, elle est certainement fausse. Il serait difficile d'imaginer un plus profond désaccord, et l'on devine que nous avons de la peine à nous entendre sur ce point. C'est toujours moi qui finis par avoir le dessous. Je cède, pour deux raisons. D'abord par politesse, et puis, parce qu'au fond, je comprends parfaitement Hélène et qu'en me mettant à sa place, je penserais exactement comme elle. Etant donné son entourage et ses expériences personnelles, il est impossible qu'elle ne croie pas à l'existence objective, distincte, de cet être mystérieux qui intervient constamment dans sa vie d'une façon sensible et quasi-matérielle, ne laissant de prise à aucun doute. Il se présente à ses regards doué d'une corporéité égale à celle des autres gens et cachant les objets situés derrière lui comme un individu en chair et en os [1]. Il parle à ses oreilles, le plus ordinairement à gauche, d'une voix caractéristique qui paraît venir d'une distance variable, quelquefois de deux mètres environ, souvent de beaucoup plus loin. Il secoue la table sur laquelle elle a posé ses mains immobiles, ou lui donne des crampes dans le bras, s'empare de son poignet et écrit par sa main en tenant la plume autrement qu'elle, et avec une écriture toute différente de la sienne. Il l'endort à son insu, et elle apprend avec étonnement au réveil qu'il a gesticulé avec ses bras, et parlé par sa bouche d'une grosse voix d'homme, à l'accent italien, n'ayant rien de commun avec son clair et joli timbre de voix féminine.

De plus, il n'est pas toujours là. Tant s'en faut qu'il réponde chaque fois aux appels d'Hélène et soit à sa merci. Bien au contraire : sa conduite, ses manifestations, ses allées et venues, sont imprévisibles et témoignent d'un être autonome, doué de libre arbitre, souvent occupé ailleurs ou absent pour ses propres affaires qui ne lui permettent pas de se tenir constamment à la disposition de Mlle Smith. Quelquefois, il reste des semaines sans se révéler, malgré qu'elle le désire et l'invoque. Puis, tout à coup, il se manifeste quand elle s'y attend le moins. Il lui tient des discours, pour elle-même ou à l'adresse d'autres personnes, comme elle n'aurait pas l'idée d'en faire, et lui dicte des poésies dont elle serait incapable. Il répond à ses questions orales ou mentales, converse et discute avec elle. Comme un sage ami, un Mentor raisonnable et voyant les

---

[1] C'est surtout lors de ses apparitions en plein air que Léopold a l'aspect d'un individu ordinaire dans le milieu ambiant. Dans la maison, il fait habituellement partie de quelque vision plus étendue qui se substitue à la chambre où se trouve Hélène, en sorte qu'on ne peut pas dire qu'elle voie Léopold se détacher sur les meubles ou la paroi comme une personne réelle.

choses de haut, il lui donne des avis, des conseils, des ordres même, parfois directement opposés à ses désirs et contre lesquels elle rejimbe. Il la console, l'exhorte, la calme, l'encourage et la réprimande; il prend vis-à-vis d'elle la défense de gens qu'elle n'aime point et soutient des causes qui lui sont antipathiques. On ne saurait, en un mot, concevoir un être plus indépendant et plus différent de Mlle Smith elle-même, ayant un caractère plus personnel, une individualité plus marquée, et une existence réelle plus certaine.

Ce qui fortifie encore Hélène dans sa conviction, c'est l'assentiment non seulement de personnes de sa famille, mais encore d'autres gens cultivés qui, ayant eu beaucoup de séances avec elle, ne mettent point en doute l'existence objective et séparée de Léopold. Il y en a qui croient si solidement à la réalité de cet être supérieur, invisible pour eux, qu'ils vont jusqu'à l'invoquer en l'absence de Mlle Smith. Naturellement, ils obtiennent des réponses, par la table ou autrement, et cela amène parfois des complications imprévues lorsqu'elle vient à l'apprendre. Car bien qu'elle admette théoriquement — et que Léopold ait souvent déclaré lui-même — qu'il étend sa surveillance et sa protection très au loin, sur d'autres groupes spirites et plus spécialement sur tous les amis et connaissances d'Hélène, il se trouve qu'en pratique et en fait ni lui ni elle ne reconnaissent volontiers, dans les cas particuliers, l'authenticité de ces prétendues communications de Léopold obtenues en l'absence de son médium de prédilection. C'est généralement quelque esprit trompeur qui a dû se manifester à sa place en ces occasions-là. Ces dénégations n'empêchent point, d'ailleurs, les gens convaincus de continuer à croire à la toute-présence de ce bon génie, et d'apprendre à leurs enfants à le révérer, voire même à lui adresser leurs prières. Il ne faut pas oublier que le spiritisme est une religion. Cela explique également la considération mitigée qui entoure souvent les médiums, comme les prêtres. Il arrive que sans se priver le moins du monde d'en médire dès que l'on croit avoir des griefs contre eux, on leur prodigue, d'autre part, les mêmes marques de respect qu'à ce que l'humanité a produit de plus sublime. J'ai connu tel salon où sur le meuble central et bien en vue, à la place d'honneur, deux photographies se faisaient pendant dans des cadres de choix : d'un côté une tête de Christ d'un grand maître, de l'autre le portrait... de Mlle Hélène Smith. Chez d'autres croyants d'aspirations moins idéales mais plus pratiques, on ne conclut pas une affaire, on ne prend pas une décision grave, sans avoir consulté Léopold par l'intermédiaire d'Hélène, et les cas ne se comptent plus où il a fourni un renseignement important, évité une grosse perte d'argent, donné une prescription médicale efficace, etc.

On conçoit que tous les succès obtenus par Léopold, et la vénération mystique que beaucoup de personnes infiniment estimables lui témoignent, doivent contribuer pour leur part à entretenir la foi d'Hélène en son tout-puissant protecteur. C'est en vain que, contre cette assurance absolue, on chercherait à faire valoir les arguties de la psychologie contemporaine. L'exemple des fictions du rêve, les analogies tirées de l'hypnotisme et de la psychopathologie, les considérations sur la désagrégation mentale, la division de la conscience et la formation de personnalités secondes, toutes ces subtilités alambiquées de nos savants modernes viendraient se briser comme verre sur ce roc inébranlable de la certitude immédiate. Aussi bien n'entreprendrai-je point de combattre une proposition qui a incontestablement l'évidence sensible pour elle, et qui résout toutes les difficultés de la façon la plus aisée et la plus conforme au sens commun.

Cependant, comme il faut bien que chacun vive et exerce son petit métier, je demande l'humble permission de faire momentanément comme si Léopold n'existait pas en dehors de Mlle Smith, et de tenter de reconstituer sa genèse possible dans la vie mentale de cette dernière — uniquement par hypothèse et à titre d'exercice psychologique. D'ailleurs, les lecteurs qui se sentent peu de goût pour ce genre de compositions académiques n'ont qu'à sauter par dessus ce chapitre.

I. Psychogénèse de Léopold.

Ce qui ne facilite pas la description du développement de Léopold, c'est qu'il a une double origine, apparente et réelle, comme les nerfs crâniens qui donnent tant de tablature aux étudiants en anatomie. Son origine apparente, je veux dire le moment où il s'est extérieurement séparé de la personnalité d'Hélène et manifesté comme un « esprit » indépendant, est relativement claire et bien marquée ; mais son origine réelle, profondément enfouie dans les couches les plus intimes de la personnalité d'Hélène et inextricablement confondue avec elles, présente de grandes obscurités et ne peut être fixée que d'une façon très conjecturale. Occupons-nous d'abord de l'origine apparente ou de la première apparition de Léopold aux séances.

On comprend qu'une fois initiée au spiritisme et plongée dans un courant d'idées où la réconfortante doctrine des Esprits guides ou protecteurs tient une place importante, Mlle Smith n'ait pas tardé à posséder, comme tout bon médium, un désincarné spécialement attaché à sa personne. Elle en eut même deux successivement, à savoir Victor Hugo et Cagliostro. Il ne s'agit pas là d'un simple changement de nom du guide d'Hélène, qui se serait d'abord présenté sous l'aspect et le vocable du grand poète, puis aurait adopté ensuite ceux de l'illustre thaumaturge, mais ce sont bien, au début du moins, deux personnalités différentes, voire même hostiles, dont l'une a peu à peu supplanté l'autre (tout en absorbant quelques-uns de ses caractères) à la suite d'une lutte dont la trace se retrouve dans les procès-verbaux fort incomplets des séances de l'époque. Aussi peut-on distinguer trois phases dans la psychogénèse du guide de Mlle Smith : une phase initiale de cinq mois, où V. Hugo règne seul ; une phase de transition d'environ un an, où l'on voit la protection de V. Hugo impuissante à défendre Hélène et son groupe spirite contre les invasions d'un intrus nommé Léopold, qui réclame et manifeste une autorité croissante sur le médium en vertu de mystérieuses relations au cours d'une existence antérieure ; enfin, la période actuelle, qui dure depuis six ans, où V. Hugo ne figure plus et qu'on peut dater approximativement du moment où il a été révélé que Léopold n'est qu'un nom d'emprunt sous lequel se cache en réalité la grande personnalité de Joseph Balsamo.

Je ne trouve aucun fait digne de mention dans la première phase, où V. Hugo, qu'on a vu apparaître comme guide de Mlle Smith dès le 1er avril 1892 (voir plus haut, p. 33), ne joue qu'un rôle assez nul. Sur la seconde phase, en revanche, il convient de citer quelques extraits des procès-verbaux du groupe N., pour mettre en lumière le singulier caractère avec lequel Léopold s'y manifesta dès le début.

26 août 1892. — « Un esprit s'annonce sous le nom de Léopold. Il vient pour Mlle Smith et paraît vouloir avoir une grande autorité sur elle. Elle le voit au bout de quelques instants, il paraît âgé de 35 ans environ et est tout habillé de noir. L'expression de son visage est plutôt bonne, et aux quelques questions que nous lui adressons, nous comprenons qu'il l'a connue dans une autre existence et qu'il ne voudrait pas qu'elle s'attachât de cœur à quelqu'un ici-bas... Mlle Smith distingue son guide V. Hugo. Elle est heureuse de son arrivée et s'adresse à lui pour qu'il la protège en prévision des obsessions de ce nouvel esprit. Il lui répond qu'elle n'a rien à craindre, qu'il sera toujours là. Elle est joyeuse d'être ainsi gardée et protégée par lui, et sent qu'elle ne doit rien craindre. »

2 septembre. — «... Léopold vient aussi, mais Mlle Smith ne craint rien, car son guide [V. Hugo] est là qui la protège. »

23 septembre. — «... Soirée peu heureuse. Un esprit s'annonce. C'est Léopold. Il nous dit tout de suite : Je suis seul ici, je veux être le maître ce soir. Nous sommes très contrariés et n'attendons rien de bon de lui. Il cherche, comme il l'avait déjà fait une fois, à endormir Mlle Smith, qui a une peine inouïe à lutter contre ce sommeil. Elle sort de table, espérant par ce moyen l'éloigner et qu'il laissera la place à d'autres. Elle revient au bout de dix minutes, mais il est toujours là et n'a pas l'air de vouloir abandonner la partie. Plus nous lui parlons et plus nous avons l'air de ne point le craindre, plus il secoue la table pour nous montrer que lui non plus ne nous craint pas. Nous appelons nos amis [spirituels] à notre aide... [Ils prennent momentanément la place de Léopold, mais bientôt] de nouveau Léopold est revenu, nous luttons avec lui, nous voulons qu'il s'éloigne, mais ni la douceur ni les paroles dures ne le font fléchir; devant cet entêtement, nous comprenons que tous nos efforts seront inutiles, et nous nous décidons à lever la séance. »

3 octobre. — « [Manifestation des esprits favoris du groupe qui déclarent] qu'ils n'ont pu venir comme ils l'auraient désiré, entravés qu'ils ont été par l'esprit Léopold qui cherche à s'introduire parmi nous, et que nous voudrions repousser autant que possible, persuadés qu'il ne vient pas dans un bon but, d'après la manière peu convenable dont il s'annonce. Je ne sais si nous arriverons à l'éloigner, mais nous craignons beaucoup qu'il ne nous gêne et retarde notre avancement. »

7 octobre. — «... Léopold s'annonce. Nous cherchons à le raisonner, nous ne voulons pas lui interdire de venir, mais ce que nous lui demandons, c'est qu'il vienne en ami comme tous, et non pas en Maître comme il l'exprime. Il n'est pas satisfait, paraît y mettre beaucoup de malice, et nous parle avec un sans-façon qui nous démonte. Espérons qu'il arrivera à de meilleurs sentiments. Il se fait voir, se promène autour de la table, nous envoie à chacun un salut avec la main, et se retire pour laisser de nouveau la place a d'autres... »

14 octobre. — « [Après un quart d'heure d'attente immobile et silencieuse dans l'obscurité, autour de la table, on interpelle Mlle Smith et on la secoue vainement.] Elle est endormie. D'après le conseil des personnes présentes, nous la laissons dormir, puis au bout de quelques minutes, la table se soulève, un esprit s'annonce, c'est Victor Hugo; nous lui demandons s'il a quelque chose à nous dire, il répond que oui et épelle : *Eveillez-la, ne la laissez jamais dormir.* Nous nous empressons de le faire, nous sommes, du reste, inquiets de ce sommeil; nous avons beaucoup de peine à l'éveiller. »

6 janvier 1893. — « Après vingt minutes d'attente, arrive Léopold, qui, comme d'habitude, endort quelques instants le médium, nous taquine et empêche nos amis [désincarnés] de venir à la table. Il nous contrarie dans tout ce que nous lui demandons et va contre tous nos désirs. En présence de cette rancune, les assistants regrettent les mouvements de mauvaise humeur qu'ils ont eu contre lui, et déplorent de le payer aussi cher. On ne réussit qu'avec peine à réveiller le médium. »

Février 1893. — « Dans l'une des séances de ce mois, il arriva une chose remarquable : c'est notre médium à qui l'esprit Léopold, très irrité ce jour-là, enleva deux fois de suite sa chaise en l'emportant à l'autre extrémité de la chambre, pendant que Mlle Smith tombait lourdement sur le plancher. Ne s'attendant nullement à cette mauvaise farce, Mlle Smith tomba si malheureusement sur un genou qu'elle en souffrit pendant plusieurs jours et avait de la peine à marcher. Nous avons dû lever la séance, nous n'étions pas tranquilles. Pourquoi cette animosité ?... »

Ce mot d'animosité résume assez bien, en effet, la conduite et les sentiments que Léopold paraît avoir eus vis-à-vis du groupe N., au rebours de son placide rival V. Hugo. Les souvenirs personnels des assistants que j'ai pu interroger confirment la physionomie essentielle de ces deux figures. Hugo est un protecteur anodin, au ton paterne et fadasse dont les bons conseils revêtent volontiers la forme des vers de mirliton et des devises de caramels[1]. Caractère effacé en somme, et bien éclipsé par celui tout opposé de l'arrogant Léopold, qui prend un singulier plaisir au rôle de trouble-fête, vindicatif et jaloux, empêchant la venue des désincarnés désirés du groupe, endormant le médium ou le précipitant à terre, lui défendant de donner son cœur à d'autres, et désorganisant les séances autant qu'il est en lui. C'est à quoi il semble avoir fort bien réussi, car les réunions du groupe N. prirent fin au commencement de l'été ; puis vient une interruption de six mois après laquelle je retrouve Mlle Smith inaugurant le 12 décembre une nouvelle série de séances dans un tout autre groupe spirite organisé par M. le prof. Cuendet. Ici, V. Hugo ne reparaît plus que très rarement, et jamais avec

---

[1] Voici deux exemples de ces dictées typtologiques adressées par V. Hugo à Mlle Smith et conservées dans les procès-verbaux du groupe N. :
  9 décembre 1892. — L'amour, divine essence, insondable mystère,
  — Ne le repousse point, c'est le ciel sur la terre.
  19 février 1893. — L'amour, la charité, seront ta vie entière ;
  Jouis et fais jouir, mais n'en sois jamais fière.

le rôle de guide, lequel rôle est attribué d'emblée et sans conteste à Léopold dont l'identité véritable (Cagliostro) n'est un secret pour personne dans ce nouveau milieu. C'est donc dans le courant de 1893, à une époque impossible à préciser faute de documents, que se termina la rivalité de ces deux personnages par le triomphe complet du second.

Il résulte de ce qui précède que l'apparition de Léopold dans les séances du groupe N., fut un phénomène manifeste de contraste, d'hostilité, d'antagonisme à l'endroit de ce groupe. Rien, par conséquent, ne nous éclairerait mieux sur la vraie nature de Léopold et la tendance émotionnelle qui l'a inspiré que de connaître exactement les dispositions et l'atmosphère qui régnaient dans ce groupe. Il est difficile et délicat de se prononcer sur l'esprit complexe d'un milieu dont on n'a pas fait partie et sur lequel on ne possède que des indices clairsemés et pas toujours très concordants. Voici toutefois ce qui me paraît certain.

Le groupe N., beaucoup plus nombreux qu'il ne convient à des séances de ce genre, renfermait des éléments assez divers. A côté de personnes graves et convaincues, il y avait ordinairement là quelques étudiants qui prenaient pension chez l'une des dames du groupe, et qui ne paraissent pas avoir senti tout le sérieux des réunions spirites. Cet âge est sans pitié, et la profonde signification des séances obscures échappe souvent à son intelligence superficielle et badine. Dans ces conditions, Mlle Smith devait inévitablement éprouver deux impressions contraires. D'une part, elle se sentait admirée, choyée, fêtée, comme le médium hors pair qu'elle était et sur qui reposait l'existence même du groupe ; d'autre part, ses instincts secrets de haute dignité personnelle ne pouvaient qu'être froissés des familiarités auxquelles elle était exposée dans ce milieu trop mélangé. Je regarde les deux guides rivaux et successifs d'Hélène comme l'expression de ce double sentiment. Si elle avait été élevée à l'américaine ou que sa texture fût d'un grain moins fin, le flirtage des séances n'eût sans doute fait que donner plus de chaleur et d'éclat à V. Hugo ; au lieu de cela, il souleva les colères victorieuses de Léopold dans une nature d'une grande fierté native, extrêmement chatouilleuse sur le point d'honneur, et dont l'éducation plutôt sévère et rigide avait encore exalté le sens du respect de soi. Après une lutte d'un an entre ces deux personnifications de tendances émotionnelles opposées, la seconde l'emporta définitivement comme on l'a vu, et Mlle Smith se retira du groupe N., qui se trouva dissous du même coup.

On aperçoit maintenant l'idée que je me fais de Léopold. Il représente, à mon avis, chez Mlle Smith, la synthèse, la quintessence — et l'épanouissement d'autre part — des ressorts les plus cachés de l'organisme psychophysiologique. Il jaillit de cette sphère profonde et mystérieuse où plongent les dernières racines de notre être individuel, par où nous tenons à l'espèce elle-même et peut-être à l'absolu, et d'où sourdent confusément nos instincts de conservation physique et morale, nos sentiments relatifs aux sexes, la pudeur de l'âme et celle des sens, tout ce qu'il y a de plus obscur, de plus intime et de moins raisonné dans l'individu. Quand Hélène se trouve dans un milieu, je ne dirai pas dangereux, mais où elle risque simplement, comme dans le groupe N., de se laisser aller à quelque inclination contraire à ses aspirations fondamentales, c'est alors que Léopold surgit soudain, parlant en maître, revendiquant la possession du médium tout pour lui, et ne voulant pas qu'elle s'attache à quelqu'un ici-bas. On reconnaît bien là l'auteur de cette voix « qui n'est pas celle de la conscience »[1], mais qui a toujours empêché jusqu'ici Mlle Smith de lier sa destinée à celle de quelqu'un qui ne serait pas parfaitement à sa hauteur. Et on y reconnaît également ce même principe de protection et de préservation qui agissait déjà au temps de sa jeunesse,

---

[1] Voir sa lettre citée, p. 24.

dans les automatismes téléologiques surgissant à l'occasion de certains chocs émotifs dont j'ai parlé p. 21.

Mais par ces considérations nous nous trouvons être remontés déjà fort au delà de l'origine apparente de Léopold dans la séance du 26 août 1892, vers son origine réelle bien plus ancienne. Celle-ci paraît dater d'une grande frayeur qu'Hélène eut au cours de sa dixième année. Comme elle traversait la plaine de Plainpalais en revenant de l'école, elle fut assaillie par un gros chien qui se dressa contre elle en aboyant. On se représente la terreur de la pauvre enfant, qui fut heureusement délivrée par un personnage vêtu d'une grande robe foncée à larges manches avec une croix blanche sur la poitrine, lequel se trouva là tout à coup et comme par miracle, chassa le chien, et disparut soudain avant qu'elle eût pu le remercier. Or, d'après Léopold, ce personnage ne serait autre que lui-même qui apparut pour la première fois à Hélène en cette occasion et la sauva en faisant peur au chien.

Cette explication a été donnée par Léopold, le 6 octobre 1895, dans une séance où Hélène venait d'avoir en somnambulisme la répétition de cette scène de frayeur, avec cris déchirants, gestes de lutte et de défense, tentatives de fuite, etc. A l'état de veille, elle se rappelle très bien cet épisode de son enfance, mais n'y fait pas intervenir Léopold et croit que ce fut un curé ou un religieux quelconque qui, passant par là par hasard, se porta à son secours et chassa l'animal. Ses parents ont également le souvenir de cet incident, qu'elle leur raconta un jour en rentrant très émotionnée de l'école et à la suite duquel elle ne put de longtemps rencontrer un chien dans la rue sans être reprise d'effroi et se cacher dans la robe de sa mère. Elle a toujours conservé une aversion instinctive pour les chiens.

Il ne semble pas à première vue que, dans cette aventure, la sphère des sentiments de pudeur ait dû être spécialement en jeu; mais si l'on songe que toutes les émotions intenses se tiennent, qu'il s'agit, en somme, d'une sorte d'attentat, et que la puissance désagrégeante des chocs physiques et moraux chez les individus prédisposés est un

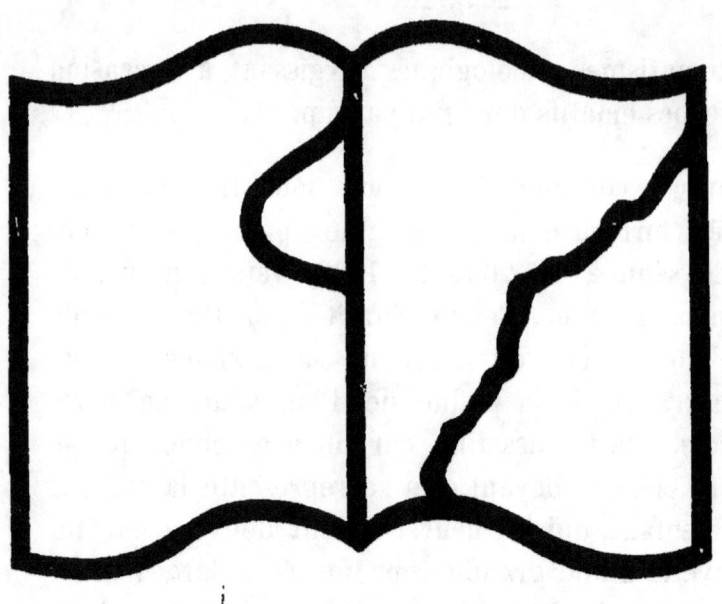

Texte détérioré — reliure défectueuse
NF Z 43-120-11

RECTO ET VERSO

fait aujourd'hui banal, on ne fera pas difficulté de souscrire à l'affirmation de Léopold, en la prenant, il est vrai, en un autre sens que lui, et de voir dans cet épisode la première origine de la division de conscience et des manifestations hypnoïdes de Mlle Smith. Quant à savoir si le personnage en robe était un passant réel accouru au secours de l'enfant, et dont l'image, gravée à jamais dans sa mémoire à la faveur de l'émotion, s'est plus tard reproduite dans toutes les circonstances analogues et a fini par faire corps avec Léopold; ou si ce fut déjà alors une vision imaginative, accompagnant quelque vigoureux déploiement automatique d'énergie musculaire par lequel la petite fille réussit à se débarrasser du chien, c'est ce qui n'est pas possible; la première hypothèse me paraît toutefois la plus naturelle et la plus simple.

On a vu (p. 28) qu'après ce premier incident, les choses en restèrent là pendant quatre ans, jusqu'au moment où la puberté vint favoriser le développement des visions orientales. Ici, Léopold, auquel nous devons ces renseignements, n'est plus tout à fait d'accord avec lui-même, car tantôt il dit que c'est lui qui donnait ces visions de l'Inde à Mlle Smith, tantôt qu'elles se produisaient d'elles-mêmes comme des réminiscences d'une vie antérieure; cependant, le fait qu'il en avait connaissance, et s'en souvient en gros, semble bien indiquer qu'il était pour quelque chose dans leur apparition, conformément à sa première thèse, ce qui appuie l'idée d'une connexion intime entre ces rêveries subconscientes et la sphère psychique profonde à laquelle j'ai fait allusion. A côté de ces visions diverses, Léopold a clairement reparu sous la forme du protecteur à robe brune dans nombre de circonstances où cette sphère était plus directement intéressée. Je n'en citerai que deux exemples, l'un très ancien, l'autre tout récent.

Un jour qu'Hélène était allée consulter le docteur au sujet de sa dysménorrhée, celui-ci, qui la connaissait depuis longtemps et était presque un ami de la famille, se permit de cueillir un innocent baiser sur la fraîche joue de la jeune fille. Il ne s'attendait pas l'explosion indignée que cette familiarité provoqua chez Mlle Smi à qui il dut se hâter de faire des excuses méritées. Ce qui nous intéresse ici, c'est que sous le coup de l'émotion, elle vit apparaîtr dans l'angle de la chambre son défenseur en robe brune, qui ne la quitta plus jusqu'à ce qu'elle fût rentrée chez elle.

Il n'y a pas longtemps ce même protecteur, toujours dans le même costume, l'a accompagnée plusieurs jours de suite pendant qu'elle traversait une promenade peu fréquentée qui se trouve sur sa route lorsqu'elle va à son bureau. Un soir, aussi, il lui apparut à l'entrée de cette promenade avec l'attitude de lui barrer le chemin, et l'obligea à faire un détour pour regagner son domicile. Mlle Smith a l'impression, et divers indices donnent à penser qu'elle ne se trompe pas, que c'est pour lui éviter une vue ou une rencontre dangereuse que Léopold, à la robe brune, lui apparaît ainsi dans des conditions toujours parfaitement déterminées. C'est à la distance constante d'une dizaine de mètres qu'il surgit devant elle, marchant ou plutôt glissant à reculons, en silence, à mesure qu'elle s'avance vers lui, et l'attirant en fascinant ses regards de façon à l'empêcher de les détourner à droite ou à gauche, jusqu'à ce qu'elle ait franchi le passage périlleux. On notera que tandis que Léopold en d'autres circonstances, par exemples aux séances, se montre à elle dans les costumes les plus variés et parle de tout au monde, c'est toujours sous son aspect hiératique en quelque sorte, muet et vêtu de sa grande robe foncée, qu'il lui apparaît dans les occasions de la vie réelle où elle est exposée aux émotions de danger spéciales à son sexe, comme il lui apparut la première fois lors de la frayeur de sa dixième année.

Les indications que je viens de donner justifient, je pense, suffisamment mon opinion, que l'origine réelle et primordiale de Léopold se trouve dans cette sphère délicate et profonde où l'on a tant de fois rencontré les racines des phénomènes hypnoïdes, et à laquelle les plus illustres visionnaires, tels qu'un Swedenborg [1], semblent devoir en bonne partie non point sans doute le contenu intellectuel et vivant, mais la forme imaginative, l'enveloppe hallucinatoire et matérielle, de leur génie. Un double problème subsiste toutefois dans le cas de Mlle Smith.

---

[1] Voir Lehmann, *Aberglaube und Zauberei*, übers. v. Petersen, Stuttgart 1898, p. 217 et suiv.

urquoi ces sentiments instinctifs, ces tendances émotionnelles, qui existent chez tout le monde et poussent chez beaucoup des diverticules subconscients et hypnoïdes, ont-ils chez elle abouti à un produit aussi complexe et aussi perfectionné que l'est la personnalité de Léopold, et pourquoi, en second lieu, cette personnalité croit-elle être Joseph Balsamo ?

Je réponds d'emblée que ces deux points sont à mes yeux un pur effet d'autosuggestion. Pour ce qui est du premier, à savoir que la vie subconsciente se condense en une personnalité d'apparence indépendante et distincte du moi ordinaire, possédant son caractère à elle et se révélant par des procédés automatiques, le simple fait de s'occuper de spiritisme et de se livrer à des exercices médiumiques suffit à le produire. Ce n'est pas là une hypothèse ou une affirmation en l'air, c'est une vérité empirique, la constatation d'une réalité, une loi psychologique induite d'exemples concrets et qui, par conséquent, constitue l'explication suffisante, et seule plausible jusqu'à preuve du contraire, des autres cas particuliers auxquels sa formule est applicable. Prenez un individu ayant dans sa subconscience des souvenirs, des scrupules, des tendances affectives, des idées à coefficient émotionnel plus ou moins intense : mettez-lui en tête je ne dis pas des convictions, mais simplement des préoccupations spirites, puis attelez-le à une table ou à un crayon : pour peu qu'il soit du tempérament impressionnable, suggestible, désagrégeable que le public appelle la faculté médianimique, il ne se passera pas longtemps avant que ses éléments subliminaux se groupent, s'ordonnent, se compénètrent suivant la forme « personnelle » à laquelle tend toute conscience [1], et se traduisent au dehors en communications qui ont l'air de venir directement des désincarnés. J'ai publié [2] dernièrement eux

---

[1] W. James. « Thought tends to Personal form. » *Princ. of Psychology*, New-York, 1890, t. I, p. 225 et suiv.

[2] *Genèse de quelques prétendus messages spirites*. Revue philosophique, t. XLVII, p. 144 (fév. 1899).

exemples typiques de ce processus, où il n'y a pas plus d'*esprits* au sens spirite du mot que dans le fait de se rappeler son nom ou son adresse, et je ne reviens pas sur cette démonstration.

Appliquée au cas de Mlle Smith, cette loi consiste à dire que Léopold n'existait pas nécessairement (il n'y en a d'ailleurs aucun indice) à titre de sous-personnalité distincte avant qu'Hélène s'occupât de spiritisme. C'est aux séances du groupe N., par réaction émotionnelle contre certaines influences comme on l'a vu, qu'il s'est peu à peu formé, en s'enrichissant des souvenirs de même tonalité, jusqu'à devenir un être en apparence indépendant, se révélant par la table, manifestant une volonté propre et une tournure de pensée à lui, se rappelant les incidents antérieurs analogues de la vie d'Hélène et se donnant les gants d'y être déjà intervenu. Une fois constitué, ce second Moi ne fera, cela va sans dire, que croître, embellir, et se développer en tous sens en s'assimilant une foule de nouvelles données à la faveur de l'état de suggestibilité qui accompagne l'exercice de la médiumité, tandis que dans le passé il ne pourra s'agréger, et ne reconnaîtra comme lui appartenant, que les éléments de même ordre que lui, les faits subconscients issus de la même sphère fondamentale et teintés des mêmes dispositions. Sans le spiritisme et l'autohypnotisation des séances, Léopold ne se fût vraisemblablement jamais personnalisé, mais serait resté à l'état nébuleux, disséminé, incohérent, de vagues rêveries subliminales et de phénomènes automatiques égrenés.

Quand au second problème, celui d'expliquer pourquoi cette sous-personnalité une fois constituée s'est crue Cagliostro plutôt que de prendre tel autre nom célèbre ou de rester simplement l'ange gardien anonyme de Mlle Smith, cela demanderait une connaissance très complète des mille incidents extérieurs qui ont enveloppé Hélène au début de sa médiumité et ont pu la suggestionner involontairement.

Or, je n'ai réussi à récolter sur ce sujet que des indications laissant beaucoup à désirer, de sorte qu'il est loisible à chacun de déclarer que l'origine purement psychologique de cette personnificatipn n'est pas clairement établie et de préférer, si bon lui semble, une intervention réelle de Joseph Balsamo désincarné, à mon hypothèse de l'auto-suggestion. Voici, toutefois, les points de faits que je puis avancer à l'appui de cette dernière, sans parler d'autres considérations méthodologiques.

L'esprit autoritaire et jaloux, ennemi évident du groupe N., qui se manifesta le 26 août 1892 sous le nom de Léopold [1], ne révéla son identité de Cagliostro que quelque temps plus tard, dans les circonstances suivantes.

Une des personnes les plus assidues aux réunions du groupe N. était une dame B***, depuis longtemps adonnée au spiritisme et qui avait assisté précédemment à de nombreuses séances chez M. et Mme Badel, un couple d'amateurs très convaincus actuellement défunts, dont le salon et la table ronde ont tenu une place fort honorable dans l'histoire de l'occultisme genevois. (Je n'en parle que par ouï-dire). Or, je tiens de Mme B***, que l'un des désincarnés qui se manifestait le plus souvent aux séances de M. et Mme Badel lorsqu'elle y assistait, était précisément Joseph Balsamo. Il n'y a, en effet, pas de figures dans l'histoire qui se prêtent mieux à ces retours posthumes au milieu des mystères du guéridon que celle de l'énigmatique sicilien, surtout depuis qu'Alex. Dumas lui a redoré de la façon éclatante que l'on sait son blason d'hypnotiseur avant la lettre et son auréole de grand Cophte illuministe.

Non contente des réunions officielles du groupe N., Mme B*** invitait souvent Hélène chez elle, pour des séances intimes dont on ne tenait pas procès-verbal. C'est à l'une de celles-ci qu'Hélène ayant eu la vision de Léopold qui lui désignait une carafe avec une baguette, Mme B*** pensa soudain à un épisode célèbre de la vie de Cagliostro, et apres la séance, elle sortit d'un tiroir et montra à Mlle Smith une gravure détachée d'une édition illustrée de Dumas, représentant la fameuse scène de la carafe entre Balsamo et la Dauphine au château de Taverney [2]. Elle émit en même temps l'idée que l'esprit qui se manifestait par la table sous les mains d'Hélène était sûre-

---

[1] Suivant les souvenirs vacillants de divers témoins, Léopold se serait déjà manifesté une première fois, peu de jours avant la date ci-dessus, dans une séance d'Hélène tenue avec quelques-personnes du groupe N., mais en dehors des réunions régulières de ce groupe, et sans procès-verbal.

[2] ALEX. DUMAS, *Mémoires d'un médecin, Joseph Balsamo*, chapitre XV.

ment Balsamo, comme précédemment à la table de M. et Mme Badel, et elle s'étonna qu'on lui eût donné le nom de Léopold, à quoi Hélène répondit que c'était lui-même qui s'était appelé comme cela. Mme B***, continuant ses déductions, dit à Mlle Smith qu'elle avait peut-être déjà été le médium du grand magicien, par conséquent Lorenza Feliciani, dans une vie antérieure. Hélène accepta volontiers cette idée, et se considéra pendant quelques semaines comme la réincarnation de Lorenza, jusqu'au jour où une dame de sa connaissance lui fit observer que cela n'était pas possible, Lorenza Feliciani n'ayant jamais vécu que dans l'imagination et les romans d'Alex. Dumas (!). Ainsi dépossédée de son antériorité présumée, Hélène ne tarda pas à être déclarée Marie-Antoinette par la table. Quant à Léopold, peu de temps après que Mme B*** l'eut ainsi identifié hypothétiquement avec Cagliostro, il confirma lui-même cette supposition dans une séance du groupe N. en dictant par la table que son vrai nom était Joseph Balsamo.

Il reste deux points obscurs et impossibles à élucider dans cette généalogie. D'abord qu'était cette vision d'Hélène où Léopold lui montrait une carafe avec une baguette? Si elle représentait réellement la scène du château de Taverney, on pourrait en conclure que Léopold avait bel et bien la conscience nette d'être Cagliostro avant que Mme B*** en émît l'idée, et que cette vision était un moyen détourné de se faire reconnaître; mais cela ne prouverait point qu'il n'eût puisé cette conscience dans quelque suggestion antérieure inconnue de nous. Mais cette vision se rapportait-elle bien à cette scène célèbre, ou n'était-elle pas tout autre chose? Il faut renoncer à le savoir ; ni les souvenirs de Mme B***, ni surtout ceux d'Hélène, qui ne conserve jamais longtemps la mémoire exacte de ses séances même éveillées, ne permettant plus de trancher cette question.

Ensuite, d'où vient ce nom de Léopold et pourquoi Cagliostro s'en serait-il affublé au lieu de se présenter ouvertement comme chez M. et Mme Badel et à tant d'autres tables spirites? Nul ne le sait. Il n'y a, à ma connaissance, dans l'entourage de Mlle Smith, personne portant ce prénom et de qui il aurait pu provenir. M. Cuendet, partant de l'idée que c'est bien un pseudonyme intentionnellement adopté par le vrai Joseph Balsamo pour pouvoir, à l'occasion, revendiquer son identité tout en la dissimulant aux séances de Mlle Smith, a fait l'ingénieuse hypothèse que le choix de ce nom de guerre [ou plutôt de table!] a été déterminé par sa construction symétrique sur les trois fameuses initiales L*.* P*.* D qui représentaient la devise des Illuminés *(lilia pedibus destrue)*, et qu'Alex. Dumas a inscrite à la fois en tête d'un de ses chapitres les plus impressifs [1] et sur la

---

[1] *Loc. cit.* Introduction, chapitre III.

poitrine de Joseph Balsamo qui en est la figure centrale. Je ne demande pas mieux ; en admettant que la seconde personnalité d'Hélène se soit crue Cagliostro avant la suggestion de Mme B*** dont j'ai parlé tout à l'heure, et avant même de se manifester pour la première fois sous le nom de Léopold, il serait psychologiquement très plausible que, par le jeu capricieux des associations d'idées, l'imagination subconsciente d'Hélène ait, en effet, passé de l'image fascinante du fameux Cagliostro au souvenir du chapitre où Dumas le dévoile dans son essence, puis aux trois lettres en vedette qui couronnent ce prestigieux chapitre, et de là, enfin, au seul prénom connu dont ces lettres soient pour ainsi dire les piliers.

D'autre part, Hélène affirme catégoriquement, et sa mère aussi, qu'elle n'a jamais lu ni même vu les *Mémoires d'un médecin* avant l'époque où se révéla Léopold-Cagliostro. Quant à interroger Léopold lui-même, cela n'avance guère la question. Les premières fois que je le questionnai à ce sujet, il répondit que ce nom était un pseudonyme purement arbitraire dont il n'y avait pas à rechercher une explication raisonnée. Plus tard (séance de 28 février 1897), comme M. Cuendet lui faisait part de son hypothèse, il l'accepta aussitôt et par des gestes d'approbation énergique félicita l'auteur d'avoir enfin deviné la vérité. Mais cette adhésion ne prouve rien, car c'est un trait saillant chez Léopold (qu'il partage avec la plupart des personnalités subliminales) que, ne sachant pas dire grand'chose de lui-même quand on lui demande des renseignements précis sur un sujet quelconque, il acquiesce d'autant plus vite à tout ce qui, dans ce qu'on lui propose, peut flatter son amour-propre et cadrer avec sa nature ou son rôle. De plus, interrogé à nouveau sur l'origine de son nom dans une séance beaucoup plus récente (12 février 1889), il paraît n'avoir plus aucune souvenance de l'hypothèse de M. Cuendet, et explique qu'il a pris comme pseudonyme le prénom d'un de ses amis du siècle dernier, qui lui était très cher, et qui faisait partie de la maison d'Autriche bien qu'il n'ait joué aucun rôle historique; impossible de lui faire préciser davantage. Il est au total évident qu'il ne sait pas lui-même au juste pourquoi il se sert, et signe ses messages, du prénom de Léopold plutôt que de tout autre, ni même pourquoi il a adopté et conserve un pseudonyme bien inutile puisque sa prétendue identité n'est un secret pour personne depuis six ou sept ans qu'il a pris soin de la divulguer.

En résumé, Mme B***, qui est d'ailleurs spirite convaincue et profonde admiratrice des facultés médianimiques de Mlle Smith, a l'impression « d'avoir bien été pour quelque chose », par ses remarques et ses suppositions, dans le fait que Léopold s'est donné pour Joseph Balsamo et qu'Hélène s'est d'abord crue Lorenza Feliciani puis plus tard Marie-Antoinette. C'est également à Mme B***, qui parlait volontiers de Victor Hugo, que remonterait suivant d'autres témoins le nom du premier guide temporaire de Mlle Smith.

Une chose reste certaine, c'est que, sauf l'affirmation vague d'avoir déjà connu Hélène dans une existence antérieure [1], Léopold n'a point prétendu être Cagliostro ni donné aucune raison de penser qu'il le fût, avant la réunion où Mme B***, qui était accoutumée de vieille date aux manifestations de ce personnage, en énonça la supposition et montra à Mlle Smith immédiatement après la séance (à un moment donc où elle est dans la règle encore extrêmement suggestible) une gravure des œuvres de Dumas représentant Balsamo et la Dauphine. A partir de ce jour, en revanche, Léopold ne cessa d'affirmer cette qualité, et réalisa progressivement les caractères de ce rôle d'une façon très remarquable, comme on va le voir.

II. Personnification de Balsamo par Léopold.

Point n'est besoin, je pense, de rappeler longuement au lecteur le fait bien connu — si souvent décrit sous les noms divers d'objectivation des types [2], personnification, changement de personnalité, etc., — qu'un sujet hypnotisé peut être transformé d'un mot en tel autre être animé que l'on voudra, dans la mesure où sa suggestibilité d'une part, d'autre part la vivacité de son imagination et les richesses de ses connaissances ou souvenirs emmagasinés, lui permettront de réaliser le rôle qu'on lui impose. Sans examiner ici jusqu'à quel point les médiums sont assimila-

---

[1] Cette affirmation même est évidemment le résultat d'une suggestion extérieure ; voyez p. 80, le procès-verbal de la séance du 26 août 1892. Quand on sait comment se font les questions et les réponses aux séances spirites, il ne saurait y avoir de doute que ce sont les assistants eux-mêmes qui, pour s'expliquer le caractère dominateur et jaloux de ce nouvel esprit, lui ont demandé s'il aurait peut-être déjà connu Hélène dans quelque existence antérieure. Comme de juste, Léopold s'est hâté de souscrire à une supposition qui fournissait de son caractère essentiel (découlant de ses origines psychologiques réelles) une si excellente légitimation, et si conforme aux idées spirites ambiantes.

[2] Voir Ch. Richet, *La personnalité et la mémoire dans le somnambulisme.* Revue philosophique, t. XV, p. 226 (mars 1883).

bles aux sujets hypnotisés, il est indéniable qu'un phénomène analogue se passe chez eux ; seulement, le processus peut s'y effectuer plus lentement et s'étendre sur des années. Au lieu de cette métamorphose immédiate qui modifie d'un coup et tout à la fois, conformément au type prescrit, l'attitude, la physionomie, le geste, la parole, les intonations de la voix, le style, l'écriture, et d'autres fonctions encore, on assiste alors à un développement formé d'étapes successives, de progrès échelonnés à de plus ou moins longs intervalles, qui finissent par créer une personnalité accomplie, d'autant plus étonnante à première vue qu'on n'a pas remarqué les suggestions involontaires dont l'accumulation lui a peu à peu donné naissance. C'est ce qui s'est présenté à un haut degré chez Mlle Smith pour l'élaboration de sa seconde personnalité, Léopold-Cagliostro.

Au début, en 1892 et 1893, cet « esprit » ne se manifestait, outre les courtes attaques de sommeil qu'il causait à Hélène à certaines séances, que par les coups frappés de la table, par des visions où il se montrait vêtu de noir et jeune de visage, et plus rarement par des hallucinations auditives. Son caractère et le contenu de ses messages se résumaient en allures impérieuses, autoritaires, dominatrices, avec la prétention de garder Mlle Smith toute pour lui, de la défendre contre les influences du groupe N., et au fond de l'arracher à ce milieu. Il n'y avait encore rien, dans ce trait général d'accaparement et de protection, qui rappelât spécialement le Balsamo de l'histoire ou du roman. La personnification ou objectivation concrète de ce type déterminé ne commença réellement qu'avec 1894, lorsque Léopold n'eut plus à lutter contre un entourage hétérogène à sa nature. Alors le travail psychologique subconscient de réalisation du modèle proposé put se poursuivre plus librement ; en termes spirites, Joseph Balsamo put s'occuper de se manifester et de se faire reconnaître d'une façon de plus en plus complète et adéquate par l'intermédiaire d'Hélène, tout en continuant à la suivre et à la protéger comme la réincarnation du royal objet de son inclination passionnée.

Déjà aux séances tenues chez M. Cuendet, Léopold se montre fréquemment aux yeux d'Hélène, habillé à la mode du siècle dernier et avec une figure à la Louis XVI, sous les diverses faces de son multiple génie. Tantôt il lui apparaît au milieu de son laboratoire, entouré d'ustensiles et d'instruments dignes du sorcier alchimiste qu'il était. Ou bien, c'est le médecin et le possesseur d'élixirs secrets, dont la science éclate en des consultations ou des remèdes d'autrefois à l'usage des assistants qui en ont besoin. Ou encore c'est le théosophe illuministe, le prophète verbeux de la fraternité humaine qui se répand par la table en alexandrins boiteux — qu'il paraît avoir hérités de son prédécesseur V. Hugo — constituant des exhortations un peu bien filandreuses parfois, mais toujours incontestablement empreintes de la plus pure morale, de sentiments élevés et généreux, d'une très touchante religiosité enfin ; bref, un bel exemple de ce « verbiage éthico-déifique » (si l'on me passe l'expression, imitée de quelque américain) qui, en vers ou en prose, est un des produits les plus fréquents et les plus estimables de la médiumité chez les natures d'élite [1].

Mais c'est surtout en 1895 que Léopold, bénéficiant du progrès des phénomènes automatiques chez Hélène, a multiplié et perfectionné ses procédés de communication. Le premier pas consista à substituer les mouvements de la main ou d'un seul doigt à ceux de toute la table pour

---

[1] Voici un échantillon, textuellement dicté par la table, de ce Léopold prêcheur et moraliste. (Songeons que le comte de Cagliostro a eu beaucoup de temps pour se lénifier et s'amender depuis qu'il est désincarné.)

« Quand souvent près de vous je sonde vos pensées,
Quand au fond de vos cœurs je m'arrête un instant
Cherchant parmi vous tous des âmes élevées,
Des âmes sans détour s'aidant et s'accordant,
Je suis confondu de toutes vos misères,
De ce manque de paix et puis de charité,
Et je demande à Dieu dans une humble prière
De vous unir tous d'une sainte amitié. »

ses dictées par épellation ; ce fut le résultat immédiat d'une suggestion.

Dans une séance où Hélène en somnambulisme s'était levée et avait quitté la table, ne pouvant plus recourir à l'intermédiaire de ce meuble seul employé jusque-là pour obtenir des réponses de Léopold, je demandai à ce dernier d'épeler par les mouvements de l'un des doigts, que je secouai deux ou trois fois comme pour le dérouiller. Léopold ne se fit pas prier et adopta immédiatement ce procédé ; dès lors il recourut de plus en plus rarement aux dictées par la table et finit par y renoncer entièrement. C'est une application de la loi du moindre effort dont il ne s'était pas avisé tout seul, mais son initiative alla bien jusqu'à substituer un autre doigt quelconque à celui que je lui avais désigné, ou même la main et le bras, et à faire un emploi toujours plus grand de gestes très expressifs pour signifier sa pensée.

Un second progrès fut l'écriture, qui présenta deux étapes. A la première, Léopold donna à Hélène la vision d'une phrase écrite (hallucination verbo-visuelle) qu'elle copia au crayon, de son écriture à elle, sur une feuille de papier. La seconde, qui ne s'accomplit que cinq mois plus tard et qui consistait à écrire directement par la main d'Hélène, permit de constater d'emblée trois choses curieuses. C'est d'abord que Léopold tient la plume à la façon ordinaire, le manche reposant entre le pouce et l'index, tandis qu'Hélène écrit toujours en prenant le porte-plume ou le crayon entre l'index et le médius, habitude plutôt rare chez nous. C'est ensuite que Léopold a une toute autre écriture qu'Hélène, une calligraphie plus régulière, plus grosse et plus appliquée, avec de notables différences dans la formation des lettres. (Voir fig. 3 et 4.) C'est enfin qu'il a bien l'orthographe du siècle dernier et met un *o* à la place d'un *a* dans les temps de verbes, *j'aurois* pour *j'aurais*, etc. Ces trois caractères n'ont jamais manqué depuis près de quatre ans que je récolte des spécimens de son écriture.

Voici un résumé des scènes où se firent ces deux innovations.

21 avril 1895. — Comme je faisais à Léopold une question qui n'était pas de son goût, Hélène qui était dans un hémisomnam-

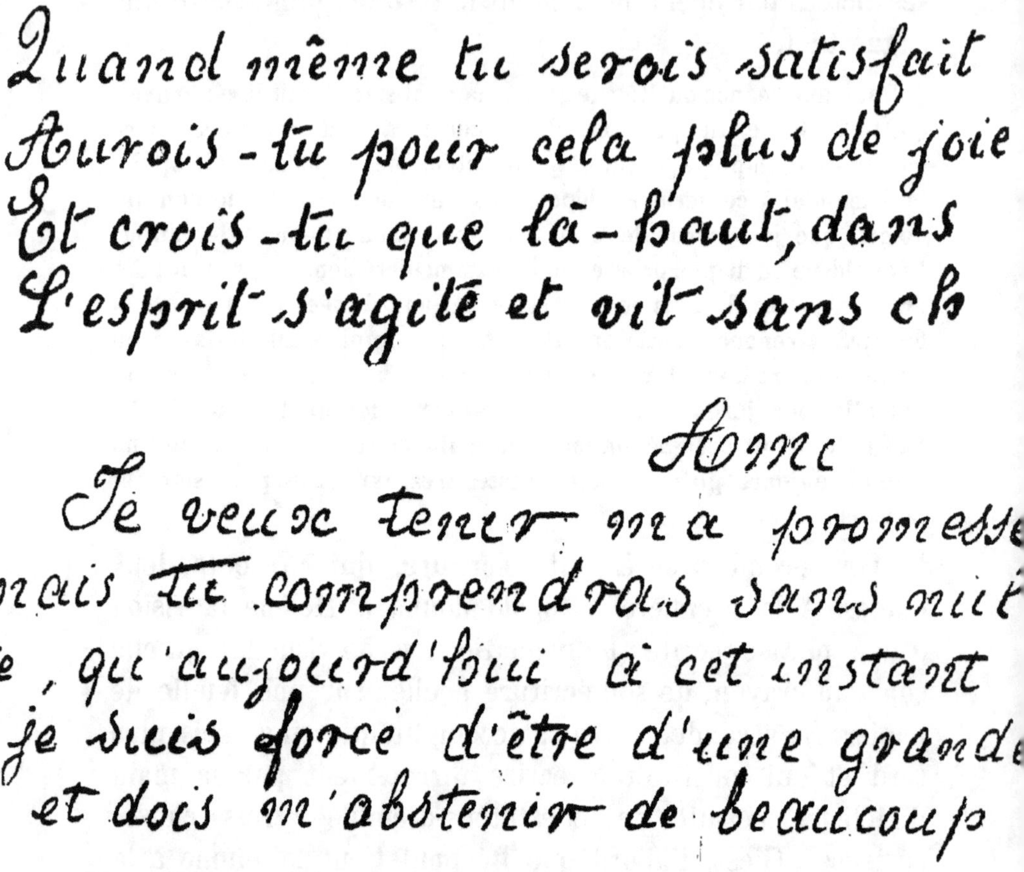

Quand même tu serois satisfait
Aurois-tu pour cela plus de joie
Et crois-tu que là-haut, dans
L'esprit s'agite et vit sans ch

Âme
Je veux tenir ma promesse
mais tu comprendras sans nul
te, qu'aujourd'hui à cet instant
je suis forcé d'être d'une grande
et dois m'abstenir de beaucoup

FIG. 3. — Ecriture de Léopold. — Fragment de deux lettres, l'une en vers alexandrins, l'autre en prose, tout entières de la main de Léopold, écrites automatiquement par Mlle Smith en hémisomnambulisme spontané. — (C'est par un défaut du cliché que plusieurs *i* du fragment inférieur n'ont pas de points; tous en ont, de très fins, dans l'original.)

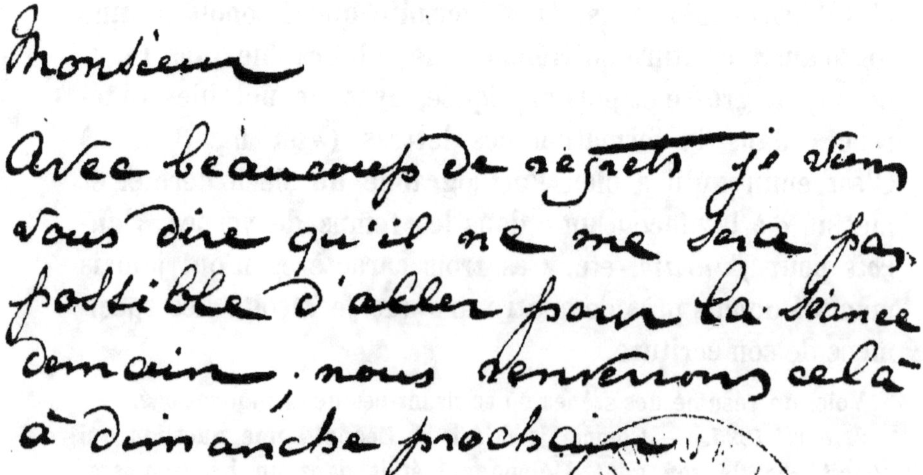

Monsieur

Avec beaucoup de regrets je viens
vous dire qu'il ne me sera pas
possible d'aller pour la séance
demain, nous renverrons cela
à dimanche prochain

FIG. 4. — Ecriture normale de Mlle Smith.

bulisme muet et devant qui l'on avait placé un crayon et des feuilles blanches dans l'espérance d'obtenir quelque chose (pas de Léopold), parut se plonger dans une lecture fort intéressante sur une de ces feuilles blanches ; puis à notre demande qu'elle finit par comprendre non sans peine, elle se mit à écrire rapidement et nerveusement sur une autre feuille, de son écriture ordinaire, la copie du texte imaginaire que Léopold lui montrait « en lettres fluidiques » (à ce qu'il dit dans la suite de la séance) : *Mes pensées ne sont pas tes pensées, et tes volontés ne sont pas les miennes, ami Flournoy. Léopold.* Au réveil final, Hélène reconnut bien sa propre écriture dans cette phrase, mais sans aucun souvenir de cette scène. — Il est probable que mes regrets de n'avoir pu voir, moi aussi, le texte original et « fluidique » de Léopold, a dû lui suggérer l'idée, s'il ne l'avait déjà, de se mettre à écrire directement et visiblement pour tout le monde; mais ce n'est que cinq mois plus tard que le fait se réalisa.

22 septembre 1895. — Après diverses visions et une strophe connue de V. Hugo dictée par la table, Hélène paraît beaucoup souffrir du bras droit, qu'elle se tient au-dessus du poignet avec sa main gauche, tandis que la table sur laquelle elle s'appuie, épelle cette dictée de Léopold : *Je lui prendrai la main*, et indique que c'est, en effet, Léopold qui fait souffrir Mlle Smith en s'emparant de son côté droit. Comme elle a très mal et pleure, on invite Léopold à la laisser tranquille, mais il refuse et dicte toujours par la table : *Donnez-lui du papier*, puis : *Grande lumière.* On lui donne ce qu'il faut pour écrire et on rapproche la lampe, qu'Hélène se met à fixer du regard tandis que Léopold dicte encore, par le petit doigt gauche cette fois : *Laissez-là regarder la lampe afin qu'elle oublie son bras.* Elle paraît, en effet, oublier sa douleur et éprouver de la satisfaction en fixant la lampe, puis elle baisse les yeux sur le papier blanc et semble y lire quelque chose qu'elle s'apprête à copier avec le crayon. Mais, ici, la main droite commence une curieuse alternance de mouvements contraires, exprimant d'une façon très claire une lutte entre Léopold qui veut obliger les doigts à prendre le crayon d'une certaine manière et Hélène qui s'y refuse avec une mimique de colère très accentuée. Elle s'obstine à vouloir le saisir entre l'index et le médius selon son habitude, tandis que Léopold veut qu'elle le prenne à la mode classique entre le pouce et l'index, et par le petit doigt gauche, il dicte : *Je ne veux pas qu'elle... elle tient mal le crayon.* L'index droit se livre à une gymnastique très comique, agité d'un tremblement qui le fait se placer d'un côté ou de l'autre du crayon suivant que c'est Léopold ou Hélène qui tend à l'emporter; pendant ce temps, elle lève souvent les yeux, d'un air tantôt courroucé, tantôt suppliant, comme pour regarder Léopold qui serait debout à côté d'elle occupé à lui forcer la main. Après un combat de près de vingt minutes, Hélène vaincue et complètement envahie par Léopold baisse les paupières avec résignation, et semble absente; tandis que sa main, tenant le crayon de la manière qu'elle ne voulait pas, écrit lentement les deux lignes ci-dessous, suivies d'une rapide et fiévreuse signature de Léopold [1] :

> Mes vers sont si mauvais que pour toi j'aurois dû
> Laisser à tout jamais le poète têtu. — Léopold.

Allusion, qui ne veut pas dire grand'chose, à une remarque que j'avais faite au commencement de la séance sur les poésies de V. Hugo et celles de Léopold fréquemment dictées par la table. La séance dura encore quelque temps; au réveil, Hélène se rappelle vaguement avoir vu Léopold, mais ne sait plus rien de cette scène d'écriture.

On peut se demander si la souffrance allant jusqu'aux larmes, éprouvée dans le bras droit pour ce premier autographe de Léopold, avait des conditions physiologiques suffisantes dans les combinaisons nouvelles de mouvements nécessaires à cette tenue de crayon et cette calligraphie inusitée d'Hélène, ou si ce n'est pas plutôt une simple autosuggestion, une conséquence imaginative de l'idée que Léopold lui ferait certainement mal en s'emparant de force de ses organes; on verra le même fait se répéter à propos de la parole. J'incline à la seconde supposition, car je ne vois pas en quoi les tensions et contractions musculaires qui produisent l'écriture ou la voix de Léopold devraient être plus difficiles et pénibles que celles présidant à maint autre « contrôle » qu'Hélène subit sans en ressentir la moindre douleur. Il est vrai que tandis que ces autres incarnations se réalisent, avec une perfection très variable suivant les séances, mais toujours passivement et sans lutte, celle de Léopold a la spécialité de provoquer régulièrement une résistance plus ou moins grande de la part d'Hélène. « Je ne fais pas d'elle tout ce que je veux... elle a sa tête... je ne sais si je réussirai... je ne crois pas pouvoir en être maître aujourd'hui... », répond-il bien souvent lorsqu'on lui demande s'il s'incarnera ou écrira par sa main; et, de fait, ses efforts échouent souvent. Il y a là, entre Hélène et son guide, un curieux phénomène de contraste et d'opposition, qui n'éclate d'ailleurs que dans les formes supérieures et les plus récentes de l'automatisme moteur, l'écriture, la parole, l'incarnation complète, mais dont sont indemnes les messages sensoriels et les simples tapotements de la table ou du doigt; il se peut fort bien que l'idée,

---

[1] Le crayon effacé et trop pâle de ces deux vers, qui sont la première manifestation graphique de Léopold, n'a malheureusement pas permis de les reproduire en cliché. L'écriture en est pareille à celle des figures 3 et 7, et la signature est analogue à celle de cette dernière figure, quoique encore plus grosse et presque extravagante.

très antipathique à Hélène, de l'hypnotiseur maîtrisant ses sujets malgré eux, de Cagliostro désincarné maniant son médium comme un simple instrument, ait été subconsciemment l'origine de cette constante nuance de révolte contre la domination totale de Léopold, et de la souffrance intense qui accompagna ses premières incarnations et n'a que lentement diminué par l'accoutumance sans jamais s'éteindre complètement.

Après l'écriture vint le tour de la parole, qui se réalisa également en deux étapes. Dans un premier essai, Léopold ne réussit qu'à donner ses intonations et sa prononciation à Hélène : après une séance où elle avait vivement souffert dans la bouche et le cou comme si on lui travaillait ou lui enlevait les organes vocaux, elle se mit à causer très naturellement et bien réveillée en apparence, mais avec une voix profonde et caverneuse, et d'un accent italien fort reconnaissable. Ce ne fut qu'un an plus tard que Léopold put enfin parler lui-même et tenir un discours de son chef par la bouche de Mlle Smith complètement intrancée, qui ne garda au réveil aucun souvenir de cette prise de possession étrangère. Depuis lors, le contrôle complet du médium par son guide est chose fréquente aux séances, et fait un tableau très caractéristique et toujours impressionnant.

Ce n'est que lentement et progressivement que Léopold arrive à s'incarner. Hélène se sent d'abord les bras pris ou comme absents; puis elle se plaint de sensations désagréables, jadis douloureuses, dans le cou, la nuque, la tête; ses paupières s'abaissent, l'expression de son visage se modifie et sa gorge se gonfle en une sorte de double menton qui lui donne un air de famille avec la figure bien connue de Cagliostro. Tout d'un coup, elle se lève, puis se tournant lentement vers la personne de l'assistance à qui Léopold va s'adresser, elle se redresse fièrement, se renverse même légèrement en arrière, tantôt ses bras croisés sur sa poitrine d'un air magistral, tantôt l'un d'eux pendant le long du corps, tandis que l'autre se dirige solennellement vers le ciel avec les doigts de la main dans une sorte de signe maçonnique toujours le même. Bientôt, après une série de hoquets, soupirs et bruits divers, marquant la difficulté que Léopold éprouve à s'emparer de l'appareil vocal, la parole surgit, grave, lente, forte, une voix d'homme puissante et basse, un peu confuse, avec une prononciation et un fort accent étrangers, certainement italiens plus que tout autre chose. Léopold n'est pas toujours très facile à comprendre, surtout quand il enfle et roule sa voix en tonnerre à quelque question indiscrète ou aux irrespectueuses remarques d'un assistant sceptique. Il grasseye, zézaye, prononce tous les *u* comme des *ou*, accentue les finales, émaille son vocabulaire de termes vieillis ou impropres dans la circonstance, tels que *fiole* pour bouteille, *omnibous* pour tramway, etc. Il est pompeux, grandiloquent, onctueux, parfois sévère et terrible, sentimental aussi. Il tutoye tout le monde, et l'on croit déjà sentir le grand maître des sociétés secrètes rien que dans sa façon emphatique et ronflante de prononcer les mots « Frère » ou « Et toi, ma sœur », par lesquels il interpelle les personnes de l'assistance. Quoiqu'il s'adresse généralement à l'une d'elles en particulier, et ne fasse guère de discours collectif, il est en rapport avec tout le monde, entend tout ce qui se dit, et chacun peut faire son bout de conversation avec lui. Il tient ordinairement les paupières baissées ; il s'est cependant décidé à ouvrir les yeux pour laisser prendre un cliché au magnésium. Je regrette que Mlle Smith n'ait pas voulu consentir à la publication de ses photographies tant à l'état normal qu'en Léopold, en regard d'une reproduction du portrait classique de Cagliostro[1]. Le lecteur aurait constaté que lorsqu'elle incarne son guide, elle prend vraiment une certaine ressemblance de visage avec lui, et a dans toute son attitude quelque chose de théâtral, parfois de réellement majestueux, qui correspond bien à l'idée qu'on peut se faire du

---

[1] Celui qui se trouve, par exemple, en tête de la *Vie de Joseph Balsamo*, etc., traduite de l'italien (3ᵐᵉ édit. Paris 1791), et qui a été maintes fois reproduit. — Mlle Smith possède sur sa cheminée un exemplaire encadré de ce portrait.

personnage, qu'on le tienne pour un habile imposteur ou pour un merveilleux génie.

C'est le 22 septembre 1895 que je demandai pour la première fois à Léopold, qui venait de débuter dans l'écriture (v. p. 99), s'il pourrait parler par la bouche de Mlle Smith. Il répondit que oui, mais plusieurs séances se passèrent sans qu'il en fît rien. Quand je revins à la charge, il objecta que c'était très difficile parce qu'Hélène ne voulait pas et qu'il faudrait obtenir son consentement. Elle l'accorda bien volontiers lorsque je le lui demandai à l'état de veille, et, peu de jours après, Léopold fit son premier essai de parole dans une séance où je n'étais point présent et que je résume d'après le procès-verbal de M. Cuendet.

4 décembre 1895. — Aussitôt entrée en séance, Mlle Smith dit éprouver au cou des douleurs très fortes, comme si on la transperçait des deux côtés avec une aiguille. Puis il lui semble qu'on lui vide le cou, qu'on lui « retourne tout ce qui est à l'intérieur ». Peu à peu elle devient aphone, et fait comprendre par signes qu'elle souffre toujours beaucoup. Cela dure près d'une demi-heure, puis la douleur diminue, elle est prise de hoquets violents et répétés, tandis que Léopold, à qui on demande pourquoi elle souffre ainsi, répond par la table : *Je fais un essai.* De temps en temps, entre deux hoquets, Hélène fait entendre un *Oh* d'une voix basse et caverneuse ; on dirait qu'on lui travaille la voix et qu'on lui a fait quelque chose aux cordes vocales. Le demi-sommeil dans lequel elle est peu à peu tombée s'accentue, et elle paraît lutter violemment : *Non !... A quoi bon !...* dit-elle énergiquement et d'une voix creuse vraiment extraordinaire, toujours entre des hoquets qui s'espacent cependant davantage. Léopold dicte par la table : *Il lui restera en tout cas tout l'accent de ma voix jusqu'à la fin de la soirée : elle parlera, mais tout à fait éveillée.* Bientôt après, Hélène se réveille et dit aussitôt, d'un accent italien très prononcé : « Ah ! quellé souffrancé... zé né voudrais pas répasser par ces çoses... » Et comme on lui offre des petits choux à la crème : « Ah ! les zolies pétités boules !... » Etc. Toute la soirée elle conserve l'accent italien, mais sans s'en apercevoir, pas même lorsqu'on le lui dit. Elle a quelque peine à le croire, s'en inquiète cependant en songeant à ce que l'on dira le lendemain à son bureau si elle le conserve, et pour s'assurer de la chose, en rentrant à la maison, elle va causer à sa mère déjà couchée. Celle-ci sursaute de stupéfaction et se demande si elle rêve en entendant l'accent d'Hélène ; grande anxiété en songeant au lendemain ; le sommeil de la nuit remit heureusement les choses en état et rendit à Mlle Smith sa voix normale.

Léopold fit un nouvel essai à la séance suivante chez moi

(15 décembre), mais échoua devant la résistance d'Hélène. Elle fut prise de hoquets, de spasmes, et lutta violemment contre l'aliénation de ses organes vocaux. Finalement, elle se leva et alla se mettre à genoux dans un angle de la chambre devant Léopold (nous apprend la main gauche) dont elle baisa les mains en le suppliant de ne pas parler par sa bouche. Il faut croire qu'il eut pitié d'elle, car il ne lui laissa pas même la suggestion posthypnotique de l'accent italien comme à la séance précédente.

Ce ne fut qu'un an plus tard (25 décembre 1896) qu'il essaya derechef, et réussit d'emblée, sans grande douleur pour Hélène cette fois, comme si cette année d'incubation avait enfin adapté l'appareil phonateur à la voix mâle et à l'accent étranger de Cagliostro. Léopold tint un magnifique discours plein d'élévation morale, et, depuis lors, il nous a fait bien souvent entendre sa voix.

La parole est l'apogée des incarnations de Léopold ; souvent interrompue par des phases de hoquets et de spasmes, elle paraît coûter beaucoup à l'organisme d'Hélène, et il y a des séances où elle n'arrive pas à se produire. Léopold marque alors son impuissance et la fatigue du médium par ses gestes, et en est réduit à s'exprimer par des dictées digitales ou l'écriture, ou à donner à Hélène des hallucinations verbo-auditives dont elle répète le contenu de sa voix naturelle.

Au point de vue de l'aisance et de la mobilité de tout l'organisme, il y a une différence notable entre Léopold et les autres incarnations d'Hélène : ces dernières paraissent s'effectuer avec beaucoup plus de facilité et d'intégrité que celle de son guide par excellence. C'est surtout le cas pour la princesse hindoue et Marie-Antoinette, dont la perfection de jeu, la souplesse et la liberté de mouvement sont admirables ; il est vrai qu'il ne s'agit point ici, selon la doctrine spirite et les idées subconscientes de Mlle Smith, d'incarnations proprement dites, puisque c'est elle-même qui redevient simplement ce qu'elle a été autrefois, par une sorte de réversion ou d'ecmnésie prénatale ; elle ne subit, par conséquent, aucune possession étrangère et peut conserver dans ces rôles tout son naturel et l'entière disposition de ses facultés. Mais même les incarnations occasionnelles de personnalités différentes, telles que les parents ou amis défunts des spectateurs, sont souvent plus faciles et plus alertes que celle de Léopold : Hélène s'y meut avec plus de vivacité, change d'attitudes, se livre à une pantomime dégagée et se promène librement dans la chambre. Dans le rôle de Cagliostro, au contraire, sauf les mouvements grandioses et peu abondants des bras, une fois debout, elle reste immobile et comme figée sur place, ne se tournant ou n'avançant qu'avec peine vers la personne à qui s'adresse son discours. Cette attitude grave, imposante, presque sacerdotale, fait sans doute partie du type de Joseph Balsamo, tel que l'imagination subconsciente d'Hélène le conçoit et le réalise par autosuggestion ; elle provient peut-être aussi en partie d'une difficulté physiologique à réaliser la tension musculaire du cou, du visage, du larynx, de la poitrine, qui répond à la fois au masque classique de Cagliostro et à l'émission d'une voix d'homme, Il semble, enfin, que la résistance d'Hélène à se laisser envahir par son guide, empêche celui-ci de s'assujettir complètement l'appareil locomoteur, et que c'est tout ce qu'il peut faire que de s'emparer suffisamment du haut du corps et des organes de la phonation.

La fin de l'incarnation est marquée de nouveau par des hoquets, quelques soubresauts, puis un relâchement général de la position rigide précédente, et souvent une curieuse métamorphose du grand Cophte, solennel et pontifiant, en hypnotiseur empressé et tout préoccupé de son sujet : c'est si l'on veut Balsamo et Lorenza. Dans une pantomime aussi expressive qu'impossible à décrire, les bras et les mains d'Hélène tantôt — lui appartenant — suivent ou repoussent un Léopold imaginaire, situé devant elle ou à côté, qui tente évidemment de l'endormir en la magnétisant ; tantôt — appartenant à Léopold — ils conduisent Hélène à un fauteuil, l'y font asseoir, exécutent des passes sur son visage, lui compriment les nerfs frontaux, etc., etc. Ou bien encore, se partageant les rôles, l'une des mains lutte et se défend, au nom d'Hélène, contre l'autre aux ordres de Léopold, qui veut maintenir son médium au repos et le plonger de force dans le sommeil réparateur terminant la séance; à quoi il finit toujours par réussir.

Le contenu des conversations orales de Léopold, ainsi que de ses autres messages par divers procédés sensoriels et moteurs, est trop varié pour que je m'y arrête ici; les nombreux exemples disséminés dans ce travail peuvent seuls en donner une idée.

III. Léopold et le vrai Joseph Balsamo.

On peut concevoir que Léopold nous eût donné, par la perfection psychologique de ses incarnations partielles ou totales et par le contenu de ses messages, un portrait tellement vivant de Cagliostro qu'il y aurait lieu de se demander si ce n'est pas ce dernier qui « revient » réellement, de même que M. Hodgson et ses confrères se demandent si ce n'est pas G. Pelham en personne qui se manifeste par Mme Piper. Supposons, par exemple, que Léopold eût une écriture, une orthographe, un style indentiques à ce qui reste ici ou là des manuscrits de Joseph Balsamo; qu'il parlât le français, l'italien, l'allemand, comme le faisait cet aventurier cosmopolite (dans la mesure où on peut le savoir) et avec tout juste les mêmes particularités; que ses conversations et messages fussent farcis d'allusions précises aux événements réels de sa vie et surtout de faits inédits mais vérifiables, etc., on pourrait hésiter si l'on est en présence d'un étonnant sosie ou, chose non moins étonnante, du personnage lui-même. Resterait encore la tâche épineuse et délicate de prouver que Mlle Smith n'a pas eu connaissance par les voies normales de ces mille traits exacts, et que ce soi-disant revenant authentique n'est pas simplement un simulacre très bien réussi, une admirable reconstitution, un merveilleux pastiche, comme les facultés subliminales ne sont que trop portées et habiles à en faire pour le divertissement des psychologues et la mystification des naïfs.

Dans l'espèce, le problème ne se pose pas. Je le regrette, mais il n'y a vraiment — à mon avis, du moins, car en ces matières il est prudent de ne parler que pour soi — aucun motif de soupçonner la présence réelle de Joseph Balsamo derrière les automatismes de Mlle Smith. Autant vaudrait me demander si ce n'est pas un mauvais plaisant de l'au-delà, un farceur de la quatrième dimension de l'espace, qui a brisé un de mes carreaux en mon absence, alors que des enfants jouant à la balle sous mes fenêtres me suggèrent de cet accident une explication, absolument hypothétique puisque je n'en ai pas été témoin, mais du moins assimilable par mon pauvre cerveau. Qu'il y ait de très curieuses analogies entre ce qu'on sait de Cagliostro et certains traits caractéristiques de Léopold, je n'en disconviens pas, mais elles sont précisément ce qu'elles peuvent être dans la supposition du pastiche subliminal.

Prenons d'abord l'écriture. Pour faciliter les comparaisons, j'ai reproduit ici (v. pages 108 et 109) des fragments de lettres de Cagliostro, de Léopold et d'Hélène. Mettons les choses au mieux, et supposons — ce qui est peut-être discutable — que l'écriture de Léopold, par sa régularité, sa grandeur absolue, sa fermeté, rappelle plus celle de Balsamo que de Mlle Smith : le degré de ressemblance ne dépasse cependant point, je pense, ce qu'on peut attendre du fait banal que l'écriture reflète le tempérament psycho-physiologique et se modifie avec l'état de la personnalité[1]. On sait combien la calligraphie d'un sujet hypnotisé varie selon qu'on lui suggère de devenir Napoléon, Harpagon, une petite fille ou un vieillard ; rien de surprenant à ce que la sous-personnalité hypnoïde d'Hélène qui s'imagine être le mâle et puissant comte de Cagliostro,

---

[1] V. p. ex., FERRARI, HÉRICOURT et RICHET, *La personnalité et l'écriture*. Revue philosophique, t. XXI, p. 414.

s'accompagne de tensions musculaires communiquant à l'écriture elle-même un peu de cette solidité et de cette ampleur que l'on retrouve dans l'autographe de Balsamo. A cela, d'ailleurs, se borne l'analogie. Les dissemblances dans le détail et la formation des lettres sont telles que la seule conclusion qui s'impose, c'est que Mlle Smith, ou sa subconscience, n'a jamais eu sous les yeux de manuscrits de Cagliostro. Ils sont rares, en effet, mais la facilité qu'elle aurait eu, et dont elle n'a pas songé à profiter, de consulter à la Bibliothèque publique de Genève le même volume d'où j'ai tiré la figure 5, prouverait du moins sa bonne foi et sa candeur si cela était le moins du monde nécessaire. La signature extravagante de Léopold au bas de tous ses messages (v. fig. 7) ne rappelle en rien non plus celle d'Alexandre Cagliostro dans sa lettre de la fig. 5.

Les formes d'orthographe archaïque *j'aurois* pour *j'aurais*, etc., qui apparaissent dès le premier autographe de Léopold (v. p. 99), et qui se retrouvent dans les messages de Marie-Antoinette, constituent un très joli trait auquel le Moi ordinaire n'aurait probablement jamais songé dans une imitation volontaire, mais que l'imagination subconsciente a bien su mettre à profit. On peut, sans doute, admirer que Mlle Smith, qui n'a pas poussé loin les études littéraires, ait retenu ces particularités orthographiques du XVIIIme siècle; mais n'oublions pas la finesse de choix, la sensibilité raffinée, l'art consommé quoique instinctif, qui président au triage et à l'emmagasinement des souvenirs subconscients. Comme l'abeille va butinant de fleur en fleur sans se tromper jamais, les notions dominantes de l'imagination hypnoïde s'assimilent chacune avec un flair exquis, dans les réserves de la mémoire ou les rencontres extérieures de la vie, ce qui leur convient et s'harmonise avec elles; par une affinité naturelle, l'idée d'un personnage d'une certaine époque attire et absorbe en son sein tout ce que le sujet peut savoir ou entendre dire des façons d'écrire, de parler ou d'agir, spéciales à cette même

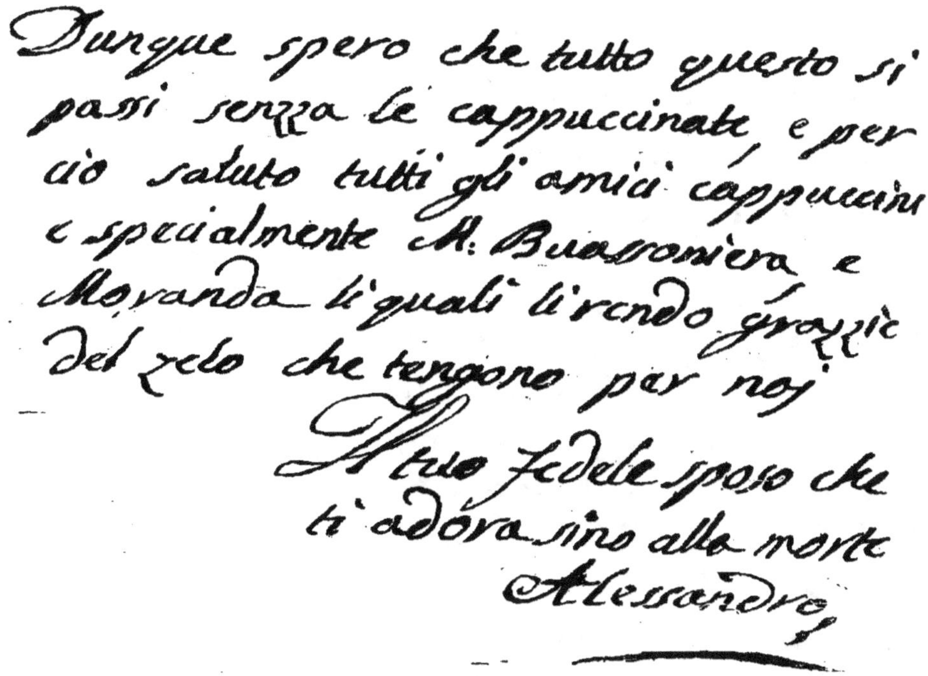

> *Dunque spero che tutto questo si passi senza le cappuccinate, e per ciò saluto tutti gli amici cappuccini e specialmente M. Buagoniera e Moranda li quali ti rendo grazie del zelo che tengono per noj*
>
> *Il tuo fedele sposo che ti adora sino alla morte*
>
> *Alessandro*

FIG. 5. — Ecriture de Joseph Balsamo. — Fragment d'une lettre à sa femme, reproduite dans l'*Isographie des Hommes célèbres*.

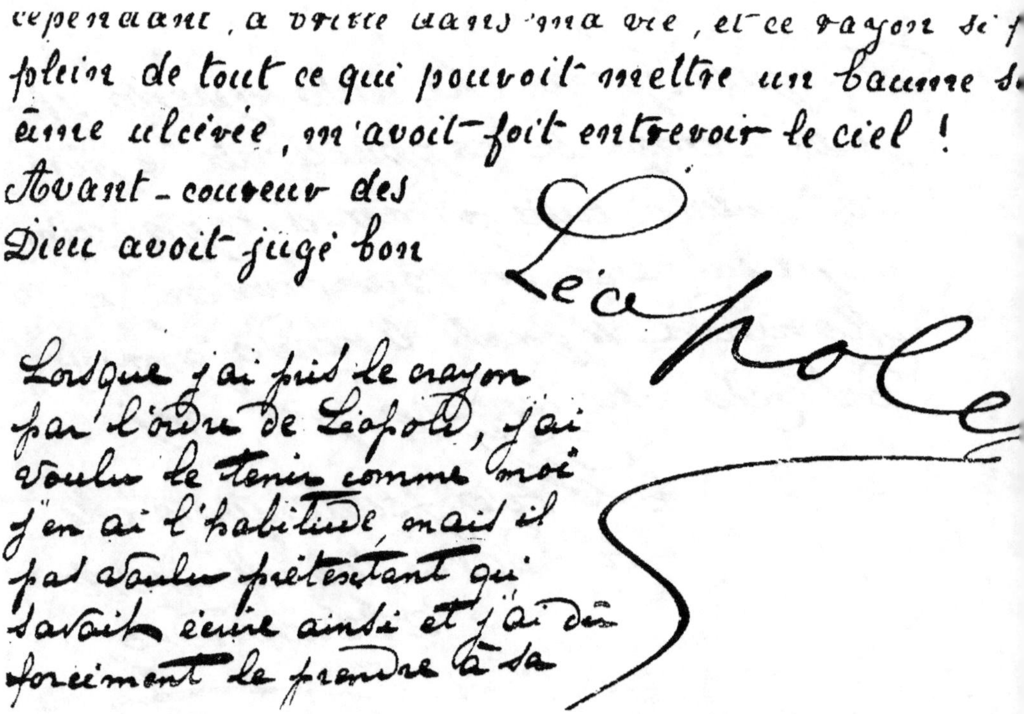

cependant, a brille dans ma vie, et ce rayon si p
plein de tout ce qui pouvoit mettre un baume s
âme ulcérée, m'avoit-fait entrevoir le ciel !
Avant-coureur des
Dieu avoit jugé bon

Léopold

Lorsque j'ai pris le crayon
par l'ordre de Léopold, j'ai
voulu le tenir comme moi
j'en ai l'habitude, mais il
n'a pas voulu prétextant qui
savait écrire ainsi et j'ai dû
forcément le prendre à sa

Fig. 6. — Écriture normale de Mlle Smith.

Fig. 7. — Écriture de Léopold. — Fragment et signature d'une de ses lettres, écrite par Mlle Smith en hémisomnambulisme spontané.

époque. Je ne sais si Balsamo a jamais pratiqué le français et l'orthographe comme Léopold ; s'il l'a fait, cela n'affaiblit en rien l'hypothèse du pastiche, mais si l'on venait à découvrir qu'il ne l'a pas fait, elle s'en trouverait fortifiée d'autant.

Pour ce qui est de la parole, j'ignore comment, avec quel accent et quelles singularités de prononciation, Balsamo parlait notre langue, et à quel degré, par conséquent, sa reconstitution par la fantaisie subliminale d'Hélène tombe juste. Si on pouvait tirer ce point au clair, il en serait probablement comme de l'écriture. Rien de plus naturel que de prêter au chevalier d'industrie palermitain une forte voix de basse, bien masculine, et cela va sans dire aussi italienne que possible. Il faut, en outre, noter que Mlle Smith a souvent entendu son père parler cette langue, qui lui était très familière, avec plusieurs de ses amis, mais que, d'autre part, elle ne la sait pas et ne l'a jamais apprise. Or, Léopold non plus ne sait pas l'italien, et il fait la sourde oreille quand on lui adresse la parole dans cet idiôme[1]. — Les intonations, l'attitude, toute la physionomie enfin, prêtent aux mêmes remarques. A supposer que cela soit d'une rigoureuse vérité historique jusque dans les moindres détails, « ce langage solennel, ces gestes majestueux, cet accent o..ueux et sévère à la fois »[2], répondent trop bien à la figure du grand Cophte telle que les pages dramatiques de Dumas l'ont à jamais gravée dans l'imagination populaire — sans parler du portrait bien connu de Cagliostro — pour qu'il y ait lieu de voir dans cette saisissante incarnation autre chose qu'un reflet éclatant d'idées préexistantes, une très intéressante objec-

---

[1] La façon dont Léopold s'est excusé de ne pas répondre à mes questions en italien vaut la peine d'être citée pour montrer combien il peut être parfois ingénieux et retors. Il soutient qu'il sait parfaitement l'italien, mais qu'il fait comme s'il l'ignorait, parce que s'il s'en servait, je ne manquerais pas d'en tirer un nouvel argument contre son existence réelle et indépendante, en disant que c'est tout simplement le cerveau d'Hélène qui fabrique cette langue pour l'avoir souvent entendu parler autour d'elle ! — Je conviens qu'il ne se trompe pas et me connaît joliment bien. Mais, c'est égal, je ne m'attendais pas à cette raison-là !

[2] ALEX. DUMAS, *Mémoires d'un médecin*. Introduction, chap. III.

tivation d'un type formé par les moyens les plus naturels dans la pensée subliminale de Mlle Smith.

Quant au contenu si varié des conversations et messages de Léopold, il n'oblige pas davantage d'invoquer Balsamo comme son auteur nécessaire. Lorsqu'on en a écarté tout ce qui concerne personnellement Mlle Smith et les assistants, mais n'a rien à faire avec le siècle dernier, ainsi que les dissertations spirites sur la façon « fluidique » dont Léopold existe, perçoit, et se meut, il reste trois sujets ou catégories de communications qui méritent un rapide examen.

Ce sont d'abord les réponses de Léopold aux questions qu'on lui pose sur sa vie terrestre. Ces réponses sont remarquablement évasives ou vagues. Pas un nom, pas une date, pas un fait précis. On apprend seulement qu'il a beaucoup voyagé, beaucoup souffert, beaucoup étudié, beaucoup fait de bien et guéri de malades; mais il voit les choses de trop haut maintenant pour songer encore aux menus détails historiques du passé, et c'est avec un mépris non dissimulé ou des paroles de blâme direct pour les vaines curiosités de ses interrogateurs charnels, qu'il s'efforce de ramener au plus vite la conversation, comme Socrate, sur les sujets de morale et de haute philosophie où il se sent évidemment plus à l'aise. Quand on le presse davantage, il se fâche parfois, et parfois aussi avoue ingénûment son ignorance en la gazant d'un air de profond mystère : « L'on demande le secret de ma vie, de mes actes, de mes pensées — je ne puis point répondre ! » Ça ne facilite pas les recherches d'identité.

En second lieu viennent les consultations et prescriptions médicales. Léopold affecte un grand dédain pour la médecine moderne et l'acide phénique. Il est archaïque dans sa thérapeutique comme dans son orthographe, et traite toutes les maladies à la mode ancienne, qui n'en est certes pas plus mauvaise dans bien des cas. Des bains au marc de raisin contre les rhumatismes, le tussilage et le genièvre en infusion dans du vin blanc pour les inflammations de poitrine, l'écorce de marronnier dans du vin rouge et les douches d'eau salée comme toniques, les tisanes de fleurs de houblon et autres, les camomilles, l'huile de lavande, les feuilles de frêne, etc., etc., tout cela ne cadre pas mal avec ce que pouvait ordonner Balsamo, il y a un peu plus de cent ans. Le malheur au point de vue « évidentiel », c'est que la mère de Mlle Smith est extrêmement versée dans toutes les ressources de la médecine populaire où se perpétuent ces antiques recettes. Elle a eu l'occasion de soigner beaucoup de malades en sa vie, connaît les vertus de diverses plantes médicinales, s'entend à merveille à la préparation des drogues sur un feu doux, et prône ou emploie constamment, avec une sagacité et un à-propos que j'ai souvent admirés, une foule de ces vieux remèdes dits de bonne femme, qui font volontiers sourire les jeunes docteurs frais émoulus de la clinique, mais auxquels plus d'un recourt en cachette après quelques années d'expérience médicale. — On comprend que, dans ces conditions, il faille renoncer à faire le départ entre ce que Léopold a pu tirer des souvenirs inconscients de Mlle Smith, et ce qu'il aurait dû puiser dans la mémoire fluidique ou astrale du vrai Balsamo[1].

Restent enfin les sentiments de Léopold pour Hélène, qui ne seraient que la continuation de ceux de Cagliostro pour Marie-Antoinette. Mon ignorance en histoire ne me permet pas de me prononcer catégoriquement ici. Que la reine de France ait eu avec le fameux faiseur d'or des entrevues secrètes, dictées par la simple curiosité ou par

---

[1] Mme Smith estime que je m'exagère la richesse de son arsenal thérapeutique et fais trop d'honneur à ses connaissances. Elle affirme que, par l'intermédiaire de sa fille, Léopold a souvent ordonné des substances dont elle ignorait absolument les vertus curatives, et des remèdes dont elle n'avait même jamais entendu le nom. Je rapporterai au chapitre des « Apparences supranormales », quelques exemples de ces cas où Léopold aurait véritablement posé des diagnostics ou dicté des prescriptions inexplicables par les voies ordinaires. Il faut cependant remarquer, sur le point qui nous occupe ici, que la réalité avérée de ces phénomènes supranormaux ne prouverait pas encore qu'ils fussent dus à l'intervention de Joseph Balsamo en personne, plutôt qu'à la télépathie, la clairvoyance, ou toute autre cause occulte mais non proprement spirite.

des questions d'intérêt matériel, cela n'est pas douteux, je crois ; mais que les sentiments de celui-ci à l'égard de la souveraine aient été une curieuse combinaison de la passion désespérée du cardinal de Rohan pour la reine avec le respect volontaire absolu qu'Alex. Dumas prête à Joseph Balsamo vis-à-vis de Lorenzo Feliciani, c'est ce qui me paraît moins évident. Je laisse aux gens compétents le soin d'en juger. En somme, si les révélations de Léopold nous ont vraiment dévoilé des nuances de sentiment insoupçonnées jusqu'ici chez le comte Cagliostro, et dont des recherches documentaires ultérieures viendraient à confirmer l'exactitude historique — tant mieux, car cela constituerait enfin une trace de supranormal dans la médiumité d'Hélène !

Je n'ai rien à ajouter sur les rapports de Léopold et de Balsamo, sauf une remarque anticipée que l'on comprendra mieux après avoir parcouru les cycles de Mlle Smith. Le lien affectif qui unit Léopold à Hélène, ou Cagliostro à Marie-Antoinette, est très caractéristique : de lui à elle, c'est un sentiment aussi violent que désintéressé, un mélange d'admiration platonique, de dévotion religieuse, de paternelle sollicitude ; d'elle à lui, c'est beaucoup moins profond, pas trace d'amour proprement dit, mais une haute estime, un peu de reconnaissance, un besoin de le consulter sur les questions matérielles comme sur les plus graves problèmes de la philosophie morale, une très grande confiance n'allant cependant pas jusqu'à une soumission aveugle. Or, singulière coïncidence, c'est, autant qu'on en peut juger, exactement la même note émotionnelle qui se retrouve entre le sorcier hindou Kanga actuellement réincarné dans le magicien martien Astané, et la princesse Simandini réincarnée en Mlle Smith. Ce rapprochement donne à penser. On dit bien que l'histoire se répète ; cependant, cette tendance à la symétrie, ces retours d'une même phrase avec des modulations différentes, cette permanence d'un motif identique sous des enjolivements variés, est, en général, le fait de l'art, de la poésie et de la musique, de l'imagination créatrice, en un mot, plutôt que du déroulement brutal de la réalité. Et j'avoue que je regretterais bien un peu, le jour où il me faudrait voir dans la médiumité de Mlle Smith des révélations authentiques de faits véritables, plutôt que le beau poème subliminal que j'y ai admiré jusqu'ici.

IV. Léopold et Mlle Smith.

Le rapport de ces deux personnalités est trop complexe pour se prêter à une description précise et facile. Ce n'est ni une exclusion mutuelle, comme entre Mme Piper et Phinuit qui semblent s'ignorer réciproquement et être séparés par une cloison étanche; ni un simple emboîtement, comme chez Félida X.[1] dont la condition seconde enveloppe, en la débordant, toute la condition prime. C'est plutôt un entrecroisement, mais dont les limites sont vagues et difficilement assignables. Léopold connaît, prévoit, et se rappelle beaucoup de choses dont la personnalité normale de Mlle Smith ne sait absolument rien, soit qu'elle les ait simplement oubliées, soit qu'elle n'en ait jamais eu conscience. D'autre part, il est loin de posséder tous les souvenirs d'Hélène; il ignore une très grande partie de sa vie quotidienne; même des démarches ou incidents assez notables lui échappent entièrement, ce qu'il explique à sa façon en disant qu'à son grand regret il ne peut pas rester constamment auprès d'elle, ayant à remplir bien d'autres missions (sur lesquelles il n'a, du reste, jamais fourni d'éclaircissements) qui l'obligent à la quitter souvent pour un temps plus ou moins long.

Ces deux personnalités ne sont donc pas coextensives; chacune dépasse l'autre en certains points, sans qu'on puisse dire laquelle est au total la plus étendue. Quant

---

[1] Dr AZAM, *Hypnotisme, double conscience*, etc. Paris, 1887.

à leur domaine commun, si l'on ne peut le définir d'un mot et avec une entière certitude, il paraît cependant être principalement constitué par ce qui se rapporte aux côtés les plus intimes de l'existence tant psychologique que physiologique, comme on peut le soupçonner d'après ce que j'ai dit plus haut sur les origines réelles de Léopold. Médecin de l'âme et du corps, directeur de conscience en même temps que conseiller hygiénique, il ne se manifeste pas toujours sur le champ, mais il est toujours présent quand les intérêts vitaux d'Hélène sont en jeu dans l'ordre organique, moral, social et religieux. Tout cela s'éclaircira mieux par deux ou trois exemples concrets, qui illustreront en même temps quelques-uns des procédés psychologiques par lesquels Léopold se manifeste à Hélène.

Il convient toutefois de dire auparavant quelques mots d'une autre face de la connexion étroite qui existe entre ces deux personnalités ; je veux parler de leurs mélanges très divers et nuancés, depuis le dualisme tranché impliqué dans leur présence simultanée et parfois leurs querelles, jusqu'à leur fusion totale en une seule et même conscience.

On peut admettre qu'il y a division et opposition aussi complètes que possible (mais jusqu'où va ce « possible » ?) lorsqu'Hélène, dans un état de veille au moins apparent, converse avec son guide manifesté par un automatisme partiel sensoriel ou moteur ; par exemple, dans le cas cité p. 60 où Léopold, ne partageant pas l'allochirie d'Hélène, lui donne tort par la table au point qu'elle proteste et se fâche ; de même, lorsqu'en hallucinations verbo-auditives ou par l'écriture automatique il discute avec elle et qu'elle lui tient tête ; ou encore quand l'organisme semble divisé entre deux êtres étrangers l'un à l'autre, Léopold causant par la bouche d'Hélène avec son accent et ses idées à lui, elle se plaignant par écrit de souffrir beaucoup de la tête et de la gorge sans savoir pourquoi.

Cependant, même dans ces cas de dimidiation qui semblent bien réaliser la scission complète de la conscience, la vraie coexistence de personnalités différentes, on peut hésiter si cette pluralité est autre chose qu'une apparence. Je ne suis pas certain d'avoir jamais constaté chez Hélène une véritable simultanéité de consciences différentes. Pendant le moment même où Léopold écrit par sa main, parle par sa bouche, dicte par la table, en l'observant attentivement je l'ai toujours trouvée absorbée, préoccupée, et comme absente ; mais elle reprend instantanément sa présence d'esprit et l'usage de ses facultés de veille à la fin de l'automatisme moteur. Du temps où elle épelait elle-même les dictées typtologiques, j'ai souvent remarqué qu'elle s'arrêtait à la lettre voulue (point du tout comme une personne qui cherche à deviner) avant que la table eût frappé, et j'ai eu l'impression que cette épellation, relevant en apparence de la personnalité ordinaire, allait en réalité de pair et ne faisait qu'un dans le fond avec l'automatisme musculaire qui agissait sur la table[1]. Bref, ce que l'on prend du dehors pour une coexistence de personnalités simultanées distinctes ne me semble être qu'une alternance, une rapide succession entre l'état de conscience-Hélène et l'état de conscience-Léopold (ou tout autre). Et dans les cas où le corps paraît partagé entre deux êtres indépendants l'un de l'autre, le côté droit, par exemple, étant occupé par Léopold et le gauche par Hélène ou la princesse hindoue, la scission psychique ne m'a jamais semblé radicale, mais plusieurs indices m'ont donné le sentiment qu'il y avait là-derrière un individu parfaitement conscient de soi, qui de la meilleure foi du monde se jouait à lui-même, en même temps qu'aux spectateurs, la comédie d'une pluralité. Une seule personnalité fondamentale, faisant les demandes et les réponses, se querellant dans son propre intérieur, tenant enfin divers rôles dont Mlle Smith de l'état de veille n'est que le plus continu et le plus cohérent, voilà une interprétation qui conviendrait tout aussi bien aux faits tels que je les ai observés chez Hélène, et même mieux, que celle d'une pluralité de consciences séparées, d'un polyzoïsme psychologique pour ainsi dire. Ce dernier schéma est assurément plus commode pour une description claire et superficielle des faits, et je ne me ferai pas faute de l'employer, mais je ne suis point du tout convaincu qu'il soit conforme à la réalité des choses.

Le contraire de la division complète (en apparence) est la fusion. On peut dire qu'il y a fusion réelle, quoique non sentie, entre Hélène et Léopold dans tous les incidents de

---

[1] Il est à peine besoin de dire que Mlle Smith n'est point de cet avis, les dictées de la table, comme tous ses autres automatismes, lui paraissant toujours être quelque chose d'inattendu, d'étranger et souvent de contraire à sa pensée consciente.

la vie ordinaire où ce dernier, bien que ne se manifestant pas, est néanmoins présent, comme il le prouvera en revenant ultérieurement sur ces incidents dans quelque message automatique. Outre cette fusion ou identité non sentie, il y a aussi des cas de fusion sentie, de coalescence expérimentée et éprouvée par Hélène entre sa cénesthèse et celle de Léopold. C'est un état de conscience *sui generis* impossible à décrire adéquatement et qu'on ne peut se représenter que par analogie avec ces états curieux, exceptionnels dans la vie normale éveillée, mais moins rares en rêve, où l'on se sent changer et devenir quelqu'un d'autre.

Hélène m'a plus d'une fois raconté qu'elle avait eu l'impression de *devenir* ou d'*être* momentanément Léopold. Cela lui arrive surtout la nuit ou le matin au réveil; elle a d'abord la vision fugitive de son protecteur, puis il lui semble qu'il passe peu à peu en elle, elle le sent pour ainsi dire envahir et pénétrer toute sa masse organique comme s'il devenait elle, ou elle lui. C'est, en somme, une incarnation spontanée, avec conscience et souvenir, et elle ne décrirait certainement pas autrement ses impressions cénesthésiques si, à la fin des séances où elle a personnifié Cagliostro en tendant ses muscles, gonflant son cou, redressant son buste, etc., elle conservait la mémoire de ce qu'elle a éprouvé pendant cette métamorphose. Ces états mixtes, où la conscience du Moi ordinaire et la réflexion subsistent en même temps que la personnalité seconde s'empare de l'organisme, sont extrêmement intéressants pour le psychologue; malheureusement, soit qu'ils s'engloutissent le plus souvent dans l'amnésie consécutive, soit que les médiums qui s'en souviennent peut-être ne sachent ou ne veuillent pas en rendre compte, il est bien rare qu'on en obtienne des descriptions détaillées [1] — abstraction faite des observations analogues recueillies chez les aliénés.

Entre les deux extrêmes de la dualité et de l'unité complètes, on observe de nombreux intermédiaires; ou du moins, puisque la conscience d'autrui nous reste à jamais

---

[1] Voir l'intéressante auto-observation de M. Hill Tout (*Some psychical phenomena bearing upon the question of Spirit-Control*, Proceed S. P. R. vol. XI, p. 309), qui continuait à avoir conscience de lui et à s'observer pendant ses incarnations. De même qu'il se sentait devenir son propre père défunt tout en restant encore lui, de même Mlle Smith se sent devenir Léopold sans cesser d'être elle-même. M. Hill Tout a bien mis en lumière l'objection que de tels faits suscitent contre l'interprétation spirite; on verra d'autre part plus loin l'appui qu'ils semblent prêter en certains cas à la doctrine des « antériorités ».

impénétrable directement, on peut inférer ces états mixtes des conséquences qui en découlent. Il est arrivé, par exemple, que croyant avoir affaire à Léopold tout pur, bien incarné et dûment substitué à la personaalité de Mlle Smith, les assistants ont laissé échapper sur le compte de cette dernière quelque plaisanterie déplacée, une question indiscrète, des critiques un peu vives, toutes choses assez innocentes et sans mauvaise intention au fond, mais cependant de nature à blesser Hélène si elle les entendait, et dont leurs auteurs se fussent certainement abstenus devant elle pendant son état de veille. Léopold ne se gêne pas pour rembarrer et remettre à leur place les bavards imprudents, et l'incident n'a généralement pas de suite. Mais, parfois, on constate à la manière d'être et aux paroles de Mlle Smith dans les jours ou les semaines qui suivent, qu'elle a eu connaissance de ces propos inconsidérés, ce qui prouve que la conscience de Léopold et la sienne propre ne sont point séparées par une paroi imperméable, mais qu'il s'effectue des échanges osmotiques de l'une à l'autre. Ce sont ordinairement les remarques pointues et irritantes qui traversent; cela revient à dire que les sentiments d'amour-propre et de susceptibilité personnelle qui forment en chacun de nous les retranchements ultimes du Moi social, sont les derniers à s'éteindre dans le somnambulisme, ou qu'ils constituent le substratum fondamental, la base commune, par où Léopold et Mlle Smith tiennent ensemble et se confondent en un même individu.

Le processus psychologique de cette transmission est d'ailleurs varié. Tantôt il semble que l'amnésie consécutive à la trance se soit dissipée juste sur ces détails plus piquants que d'autres, et qu'Hélène se souvienne directement de ce qui a été dit, devant Léopold, de désagréable pour elle. Tantôt c'est Léopold lui-même qui, faisant en quelque sorte la mauvaise langue, lui répète en hallucinations auditives à l'état de veille les choses pénibles qu'il a récoltées pour les lui resservir, parfois, il convient de l'ajouter, avec des commentaires destinés à en atténuer l'effet et à excuser les coupables ; car c'est un trait intéressant de son caractère qu'il prend souvent vis-à-vis d'Hélène la défense de ceux mêmes qu'il vient de trahir ou de blâmer, contradiction qui n'a rien d'étonnant quand on l'interprète psychologiquement en y voyant le conflit habituel des motifs ou des tendances affectives, la lutte que les points de vue opposés se livrent incessamment dans notre intérieur. Tantôt encore c'est en rêve que se fait la jonction entre la conscience somnambulique de Léopold et la conscience normale d'Hélène.

Voici à propos de ce dernier cas un exemple ne renfermant rien de désagréable, où Hélène s'est souvenue à l'état de veille d'un rêve nocturne qui était lui-même la répétition ou l'écho, pendant le sommeil naturel, d'une scène somnambulique de la soirée précédente.

Dans une séance à laquelle j'assiste peu après mon rétablissement d'une congestion pulmonaire, Hélène complètement intrancée a la vision de Léopold-Cagliostro qui, en médecin compatissant, vient me donner une consultation. Après quelques préliminaires, elle s'agenouille près de ma chaise, et regardant alternativement ma poitrine et le docteur fictif debout entre nous deux, elle entretient avec lui une longue conversation où elle se fait expliquer l'état de mon poumon, qu'elle voit en imagination, et le traitement que Léopold me prescrit : « ...C'est le poumon... c'est plus foncé, c'est un côté qui a souffert... Vou... ites que c'est une grande inflammation et que ce n'est pas encore guéri ?... Est-ce que ça peut se guérir ?... Dites-moi donc ce qu'il faut faire !... Où est-ce que j'en ai vu, de ces plantes ?... Je ne sais pas comment on les appelle... des... je ne comprends pas bien... des synanthérées ? Oh ! c'est un drôle de nom... Où est-ce qu'on les trouve ?... Vous dites que c'est de la famille... alors elle a un autre nom, dites-le moi donc !... des tissulages *(sic)*... alors vous croyez que c'est bon, cette plante ?... Ah ! mais expliquez-moi cela... les feuilles fraîches et les fleurs sèches ?... trois fois par jour une grosse poignée dans un litre... et puis du miel et du lait... je lui dirai qu'il en boive trois tasses par jour... » Etc. Suit une indication très détaillée de traitement, infusions diverses, vésicatoires volants, etc. Toute cette scène dure plus d'une heure, et au réveil, suivi d'amnésie complète, on n'en raconte rien à Hélène, car il est déjà dix heures et demie du soir, et elle a hâte de rentrer chez elle.

Le lendemain, elle m'écrit une lettre de sept pages où elle me raconte un rêve très frappant qu'elle a eu pendant la nuit : « ...je me suis endormie vers les deux heures du matin et me suis éveillée à cinq heures environ. Est-ce une vision? est-ce un rêve que j'ai eu là? je ne sais vraiment pas à quoi m'en tenir et n'ose rien affirmer; mais, ce que je sais, c'est que j'ai vu mon grand ami Léopold qui m'a longtemps parlé de vous, et je crois même vous avoir aperçu. Je lui ai demandé ce qu'il pensait de votre état de santé... il me répondit que pour lui, il vous trouvait loin d'être rétabli... que la douleur que vous ressentiez au côté droit provenait de l'inflammation du poumon qui avait assez souffert... Vous allez rire sans doute quand j'ajouterai qu'il m'a même indiqué les remèdes que vous devez prendre... ce remède, c'est une simple plante qu'il nomme autant que j'ai pu me souvenir Tissulage ou Tussilache, elle a même encore un autre nom, mais je crains de trop estropier ce dernier et je ne le répète pas, le premier vous suffira sans doute, car il prétend que vous connaissez cette plante... » Etc. Hélène me décrivait par le menu tout le traitement et les drogues que Léopold lui avait ordonnées pour moi dans son rêve, sans se douter que c'était l'exacte répétition (quant au contenu, mais non point mot à mot) de ce qu'elle m'avait déjà dit dans la séance de la veille [1].

Ce que j'ai dit de Léopold est applicable aux autres personnifications de Mlle Smith. La conscience normale d'Hélène se mêle et se fusionne en toutes proportions avec les consciences somnambuliques de Simandini, de Marie-Antoinette, ou de telle autre incarnation, comme on le verra à l'occasion. — Je passe maintenant à l'examen de quelques exemples détaillés destinés à mettre en lumière le rôle que joue Léopold dans l'existence d'Hélène.

Commençons par écouter Léopold lui-même. Parmi ses nombreux messages, la lettre suivante, venue automatiquement de sa belle écriture par la main de Mlle Smith — en réponse à un billet où je l'avais prié (en tant qu'être spirituel et distinct d'elle) de m'aider dans les « recherches psychiques » — renferme sur sa propre personne et ses rapports avec Hélène des renseignements que je ne lui

---

[1] On a souvent relevé le rôle du rêve ordinaire comme intermédiaire entre des somnambulismes d'abord suivis d'oubli, et l'apparition de leurs souvenirs dans l'état de veille des jours suivants. Voy. p. ex. JANET, *Névroses et Idées fixes*, I, 184 et suiv.

avais point demandés, mais qui n'en sont pas moins intéressants. Il ne faut pas oublier que c'est l'adorateur désincarné de Marie-Antoinette qui m'écrit.

« Ami,

« Je suis heureux et touché de l'essai de confiance que tu daignes m'accorder.

« Guide spirituel de Mademoiselle [Smith], que l'Etre suprême dans son infinie bonté m'a permis de retrouver avec facilité, je fais mon possible pour lui apparaître chaque fois que j'en sens la nécessité, mais le corps ou si tu aimes mieux la matière peu solide qui me compose ne me donne pas toujours la facilité de me montrer à elle d'une manière positivement humaine. [Il lui apparaît, en effet, souvent en hallucinations visuelles élémentaires, sous la forme de traînée lumineuse, colonne blanchâtre, ruban vaporeux, etc.]

« Ce que je cherche surtout à lui inculquer, c'est une philosophie consolante et vraie et qui lui est nécessaire en raison des impressions profondes, pénibles, que lui a laissé [sic] maintenant encore, tout le drame de sa vie passée.

« J'ai souvent semé le fiel dans son cœur [quand elle était Marie-Antoinette], tout en désirant son bien. Aussi, écartant tout ce qui peut être superflu, je pénètre dans les replis les plus cachés de son âme, et avec une minutie extrême et une activité incessante, je cherche à la pénétrer des vérités qui, je l'espère, l'aideront à atteindre le sommet si élevé de l'échelle de la perfection.

« Abandonné des miens dès le berceau, j'ai de bonne heure connu la souffrance. Comme tous, j'ai eu bien des faiblesses, j'ai expié, et Dieu sait si je me suis incliné !

« La souffrance morale ayant été mon principal lot, j'ai été abreuvé d'amertumes, d'envies, de haines, de jalousies. La jalousie, mon frère, quel poison, quelle corruption de l'âme !

« Un rayon cependant a brillé dans ma vie, et ce rayon si pur, si plein de tout ce qui pouvait mettre un baume sur mon âme ulcérée, m'avait fait entrevoir le ciel !

« Avant-coureur des félicités éternelles ! rayon sans tache ! Dieu avait jugé bon de le reprendre avant moi ! Mais, aujourd'hui, il me l'a redonné ! Que son saint nom soit béni !

« Ami, de quelle façon me sera-t-il donné de te répondre ? Je l'ignore moi-même, ne sachant ce qu'il plaira à Dieu de te révéler, mais par celle que tu nommes mademoiselle [Smith], Dieu le voulant peut-être arriverons-nous à te satisfaire.

« Ton ami — Léopold. »

On voit que, sous les détails découlant des idées spirites et de son rôle de Cagliostro repentant, le caractère dominant de Léopold est son attachement platonique profond à Mlle Smith, et une ardente sollicitude morale pour elle et son avancement vers la perfection. Cela correspond tout à fait à l'esprit des nombreux messages qu'il lui adresse au cours de l'existence quotidienne, comme on peut en juger par le spécimen suivant. Il s'agit d'un cas où, après l'avoir prévenue à deux reprises dans la journée en hallucinations auditives qu'il se manifesterait le soir, il lui donna en effet, par l'écriture automatique et de sa main, les encouragements dont elle avait un réel besoin dans les circonstances où elle se trouvait.

Un matin, au bureau, Hélène entend une voix inconnue, plus forte et rapprochée que n'est ordinairement celle de Léopold, lui dire : *A ce soir*. Un peu plus tard la même voix, où elle reconnaît maintenant celle de Léopold, mais avec un timbre plus rude et venant de plus près que d'habitude, lui dit : *Tu m'entends bien, à ce soir*. — Le soir, rentrée chez elle, elle se sent agitée pendant le souper, le quitte en hâte vers la fin, et s'enferme dans sa chambre avec l'idée qu'elle entendra quelque chose ; mais, bientôt, l'agitation instinctive de sa main lui indique qu'elle doit prendre le crayon, et elle obtient, de la magnifique calligraphie de Léopold, l'épître suivante. (Elle dit être restée bien éveillée et consciente d'elle-même en l'écrivant ; ce n'est cependant qu'une fois la lettre terminée qu'elle a pris connaissance de son contenu.)

« Ma bien-aimée amie,

« Pourquoi te chagriner, te tourmenter de la sorte ? Pourquoi t'indigner lorsqu'en avançant dans la vie tu te vois obligée de constater que tout n'est pas comme tu l'aurois désiré et espéré ?

« La route que nous suivons sur cette terre n'est-elle point partout et pour tous semée d'une masse d'écueils ? n'est-elle pas une chaîne sans fin de déceptions, de misères ? Vois-tu, ma sœur aimée, fais-moi, je te prie, la charité et la joie de me dire que tu veux renoncer désormais à trop sonder le cœur humain. A quoi te servent ces découvertes ? que te reste-t-il de ces choses, sinon des larmes et des regrets ?

« Et puis ce Dieu d'amour, de justice et de vie, n'est-il point là pour lire dans les cœurs ? A lui de voir, non pas à toi !

« Changeras-tu les cœurs ? Donneras-tu à ceux qui ne l'ont pas, une âme vive, ardente, ne se lassant jamais de tout ce qui est juste, de tout ce qui est vrai, de tout ce qui est droit ?

« Sois donc calme vis-à-vis de toutes ces petites misères.

« Sois digne, et surtout toujours bonne !

« Qu'en toi, je retrouve toujours ce cœur et cette âme qui, l'un et l'autre, furent toujours pour moi toute ma vie, toute ma joie, et mon seul rêve ici-bas.

« Crois-moi, sois calme, réfléchie ; c'est-là tout mon désir.

« Ton ami — Léopold. »

J'ai choisi cet exemple à cause de sa brièveté. Hélène a reçu une foule de communications du même genre, parfois en vers, où la note morale et religieuse est souvent beaucoup plus accentuée encore. Dans la plupart on rencontre, comme à l'avant-dernière phrase de celle-ci, une allusion plus ou moins enveloppée à l'affection présumée de Cagliostro pour Marie-Antoinette. Abstraction faite de cette sorte d'ornement terminal plaqué sur le sermon d'une façon assez artificielle, on remarque qu'il n'y a rien, dans ces excellentes exhortations, qu'une âme élevée et sérieuse comme celle de Mlle Smith n'eût pu tirer de son propre fonds dans un moment de recueillement et de méditation. Nul doute que, sans le spiritisme, les mêmes réflexions ne se fussent également présentées à elle, et ne lui eussent apporté l'apaisement et le réconfort aussi bien que par l'entremise de Léopold. En développant l'automatisme, la pratique de la médiumité n'a fait ici, comme dans la plupart des cas, que dissocier des éléments qui à l'état normal sont plus fondus, plus inextricablement mélangés avec la personnalité ordinaire, et donner un air d'indépendance, de provenance étrangère, à certaines tendances intimes et profondes de l'individu.

Est-ce un bien ou est-ce un mal pour la vie morale et religieuse véritable que de se formuler ainsi nettement en hallucinations verbales, plutôt que de rester à l'état confus, mais plus personnel, d'aspirations éprouvées et d'émotions ressenties ? Ses impératifs gagnent-ils ou perdent-ils en autorité intérieure, et en puissance subjective, à revêtir cet accoutrement extérieur et cet aspect d'objectivité ? Question délicate et qui n'est probablement pas susceptible d'une solution uniforme; à moins encore qu'elle ne soit oiseuse, le point essentiel étant peut-être beaucoup plus dans la façon dont nous accueillons l'idéal et nous soumettons à ses exigences, que dans le véhicule d'apparence intellectuelle ou affective, externe ou interne, qu'il emploie pour se révéler à nous.

Dans l'incident suivant, que je rapporte comme un exemple entre beaucoup d'autres analogues, ce ne sont plus à proprement parler les sentiments moraux et religieux qui se personnifient en Léopold, mais plutôt l'instinct de réserve et de défensive particulier au sexe faible, le sens des convenances, le respect de soi, teintés même d'une nuance d'exagération et poussés presque jusqu'à la pruderie.

Dans une visite à Mlle Smith, où je m'informe si elle a eu de récentes communications de Léopold, elle me dit l'avoir seulement entrevu deux ou trois fois ces derniers jours, et avoir été frappée de son air « inquiet et pénible », au lieu de l'air « si bon, si doux, si admirable » qu'il a généralement. Comme elle ne sait à quoi attribuer ce changement de physionomie, je lui conseille de prendre son crayon et de se recueillir dans l'espérance d'obtenir quelque message automatique. Au bout d'un moment, son expression marque qu'elle est prise; ses yeux fixent le papier, sur lequel repose la main gauche dont le pouce et le petit doigt sont agités et tapotent continuellement (environ une fois par seconde) ; la main droite, après avoir essayé de prendre le crayon entre l'index et le médius (mode d'Hélène) finit par le saisir entre le pouce et l'index et trace lentement de l'écriture de Léopold :

Mais oui je suis inquiet, | peiné, angoissé même ; | crois-tu amie que c'est avec satisfaction | que je te vois tous les jours accepter tant de grâces, tant de flatteries, | sincères je ne dis pas non, mais peu dignes et peu louables | de la part de ceux dont elles viennent.

Ce texte a été écrit en six fois (marquées ci-dessus par des barres verticales), séparées par de courts instants de réveil complet où les tapotements de la main gauche cessent, et où Hélène relit à haute voix ce qu'elle vient d'écrire, s'étonne, ne sait à quoi Léopold fait allusion, puis à ma demande reprend le crayon pour obtenir des explications et se rendort pendant le fragment suivant. A la fin de ce morceau, comme elle persiste à dire qu'elle ignore de quoi il s'agit, je questionne Léopold qui répond (par l'auriculaire gauche) que depuis quelques jours, Hélène se laisse faire un brin de cour par un M. V. [parfaitement honorable], lequel se trouvant souvent dans le même tramway qu'elle, lui a fait place à côté de lui ces derniers matins et lui a adressé quelques compliments sur sa bonne mine. Ces révélations suscitent le rire et les protestations d'Hélène, qui commence par nier que cela puisse venir de Léopold et m'accuse d'avoir suggestionné son petit doigt ; mais la main droite reprenant le crayon trace aussitôt ces mots de l'écriture et avec la signature de Léopold : « Je ne dis que ce que je pense et désire que tu refuses dorénavant toutes les fleurs qu'il pourra t'offrir. — Léopold. » Cette fois, Hélène convient de l'incident et reconnaît qu'en effet M. V. lui a offert, hier matin, une rose qu'il avait à sa boutonnière.

Huit jours plus tard, je fais une nouvelle visite à Hélène, et après un essai d'écriture qui ne réussit pas, mais aboutit à une vision martienne (voir texte martien n° 14), elle a l'hallucination visuelle de Léopold, et, perdant la conscience du milieu réel et de ma présence ainsi que de celle de sa mère, elle se lance avec lui dans une conversation roulant sur l'incident d'il y a huit jours. « Léopold... Léopold... n'approchez pas [gestes de repousser]... vous êtes trop sévère, Léopold... viendrez-vous dimanche, c'est chez M. Flournoy que je vais dimanche, vous y viendrez... mais vous ferez bien attention de ne pas... non, ce n'est pas bien de votre part de dévoiler toujours les secrets... qu'est-ce qu'il aura dû penser... vous avez l'air de faire une montagne d'une chose qui n'est rien... est-ce qu'on peut refuser une fleur ?... vous n'y comprenez rien du tout... pourquoi donc ? c'était bien plus simple de l'accepter, de n'y mettre aucune importance... la refuser, c'est impoli... vous prétendez lire dans les cœurs... pourquoi donner tant d'importance à une chose qui n'est rien... ce n'est qu'une simple amitié, un petit peu de sympathie... me faire écrire des choses pareilles, sur du papier, devant du monde ! pas joli de votre part !... » Dans ce dialogue somnambulique où nous pouvons deviner les répliques hallucinatoires de Léopold, Hélène a pris par moment l'accent de Marie-Antoinette (v. plus loin au cycle royal). Pour le réveil, Léopold, qui occupe les deux bras d'Hélène, lui fait quelques passes sur le front, puis lui comprime les nerfs frontal et sous-orbitaire gauches en me faisant signe d'en faire autant à droite.

La séance du surlendemain, chez moi, se passa sans aucune allusion de Léopold à l'incident du tramway, évidemment à cause de la présence de certains assistants auxquels il ne tenait pas à dévoiler les petits secrets d'Hélène.. Mais, trois jours après, dans une nouvelle visite où elle me raconte avoir eu la veille une discussion sur la vie future (sans me dire avec qui), elle écrit encore de la main de Léopold : « Ce n'est point dans cette société que tu dois peser si fort sur la question de l'immortalité de l'âme. » Elle avoue alors que c'est de nouveau en tramway et avec M. V. qu'elle a eu cette conversation à l'occasion du passage d'un convoi funèbre.

Il n'y eut jamais quoi que ce soit de compromettant dans les rapports de courtoisie et les entretiens occasionnels de Mlle Smith avec son voisin de tramway. Le souci que s'en faisait le pauvre Léopold n'en est que plus caractéristique et indique bien le censeur sévère et jaloux qui venait déjà troubler les séances du groupe N. ; on y reconnaît de nouveau l'écho de cette voix « qui n'a absolument rien à faire avec la conscience » (voir p. 24 et 84) et qui a jusqu'ici empêché Hélène d'accepter les partis qu'elle a rencontrés sur sa route. Ce mentor austère et rigide, toujours en éveil et prenant ombrage du moindre quidam avec lequel Mlle Smith se laisse aller à quelque échange d'amabilités sans conséquence, représente, en somme, une donnée psychologique très générale ; il n'est aucune âme féminine bien née qui ne le porte logé en l'un de ses recoins, d'où il manifeste sa présence par des scrupules plus ou moins vaguement éprouvés, certaines hésitations ou appréhensions, bref par un ensemble de sentiments ou de tendances inhibitoires de nuance et d'intensité très variables suivant l'âge et le tempérament.

Ce n'est pas mon affaire de décrire ce délicat phénomène. Il me suffit de remarquer qu'ici, comme dans les messages éthico-religieux, la personnalité de Léopold n'a rien ajouté au contenu essentiel de ces expériences intimes dont Mlle Smith est parfaitement capable par elle-même : la forme seule de leur manifestation a gagné en expression pittoresque et dramatique, dans la mise en scène des écritures automatiques et du dialogue somnambulique. Il semble qu'il ait fallu l'appoint suggestif de ma présence et de mes questions pour provoquer ces phénomènes ; il est cependant très probable, à en juger par d'autres exemples, que mon influence a seulement hâté l'explosion de

Léopold en reproches formulés, et que son mécontentement latent, déjà marqué dans « l'air inquiet et pénible » de ses fugitives apparitions visuelles, aurait fini, après une incubation plus ou moins prolongée, par aboutir à des admonestations spontanées, auditives ou graphiques.

On devine que dans ce rôle de gardien vigilant, d'un zèle presque excessif, de l'honneur ou de la dignité de Mlle Smith, Léopold n'est derechef à mes yeux qu'un produit de dédoublement psychologique. Il représente un certain groupement de préoccupations intimes et de secrets instincts, auxquels la prédisposition hypnoïde encouragée par le spiritisme a donné un relief particulier et un aspect de personnalité étrangère; de même, dans la fantasmagorie du rêve, des arrière-pensées presque inaperçues pendant la veille surgissent au premier plan et se transforment en contradicteurs fictifs, dont les reproches incisifs nous étonnent parfois au réveil par leur troublante vérité.

Un dernier exemple nous montrera Léopold dans son emploi de surveillant de la santé de Mlle Smith et d'avertisseur des précautions qu'elle doit prendre. Ce n'est pas de sa santé en général qu'il se préoccupe; quand elle a la grippe, par exemple, ou qu'elle est simplement fatiguée, il ne se manifeste guère. Son attention se concentre sur certaines fonctions physiologiques spéciales dont il tient à assurer le jeu normal et régulier et qu'il a pour ainsi dire sous sa garde. Il ne semble d'ailleurs pas exercer sur elles une action positive et pouvoir les modifier en rien ; tout son office se borne à en savoir d'avance le cours exact et à veiller à ce qu'aucune imprudence d'Hélène ne le vienne entraver. Léopold montre ici une connaissance et une prévision des phénomènes intimes de l'organisme qu'on a souvent observées chez les personnalités secondes, et qui leur confèrent, à cet égard du moins, un avantage indiscutable sur la personnalité ordinaire. Dans le cas de Mlle Smith, les indications de son guide sont surtout d'ordre prohibitif, destinées à l'empêcher de prendre part à des réunions spirites à un moment où elle croyait pouvoir le faire impunément, alors que lui, doué d'une sensibilité cénesthésique plus raffinée, estime avec raison qu'elle ne le doit pas. Il faut savoir qu'il lui a depuis plusieurs années formellement interdit toute espèce d'exercices médiumiques à certaines époques toujours très régulières ; mais il arrive qu'Hélène n'y pense plus si Léopold ne lui rappelle pas à temps sa défense. Aussi l'a-t-il maintes fois obligée par des messages variés, hallucinations auditives catégoriques, impulsions diverses, contractions du bras la forçant à écrire, etc., à modifier ses plans et à renoncer à des séances déjà fixées. C'est une forme très nette d'automatisme téléologique.

Comme spécimen de cette intervention spontanée et hygiénique de Léopold dans la vie d'Hélène, je choisis la lettre ci-dessous parce qu'elle réunit divers traits intéressants. On y trouve d'abord bien dépeinte l'énergie avec laquelle Mlle Smith est contrainte d'obéir à son guide. Puis on y assiste au passage de la forme auditive de l'automatisme à sa forme graphique. On constatera à ce propos, dans la page de cette lettre reproduite fig. 8 (v. p. 131), que la transition de la main d'Hélène à celle de Léopold se fait brusquement et d'une façon tranchée. J'ai d'autres exemples du même phénomène présentant le même caractère : l'écriture ne se métamorphose pas lentement, graduellement, mais elle reste celle de Mlle Smith, de plus en plus troublée, il est vrai, et rendue presque illisible par les secousses du bras dont s'empare Léopold, jusqu'à l'instant où soudain et de plein saut, sans bavures ni tâtonnements préliminaires, elle devient la calligraphie bien moulée de Cagliostro. Cette missive témoigne en même temps de la préoccupation de Léopold dont j'ai parlé, p. 41, à savoir de sa crainte que je n'aille voir un symptôme maladif dans les changements de projets d'Hélène ; on remarquera la façon naïve dont il lui fait exprimer la chose, cadrant bien avec le caractère enfantin que je relèverai plus tard chez lui. Enfin, on voit dans le dernier alinéa de la lettre que la terminaison de cette demi-incarnation spontanée, pendant laquelle Hélène était juste assez éveillée pour reconnaître l'écriture de Léopold, a été marquée comme son début par des phénomènes convulsifs ou spasmodiques semblables à ceux observés aux séances.

« 29 janvier, 6 h. ¼ du matin.

« Monsieur,

« Je viens de m'éveiller il y a dix minutes et d'entendre la voix de Léopold me disant, d'une façon impérieuse même : « Sors de ton lit, et vite, très vite, afin d'écrire à ton grand ami M. Flournoy que tu ne feras pas de séance demain, et que tu n'iras chez lui que dans quinze jours, que tu ne feras aucune séance avant cette époque. »

« J'ai exécuté son ordre, je m'y sentais forcée, obligée malgré moi, j'étais si bien dans mon lit et suis si ennuyée d'être obligée de vous écrire une chose ainsi; mais qu'y faire on me force je le sens très bien.

« Dans ce moment je regarde ma montre, il est 6 h. 25 minutes, je sens une secousse très forte dans mon bras droit, je dirai mieux en disant une commotion électrique et qui je m'aperçois me fait écrire tout de travers.

« J'entends dans ce moment même la voix de Léopold, j'ai beaucoup de peine à écrire, qui me dit :

« 6 h. 42 ½.

« Dis-lui donc ceci :

« *Je suis toujours monsieur votre bien dévouée, d'esprit et de* « *corps sain* NON DÉSÉQUILIBRÉE.—

« Je me suis arrêtée quelques minutes après ces quelques mots qui, je le voyais très bien en les écrivant, étaient de l'écriture de Léopold. Immédiatement après, une seconde commotion, pareille à la première, est venue me secouer de nouveau, des pieds à la tête cette fois-ci. Tout ceci vient de se passer en si peu de temps, que j'en suis émotionnée et toute confuse. Il est vrai que je ne suis pas encore très bien. Est-ce pour cela que Léopold m'empêche d'aller à Florissant demain? je l'ignore, mais désire cependant suivre son conseil... »

Mlle Smith s'est toujours bien trouvée de se soumettre ponctuellement aux injonctions de son guide, tandis que lorsqu'il lui est arrivé de les enfreindre par oubli ou négligence, elle a eu à s'en repentir ; sans parler des réprimandes que ces désobéissances lui ont attirées en hallucinations auditives ou par l'écriture automatique, avec parfois l'apparition de la figure courroucée ou inquiète de Léopold.

Il est clair que dans ce rôle encore de médecin particulier de Mlle Smith, toujours au courant de son état de santé, Léopold peut facilement être interprété comme personnifiant une partie de ces impressions vagues qui jaillissent continuellement du sein de notre être physique, et nous renseigneraient sur ce qui s'y passe ou s'y prépare si elles n'étaient d'ordinaire éclipsées par les distractions de la vie extérieure. Notre attention ne remarquera peut-être pas dans la journée les sensations viscérales ou organiques obscures, les insaisissables modifications cénesthésiques, les sourdes rumeurs provenant de l'intimité de nos tissus, qui annoncent quelque changement déjà en train de s'effectuer dans le jeu de nos fonctions vitales ; mais l'on sait avec quelle intensité, quelle acuité exagérée, ces mêmes données inaperçues pendant la veille pourront faire irruption dans le sommeil de la nuit et se traduire en songes prophétiques que l'événement ne tardera pas à vérifier. On rêve d'une névralgie dentaire bien des heures avant de la sentir à l'état éveillé ; d'un anthrax, d'une angine, de maux quelconques, plusieurs jours parfois avant qu'ils se déclarent réellement. Toute la littérature est pleine d'anecdotes de ce genre ; et les psychiâtres ont observé que dans les formes circulaires d'aliénation, où des phases de dépression mélancolique et d'excitation maniaque se succèdent en alternances plus ou moins régulières avec des intervalles d'équilibre normal, c'est fréquemment pendant le sommeil que l'on voit poindre les premiers symptômes de la transformation de l'humeur qui a déjà commencé dans la profondeur de l'individu, mais n'éclatera qu'un peu plus tard au dehors. Or, tous les états hypnoïdes se tiennent, et il n'y a rien d'étonnant à ce que, chez un sujet

chose ainsi, mais qu'y faire on me force je le sens très bien.

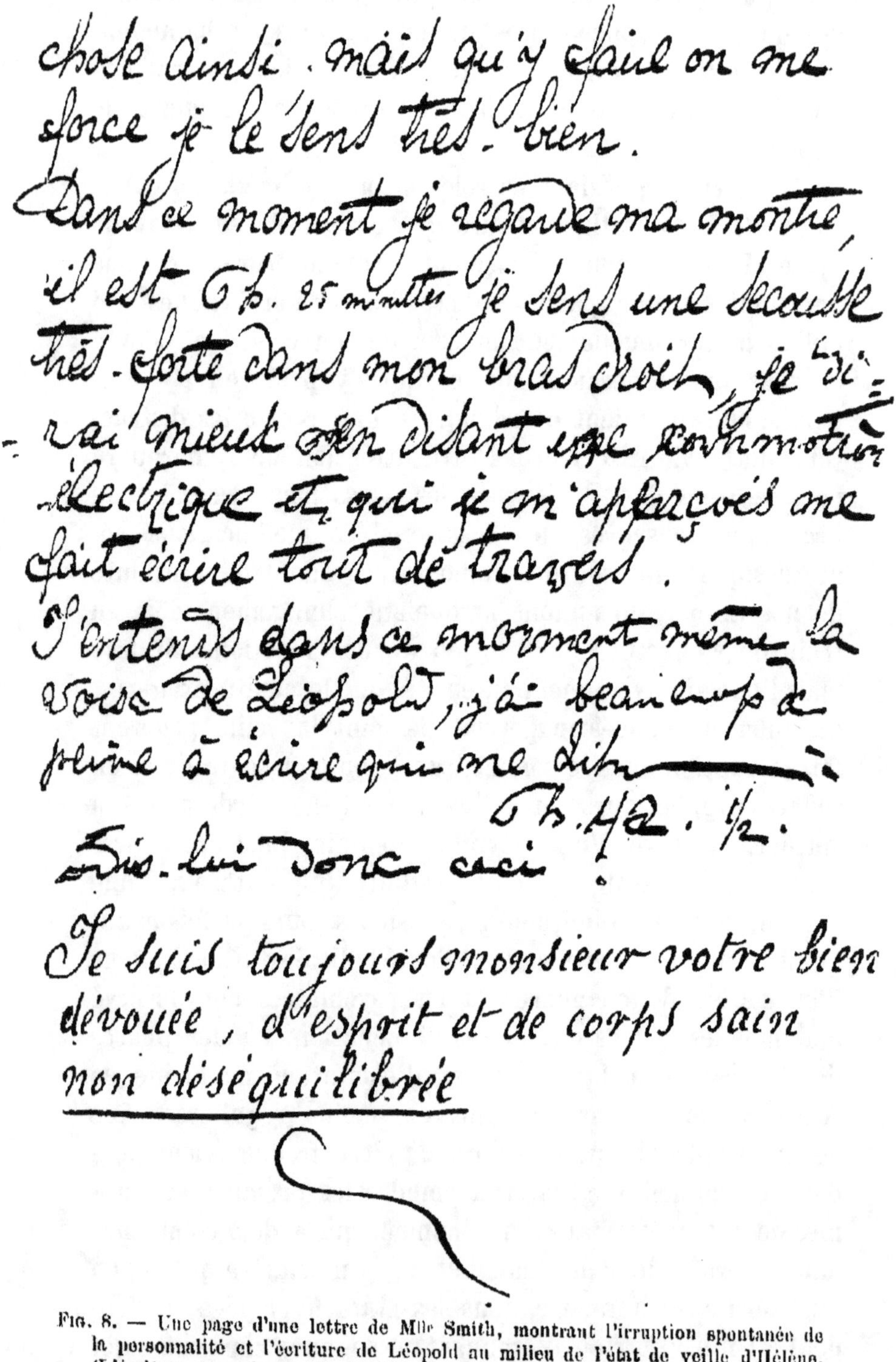

Dans ce moment je regarde ma montre, il est 6 h. 25 minutes je sens une secousse très forte dans mon bras droit, je dirai mieux en disant une commotion électrique et, qui je m'aperçois me fait écrire tout de travers.

J'entends dans ce moment même la voix de Léopold, j'ai beaucoup de peine à écrire qui me dit ————

6 h. 1/2.

Dis-lui donc ceci !

Je suis toujours monsieur votre bien dévouée, d'esprit et de corps sain non déséquilibrée

Fig. 8. — Une page d'une lettre de Mlle Smith, montrant l'irruption spontanée de la personnalité et l'écriture de Léopold au milieu de l'état de veille d'Hélène. (L'écriture normale de Mlle Smith reprend immédiatement dès la page suivante.) — Voir p. 128-129.

porté à l'automatisme, ces pressentiments confus issus de la sphère organique surgissent avec l'apparence d'une personnalité étrangère, qui n'est qu'un degré plus élevé du processus de dramatisation déjà si brillamment à l'œuvre dans nos rêves ordinaires.

Ce serait allonger inutilement que de multiplier davantage les exemples des interventions de Léopold dans la vie de Mlle Smith. Ceux que j'ai rapportés le montrent sous ses aspects essentiels et suffisent à justifier la confiance d'Hélène dans un guide dont elle n'a jamais eu qu'à se louer, qui lui a toujours donné les meilleurs conseils, tenu des discours de la plus haute élévation, et manifesté la sollicitude la plus touchante et la plus éclairée pour sa santé physique et morale. On comprend que rien ne puisse ébranler sa foi en l'existence objective et réelle de ce précieux conseiller.

Ces mêmes exemples suffisent, d'autre part, à laisser entrevoir comment, en se plaçant à un point de vue purement psychologique, on peut se représenter la formation de cette seconde personnalité. Elle est faite de tendances normales préexistantes, d'un caractère très intime, qui ont commencé dès l'enfance et la jeunesse de Mlle Smith à se synthétiser séparément du reste de la conscience ordinaire à l'occasion de certaines secousses émotives (v. plus haut p. 85 suiv.), et qui, grâce à l'influence adjuvante des exercices spirites, ont achevé de se personnaliser sous le masque d'origine suggestive de Léopold-Cagliostro.

Est-il même bien sûr qu'il faille admettre ici l'existence d'une seconde personnalité proprement dite et ne pourrait-on pas, en restant dans le champ de la seule conscience de Mlle Smith, concevoir les messages du prétendu Léopold comme la traduction imagée et parfois symbolique d'éléments affectifs peu clairs et contradictoires ? Toute émotion obscurément éprouvée, tout conflit de motifs vaguement ressentis, tendent à évoquer — dans les régions plus intellectuelles de la fantaisie et des associations d'idées — des représentations figurées, des chaînes de souvenirs ou des constructions arbitraires, un déroulement d'images et de personnifications dramatiques, tout un cortège de scènes et de tableaux où se déploient une puissance et une richesse créatrices souvent merveilleuses. Ce processus, normal et plus ou moins actif chez tout le monde, acquiert une intensité considérable chez les sensitifs, où le moindre ébranlement affectif devient capable d'éveiller une représentation et même une hallucination correspondante. Les images, figures diverses, scènes visuelles (et quelquefois auditives) de tout genre, parfois étrangement révélatrices ou prophétiques, que les médiums voient souvent apparaître à côté ou en arrière d'inconnus qu'ils rencontrent pour la première fois, peuvent s'expliquer par cette traduction imaginative, directe ou symbolique, d'impressions (soit normales, soit peut-être télépathiques) reçues de ces inconnus[1]. Or ce que l'imagination fait pour ces impressions venues du dehors, pourquoi ne le ferait-elle pas également pour celles jaillissant du sein même de l'individu et de sa masse organique ? Rien d'étonnant à ce que, dans un tempérament prédisposé dès l'enfance à la fiction et aux rêveries hallucinatoires, mille émotions internes, à peine consciemment ressenties, s'objectivent sous la forme concrète d'apparitions ou de voix, et point n'est besoin d'une division complète de la conscience et d'une sous-personnalité permanente pour expliquer toute cette fantasmagorie d'automatismes sensoriels et moteurs. Ces cas extrêmes, propres à certaines natures, ne sont après tout que l'exagération de ce qui se passe dans le simple rêve nocturne du *vulgum pecus*.

Il est vraiment fâcheux que ce phénomène du rêve, à

[1] Voir à ce sujet les intéressantes observations d'une personne qui possède à un degré exceptionnel ces dons de symbolisation et d'externalisation visuelle, et que l'abondance peu commune de ses expériences supranormales ne paraît cependant pas avoir disposée très favorablement, tant s'en faut, à l'égard des explications spirites. Miss X (A. Goodrich-Freer), *Essays in Psychical Research*, London 1899, p. 123 suiv. et *passim*.

force d'être commun et banal, soit si peu observé ou si mal compris (je ne dis pas des psychologues, mais du grand public qui se pique pourtant de psychologie), car il est le prototype des messages spirites et renferme la clef de toute explication — non point métaphysique, il faut le reconnaître, mais humblement empirique et psychologique — des phénomènes médiumiques. Que si l'on regrettait, d'ailleurs, de voir réduire au rang de créations oniriques des personnalités aussi nobles, sympathiques, moralement pures et remarquables à tous égards, que le guide Léopold de Mlle Smith, il faut se dire que les rêves ne sont point toujours, comme un vain peuple pense, une chose méprisable ou de nulle valeur en soi. La plupart sont insignifiants et ne méritent que l'oubli où ils s'ensevelissent promptement; un trop grand nombre sont mauvais et pires encore parfois que la réalité; mais il en est de meilleurs qu'elle aussi, et « rêve » est bien souvent synonyme d' « idéal ». En jaillissant de notre fond caché, en mettant en lumière la nature intrinsèque de nos émotions subconscientes, en dévoilant nos arrière-pensées et la pente instinctive de nos associations d'idées, le rêve est souvent un instructif coup de sonde dans les couches inconnues qui supportent notre personnalité ordinaire. Cela donne lieu quelquefois à de bien tristes découvertes, mais quelquefois aussi c'est la plus excellente partie de nous-mêmes qui se révèle ainsi.

En résumé, Léopold exprime certainement dans son noyau central (abstraction faite de toutes les fioritures dont l'autosuggestion l'a surchargé au cours des séances spirites) un côté très honorable et attachant du caractère de Mlle Smith, et en le prenant comme « guide » elle ne fait que suivre des inspirations qui sont probablement d'entre les meilleures de sa nature.

CHAPITRE V

Le Cycle martien.

Le titre de ce livre devrait m'engager à étudier le roman hindou avant le cycle martien. Une considération de méthode me décide à renverser cet ordre. Il vaut mieux aller du simple au composé, et bien que la planète Mars nous soit assurément moins connue que les Indes, le roman qu'elle a inspiré au génie subliminal de Mlle Smith est relativement plus facile à expliquer que le cycle oriental. En effet, il ne paraît relever que de l'imagination pure, tandis qu'on rencontre dans ce dernier des éléments historiques réels dont il est très difficile de savoir où la mémoire et l'intelligence d'Hélène ont bien pu les puiser. Il n'y a donc dans le roman martien qu'*une* faculté à l'œuvre, comme aurait dit un psychologue classique, tandis que le cycle oriental en met plusieurs en jeu et doit, par conséquent, être abordé en second lieu, en raison de sa plus grande complexité psychologique.

Bien que la langue inconnue qui sert de véhicule à beaucoup de messages martiens ne puisse naturellement être dissociée du reste de ce cycle, elle mérite cependant une considération spéciale et le chapitre suivant lui sera plus particulièrement consacré. Elle ne figurera dans celui-ci, où je traiterai des origines et du contenu du roman martien, qu'autant que son apparition ne fait qu'un avec l'apparition même et les premiers développements de ce roman.

1. Origine et naissance du cycle martien.

« Nous osons espérer, dit M. Camille Flammarion au commencement de son bel ouvrage sur la planète Mars, que le jour viendra où des moyens inconnus de notre science actuelle nous apporteront des témoignages directs de l'existence des habitants des autres mondes, et même, sans doute, nous mettront en communication avec ces frères de l'espace[1]. » — A la dernière page de son livre, il revient sur la même idée : « Quelles merveilles la science de l'avenir ne réserve-t-elle pas à nos successeurs, et qui oserait même affirmer que l'humanité martienne et l'Humanité terrestre n'entreront pas un jour en communication l'une avec l'autre[2]!... »
Cette splendide perspective ne laisse pas de paraître encore un peu lointaine, même avec la télégraphie sans fil, et de fleurer presque l'utopie quand on s'en tient strictement aux conceptions courantes de nos sciences positives. Mais franchissez ces cadres étroits, élancez-vous, par exemple, vers les horizons illimités que le spiritisme ouvre à ses heureux adeptes, et aussitôt la vague espérance de tout à l'heure peut prendre corps, rien ne s'oppose plus à sa réalisation prochaine, et la seule chose dont il faille s'étonner, c'est qu'on n'ait point encore vu surgir le médium privilégié à qui reviendra la gloire, unique au monde, de nous avoir le premier servi d'intermédiaire avec les humanités des autres planètes. Car, pour le spiritisme, les barrières de l'Espace ne comptent pas plus que celles du Temps. Les « portes de la distance » sont grandes

---

[1] C. FLAMMARION, *La planète Mars et ses conditions d'habitabilité*, Paris 1892, p. 3.
[2] Idem, p. 592.

ouvertes devant lui. La question des moyens est ici chose secondaire; on n'a que l'embarras du choix. Que ce soit par intuition, par clairvoyance, par télépathie, par dédoublement permettant à l'âme entourée de son périsprit de quitter momentanément sa guenille terrestre pour faire en un rien de temps le voyage du bout du monde aller et retour; ou encore par vision dans l'Astral, par réincarnation de désincarnés omniscients, par les « fluides » ou par tel autre procédé enfin que vous voudrez — il n'importe. Le point essentiel, c'est qu'aucune objection sérieuse ne saurait être opposée à la possibilité de cette communication. Le tout est de trouver un sujet qui ait des facultés psychiques suffisantes. C'est une simple question de fait; s'il ne s'en est point encore rencontré, c'est apparemment que les temps n'étaient pas mûrs. Mais maintenant que les astronomes eux-mêmes pressentent, désirent, appellent de leurs vœux ces « moyens inconnus de la science actuelle » pour nous mettre en rapport avec les autres mondes, nul doute que le Spiritisme — qui est la science de demain, la Science définitive comme la Religion absolue — ne réponde bientôt à ces légitimes aspirations. On peut donc s'attendre à voir paraître d'un instant à l'autre le révélateur impatiemment souhaité, et tout bon médium est en droit de se demander s'il ne serait point justement l'être prédestiné à cette mission sans égale.

Telles sont, à mon avis, dans leur contenu essentiel et leurs grandes lignes, les considérations qui ont inspiré au subliminal de Mlle Smith la première idée de son roman martien. Je ne veux point dire que les passages de M. Flammarion que j'ai cités soient tombés directement sous les yeux d'Hélène, mais ils expriment et résument à merveille un des éléments de l'atmosphère dans laquelle elle se trouva au début de sa médiumité. Car, s'il n'y a pas d'indices certains qu'elle ait jamais lu ou feuilleté elle-même aucun ouvrage sur les Terres du Ciel et leurs habitant, ni de M. Flammarion, ni de personne autre, elle en a cependant entendu parler. Elle connaît fort bien le nom du célèbre astronome-écrivain de Juvisy, et un peu ses idées philosophiques, ce qui n'a rien de surprenant quand on sait la popularité dont il jouit dans les milieux spirites qui trouvent en lui un appui scientifique fort bien venu pour leur dogme de la réincarnation sur d'autres astres. Je tiens d'ailleurs d'un témoin [1], que dans le groupe de Mme N., dont Hélène fit partie en 1892, la conversation roula plus d'une fois sur l'habitabilité de Mars, que la découverte des fameux canaux recommandait spécialement depuis quelques années à l'attention du grand public [2]. Cette circonstance me paraît expliquer suffisamment le fait que l'astronomie subliminale d'Hélène se soit concentrée sur cette planète, alors que des médiums plus anciens ont manifesté des préférences différentes, preuve en soient les fameuses maisons de Jupiter de M. Sardou [3].

Il est, du reste, fort possible que les premiers germes du roman martien remontent encore plus haut que les commencements mêmes de la médiumité d'Hélène. Le caractère oriental bien accusé de ses dessins relatifs à cette planète, ainsi que l'impression très nette qu'elle a d'avoir déjà éprouvé dans sa jeunesse et son enfance beaucoup de visions du même genre « sans se rendre compte de ce que c'était », font en effet supposer que les ingrédients de ce cycle datent de bien des années en arrière. Peut-être est-ce un seul et même fonds primitif de

---

[1] M. le Dr Piperkoff, actuellement médecin de l'hôpital Alexandre à Sofia, qui assista à plusieurs séances du groupe de Mme N., alors qu'il se trouvait à Genève en 1892, a bien voulu me donner divers renseignements précieux sur ces réunions.

[2] Les découvertes de Schiaparelli et de tant d'autres depuis une vingtaine d'années, et les discussions scientifiques qui en découlèrent, ont eu de nombreux échos dans la presse quotidienne et populaire. Il suffit de rappeler des articles de vulgarisation comme celui de M. Flammarion sur les *Inondés de la Planète Mars* (*Figaro* du 16 juin 1888) ou des caricatures comme celles de Caran d'Ache, *Mars est-il habité ?* (*Figaro* du 24 février 1896), pour comprendre à quel point l'idée d'une humanité martienne doit maintenant faire partie des notions courantes de tout le monde.

[3] Voir p. ex. : *Un dessin médianimique de M. Victorien Sardou*. Revue encyclopédique Larousse, du 20 février 1897, p. 154.

souvenirs exotiques, de récits ou d'images des pays tropicaux, qui s'est ramifié plus tard, sous la vigoureuse impulsion des idées spirites, en deux courants distincts, le roman hindou d'une part, et le martien de l'autre, dont les eaux se sont plus d'une fois mélangées dans la suite. Tout en regardant donc comme probable qu'il plonge ses racines jusque dans l'enfance de Mlle Smith, il ne s'agit cependant pas dans le cycle martien, pas plus que dans les autres, d'un simple retour cryptomnésique d'anciens produits tout faits, d'une pure exhumation de résidus fossiles reparaissant au jour à la faveur du somnambulisme. C'est bien un processus actif et en pleine évolution auquel nous assistons, alimenté sans doute par de vieux éléments, mais qui les combine et les repétrit à nouveau d'une façon très originale, puisqu'il aboutit entre autre à la création d'une langue inédite. Il serait intéressant de suivre pas à pas les phases de cette élaboration; comme toujours, malheureusement, elle se dérobe dans l'obscurité de la subconscience; nous n'en saisissons que quelques apparitions de loin en loin, et tout le reste de ce travail souterrain doit être inféré, d'une manière assez hypothétique, d'après ces éruptions supraliminales et les trop rares données que nous avons sur les influences extérieures dont il a pu subir l'action stimulante.

C'est donc en 1892 que se placent les conversations qui ont dû préparer le terrain pour cette œuvre de haute fantaisie subliminale, en mettant dans l'esprit d'Hélène la double idée de l'énorme intérêt scientifique qu'il y aurait à entrer en relation directe avec les habitants de Mars, et de la possibilité, insoupçonnée des savants, mais que nous fournit le spiritisme, d'y arriver par voie médianimique. Je doute, cependant, que cette suggestion vague de la part du milieu ait suffi à engendrer le rêve martien — car pendant plus de deux ans il ne manifeste aucune velléité d'éclosion — sans l'appoint de quelque chiquenaude plus concrète capable de donner le branle à tout le mouvement. Il n'est malheureusement pas aisé, faute de documents, d'assigner avec précision les circonstances et le moment où l'imagination subconsciente d'Hélène a reçu cette impulsion effective; mais on en retrouve une trace non équivoque dans le procès-verbal même, tout à fait contemporain, de la première séance spécifiquement martienne de Mlle Smith, comme je vais le montrer. Il convient toutefois de reprendre la chose d'un peu plus haut.

En mars 1894, Hélène fit la connaissance de M. Lemaître qui, s'intéressant vivement aux phénomènes de psychologie anormale, assista chez d'autres personnes à quelques-unes de ses séances, puis finit par la prier d'en venir donner chez lui. Dès la première fois (28 octobre 1894), Hélène y rencontra une dame veuve aussi digne de respect que de pitié. Outre qu'elle souffrait d'une affection très grave de la vue, Mme Mirbel — je lui conserve le pseudonyme que M. Lemaître lui a donné dans le compte-rendu qu'il a publié de cette séance [1] — avait eu, trois ans auparavant, l'affreux chagrin de perdre son fils unique Alexis, alors âgé de 17 ans et élève de M. Lemaître. Sans être encore adepte bien convaincue du spiritisme, on comprend que Mme Mirbel ne demandât pas mieux que de croire à cette consolante doctrine si seulement on lui en fournissait des preuves, et quelle preuve plus impressive pouvait-elle souhaiter qu'un message de son enfant bien-aimé ? Aussi, n'était-ce probablement pas sans quelque secret espoir d'obtenir une communication de ce genre qu'elle s'était rendue à l'invitation que M. Lemaître lui avait adressée, dans l'idée de procurer quelques moments de distraction à la malheureuse mère. Comme cela arrive fréquemment avec Hélène, cette première séance répondit pleinement aux vœux des assistants et dépassa leur attente. Pour ne parler que de ce qui concerna Mme Mirbel, Hélène eut la vision, d'abord d'un jeune homme dans la des-

---

[1] A. LEMAITRE, *Contribution à l'étude des phénomènes psychiques.* Annales des sciences psychiques, t. VII, 1897, p. 70.

cription très détaillée duquel on n'eut pas de peine à reconnaître le défunt Alexis Mirbel, puis d'un vieillard que la table dit être Raspail, amené par le jeune homme pour soigner les yeux de sa mère. Celle-ci eut ainsi le double privilège de recevoir par la table quelques mots de tendresse de son fils, et de Raspail, contre ses maux d'yeux, une indication de traitement au camphre tout à fait dans l'esprit de l'auteur populaire du *Manuel de la santé*. Rien, d'ailleurs, dans cette séance, ne se rapportait de près ou de loin à la planète Mars, et ne pouvait faire prévoir qu'Alexis Mirbel désincarné deviendrait plus tard, sous le nom d'Ésenale, l'interprète officiel de la langue martienne.

Il en fut autrement un mois après (25 novembre) à la seconde réunion chez M. Lemaître, à laquelle assistait de nouveau Mme Mirbel. Ici, le rêve astronomique, pour sa première apparition, éclate d'emblée et domine toute la séance.

Dès le début, relate le procès-verbal, Mlle Smith aperçoit dans le lointain et à une grande hauteur une vive lueur. Puis elle éprouve un balancement qui lui donne au cœur; après quoi il lui semble que sa tête est vide et qu'elle n'a plus de corps. Elle se trouve dans un brouillard épais, qui passe successivement du bleu au rose vif, au gris, et au noir. Elle flotte, dit-elle; et la table, appuyée sur un seul pied, se met à exprimer un mouvement flottant très curieux, comme des spires recommençant constamment le même tour. — Puis elle voit une étoile qui grandit, grandit toujours, et devient « plus grande que notre maison ». Hélène sent qu'elle monte. — Puis la table donne par épellation : *Lemaître, ce que tu désirais tant !* — Mlle Smith, qui était mal à l'aise, se trouve mieux; elle distingue trois énormes globes, dont un très beau. Sur quoi est-ce que je marche ? demande-t-elle. Et la table de répondre : *Sur une terre, Mars.*

Hélène commence alors une description de toutes les drôles de choses qui se présentent à sa vue et lui causent autant de surprise que d'amusement. Des voitures sans chevaux ni roues, glissant en produisant des étincelles; des maisons à jets d'eau sur le toit; un berceau ayant en guise de rideaux un ange en fer aux ailes étendues, etc., etc. Ce qu'il y a de moins étrange, ce sont encore les gens, qui sont tout à fait comme chez nous, sauf que les deux sexes portent le même costume formé d'un pantalon très ample, et d'une longue blouse serrée à la taille et chamarrée de dessins. L'enfant qui est dans le berceau est identique aux nôtres, d'après le croquis qu'Hélène en fit de mémoire après la séance.

Pour finir, elle voit encore dans Mars une sorte de vaste salle de conférences où professe Raspail, ayant au premier rang de ses auditeurs le jeune Alexis Mirbel, lequel, par une dictée typtologique, reproche à sa mère de n'avoir pas suivi les prescriptions médicales d'il y a un mois : *Bonne maman, as-tu donc si peu de confiance en nous! tu ne saurais croire combien tu m'as fait de peine.* Suit encore une conversation d'ordre privé entre Mme Mirbel et son fils répondant par la table; puis tout se calme, la vision de Mars s'efface peu à peu, « la table reprend le même mouvement de rotation sur un seul pied qu'elle avait au commencement de la séance; Mlle Smith se retrouve dans les brouillards et refait en sens inverse le même trajet. Puis elle dit : Ah! me revoilà ici! et plusieurs coups frappés assez fort marquent la fin de la séance. »

J'ai relaté dans ses traits principaux cette première séance martienne à cause de son importance à divers égards. La série initiale des hallucinations cénesthésiques correspondant au voyage de la Terre à Mars reflète bien le caractère enfantin d'une imagination que n'embarrassent guère les problèmes scientifiques ou les exigences de la logique. Sans doute, le spiritisme peut expliquer que les difficultés matérielles d'une traversée interplanétaire soient supprimées dans un transport purement médianimique, fluidique, mais pourquoi alors cette persistance des sensations physiques de mal de cœur, balancement, flottaison, etc., etc. ? — Quoiqu'il en soit, cette série de sensations est dès lors restée le prélude coutumier, et comme l'*aura* prémonitoire du rêve martien, avec certaines modifications selon les séances; parfois elle se compliquera d'hallucinations auditives (grondement, bruit de grosses eaux, etc.), ou même olfactives (odeurs désagréables de brûlé, de soufre, d'orage); plus souvent elle tend à se raccourcir et à se simplifier, jusqu'à se réduire soit à un court malaise, reste du mal de cœur primitif, soit à l'hallucination visuelle initiale de la lueur, généralement éclatante et rouge, dans laquelle se dessinent graduellement les visions martiennes.

Mais le point sur lequel je tiens surtout à attirer l'attention, c'est cette singulière dictée de la table à l'instant où Mlle Smith arrive sur l'étoile lointaine, et avant même que l'on sache de quel astre il s'agit : « *Lemaître, ce que tu désirais tant.* » Cette déclaration faite ainsi dès l'abord, à la façon d'une dédicace inscrite au frontispice même de tout le roman martien, nous autorise, à mon sens, à le regarder et à l'interpréter comme étant, dans ses origines, une réponse directe à un désir de M. Lemaître, désir parvenu à une époque récente, indéterminée, à la connaissance d'Hélène, et qui a joué chez elle le rôle de suggestion initiatrice de son rêve astronomique. Il est vrai que M. Lemaître lui-même ne comprit point sur le moment à quoi faisait allusion cet avertissement préliminaire, mais la note qu'il inséra à la fin de son procès-verbal de cette séance est bien instructive à cet égard :

« Je ne sais trop comment expliquer les premiers mots dictés par la table : *Lemaître, ce que tu désirais tant!* Monsieur S. me rappelle que dans une conversation que j'avais eue avec lui l'été dernier, je lui aurais dit : Ce serait bien intéressant de savoir ce qui se passe dans d'autres planètes ! — Si c'est la réponse à ce désir d'antan... très bien ! »

Il convient d'ajouter que M. S., qui avait été assez frappé du souhait de M. Lemaître pour s'en souvenir au bout de plusieurs mois, fut précisément pendant tout ce temps-là l'un des plus fidèles habitués des séances de Mlle Smith. Et pour qui sait par expérience tout ce dont on cause dans les réunions spirites, avant, après, et même pendant la séance proprement dite, il ne peut guère rester de doute que c'est par l'intermédiaire de M. S. que Mlle Smith a entendu parler des regrets de M. Lemaître sur notre ignorance relativement aux habitants des astres[1]. Cette idée, probablement saisie au vol pendant

---

[1] A moins peut-être que ce ne soit beaucoup plus simplement encore par M. Lemaître lui-même, qui, ainsi que je l'ai dit, avait assisté à plusieurs séances d'Hélène pendant le printemps et l'été 1894.

l'état de suggestibilité qui accompagne et déborde les séances, revenue avec une nouvelle force lorsqu'Hélène fut invitée à faire une séance chez M. Lemaître, vivifiée par le souci toujours latent chez elle d'avoir des visions aussi intéressantes que possible pour les personnes chez qui elle se trouve — telle est à mon sens la graine qui, tombée dans le terrain fertilisé par les conversations antérieures sur les habitants de Mars et la possibilité de relations spirites avec eux, a servi de germe au roman dont il me reste à retracer le développement ultérieur.

Un point toutefois mérite encore d'être relevé dans la séance que je viens de résumer, à savoir le caractère singulièrement artificiel et lâche du lien entre la vision proprement martienne d'une part, et, d'autre part, la réapparition de Raspail et d'Alexis Mirbel. On ne comprend absolument pas ce que ces personnages viennent faire là; qu'ont-ils besoin de se retrouver aujourd'hui sur Mars pour continuer simplement avec Mme Mirbel leur entretien commencé dans la séance précédente sans l'intervention d'aucune planète? La salle de conférences qui les renferme en même temps qu'elle est renfermée dans Mars, est un trait d'union d'autant plus factice entre eux et cet astre qu'elle n'a rien de spécifiquement martien dans sa description, et paraît empruntée à notre globe. Tout cet incident est au fond un hors d'œuvre, plein d'intérêt sans doute pour Mme Mirbel qu'il concerne directement, mais sans connexion intime avec le monde martien. Il saute aux yeux, en d'autres termes, qu'on est en face d'une de ces rencontres ou confusions d'idées dont la vie du rêve est coutumière. C'était évidemment la révélation astronomique, destinée à M. Lemaître et mûrie par une incubation préalable plus ou moins longue, qui devait faire la matière de cette séance; mais la présence de Mme Mirbel a de nouveau réveillé le souvenir de son fils et de Raspail, qui avaient occupé la réunion précédente, et ces souvenirs interférant avec la vision martienne s'y sont tant bien que mal incorporés comme un épisode étranger sans attaches directes avec elle. Le travail d'unification, de dramatisation, par lequel ces deux chaînes d'idées disparates se sont harmonisées et fondues l'une dans l'autre par l'intermédiaire d'une salle de conférences, n'est ni plus ni moins extraordinaire que celui qui se déploie dans toutes nos fantasmagories nocturnes, où des souvenirs absolument hétérogènes s'allient souvent d'une façon inattendue et donnent lieu aux imbroglios les plus bizarres.

Mais voici en quoi les communications médiumiques diffèrent des rêves vulgaires.

C'est que l'incohérence de ces derniers ne tire pas à conséquence. Elle nous étonne et nous divertit un instant quand nous y réfléchissons au réveil. Parfois elle retient un peu plus longtemps l'attention du psychologue qui cherche à démêler la trame embrouillée de ses songes et à retrouver, dans les caprices de l'association ou les rencontres de la veille, l'origine de leurs fils enchevêtrés. Mais, au total, cette incohérence reste sans influence sur le cours ultérieur de nos pensées, parce que nous ne voyons dans nos rêves que des effets du hasard, sans valeur en soi et sans signification objective.

Il en est autrement des communications spirites, en raison de l'importance et du crédit qui leur sont accordés. Le médium qui se rappelle en partie ses automatismes, ou à qui les assistants ne manquent pas de les raconter après la séance, en y joignant leurs remarques, se préoccupe de ces mystérieuses révélations; comme le paranoïaque qui entrevoit des intentions cachées ou une profonde signification dans les plus futiles coïncidences, il sonde le contenu de ses visions étranges, il y réfléchit, les examine à la lueur des notions spirites; s'il y rencontre des difficultés, des contradictions, des incohérences trop criantes, sa pensée consciente ou subconsciente (les deux ne sont point toujours d'accord) s'attachera à les dissiper, et à résoudre tant bien que mal les problèmes que lui imposent ces créations oniriques tenues pour des réalités, et les somnambulismes ultérieurs porteront la marque de ce travail d'interprétation ou de correction.

C'est ce qui est arrivé dès le début au roman astronomique de Mlle Smith. Le rapprochement purement accidentel et fortuit de la planète Mars et d'Alexis Mirbel dans la séance du 25 novembre a déterminé une soudure définitive entre eux. L'association par contiguïté fortuite s'est transformée en connexion logique : Si le jeune homme apparaît dans ce monde voisin du nôtre, c'est qu'il s'y est effectivement réincarné au sortir de sa vie terrestre. Tel est le raisonnement subconscient, très naturel au point de vue spirite, qui a fourni un des thèmes principaux pour la suite du roman.

II. Développement ultérieur du cycle martien.

Ce développement ne s'est pas effectué d'une manière régulière, mais plutôt par saccades ou poussées que séparent des arrêts plus ou moins prolongés. A peine inauguré dans la séance du 25 novembre 1894, il subit une première éclipse de près de quinze mois, attribuable à des préoccupations nouvelles qui l'ont comme refoulé et se sont installées au premier plan pendant toute l'année 1895.

De ce changement subit dans le cours des rêves subliminaux de Mlle Smith, je fus probablement la cause involontaire. C'est, en effet, à cette époque que M. Lemaître lui demanda la permission de m'inviter aux séances qu'elle donnait chez lui : Elle y consentit, non sans quelques combats, paraît-il, entre la crainte de s'exposer au coup d'œil critique et peut-être malveillant d'un professeur universitaire qui passait pour imbu d'une déplorable incrédulité à l'endroit des facultés médianimiques, et, d'autre part, le secret espoir, qui finit par l'emporter, d'arriver à convaincre ce sceptique récalcitrant, ce qui ne serait point un triomphe à dédaigner pour la cause spirite. On conçoit ainsi qu'avant même de faire la connaissance personnelle de Mlle Smith, j'aie pu jouer dans ses préoccupations conscientes ou subconscientes un rôle qui s'est encore accentué ensuite, comme cela me paraît ressortir de divers indices : d'abord, des rétrocognitions concernant ma famille, qui forment la partie principale des visions d'Hélène aux premières séances auxquelles j'assistai ; puis de la prompte transformation de ses automatismes partiels en somnambulisme complet sous l'influence de ma présence (voir p. 5) ; des nombreux conseils pleins de sollicitude que me prodigua Léopold ; enfin, et surtout, de l'éclosion et du rapide développement du roman hindou où j'occupe la place d'honneur comme on le verra. — Quoi qu'il en soit, mon admission aux séances d'Hélène, dès la réunion (9 décembre 1894) qui suivit la première apparition du roman martien, marqua le début d'une longue suspension de ce roman, dont la seconde explosion n'eut lieu qu'en février 1896.

Il se peut toutefois qu'une autre cause ait contribué à cette éclipse, et qu'il faille y voir non seulement l'effet d'une diversion étrangère, mais, en même temps, une période d'incubation latente nécessaire au perfectionnement du rêve martien et à la préparation de la langue nouvelle qui allait s'y révéler. Je n'ai connaissance d'aucun incident extérieur qui ait poussé Mlle Smith à faire parler aux gens de là-haut un idiôme original ; mais il peut s'en être produit, et d'ailleurs une idée aussi naturelle a bien pu aborder d'elle-même la pensée subconsciente d'Hélène et devenir l'autosuggestion initiale de la langue martienne. On a vu qu'en novembre 1894, Alexis Mirbel, bien que se trouvant sur Mars avec Raspail, conversait en français avec sa mère par l'intermédiaire d'une table dans le salon de M. Lemaître. Il y avait là un amusant défaut de cohérence et de logique qui eût été sans importance dans un rêve ordinaire, mais qui détonait dans une vision spirite et appelait des explications ou corrections ultérieures. C'est à quoi l'imagination subliminale d'Hélène devait s'appliquer en silence, tout en produisant au dehors le cycle hindou et tant d'autres choses. Elle a certainement profité de ce répit de plus d'un an pour mûrir le roman martien et y faire quelques remaniements.

Comparée à la séance de novembre 1894, celle de février 1896 (dont le résumé suit) offre en effet d'intéressantes innovations. Raspail n'y figure pas, et il ne reparaîtra plus dorénavant, sans doute par suite du peu de cas que Mᵐᵉ Mirbel avait fait de lui et de ses recettes. Le fils Mirbel, au contraire, unique objet des regrets et des désirs de sa pauvre mère, y occupe le premier plan et sert de centre à tous les détails de la vision. Il y parle martien maintenant et ne sait plus le français (bien que, chose étrange, il paraisse encore le comprendre), ce qui est tout à fait dans l'ordre, mais complique un peu la conversation; en outre, ne pouvant guère de là-haut faire danser les tables de notre globe, c'est par l'intermédiaire du médium, en s'incarnant momentanément en Mˡˡᵉ Smith, qu'il communique désormais avec sa mère.

Ces deux derniers points soulèvent à leur tour des difficultés qui, agissant comme un ferment ou une suggestion, feront faire plus tard un nouveau pas au roman : Alexis Mirbel ne pouvant pas revenir s'incarner en un médium terrestre s'il est encore enfermé dans son existence martienne, il faut qu'il ait déjà terminé celle-ci et flotte de nouveau dans les espaces interplanétaires ; cet état fluidique ou d'erraticité lui permettra du même coup de nous donner la traduction française du martien, puisque d'après le spiritisme on recouvre temporairement, pendant les phases de désincarnation, le souvenir complet des existences antérieures, et, par conséquent, de leurs différents langages. Ces quelques indications anticipées aideront le lecteur à suivre plus facilement le fil du roman somnambulique dans le résumé de ses principales étapes.

2 février 1896. — Je résume, en les numérotant, les principales phases somnambuliques de cette séance, qui a duré plus de deux heures et demie, et à laquelle assistait Mᵐᵉ Mirbel.

1. Hémisomnambulisme croissant, avec perte graduelle de la conscience du milieu réel. — Dès le début, la table s'incline plusieurs fois vers Mᵐᵉ Mirbel, annonçant ainsi que la scène qui se prépare lui est destinée. Après une série d'hallucinations visuelles élémentaires (arc-en-ciel, couleurs, etc.), se rapportant à Mᵐᵉ Mirbel qu'elle finit par ne plus voir du tout, Hélène se lève, quitte la table, et soutient une longue conversation avec une femme imaginaire qui veut la faire entrer dans un bizarre petit char sans roues ni cheval. Elle

s'impatiente contre cette femme qui, après lui avoir adressé la parole en français, s'obstine maintenant à lui parler un langage inintelligible, comme du chinois. Léopold nous révèle par le petit doigt et en diverses fois que c'est la langue de la planète Mars, que cette femme est la mère actuelle d'Alexis Mirbel réincarné sur cette planète, et qu'Hélène parlera elle-même martien. Bientôt en effet Mlle Smith, après avoir prié son interlocutrice de causer plus lentement afin de pouvoir répéter ses paroles, commence à débiter avec une volubilité croissante un jargon incompréhensible, dont voici le début tel que M. Lemaître l'a noté aussi exactement que possible : *mitchma mitchmou minimi tchouanimen mimatchineg masichinof mézavi patelki abrésinad navette naven navette mitchichénid naken chinoutoufiche*... A partir d'ici, la rapidité empêche de recueillir autre chose que des bribes telles que *téké... katéchivist... méguetch* ou *méketch... kéti... chiméké*. Au bout de quelques minutes, Hélène s'interrompt en s'écriant : « Oh ! j'en ai assez, vous m'en dites tellement, je ne saurais jamais redire cela... » Puis, après quelque résistance, elle consent à suivre son interlocutrice dans le char qui doit l'emporter sur Mars.

2. La trance est maintenant complète. Hélène, debout, mime le voyage à Mars en trois phases dont le sens, d'ailleurs transparent, est indiqué par Léopold : balancement régulier du haut du corps (traversée de l'atmosphère terrestre), immobilité et rigidité absolue (vide interplanétaire), de nouveau oscillations des épaules et du buste (atmosphère de Mars). — Arrivée sur Mars, elle descend du char, et se livre à une pantomime compliquée exprimant des manières de politesse martienne : gestes baroques des mains et des doigts ; chiquenaudes d'une main sur l'autre, tapes ou applications de tels et tels doigts sur le nez, les lèvres, le menton, etc. ; révérences contournées, glissades et rotation des pieds sur le plancher, etc. C'est, paraît-il, la façon de s'aborder et de saluer des gens de là-haut.

3. Cette sorte de danse ayant donné à l'un des assistants l'idée de jouer du piano, Hélène se trouve rapidement retombée sur la terre dans un état hypnotique banal qui n'a plus aucun caractère martien. A la cessation de la musique, elle entre dans un état mixte où se mêlent le souvenir des visions martiennes de tout à l'heure, et un certain sentiment de son existence terrestre. Elle se parle à elle-même : « Ils sont drôles, ces rêves, tout de même... il faut que je raconte ça à M. Lemaître... Quand il (le martien Alexis Mirbel) m'a dit bonjour, il s'est tapé sur le nez... il m'a parlé une drôle de langue, mais j'ai bien compris quand même... etc. » Assise à terre contre un meuble, elle continue, dans un soliloque français à mi-

voix, à repasser son rêve en y entremêlant des réflexions étonnées. Elle trouve, par exemple, que le jeune martien (Alexis) était singulièrement grand garçon pour n'avoir que cinq à six ans comme il le lui a prétendu, et la femme semblait bien jeune pour être sa mère…

4. Après une phase transitoire de soupirs, hoquets, puis sommeil profond avec résolution musculaire, elle rentre en somnambulisme martien et murmure des mots confus : *késin ouitidjé*… etc. Je lui intime l'ordre de me parler français ; elle semble me comprendre et me réplique en martien d'un ton irrité et impérieux ; je lui demande son nom, elle répond *basimini météche*. Dans l'idée qu'elle « incarne » peut-être le jeune Alexis dont elle a tant parlé dans la phase précédente, je presse Mme Mirbel de s'approcher d'elle, et aussitôt commence en effet la scène d'incarnation la plus émouvante qu'on puisse imaginer : Mme Mirbel est agenouillée, sanglotant bruyamment, auprès de ce fils retrouvé, qui lui prodigue les marques de la plus profonde affection et lui caresse les mains « exactement comme il avait coutume de le faire pendant sa dernière maladie », tout en lui tenant un discours martien (*tin is toutch…*) que la pauvre mère ne peut comprendre, mais auquel un accent d'une extrême douceur et de touchantes intonations donnent le sens évident de paroles de consolation et de filiale tendresse. Ce duo pathétique dure près de dix minutes, et prend fin par un retour de sommeil léthargique, dont Hélène se réveille au bout d'un quart d'heure en prononçant une courte parole martienne, après laquelle elle recouvre instantanément l'usage du français et son état de veille normal.

5. Questionnée sur ce qui s'est passé, Hélène, tout en prenant le thé, raconte le rêve qu'elle a fait. Elle a une mémoire assez nette de sa traversée et de ce qu'elle a vu sur Mars, à l'exception du jeune homme dont elle n'a conservé aucun souvenir non plus que de la scène d'incarnation. Mais, soudain, au milieu de la conversation, elle se reprend à parler martien sans avoir l'air de s'en apercevoir et en continuant à causer avec nous de la façon la plus naturelle ; elle paraît comprendre toutes nos paroles et y répond dans son idiome étranger du ton le plus normal, semblant fort étonnée quand nous lui disons que nous n'entendons rien à son langage ; elle croit évidemment parler français[1]. Nous en profitons pour la questionner sur une visite qu'elle a faite il y a peu de jours chez M. C., et en lui demandant le nombre et les noms des personnes qui s'y

---

[1] Comp. le cas de Mlle Anna O. comprenant son entourage allemand, mais ne parlant qu'anglais sans s'en douter. BREUER et FREUD, *Studien über Hysterie*, Wien 1895, p. 19.

trouvaient, nous arrivons à identifier les quatre mots martiens suivants, grâce au fait qu'elle prononce les noms propres tels quels : *métiche S.*, Monsieur S.; *médache C.*, Madame C. ; *métaganiche Smith*, Mademoiselle Smith ; *kin't'che*, quatre. — Après quoi elle reprend définitivement le français. Interrogée sur l'incident qui vient de se produire, elle en est stupéfaite, n'a qu'un souvenir hésitant et confus qu'on ait parlé ce soir de sa visite chez M. C., et ne reconnaît ni ne comprend les quatre mots martiens ci-dessus lorsqu'on les lui répète.

A plusieurs reprises, pendant cette séance, j'avais fait à Hélène la suggestion qu'à un certain signal, après son réveil, elle retrouverait la mémoire des paroles martiennes prononcées et de leur sens. Mais Léopold, qui ne cessa presque pas d'être présent et de répondre par l'un ou l'autre des doigts, déclara que cet ordre ne s'accomplirait pas et qu'on ne pourrait pas avoir de traduction ce soir. Le signal même répété resta, en effet, sans résultat, — à moins qu'il ne faille voir une ébauche de réalisation retardée dans le retour posthypnique du rêve martien pendant le thé.

Il m'a paru nécessaire de résumer avec quelque détail cette séance où la langue martienne a fait sa première apparition, afin d'en mettre sous les yeux du lecteur tous les fragments que nous en avons pu récolter, sans garantie d'exactitude absolue, cela va de soi, car chacun sait combien il est difficile de noter les sons de paroles inconnues.

On constate une curieuse différence entre les échantillons recueillis tant bien que mal au cours de la séance, et les quatre mots dont le sens et la prononciation, plusieurs fois répétée par Hélène, ont pu être déterminés avec une entière certitude dans le retour posthypnique du rêve somnambulique. Jugée sur ces derniers, la langue martienne n'est évidemment qu'une puérile contrefaçon du français, dont elle conserve en chaque mot le nombre des syllabes et certaines lettres marquantes. Dans les autres phrases, au contraire, même en s'aidant des textes postérieurs traduits qu'on trouvera plus loin, on n'arrive pas à deviner quoi que ce soit. On serait porté à croire que ces premières explosions du martien, caractérisées par une abondance et une volubilité que nous avons rarement revues depuis lors, n'était qu'un pseudo-martien, une suite de sons quelconques proférés au hasard et sans signification réelle, analogue au baragouinage par lequel les enfants se donnent parfois dans leurs jeux l'illusion qu'ils parlent chinois, indien ou « sauvage ». Et le vrai martien n'aurait pris naissance, par une maladroite déformation du français, que dans l'accès posthypnique d'hémisomnambulisme, pour répondre au désir manifeste des assistants d'obtenir l'équivalence précise de quelques mots martiens isolés.

L'impossibilité déclarée par Léopold d'avoir ce même soir la traduction du prétendu martien débité pendant la séance, et le fait qu'on n'a pas davantage réussi à l'obtenir dans la suite, donne quelque appui à la supposition précédente. La circonstance qu'Hélène, en se remémorant son rêve dans la phase n° 3, avait le sentiment d'avoir *bien compris* ce jargon inconnu, n'est pas une objection, car les enfants qui s'amusent à simuler un idiome exotique, pour en revenir à cet exemple, n'en gardent pas moins la conscience des idées que leur charabia est censé exprimer. Il semble, enfin, que si cette nouvelle langue était déjà réellement constituée à cette époque dans la conscience subliminale d'Hélène au point d'alimenter couramment des discours de plusieurs minutes de durée, quelques phrases tout au moins n'eussent pas manqué de jaillir parfois, spontanément, au cours de la vie ordinaire et d'y déclancher des visions de gens ou de paysages martiens ; or il a fallu attendre plus de sept mois encore avant que ce phénomène, si fréquent dans la suite, commençât à se produire. Ne doit-on pas voir dans cette demi-année un temps d'incubation, employé à la fabrication subliminale d'une langue proprement dite — c'est-à-dire formée de mots précis et à signification définie, à l'imitation des quatre termes de tout à l'heure — pour remplacer le galimatias désordonné du début ?

Quoi qu'il en soit, et pour en revenir à notre histoire, on se représente l'intérêt qu'excita cette apparition soudaine et inattendue d'un parler mystérieux, que l'autorité de Léopold ne permettait pas de prendre pour autre chose que la langue de Mars. La curiosité naturelle tant chez Hélène elle-même que dans son entourage, d'en savoir davantage sur nos voisins de là-haut et leur façon de s'exprimer, devait pousser au développement du rêve subliminal. La séance suivante, malheureusement, ne tint pas les promesses par lesquelles elle débuta :

16 février 1896. — Dès le début de cette séance, Hélène a la vision d'Alexis Mirbel qui annonce par la table qu'il n'a point oublié le français et qu'il donnera la traduction de ses paroles martiennes de l'autre jour. Mais cette prédiction ne se réalise pas. Soit qu'Hélène ne se sente pas bien aujourd'hui, soit que l'arrivée d'une personne qui lui est antipathique ait troublé la production des phénomènes, le somnambulisme martien qui semblait sur le point d'éclater n'y réussit pas. Hélène reste dans un état crépusculaire où le sentiment de la réalité présente et les idées martiennes à fleur de conscience interfèrent et s'obscurcissent mutuellement. Elle cause en français avec les assistants, mais en y mêlant par ci par là un mot étranger (tel que *mèche*, *chinit*, *chéque*, qui, d'après le contexte, semblent signifier crayon, bague, papier), et elle paraît plus ou moins dépaysée dans son entourage actuel. Elle s'étonne, en particulier, à la vue de M. R. occupé à prendre des notes pour le procès-verbal, et semble trouver étrange et absurde cette façon d'écrire avec une plume ou un crayon, mais sans arriver à expliquer clairement comment elle voudrait qu'on s'y prît. L'importance de cette scène est qu'on y voit poindre l'idée (qui ne devait atteindre sa réalisation qu'un an et demi plus tard) d'un mode d'écriture particulier à la planète Mars.

Cette séance à peu près complètement manquée fut la dernière de cette époque. La santé d'Hélène, de plus en plus compromise par de trop longues stations debout et un excès de travail à son magasin, l'obligea au repos complet dont il a été question p. 38. J'ai relevé le fait que pendant ces six mois sans séances proprement dites, elle fut sujette à une surabondance de visions et somnambulismes spontanés ; mais ces automatismes se rapportaient surtout au cycle hindou ou à d'autres choses, et je ne crois pas qu'elle y ait eu de phénomènes relevant nettement du roman martien. En revanche, sitôt rétablie et rentrée dans sa vie normale, on voit ce dernier reparaître avec d'autant plus d'intensité, à dater de la vision nocturne suivante.

5 septembre 1896. — Hélène raconte que s'étant levée à 3 h. ¼ du matin pour rentrer des fleurs placées sur sa fenêtre et menacées par le vent, au lieu de se recoucher ensuite, elle s'est assise sur son lit qu'elle a pris pour un banc, et a vu devant elle un paysage et des gens exotiques. Elle était au bord d'un beau lac bleu rosé, avec un pont dont les bords étaient transparents et formés de tubes jaunes, analogues à nos tuyaux d'orgue, dont une partie semblaient plonger

Fig. 9. — Paysage martien. — Pont rose, avec barrières jaunes plongeant dans un lac aux teintes d'un bleu et d'un rose pâles. Rivages et collines rougeâtres. Aucune verdure : tous les arbres sont dans les tons rouge-brique, pourpres et violets — [Collection de M. Lemaître.]

dans l'eau et l'aspirer (v. fig. 9). La terre était couleur pêche ; les arbres avaient les uns des troncs s'élargissant vers le haut, les autres des troncs tordus. Plus tard, toute une foule s'approche du pont ; dans cette foule, une femme se détache plus particulièrement. Les femmes portaient des chapeaux plats comme des assiettes. Hélène ne sait qui sont ces gens, mais a le sentiment de s'être entretenue avec eux. Sur le pont, il y avait un homme au teint foncé [Astané], portant dans les deux mains des instruments ayant un peu la forme d'une lanterne de voiture (fig. 10) et qui, lorsqu'on les pressait, émettaient des flammes plus ou moins intenses, en même temps qu'ils permettaient de voler dans les airs. Au moyen de cet instrument, l'homme quittait le pont, rasait la surface de l'eau, revenait sur le pont, etc. — Ce tableau dura 25 minutes, car lorsqu'Hélène revint à elle, sa bougie étant restée allumée, elle constata qu'il était 3 h. 40. Elle est convaincue qu'elle ne dormait pas et était bien éveillée pendant toute cette vision.

Dès lors, les visions martiennes spontanées se répètent et se multiplient. Mlle Smith les a ordinairement le matin à son réveil, avant de se lever; quelquefois le soir ou exceptionnellement à d'autres moments de la journée. C'est au cours de ces hallucinations visuelles que la langue martienne fait une nouvelle apparition, sous forme auditive.

FIG. 10. — Machine à voler tenue par Astané, lançant des flammes jaunes et rouges. [Collection de M. Lemaitre.]

FIG. 11. — Astané. Teint jaune, cheveux bruns; sandales brunes; rouleau blanc à la main. Costume panaché or, rouge et bleu; ceinture et bordure rouge-brique.

22 septembre 1896. — Ces derniers jours, Hélène a revu en diverses occasions l'homme martien avec ou sans son instrument à voler; par exemple, pendant qu'elle prenait un bain, il lui est apparu au pied de sa baignoire (fig. 11). Elle a également eu plusieurs fois la vision d'une maison étrange, dont l'image l'a poursuivie avec tant d'insistance qu'elle a fini par la peindre (fig. 12). En même temps, elle a entendu à trois reprises une phrase dont elle ignore le sens, mais qu'elle a pu noter au crayon: *dodé né ci haudan té mèche métiche astané ké dé mé véche*. (Comme on l'apprit six semaines après, par la traduction donnée dans la séance du 2 novembre, cette phrase indique que la maison exotique est celle de l'homme martien, lequel se nomme Astané.)

Cette phrase était sans doute du martien, mais que voulait-elle dire ? Après avoir espéré en vain pendant près d'un mois que la signification s'en révèlerait d'une manière ou d'une autre, je me décidai à essayer d'une suggestion déguisée. J'écrivis à Léopold lui-même une lettre où, au milieu de considérations sur la haute importance scientifique des phénomènes présentés par Mlle Smith, je faisais appel à sa toute-science en même temps qu'à sa bonté pour qu'il voulût bien m'accorder quelques éclaircissements sur l'étrange langue qui piquait notre curiosité, et, en particulier, sur le sens de la phrase qu'Hélène avait entendue. Je lui demandais de me répondre par écrit, au moyen de la main d'Hélène, à qui je remis cette lettre avec prière de la lire et de bien vouloir servir de secrétaire à Léopold, le cas échéant, en s'abandonnant sans résistance à l'écriture automatique si elle s'y sentait poussée à un instant quelconque.

La réponse ne se fit pas attendre. Hélène reçut ma lettre le 20 octobre, et le 22 au soir, prise du vague besoin d'écrire, elle saisit un crayon qui se plaça de lui-même dans la position classique, le manche entre le pouce et l'index (tandis qu'elle tient toujours sa plume entre le médius et l'index), et traça rapidement, de l'écriture caractéristique de Léopold et avec sa signature, une belle épître de 18 alexandrins à mon adresse, dont voici les dix derniers qui ont trait à ma demande de me révéler les secrets du martien :

« Ne crois pas qu'en t'aimant comme un bien tendre frère
Je te diroi des cieux tout le profond mystère ;
Je t'aideroi beaucoup, je t'ouvriroi la voie,
Mais à toi de saisir et chercher avec joie !
Et quand tu la verras d'ici-bas détachée,
Quand son âme mobile aura pris la volée
Et planera sur Mars aux superbes couleurs ;
Si tu veux obtenir d'elle quelques lueurs,
Pose, bien doucement, ta main sur son front pâle
Et prononce bien bas le doux nom d'Esenale ! »

Fig. 12. — La maison d'Astané. — Ciel verdâtre; terrain, montagnes et murs rougeâtres. Les deux plantes à tronc flexueux ont des feuilles pourpres; les autres ont les longues feuilles inférieures vertes, et les petites feuilles supérieures pourpres. Encadrements des fenêtres, portes, et ornements en formes de trompes, brun-rouge. Vitres (?) blanches, et rideaux ou stores d'un beau bleu turquoise. Barrières (grillages) du toit, jaunes avec extrémités bleues.

J'ai toujours été très sensible aux témoignages de fraternelle affection que m'accorde Léopold, mais, cette fois, je fus tout particulièrement ému, et bien que le nom peu commun d'*Esenale* ne me dît absolument rien, je n'eus garde d'oublier la singulière recette qui m'était indiquée. Dès la séance suivante, l'occasion de l'employer se présenta, et Léopold poussa l'obligeance jusqu'à diriger lui-même l'application de son procédé en nous donnant ses instructions, tantôt par un doigt, tantôt par un autre, pendant la trance martienne d'Hélène.

Lundi 2 novembre 1896. — Après divers symptômes caractéristiques du départ pour Mars (vertige, mal de cœur, etc.), Hélène s'endort profondément. Je me dispose à recourir à la méthode prescrite, mais, par les doigts de la main droite, Léopold manifeste que ce n'est pas encore le moment et dicte : *Quand l'âme aura repris possession d'elle-même, tu exécuteras mon ordre; elle vous dira alors, toujours endormie, ce qu'elle aura vû sur Mars.* Peu après il ajoute : *Faites-la asseoir dans un fauteuil* [au lieu de la chaise peu confortable qu'elle avait prise selon son habitude]. Puis, tandis qu'elle continue son paisible sommeil, il nous apprend encore qu'elle est en route pour Mars ; qu'une fois là-haut elle comprend le martien en l'entendant parler autour d'elle, bien qu'elle ne l'ait jamais appris ; que ce n'est pas lui, Léopold, qui nous traduira le martien, non qu'il ne le veuille pas, mais parce qu'il ne le peut pas ; que cette traduction est le fait d'Esenale, lequel est actuellement désincarné dans l'espace, mais a récemment vécu sur Mars, et auparavant sur la Terre, ce qui lui permet de servir d'interprète, etc.

Après une demi-heure d'attente, le sommeil calme d'Hélène fait place à de l'agitation et passe à une autre forme de somnambulisme : soupirs, mouvements rythmiques de la tête et des mains, puis gestes martiens bizarres, sourires, et paroles françaises murmurées doucement à l'adresse de Léopold qui paraît l'accompagner sur Mars, et à qui elle fait part de ses impressions sur ce qu'elle aperçoit. Au milieu de ce soliloque, un mouvement vertical du bras, propre à Léopold, indique que c'est l'instant d'exécuter ses precriptions Je place ma main sur le front d'Hélène et prononce le nom d'Esenale, auquel Hélène répond d'une voix faible, douce, un peu mélancolique : « Il est parti, Esenale... il m'a laissée seule... mais il reviendra... il reviendra bientôt... Il m'a prise par la main et m'a fait entrer dans la maison [celle dont elle a eu la vision et fait le dessin il y a un mois ; voir fig. 12.]... Je ne savais pas où Esenale me menait, mais il m'a dit *dodé né ci haudan té mèche métiche astané ké dé mé vèche*, mais je ne comprenais pas... *dodé* ceci, *né* est, *ci* la, *haudan* maison, *té* du, *mèche* grand, *métiche* homme, *astané* Astané, *ké* que, *dé* tu, *mé* as, *vèche* vu... Ceci est la maison du grand homme Astané que tu as vu... Esenale a dit cela... Il est parti Esenale... Il reviendra... bientôt il reviendra... il m'apprendra à parler... et Astané m'apprendra à écrire. »

J'ai résumé en l'abrégeant beaucoup ce long monologue, constamment interrompu par des silences, et dont je n'obtenais la continuation qu'en recourant sans cesse au nom d'Esenale, comme à un mot magique seul capable d'arracher chaque fois quelques mots au cerveau engourdi d'Hélène. Après la dernière phrase, où l'on voit une prédiction catégorique de l'écriture martienne, sa voix faible et lente se tait définitivement, et Léopold ordonne par le médius gauche de lui lâcher le front. Suivent les alternances habituelles de sommeil léthargique, soupirs, catalepsie, retours momentanés de somnambulisme, réveils sans durée, etc. ; puis elle rouvre pour tout de bon les yeux, fort étonnée de se trouver dans le fauteuil. Elle a d'abord la tête embarrassée : « il me semble que j'ai quantité de choses dans l'esprit, mais je ne peux rien fixer ». Peu à peu, la claire conscience lui revient, mais de toute cette séance, qui a duré une heure et demie, il ne lui reste que quelques fragments de visions martiennes, et aucun souvenir de la scène d'Esenale et de la traduction.

Le procédé de traduction dont on vient de voir la première application est dès lors resté classique. Depuis plus de deux ans et demi, l'imposition de la main sur le front d'Hélène et le nom d'Esenale prononcé au bon moment pendant la trance, constituent le « Sésame ouvre-toi » du dictionnaire martien-français enfoui dans ses couches subliminales. Le sens de ce cérémonial est évidemment de réveiller par suggestion — dans une certaine phase somnambulique favorable, que Léopold connaît et annonce lui-même d'un geste du bras — la sous-personnalité qui s'est amusée à composer les phrases de cette langue extra-terrestre. En termes spirites, cela revient à invoquer le désincarné Esenale, autrement dit Alexis Mirbel, qui ayant vécu sur les deux planètes veut bien se prêter aux fonctions de drogman. Toute la différence que cette scène de traduction présente d'une séance à l'autre ne porte que sur l'aisance, la rapidité, avec laquelle elle s'exécute. Esenale semble parfois bien endormi, et difficile à réveiller ; on a beau répéter son nom sur tous les tons, Hélène s'obstine à répondre par le refrain stéréotypé et sans cesse recommençant de sa voix mélancolique et douce : « Il est parti, Esenale... il reviendra bientôt... il est parti... bientôt il reviendra... ». Il faut alors quelques passes ou frictions plus énergiques sur le front, au lieu de la simple pression de la main, pour rompre cette ritournelle mécanique qui menace de s'éterniser et obtenir, enfin, la répétition et la traduction mot à mot des textes martiens [1]. La voix reste d'ailleurs identique à celle du refrain, douce et faible, et l'on n'a jamais pu savoir si c'est

---

[1] Le « mot-à-mot » n'est pas toujours d'emblée aussi strict que dans la séance résumée ci-dessus. Esenale interprète souvent plusieurs mots à la fois ; par exemple (texte 24) : *Saïné îzé chiré* Saïné mon fils, *îée ézé pavi* toute ma joie, *ché vinna* ton retour, etc. Mais en cas d'hésitation sur la correspondance des termes martiens et français, on lui fait répéter séparément les mots douteux, en sorte qu'au bout du compte on possède bien le mot-à-mot exact.

Fig. 13. — Paysage martien. — Ciel jaune-verdâtre. Un homme au teint jaune, vêtu de blanc, dans un bateau aux tons bruns, jaunes, rouges et noirs, sur un lac vert-bleu. Rochers roses, tachetés de blanc et de jaune, avec végétation vert-foncé. Édifices aux tons bruns, rouges et rose-lilas, avec des vitres blanches et des rideaux bleu vif.

Esenale lui-même qui se sert de l'appareil phonateur d'Hélène sans le modifier, ou si c'est elle qui répète dans son sommeil ce qu'elle entend dire à Esenale ; la netteté catégorique et l'absence de toute hésitation ou bavure dans la prononciation du martien sont en faveur de la première supposition, qui est aussi corroborée par le fait que c'est de cette même voix encore qu'Alexis Mirbel (Esenale) parle à sa mère dans les scènes d'incarnation.

Il serait fastidieux de raconter par le menu toutes les manifestations ultérieures du cycle martien, tant dans les nombreuses séances dont il a contribué à faire les frais,

Fig. 11. — **Paysage martien.** — Ciel jaunâtre; lac verdâtre; rivages grisâtres bordés d'une barrière brune. Campaniles du rivage dans des tons brun-jaune, avec angles et sommets ornés de boules roses et bleues. Colline de rochers roses, avec végétation d'un vert plus ou moins foncé piqué de taches (fleurs) roses, pourpres et blanches. Edifices à base formée d'un treillis rouge-brique; arêtes, et angles terminés en trompes rouge-brun; vastes vitrages blancs avec rideaux bleu turquoise. Toits garnis de clochetons jaune-brun, de créneaux rouge-brique, ou de plantes vertes et rouges (comme celles de la maison d'Astané, fig. 12). Personnages coiffés de larges bérets blancs, et à robes rouges ou brunes.

que sous la forme de visions spontanées au cours de la vie quotidienne de Mlle Smith. Le lecteur pourra s'en faire une idée par les remarques d'ensemble du paragraphe suivant, consacré au contenu de ce roman, ainsi que par les résumés explicatifs joints aux textes martiens qui seront rassemblés dans le prochain chapitre. Il ne me reste ici qu'à dire un mot sur la manière dont ont été faites les peintures d'Hélène relatives à Mars et reproduites en autotypie dans les figures 9 à 20.

Aucune de ces peintures n'a été exécutée en somnambulisme complet et n'a, par conséquent, comme les dessins de certains médiums, l'intérêt d'un produit graphique absolument automatique, engendré au dehors et à l'insu de la conscience ordinaire. Mais elles ne sont pas non plus de simples compositions quelconques de la personnalité normale de Mlle Smith. Elles représentent un type d'activité intermédiaire, et correspondent à un état d'hémisomnambulisme. On a vu plus haut (p. 18) que, dans son enfance déjà Hélène paraît avoir exécuté divers travaux d'une façon semi-automatique. Le même fait s'est produit à plusieurs reprises à l'occasion de ses visions martiennes, qui parfois la poursuivent avec insistance jusqu'à ce qu'elle se décide à les réaliser par le crayon et le pinceau; travail qui l'effraye souvent à l'avance par sa difficulté, mais qui, le moment venu, s'accomplit à son grand étonnement avec une aisance et une perfection presque mécaniques. Ne m'étant jamais trouvé là lors de l'apparition de ce phénomène, je ne le connais que par les descriptions, d'ailleurs très précises, de Mlle Smith. En voici un exemple.

Un mardi soir, étant déjà couchée, Hélène vit sur son lit de magnifiques fleurs très différentes des nôtres, mais sans parfum et qu'elle ne toucha pas, car, pendant ses visions, elle n'a pas l'idée de bouger et elle reste inerte et passive. Le lendemain après-midi, à son bureau, elle eut un éblouissement et se vit enveloppée d'une clarté rouge en même temps qu'elle ressentait un mal de cœur indéfinissable mais violent [aura du voyage à mars]: «... la lueur rouge persista autour de moi, et je me suis trouvée entourée de fleurs extraordinaires dans le genre de celles que j'avais vues sur mon lit; mais toutes n'avaient aucun parfum. Je vous en ferai quelques croquis dimanche en tâchant d'y mettre les couleurs telles que je les ai vues. » Elle me les envoya, en effet, le lundi avec le billet suivant : « Je suis très contente de mes plantes, elles sont la reproduction exacte de celles que j'avais tant de plaisir à regarder. Le numéro 3 [celle de la fig. 16, qu'à l'avance Hélène désespérait précisément le plus de pouvoir bien rendre] est celle qui m'est apparue en tout dernier lieu, et je regrette vivement que vous n'ayez pas été près de moi hier à trois heures pour m'en voir exécuter le dessin : le crayon glissait si vite que je n'avais pas le temps de remarquer quels contours se formaient. Je puis dire sans aucune exagération que ce n'est pas ma main seule qui a exécuté ce dessin, mais bien une force

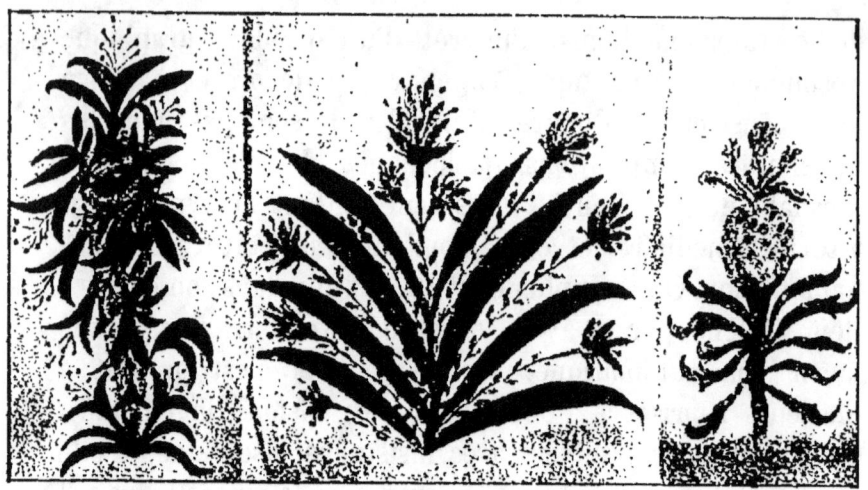

Fig. 15.   Fig. 16.   Fig. 17.

Plantes et fleurs martiennes. — Pas trace de vert. — Fig. 15 : tronc et feuilles brun-jaune clair; fleurs bilobées rouge-vif, d'où sortent des espèces d'étamines jaunes à filets noirs. — Fig. 16 : grandes feuilles brun-jaune clair; fleurs à pétales pourpres, avec étamines noires, et tiges noires garnies de petites feuilles pourpres comme les pétales. — Fig. 17 : gros fruit violet avec taches noires, surmonté d'un panache jaune et violet; tronc brun veiné de noir, avec dix rameaux de même, mais terminés par un crochet jaune; sol rouge-brique.

invisible qui dirigeait le crayon malgré moi. Les nuances m'apparaissaient sur le papier et mon pinceau se dirigeait malgré moi vers la couleur que je devais employer. Cela paraît invraisemblable, mais c'est pourtant l'exacte vérité. Le tout a été si vite fait que j'en ai été émerveillée, et que, par conséquent, vous comprendrez que je n'ai été nullement fatiguée de ce petit travail. »

La maison d'Astané (fig. 12, p. 157) et les grands paysages des fig. 13 et 14 sont également le produit d'une activité quasi-automatique (en état de veille complète quant au reste) qui donne toujours une pleine satisfaction à Mlle Smith. C'est en quelque sorte son Moi subliminal qui tient lui-même le pinceau et exécute à sa convenance ses propres tableaux, lesquels ont ainsi la valeur de véritables originaux. D'autres dessins, au contraire (par exemple, le portrait d'Astané, fig. 11, p. 155), qui ont coûté à Hélène beaucoup plus de peine sans arriver à la contenter entièrement, doivent être regardés comme de simples copies de mémoire, par la personnalité ordinaire, des visions passées dont le souvenir s'est gravé dans l'esprit d'une façon assez persistante pour servir encore de modèle plusieurs jours après. Dans les deux cas, mais surtout dans le premier, les peintures d'Hélène peuvent être tenues pour une fidèle reproduction des tableaux qui se déroulent au dedans d'elle, et nous donnent par conséquent, mieux que beaucoup de descriptions verbales, une idée du caractère général de ses visions martiennes.

Voyons maintenant le genre de renseignements que les messages et somnambulismes d'Hélène nous fournissent sur la brillante planète, dont les circuits embrouillés révélèrent jadis au génie d'un Képler les secrets fondamentaux de l'Astronomie moderne.

III. Les Personnages du roman martien.

En appelant *roman*, l'ensemble des communications martiennes, je veux dire qu'elles sont à mes yeux une œuvre d'imagination pure, mais non que l'on y rencontre les caractères d'unité et de coordination interne, d'action soutenue, d'intérêt croissant jusqu'au dénoûment, qui distinguent les compositions ainsi dénommées. Le roman martien n'est qu'une succession de scènes et de tableaux détachés, sans ordre ni connexion intime et n'offrant d'autres points communs que la langue inédite qui s'y parle, la présence assez fréquente des mêmes personnages, et une certaine façon d'originalité, une couleur ou qualité mal définissable d'exotisme et de bizarrerie dans les paysages, les édifices, les costumes, etc. De trame suivie ou d'intrigue proprement dite, il n'y a pas trace. On ne peut pas même reconstituer clairement les rapports de parenté ou de société des divers figurants qu'on voit défiler au cours de cette série d'épisodes disparates.

Je ne parle naturellement que de ce que nous connaissons par les séances de Mlle Smith ou par les visions spontanées dont elle se souvient suffisamment pour les raconter ensuite. Mais cela ne préjuge rien sur le fond caché d'où toutes ces données surgissent. Il se pourrait qu'en dépit de cette apparence fragmentaire et décousue la continuité existât dans les secrètes retraites où s'élabore le roman martien. Ce que nous prenons pour des créations momentanées sans liaisons entre elles, ne serait alors que les points d'émergence, les éruptions, d'une nappe souterraine, consciente en soi quoique ignorée du Moi ordinaire, s'étendant d'une façon ininterrompue sous le niveau habituel de l'état de veille normal.

Il y a des médiums chez qui les communications automatiques, surgissant à intervalles plus ou moins longs, se suivent sans lacunes ni empiètements, et constituent un tout, chaque nouveau message reprenant exactement au point, quelquefois au mot et à la virgule, où le précédent s'était arrêté. On peut alors se demander si l'œuvre se crée vraiment par bouffées, à l'instant même où elle jaillit dans la conscience du sujet; ou si elle se poursuit incessamment dans l'obscurité de la cérébration dite inconsciente, pour, de temps en temps, mettre au jour par paquets les produits accumulés de cette incubation permanente, comme le feuilletoniste qui pond à la continue, mais ne livre que périodiquement à la publicité le résultat de ses élucubrations. Dans le cas du martien de Mlle Smith, la question est encore plus embarassante puisque ses visions manquent de suite et que, mises bout à bout, elles ne forment pas un tout, mais un pêle-mêle ou une mosaïque de pièces et morceaux semblant provenir de plusieurs édifices différents, comme on s'en fera une idée en parcourant les textes réunis au chapitre suivant dans l'ordre chronologique de leur apparition.

On peut fort bien ne voir dans cette succession de communications égrenées, que de capricieuses improvisations nées au hasard du moment sans aucune prétention à un enchaînement systématique, et dont les points de ressemblance ou de contact, le caractère commun *martien*, tiennent simplement à ce qu'elles sont inspirées par un certain état d'âme, une disposition émotive particulière, se reproduisant de temps à autre à peu près toujours identique; tout comme nous reprenons le même genre de rêves, retombons dans la même catégorie de cauchemars, chaque fois que nous nous retrouvons en certaines conditions organiques ou psychiques déterminées : le retour des mêmes circonstances explique assez la naissance de rêves analogues, et il n'y a aucune raison d'admettre qu'ils se soient continués subconsciemment dans l'intervalle.

Mais on peut aussi supposer que le chaos du cycle martien

n'est qu'apparent et provient de ce que nous n'avons qu'une minime partie de l'œuvre totale. Le roman formerait alors dans l'imagination créatrice subliminale d'Hélène un ensemble bien lié, encore inachevé peut-être, mais dont les divers fils se tiennent et se déroulent en bon ordre. Un psychologue doué d'une double vue qui lui permettrait d'assister à tout ce qui se passe dans l'individualité psychique de Mlle Smith pourrait alors suivre le progrès non interrompu de cette construction martienne. Il la verrait s'édifiant lentement pendant la journée, au-dessous du niveau et à l'insu de la personnalité ordinaire d'Hélène toute absorbée en ses occupations professionnelles; alimentant beaucoup de ses rêves nocturnes malheureusement oubliés au réveil; jaillissant par instants en d'étranges images et en conversations incompréhensibles, à ses oreilles et à ses yeux étonnés, dans l'abandon de ses courts loisirs et dans ces phases crépusculaires, tôt le matin ou tard le soir, où se fait la transition entre le sommeil et l'état de veille; se déployant enfin avec plus d'ampleur dans les visions somnambuliques des réunions spirites. Hélas, la double vue est encore plus rare chez les psychologues que chez les pythonisses extra-lucides de profession, et sur les arcanes subliminaux de nos sujets nous n'avons que les maigres échappées, les lueurs vagues, que nous fournissent les séances qu'ils veulent bien nous accorder et les trop rares souvenirs qui leur restent de leurs extases spontanées, lorsqu'encore ils consentent à nous en faire part. Il faut donc renoncer à résoudre le problème de la cohérence ou de l'incohérence subconsciente des rêveries martiennes.

Sans trancher la question, je suis toutefois enclin à prêter au roman martien, dans quelque couche profonde d'Hélène, une continuité et une étendue beaucoup plus grandes qu'il n'y paraît à le juger uniquement sur les fragments recueillis. Nous n'en avons, à mon avis, que quelques pages arrachées au hasard dans des chapitres différents; le gros du volume manque, et le peu que nous possédons ne suffit pas à le reconstituer d'une façon satisfaisante. Il faut donc nous contenter de trier ces débris d'inégale importance d'après leur contenu, indépendamment de leur ordre chronologique, et de les grouper autour des personnages principaux qui y figurent.

La foule anonyme et confuse qui occupe le fond de quelques visions martiennes ne diffère de celle de notre pays que par la grande robe commune aux deux sexes, les chapeaux plats, et les sandales liées au pied par des courroies. Il n'y a rien de spécial à en dire. L'intérêt se porte sur un petit nombre de personnages plus distincts, ayant chacun son nom propre, toujours terminé en *é* chez les hommes et en *i* chez les femmes, à la seule exception d'Esenale[1] qui occupe, d'ailleurs, une place à part en sa qualité de martien désincarné, remplissant la fonction d'interprète. Commençons par dire quelques mots de lui.

Esenale.

On a vu (p. 156) que ce nom m'a été indiqué par Léopold le 22 octobre 1896, sans autre explication, comme un moyen d'obtenir la signification des paroles martiennes. Lors du premier recours à ce talisman (2 novembre; voir p. 158), on apprit seulement qu'il s'agissait d'un défunt habitant de Mars dont Léopold avait récemment fait la connaissance dans les espaces interplanétaires. Ce n'est qu'à la séance suivante (8 novembre), où se trouvait Mme Mirbel, qu'après une incarnation de son fils Alexis suivie de la scène de traduction (voir Texte 3) et en réponse aux questions des assistants — lesquelles ont fort bien pu servir de suggestion — Léopold affirma par l'index gauche qu'Esenale était Alexis Mirbel. On comprend qu'il est impossible de décider si cette identification constitue un fait primitif, que Léopold s'est d'abord plu à tenir secret pour ne le révéler qu'à la fin d'une séance à laquelle assisterait Mme Mirbel, ou si, comme je suis porté à le penser, elle ne s'est établie que dans cette séance même, sous l'empire des circonstances du moment; quoi qu'il en soit, elle n'a dès lors plus varié.

En tant que traducteur du martien, Esenale n'est pas prodigue de ses talents. Il se fait souvent beaucoup prier et il faut répéter son nom bien des fois en pressant ou

---

[1] Ce nom, auquel je laisse l'orthographe sans accents, que lui donna Léopold dans ses vers cités p. 156, a toujours été prononcé *ézenâle* par Mlle Smith. Son origine est inconnue, comme celle de tous les noms martiens.

frictionnant le front d'Hélène, pour obtenir tout juste le sens des derniers textes recueillis. Il jouit, il est vrai, d'une excellente mémoire, et reproduit fidèlement, avant d'en donner le mot-à-mot français, des phrases martiennes qu'Hélène a entendues depuis plusieurs semaines, voire même cinq à six mois (texte 24), et dont on n'avait pas encore eu l'occasion d'avoir la traduction. Mais c'est à ces derniers textes non encore interprétés qu'il borne sa bonne volonté; deux fois seulement il y a ajouté de son chef quelques mots sans importance (textes 15 et 36), et jamais on n'a pu le faire revenir sur des paroles plus anciennes pour vérifier s'il les interpréterait de même ou pour les compléter. Le texte 19, par exemple, qu'on a oublié de faire traduire à son rang, est toujours resté non traduit, et mes efforts ultérieurs (4 juin 1899) pour obtenir le sens des mots inconnus *milé piri* sont restés vains; de même, Esenale n'a pas pu remplir les lacunes du texte 24. à la fin duquel Hélène n'avait réussi à saisir que trois mots précis au milieu d'une conversation martienne trop indistincte pour la noter intégralement. Comme l'écolier qui trouve bien suffisant d'aller jusqu'au bout de ses devoirs stricts et se fait déjà tirer l'oreille avant la fin, Esenale ne consent à chercher dans son dictionnaire (ou ne se rappelle) que les bouts de phrases, ni plus ni moins, qu'on est en droit de lui demander; sa version obligatoire achevée, il s'envole, avec un soupir et un spasme d'Hélène, et toute tentative de le rappeler reste inutile.

En tant qu'Alexis Mirbel, à la suite des deux premières séances martiennes résumées p. 142 et 150, Esenale a souvent accordé à sa mère, dans des scènes d'incarnation plus ou moins pathétiques, de touchants messages de tendresse filiale et de consolation (textes 3, 4. 11, 15. 18). Il est à remarquer toutefois que bien que les occasions de continuer ce rôle ne lui aient point manqué, il paraît y avoir complètement renoncé depuis près de deux ans. Son dernier message de ce genre (10 octobre 1897, texte 18) suivit d'un mois une curieuse séance où Léopold crut devoir nous expliquer spontanément — personne ne l'avait mis sur ce sujet — certaines contradictions flagrantes dans les premières manifestations d'Esenale-Alexis. Voici un résumé de cette scène avec la communication textuelle de Léopold.

12 septembre 1897. — Après diverses visions éveillées, Mlle Smith entend causer Léopold; les yeux fermés et paraissant endormie, elle répète machinalement d'une voix faible et lente les paroles suivantes que son guide lui adresse (elle les interrompt deux fois par des plaintes, indiquées ci-dessus entre parenthèses, sur l'impossibilité de comprendre certains noms) :

« Tu vas faire très attention. Dis-leur d'abord [aux assistants] qu'ils fassent le moins de mouvements possible ; souvent ce qui nuit aux phénomènes, ce sont les allées et venues, et les causeries inutiles dont vous ne vous lassez jamais. — Te souviens-tu, il y a bien des mois de cela, d'un jeune homme, de ce jeune Alexis Mirbel qui est venu donner des conseils à sa mère à une réunion que vous aviez chez Monsieur... (je n'ai pas compris le nom qu'il m'a dit)... à Carouge[1]. Eh bien, à cet instant, il venait — c'est-à-dire deux jours avant — de mourir sur... (je ne peux pas comprendre le nom)... où il s'était... où il avait repris vie[2]. C'est pourquoi, je tiens de te le dire aujourd'hui, il a eu dans cette phase de dégagement de la matière et de l'âme un subit ressouvenir de son existence antérieure, c'est-à-dire de sa première vie d'ici-bas; il a, dans cet accès, non seulement reconnu sa première mère, mais encore pu parler la langue qu'il lui causait. Quelques temps après, alors que l'âme fut enfin reposée, il ne se souvint plus de cette langue première; il revient, il l'entoure [sa mère], la revoit avec joie, mais est incapable de lui parler dans votre langue[3]. Cela reviendra-t-il, je l'ignore et ne puis te le dire, mais je le crois cependant. Et, maintenant, écoute. »

Ici, Mlle Smith paraît se réveiller, ouvre les yeux et a une longue vision martienne, qu'elle décrit en détail. Elle voit d'abord une petite fille en robe jaune, dont elle entend le nom *Anini Nikaïné*, occupée à divers jeux d'enfant; par exemple, avec une baguette, elle fait danser une foule de petites figures grotesques dans un baquet blanc, large et peu profond, plein d'une eau bleu de ciel. Puis viennent d'autres personnes, et, finalement, Astané, qui a une plume au

---

[1] Allusion à la séance du 25 novembre 1894 chez M. Lemaître. Voir p. 142.
[2] C'est-à-dire : il venait de mourir sur Mars, où il s'était réincarné.
[3] Allusion à la séance du 2 février 1896. Voir p. 150.

bout du doigt et qui, peu à peu, s'empare du bras d'Hélène et la plonge en pleine trance pour lui faire écrire le texte 17.

Ces explications spontanées de Léopold sont intéressantes en ce qu'elles trahissent clairement la préoccupation subliminale d'introduire un peu d'ordre et de logique dans les incohérences des rêveries médianimiques. C'est une forme du processus de justification et d'interprétation rétrospective destiné à mettre d'accord les incidents du passé avec les idées dominantes du présent (v. p. 145). Dans l'espèce, la théorie à laquelle Léopold s'est arrêté après l'avoir sans doute longuement ruminée, est assez maladroite ; mais peut-être était-il difficile de faire mieux, car à l'impossible nul n'est tenu. D'abord elle suppose, contrairement à la doctrine, que les souvenirs sont plus nets dans les premiers moments du « dégagement » *post mortem* qu'après une période de repos, alors que les spirites insistent sans cesse sur l'état de confusion qui suit la désincarnation et ne se dissipe qu'à la longue. Ensuite, la mémoire de Léopold, faussée par son besoin d'harmonisation, dénature complètement les faits ; on n'a qu'à se reporter aux deux premières séances (p. 142 et 149) pour constater qu'Alexis Mirbel n'y apparaît point du tout comme désincarné, mais qu'il y est en plein dans la réalité de son existence martienne, écoutant une conférence de Raspail, ou rencontrant Mlle Smith à son abordée sur Mars et l'étonnant par son air grand garçon, etc. Que de contradictions de détails enfin dont Léopold n'a pas même tenté de purger tout ce roman d'Alexis Mirbel ! Comment, mort en réalité sur notre globe en juillet 1891, peut-il, même en renaissant immédiatement sur Mars, s'y trouver déjà âgé de 5 ou 6 ans, ainsi qu'il le prétend (p. 150), dans la séance du 2 février 1896, alors que les années de cette planète sont presque doubles des nôtres ? Comment, dans cette même séance, ne sait-il plus du tout le français qu'il parlait couramment quinze mois auparavant, et qu'il recommence un an et demi plus tard à savoir suffisamment pour remplir l'office de traducteur, mais pas assez pour en dire à sa pauvre mère un mot d'affection ou d'adieu ? Etc.

On me répondra sans doute — et je n'ai rien à répliquer — que mon ignorance des finesses de la philosophie occulte est la seule cause des difficultés auxquelles je m'achoppe, difficultés qui n'existeraient point pour une intelligence moins enlisée dans la grossièreté de ce monde empirique. Il suffirait par exemple, pour que tout s'arrangeât au mieux et selon l'explication de Léopold, d'admettre que dans la réalité absolue, dont la nôtre ne serait que l'image renversée, la séance du 2 février 1896 a eu lieu *avant* celle du 25 novembre 1894 ; il est tout naturel alors que dans la première Alexis Mirbel, vivant sur Mars, ne sache plus le français, et que, s'il en retrouve l'usage dans la seconde, c'est qu'il s'est de nouveau désincarné, la salle de conférence pouvant passer pour un « tableau fluidique » qu'il ne faut pas prendre pour une réalité. On voit que par cette simple inversion du cours du temps pendant une année ou deux, qui n'est pas plus dure à avaler que les mystères de l'astral ou la 4me dimension de l'espace, l'histoire d'Esenale devient très intelligible ; tandis que ceux qui ne sont pas encore suffisamment déniaisés pour l'accepter, n'ont que la triste ressource d'attribuer aux caprices du rêve et au hasard de l'association des idées les contradictions apparentes dans lesquelles ils se noient.

Je me demande si, au fond, la pensée subliminale de Mlle Smith est aussi inaccessible qu'on pourrait le croire aux difficultés qui me tracassent, et si ce n'est pas le sentiment secret de toutes ces impossibilités, ravivé bien plutôt que dissipé à la suite des explications tentées le 12 septembre 1897 par Léopold, qui a fini par faire rayer du répertoire le rôle d'Alexis Mirbel et par donner au roman martien un tour plus dégagé de toute attache historique avec notre monde terrestre.

Il n'y a pas grand chose à ajouter sur Esenale, que ses fonctions d'interprète désincarné condamnent à rester dans la coulisse, je veux dire hors des réalités martiennes perceptibles aux vivants de là-haut. Seul le regard médianimique de Mlle Smith l'entrevoit parfois qui revient flotter fluidiquement dans les jardins de Mars, et parmi ses anciens compagnons, invisible pour eux comme le sont, pour nous autres terriens non-médiums, les innombrables âmes qui errent constamment dans nos alentours, impalpable essaim des puissances de l'air ou des ombres de l'Hadès, emplissant nos maisons et nos champs de leur présence mystérieuse.

Astané.

« Le grand homme Astané » est la réincarnation sur Mars du fakir hindou Kanga, qui fut un dévoué compagnon et ami de Simandini. Il a gardé dans sa nouvelle existence le caractère spécial de savant ou de sorcier qu'il possédait déjà aux Indes, et comme il a également conservé toute son affection pour son ancienne princesse retrouvée en Mlle Smith, il utilise fréquemment ses pouvoirs magiques pour l'*évoquer*, c'est-à-dire rentrer en communication spirituelle avec elle nonobstant la distance de leurs lieux d'habitation actuels. Les voies et moyens de cette évocation restent d'ailleurs enveloppés de mystère. On ne saurait dire si c'est Hélène qui rejoint Astané sur Mars pendant ses somnambulismes, ou si c'est lui qui descend fluidiquement vers elle et lui apporte des effluves de la lointaine planète. Plus exactement, c'est tantôt l'un tantôt l'autre suivant les jours. Quand Astané dit à Hélène entrancée au cours d'une séance : « Viens un instant vers moi, viens admirer ces fleurs », etc. (texte 8), ou lui montre les curiosités de sa demeure martienne, il semble évident qu'il l'a vraiment appelée à lui à travers les espaces ; mais quand il lui apparait pendant la veille au pied de sa baignoire ou de son lit, et lui exprime son chagrin de la retrouver sur cette vilaine terre (texte 7), on doit bien admettre que c'est lui qui est descendu vers elle et lui inspire des visions de là-haut. Peu importe, en somme ; il ne faut pas être trop exigeant en fait de logique et de précision dans ces hauts parages de la fantaisie. Notons encore que dans ces évocations, Astané ne se manifeste qu'en hallucinations visuelles et auditives, jamais en impressions tactiles ou de la sensibilité générale ; dans la sphère émotive, sa présence s'accompagne chez Hélène d'un grand calme, d'une profonde béatitude, d'une disposition extatique qui est le corrélatif et le pendant du bonheur éprouvé par Astané lui-même (textes 10, 17, etc.) à se retrouver auprès de son idole de jadis.

L'état-civil d'Astané, je veux dire son nom, sa qualité de sorcier et son antériorité terrestre dans la peau de Kanga, n'a pas été révélé d'emblée. Cependant, dès sa première apparition (5 septembre 1896 ; voir p. 154), il se montre supérieur à la foule puisque seul il possède une machine à voler d'un mécanisme inintelligible pour nous. Dans les semaines suivantes, Mlle Smith entend son nom, et le revoit à maintes reprises ainsi que sa maison (fig. 12), mais ce n'est qu'au bout de deux mois et demi qu'on apprend son identité et ses pouvoirs « évocateurs », dans une séance à laquelle je n'assistai point et où par exception Hélène ne s'endormit pas complètement. En voici le résumé d'après les notes que je dois à l'obligeance de M. Cuendet.

19 novembre 1896. — Contrairement aux séances précédentes Mlle Smith est restée constamment éveillée, les bras libres sur la table, ne cessant de s'entretenir et même de rire avec les assistants. Les messages ont été obtenus par visions et dictées typtologiques. — Hélène ayant demandé à Léopold comment il se fait qu'elle ait pu communiquer avec un être vivant encore incarné sur Mars, elle a une vision où Astané lui apparaît dans un costume non plus martien, mais oriental. « Où ai-je vu ce costume ? » demande-t-elle alors, et la table répond : *dans l'Inde,* ce qui indique qu'Astané serait donc un ex-hindou réincarné sur Mars. En même temps, Hélène a la vision d'un paysage oriental qu'elle croit avoir déjà vu auparavant, mais sans savoir où. Elle y voit Astané, portant sous le bras des rouleaux d'un blanc sale, et faisant une courbette à la mode orientale devant une femme également vêtue à l'orientale, qu'elle croit aussi avoir déjà vue. Ces personnages lui paraissant « inanimés comme des statues »[1], les assistants demandent si cette vision ne serait pas un simple tableau [du passé] présenté par Léopold; la table répond par l'affirmative, puis s'incline significativement et avec insistance devant Mlle Smith quand on demande qui est cette femme orientale et qu'on émet l'idée qu'elle représente peut-être Simadini. Enfin, aux nouvelles questions des assistants, la table (Léopold) dicte encore qu'Astané dans son existence hindoue s'appelait *Kanga*, lequel était *un sorcier de l'époque*; puis qu'*Astané dans la planète Mars possède la même faculté d'évocation que celle qu'il possédait dans l'Inde*. On demande encore à Léopold si le pouvoir d'Astané est plus puissant que le sien : *Pouvoir différent, plein de valeur également,* répond la table. Enfin, Hélène désirant savoir si Astané, quand il l'évoque, la voit sous ses traits actuels ou sous ceux de son incarnation hindoue, la table affirme qu'il la voit sous ses traits hindous et ajoute : *et, par conséquent, sous ceux qu'elle* [Hélène] *possède aujourd'hui si frappants avec ceux de Simandini* en insistant sur l'N au milieu de ce nom.

On remarque que dans cette séance, c'est Léopold qui a donné tous les renseignements sur le passé d'Astané, et qu'il lui reconnaît sur Hélène un pouvoir à peu près égal au sien propre. Il est étrange que le guide attitré de Mlle Smith, ordinairement si jaloux de ses droits sur elle et ombrageux à l'excès vis-à-vis de toute prétention rivale, accorde si bénévolement de telles prérogatives à Astané. Cette placidité inattendue surprend encore davantage quand on songe à la singulière similitude de position de ces deux personnages à l'égard d'Hélène. Kanga, le fakir hindou, tenait dans la vie de Simandini exactement la même place que Cagliostro dans celle de Marie-Antoinette, la place d'un sorcier aux avis profitables en même temps que d'un adorateur platonique, et tous deux, dans leurs rôles actuels d'Astané et de Léopold, conservent à Mlle Smith le respectueux attachement qu'ils avaient pour

---

[1] Dans la symbolique spirite familière aux groupes où la médiumnité d'Hélène s'est développée, cet aspect de « statues inanimées » signifie que les personnages apparus sont maintenant incarnés et vivants, et que la vision ne se rapporte pas à eux-mêmes dans leur état présent, mais à des événements anciens où ils ont joué un rôle. Ce que le médium a devant les yeux n'est pas une réalité actuelle, mais seulement « l'image ou le tableau fluidique » du passé.

ses illustres antériorités. Comment ces deux prétendants extra-terrestres ne se détestent-ils pas d'autant plus cordialement que leurs revendications sur Hélène ont des fondements identiques? Or, bien loin de se disputer le moins du monde sa possession, ils s'entr'aident de la façon la plus touchante. Quand Astané écrit du martien par la main droite de Mlle Smith et que le bruit des assistants menace de le déranger (voir texte 20), c'est Léopold qui vient à son secours en les faisant taire par ses gestes du bras gauche. Quand Léopold veut m'indiquer que c'est le moment de presser le front d'Hélène, c'est Astané qui lui prête son crayon et sa tenue de main pour tracer ce message (voir plus loin séance du 12 sept. 1897 et fig. 23), et la transmission des pouvoirs se fait entre eux sans que le médium en éprouve la moindre secousse, et sans se traduire au dehors autrement que par la différence de leurs écritures. Il est vrai que les apparitions de Léopold à Hélène sont infiniment plus fréquentes, et ses incarnations beaucoup plus complètes, que celles d'Astané qui ne se montre à elle que de loin en loin et n'a jamais été jusqu'à parler par sa bouche. N'importe; ces deux personnages se ressemblent trop pour se tolérer mutuellement — s'ils sont vraiment deux.

On pressent ma conclusion. Astané, tout bien considéré, n'est au fond qu'une copie, un doublet, une transposition dans le mode hindou-martien de la figure de Léopold. Ce sont deux variations d'un même thème primitif. En regardant ces deux êtres, ainsi que je le fais jusqu'à preuve du contraire, non comme des individualités objectives et réelles, mais comme des pseudo-personnalités, des fictions oniriques, des subdivisions fantaisistes de la conscience hypnoïde de Mlle Smith, on peut dire que c'est la même émotion fondamentale, le même état affectif, qui a inspiré ces rôles jumeaux, que l'imagination subliminale a adaptés dans les détails à la diversité des circonstances. La contradiction douloureusement sentie entre des aspirations superbes de grande dame et les contristantes ironies de la réalité, a fait jaillir parallèlement les deux antériorités tragiques — intrinsèquement identiques en dépit des différences de lieux et d'époques — de la noble fille d'Arabie, devenue princesse hindoue brûlée vive sur le tombeau de son despote de mari, et de l'altesse autrichienne, devenue majesté française partageant le martyr de son fatal époux[1]. Pareillement, dans ces deux rêves issus de la même source émotive, c'est le goût universel et constant de l'imagination humaine pour le merveilleux, allié au besoin très féminin d'un protecteur respectueux et un peu idolâtre, qui d'une part a créé de toutes pièces le personnage de Kanga-Astané, et a d'autre part absorbé, en le modifiant sans souci de l'histoire authentique, celui de Cagliostro-Léopold. Tous deux sont des sorciers idéalistes, à la science profonde, au cœur tendre, qui avaient mis leur sagesse sans bornes au service de l'infortunée souveraine, et lui faisaient de leur dévouement allant jusqu'à l'adoration un rempart, une suprême consolation, au milieu de toutes les amertumes de l'existence. Et le guide que Léopold est pour Hélène Smith au cours général de sa vie terrestre actuelle, Astané l'est semblablement dans les instants de cette vie qu'Hélène dérobe à notre monde sublunaire pour s'envoler sur l'orbe de Mars.

Si Astané n'est donc essentiellement qu'un reflet, une projection de Léopold, dans les sphères martiennes, il y a pris une coloration spéciale et s'est extérieurement harmonisé avec ce nouveau décor. Il est vêtu d'une grande robe toute chamarrée et couverte de dessins ; il a de longs cheveux, pas de barbe, « un œil plus haut que l'autre », un teint jaune et foncé, et porte à la main un rouleau blanc sur lequel il écrit avec une pointe fixée au bout de l'index. Il possède là-haut des propriétés et diverses installations qu'Hélène a souvent visitées, dans ses

---

[1] Léopold a lui-même relevé un jour cette analogie de destinée entre les deux antériorités connues de Mlle Smith.

visions spontanées et aux séances, et dont la description ne présente rien de très original, mais semble alimentée par des ressouvenirs des choses d'ici-bas qui se seraient seulement déformés, réfractés bizarrement et sans aucune loi précise, en traversant l'atmosphère du rêve martien.

La maison d'Astané (fig. 12, p. 157) est quadrangulaire, avec portes et fenêtres, et fait songer par son aspect extérieur à quelque construction orientale au toit plat garni de plantes, agrémentée, il est vrai, de curieux « grillages » et d'appendices en forme de trompes ou cornes d'abondance dont la nature et l'utilité nous échappent. L'intérieur est à l'avenant. Les meubles et les objets rappellent les nôtres en s'efforçant d'en différer. Nous avons, d'ailleurs, peu de détails sur eux, à l'exception d'un instrument de musique à cylindres verticaux, bien proche parent de nos orgues, devant lequel Hélène voit et entend parfois jouer Astané, assis sur un escabeau à un seul pied semblable à un tabouret de vacher.

Quand on passe au jardin, on y retrouve le même amalgame d'analogies et de dissemblances avec notre flore. On a vu qu'Hélène est souvent hantée à l'état de veille par des visions de plantes et de fleurs martiennes qu'elle finit par dessiner ou peindre avec une facilité frisant l'automatisme ; ces spécimens, ainsi que les arbres disséminés dans les paysages, montrent que la végétation martienne ne diffère pas essentiellement de la nôtre, sans en reproduire cependant aucun échantillon nettement reconnaissable. Des animaux, nous ne savons pas grand'-chose. Astané a souvent avec lui une vilaine bête qui fait très peur à Hélène par sa forme bizarre : longue de 60 cent. environ et à queue plate, elle a une « tête de chou » avec un gros œil vert au milieu [comme un œil de plume de paon] et cinq ou six paires de pattes ou d'oreilles tout autour (v. fig. 18, p. suiv.). Cet animal réunit l'intelligence du chien et la bêtise du perroquet, car, d'une part, il obéit à Astané et lui apporte des objets (on

Fig. 18. — La vilaine bête d'Astané. — Corps et queue roses. Œil vert à centre noir. Tête noirâtre; appendices latéraux jaune-brun, entourés, comme tout le corps, de poils roses.

ne sait trop comment), d'autre part, il sait écrire, mais d'une façon purement mécanique et sans comprendre (nous n'avons jamais eu de spécimen de cette écriture). En fait d'autres animaux, outre le petit oiseau noir cité sans description (texte 20) et les espèces de biches servant à allaiter les petits enfants (texte 36), Hélène n'a vu que d'affreuses bêtes aquatiques, semblables à de grosses limaces, qu'Astané pêche au moyen de fils de fer tendus à la surface de l'eau.

Les propriétés d'Astané renferment encore de grands rochers rouges, au bord de l'eau, où Hélène aime à se retirer à l'écart avec son guide pour converser en paix et repasser avec lui les anciens et mélancoliques souvenirs de leur existence hindoue; le ton général de ces entretiens (dont on n'a que les phrases d'Hélène, en français heureusement) est tout à fait le même que celui de ses conversations avec Léopold. Il y a aussi une montagne, à rochers rouges également, où Astané possède des demeures creusées, sortes de grottes bien dignes du savant sorcier qu'il est. On y voit entre autres le cadavre admirablement conservé d'Esenale, autour duquel Esenale désincarné revient parfois flotter fluidiquement, et qu'Hélène trouve encore tendre, lorsqu'après beaucoup d'hésitation et non sans effroi elle se résout à le toucher du bout du doigt sur l'invitation d'Astané. C'est également dans cette maison excavée dans le roc qu'Astané a son observatoire, un puits traversant la montagne par lequel il contemple le ciel (texte 9), y compris notre terre, au moyen de sa lunette que lui apporte la bête à tête de chou.

A ces qualités de savant, Astané joint celles de sage conseiller et de patriarcal gouverneur. C'est ainsi qu'on voit une jeune fille nommée Matêmi venir le consulter à plusieurs reprises (textes 22 et 28); peut-être s'agit-il de questions matrimoniales, car Matêmi reparaît en diverses occasions avec son amoureux ou son fiancé, Siké, entre autres à une grande fête de famille, présidée par Astané. Ici, encore, la description du local, du repas, du bal, etc., porte, à travers de fantaisistes et un peu puériles innovations, une marque très terrienne, même européenne et civilisée, et ne mérite guère les exclamations d'étonnement et de surprise dont Hélène l'entrecoupait dans la longue scène d'hémisomnambulisme où elle a vu cette fête martienne se dérouler devant ses yeux.

Voici quelques détails sur cette vision qui a occupé la plus grande partie d'une séance (28 novembre 1897). Hélène, dans une vaste lueur rouge initiale, voit apparaître une rue martienne, éclairée sans falots ni lampes électriques, par des lumières ou lucarnes ménagées dans les murs des maisons. L'intérieur d'une de ces maisons s'offre à elle: superbe salle carrée, éclairée à chaque angle par une sorte de lampe formée de quatre globes superposés,

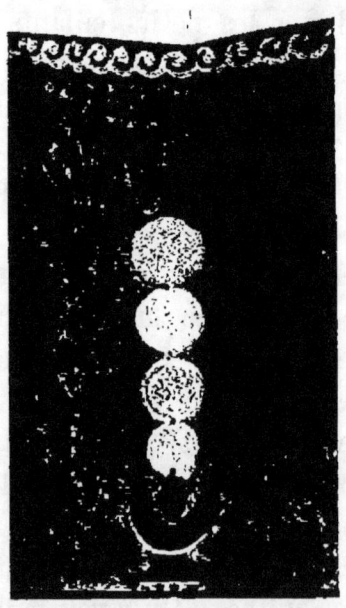

Fig. 19. — Lampe martienne, se détachant sur une tapisserie chinée rose et bleu.

deux bleus et deux roses, pas en verre (fig 19) ; sous chaque lampe, un petit bassin surmonté d'une sorte de corne d'abondance versant de l'eau. Beaucoup de plantes d'ornement. Au milieu de la salle, un bosquet autour duquel sont disposées une quantité de petites tables à surface brillante comme du nickel. Beaucoup de monde, jeunes gens en robes martiennes, jeunes filles à longue mèche de chéveux pendant le long du dos, et portant derrière la tête une coiffure en forme de papillons roses, bleus, ou verts, attachés sur le cou. Ils sont au moins une trentaine, parlent martien (mais Hélène ne les entend pas distinctement). Astané paraît «avec une bien vilaine robe, aujourd'hui», et se montre plein d'amicale galanterie avec ces jeunes filles ; il leur tape sur la joue; elles sont familières avec lui et lui passent la main dans les cheveux ou frappent dans leurs mains en défilant devant lui (manières de politesse martienne). Il s'assied tout seul à l'une des tables, tandis que la jeunesse prend place aux autres tables, deux couples à chacune. Ces tables sont garnies de fleurs différentes des nôtres ; les unes bleues avec feuilles en forme d'amande ; d'autres, étoilées et blanches comme du lait, embaument le musc (Hélène respire ce parfum à pleines narines) ; d'autres encore, les plus jolies, ont la forme de trompettes, soit bleues, soit couleur feu, avec de grandes feuilles arrondies, grises, marbrées de noir (fig. 20).

FIG. 20. — Plante d'ornement martienne. Fleurs rouge-feu, feuilles gris-violacé.

Hélène entend Astané parler et prononcer le nom de « Pouzé ». Alors arrivent deux hommes à longues culottes blanches avec ceinture noire ; l'un a un habit rose, l'autre blanc. Ils portent des plateaux ornés de dessins, et, passant devant chaque table, ils y déposent des assiettes carrées, avec des fourchettes sans manche distinct, formées de trois dents de deux centimètres de long réunies par une partie pleine ; en guise de verres, des gobelets comme des tasses à thé, bordés d'un filet d'argent. On apporte ensuite dans une sorte de cuvette une bête cuite ressemblant à un chat étendu, qu'on place devant Astané qui la tord et la coupe rapidement avec ses doigts armés de bouts en argent ; les morceaux, carrés, sont distribués aux convives sur des assiettes carrées avec rigole autour pour le jus. Tout le monde est d'une gaîté folle. Astané va s'asseoir successivement à chaque table et les jeunes filles lui passent la main dans les cheveux. On apporte de nouveaux plats, des bâtons roses, blancs, bleus, avec une fleur plantée dessus ; les bâtons se fondent et se mangent ainsi que la fleur. Puis les convives vont se laver les mains aux petites fontaines dans les angles de la salle.

Maintenant, une des parois se lève, comme la toile au théâtre, et Hélène voit une salle magnifique, ornée de globes lumineux, de fleurs et de plantes, au plafond peint de nuages roses sur un ciel rose aussi, avec des canapés et des coussins suspendus le long des murs. Arrive alors un orchestre de dix musiciens porteurs d'espèces d'entonnoirs dorés de 1^m50 de haut, ayant un couvercle rond sur la grande ouverture, et, au goulot, une sorte de râteau où ils posent les doigts. Hélène entend la musique, comme des flûtes, et voit tout le monde qui remue ; ils se mettent quatre par quatre, font des passes et des gestes, puis se réunissent en groupe de huit. Ils glissent doucement, on ne peut pas dire qu'ils dansent. Ils ne se prennent pas par la taille, mais se posent la main sur l'épaule à distance. Il fait une chaleur terrible ; ils cuisent là-dedans ! Ils s'arrêtent, se promènent, causent, et c'est alors qu'Hélène entend une grande jeune fille brune (Matêmi) et un petit jeune homme (Siké) échanger les premières paroles du texte 20 ; puis ils s'éloignent dans la direction d'un gros buisson de fleurs rouges (tamèche), et sont suivis bientôt par Romé et sa compagne.

A ce moment, la vision qui a duré 1 h. $^1/_4$ s'efface ; Hélène, debout pendant toute sa description, entre en somnambulisme complet, s'assied et Astané lui fait écrire les phrases martiennes qu'elle a entendues et répétées tout à l'heure. — Pendant toute cette vision, Léopold occupait la main gauche qui pendait anesthésique le long du corps d'Hélène et répondait par l'index aux questions que je lui faisais à voix basse. J'ai su ainsi que cette scène martienne n'était point une noce ni aucune cérémonie spéciale, mais une simple fête de famille ; qu'il ne s'agit pas là d'un souvenir ou d'une imagination d'Hélène, mais d'une réalité se passant actuellement sur Mars ; que ce n'est pas Léopold, mais Astané, qui lui fournit cette vision et lui fait entendre la musique ; que Léopold lui-même ne voit ni n'entend rien de tout cela, mais que cependant il *sait* tout ce que Mlle Smith voit et entend, etc.

Ce résumé d'une fête de famille présidée par Astané

donne la mesure de l'originalité du monde de Mars. Les visions relatives à d'autres incidents sont du même ordre; qu'on lise la description de la nursery martienne (texte 36); du voyage en « miza », une espèce d'automobile dont le mécanisme nous est inconnu (texte 23); de l'opération de chirurgie (texte 29); des jeux de la petite Anini (p. 169), etc., c'est toujours le même mélange d'imitation générale de ce qui se passe chez nous, et de modifications enfantines dans les menus détails.

Pouzé. Ramié. Personnages divers.

Des autres personnages qui traversent les visions martiennes, nous savons trop peu de chose pour nous y arrêter longuement. Celui dont le nom reparaît le plus souvent est Pouzé. On vient de voir qu'Astané l'a appelé, mais on ne sait à quel titre, au commencement du banquet; ailleurs, on le rencontre en compagnie d'Eupié, un pauvre petit vieux tout courbé et à la voix chevrotante, avec qui il s'occupe de jardinage ou de botanique dans une promenade du soir au bord d'un lac (texte 14). Il figure encore, à côté d'un inconnu nommé Paniné, dans le voyage en miza, et il a un fils, Saïné, qui a eu nous ne savons quel accident à la tête et s'en est guéri à la grande joie de ses parents (textes 23 et 24).

Disons, enfin, quelques mots de Ramié, qui s'est manifesté pour la première fois en octobre 1898, comme révélateur du monde ultramartien dont il sera bientôt question. Nous n'avons encore, au sujet de ce nouveau venu, que les visions accompagnant quelques textes récents (31 à 35 et 38 à 40). C'est trop peu pour se prononcer avec certitude sur son compte. Je le soupçonne fort cependant de n'être au point de vue de son origine psychologique qu'une doublure, un écho très peu modifié d'Astané, comme celui-ci l'est de Léopold, c'est-à-dire au fond une troisième édition du type principal créé par l'imagination subliminale de Mlle Smith pour répondre à sa tendance émotionnelle dominante. Tel qu'il se présente à nous jusqu'ici, Ramié n'est, en effet, qu'un élève d'Astané, un astronome moins savant que lui, mais il possède déjà le même privilège, dont ne paraissent point jouir les martiens ordinaires, de pouvoir s'emparer du bras d'Hélène et d'écrire par sa main. Ce qui est plus significatif encore, et décisif à mon sens, c'est qu'il paraît porter à Mlle Smith exactement la même nuance d'affection qu'Astané et Léopold, et tend en retour à la mettre par sa simple présence dans le même état de bien-être extatique (texte 39).

Si le trait distinctif de chacun de nos semblables, par rapport à nous, réside avant tout dans les sentiments qu'il nous inspire et ceux que nous croyons lui inspirer, il n'y a aucune différence fondamentale vis-à-vis d'Hélène, entre Léopold, Astané et Ramié; ils ne sont qu'une reproduction en triple d'une relation émotive identique, et je ne pense pas me tromper en regardant ces trois figures comme trois modalités, trois déguisements très transparents, de la même personnalité fondamentale, qui ne serait à son tour, ainsi que je l'ai indiqué à maintes reprises, qu'une subdivision hypnoïde de l'être réel de Mlle Smith. Il semble qu'Astané ait délégué ses pouvoirs à Ramié, en ce qui concerne l'exploration, j'allais dire la création, du monde ultramartien, tout comme il les a lui-même reçus de Léopold pour ce qui touche à la planète Mars. — Le fait qu'Astané et Ramié figurent parfois ensemble, coexistent dans la même vision, de même que bien souvent Astané et Léopold, n'est pas une objection à leur identité essentielle, car un fait analogue se présente en rêve, où l'on se promène parfois et cause avec son propre sosie. La rencontre de son double, à l'état de veille, est une aventure qui n'est pas très rare chez les médiums : il est même arrivé à Hélène, dans une séance où elle n'était point intrancée et conversait librement avec les assistants, de se voir apparaître en deux exemplaires à quelques mètres en face d'elle, en sorte que, comme elle l'exprima et le décrivit très bien sur le moment, il y avait en tout « trois demoiselles Hélène Smith » dans la chambre.

Il est toutefois plus sage de laisser à l'avenir — si le roman martien et ultramartien continue à se développer — le soin de nous éclairer plus complètement sur le vrai caractère de Ramié. Peut-être un jour en saurons-nous davantage également sur le couple Matêmi et Siké, ainsi que sur maints autres personnages, tels que Sazéni, Paniné, le petit Bulié, Romé, Fédié, etc., dont nous ne possédons guère que les noms et n'entrevoyons encore aucunement les relations possibles avec les figures centrales d'Esenale et d'Astané.

IV. Sur l'auteur du roman martien.

Les remarques générales que suggère le cycle martien différeront assurément selon qu'on y voit une révélation authentique des choses de la planète Mars, ou une simple fantaisie de l'imagination du médium. Je laisse aux partisans de la première hypothèse, s'il s'en trouve, le soin de tirer de toutes ces communications les conséquences qu'elles comportent relativement à l'état de civilisation de l'humanité de là-haut, et me borne à leur souhaiter que la découverte de quelque autre méthode d'investigation — de préférence pas médianimique — vienne sans trop tarder confirmer d'une façon indépendante la justesse de leurs déductions. En attendant, je crois devoir m'en tenir à la seconde supposition, et demander au roman martien des renseignements sur son auteur plutôt que sur son objet.

Cet auteur inconnu me frappe par deux ou trois points.

1° D'abord il fait preuve d'une singulière indifférence — à moins que ce ne soit de l'ignorance — à l'égard de toutes les questions qui préoccupent à l'heure actuelle, je ne dis pas seulement les astronomes, mais peut-être encore davantage les gens du monde un peu teintés de vulgarisation scientifique et curieux des mystères de notre univers. Les canaux de Mars, en toute première ligne, les fameux canaux avec leurs dédoublements temporaires plus énigmatiques même que ceux du Moi des médiums; puis les bandes de culture supposées sur leurs bords, la fonte des neiges autour des pôles, la nature du sol et les conditions de la vie sur des territoires tour à tour inondés et brûlés, les mille questions d'hydrographie, de géologie, de biologie, qu'un naturaliste amateur se pose inévitablement au sujet de notre proche planète, — de tout cela, l'auteur du roman martien ne sait rien, ou n'en a cure. Comme ce n'est certainement pas le scrupule de nous en faire accroire ni la peur de se tromper qui l'arrête, puisque ces sentiments eussent été aussi naturels dans le domaine linguistique où l'on verra qu'ils ne l'ont point retenu, j'en conclus que vraiment les problèmes des sciences physiques et naturelles n'existent pas pour lui.

Ceux de la sociologie ne le tourmentent pas beaucoup plus; car bien que les gens prennent presque toute la place dans les visions martiennes et y fassent volontiers la conversation, ils ne nous renseignent aucunement sur l'organisation civile et politique de leur globe, les beaux-arts ou la religion, le commerce et l'industrie, les rapports des peuples entre eux, etc. Les barrières des nations sont-elles tombées comme on l'a supposé, et n'y a-t-il plus là-haut d'autre armée permanente que celle des travailleurs occupés à l'exécution et à l'entretien de ce gigantesque réseau de canaux de communication ou d'irrigation? Esenale et Astané n'ont pas daigné nous en instruire, non plus que du féminisme et de la question sociale. Il semble bien ressortir de divers épisodes que la famille est comme chez nous à la base de la civilisation martienne; cependant, nous n'avons aucune information directe et détaillée sur ce point, non plus que sur l'existence possible d'autres formes ou degrés de culture dans le reste de la planète. Inutile d'allonger. Il est évident que l'auteur de ce roman n'éprouve aucun souci proprement scientifique, et qu'en dépit de sa préoccupation initiale de répondre aux désirs de M. Lemaître (v. p. 143), il n'a pas le moindre sentiment des questions que suscite de nos jours, en tout esprit cultivé, la seule idée de la planète Mars et de ses habitants probables.

2° Si au lieu de reprocher au roman martien ce qu'il ne nous donne pas, nous tentons d'apprécier à sa juste valeur ce qu'il nous donne, en prenant pour terme de comparaison les choses connues d'ici-bas, nous sommes frappés de deux points que j'ai déjà touchés plus d'une fois en passant : l'identité foncière du monde martien, pris dans ses grands traits, avec le monde qui nous entoure, et son originalité puérile dans une foule de détails secondaires. Voyez, par exemple, la fête de famille (p. 179). Sans doute, on y salue le vénérable Astané par une caresse dans ses cheveux au lieu d'une poignée de mains; les jeunes couples dansent en se tenant, non par la taille, mais par l'épaule; les plantes d'ornement n'y appartiennent pas à nos espèces connues; les trombones des musiciens ont un couvercle et donnent des sons flûtés, etc.; mais, sauf ces insignifiantes divergences d'avec nos us et coutumes, dans l'ensemble et comme ton général, c'est absolument comme chez nous. Il y a moins de distance entre les mœurs martiennes et notre genre de vie européen, qu'entre celui-ci et la civilisation musulmane ou les peuples sauvages.

L'imagination qui a forgé ces scènes d'intérieur ou de plein air avec tout leur décor, est remarquablement calme, pondérée, attachée au réel et au vraisemblable. Elle ne se permet d'innover que dans la mesure où les merveilles de notre industrie nous ont habitués à ne plus nous étonner de ce que nous ne comprenons pas d'emblée. Le « miza » qui roule sans moteur visible, sur un chapelet de boules, n'est ni plus ni moins extraordinaire pour un spectateur non initié, que tant de véhicules imprévus qui sillonnent nos routes. Les globes colorés placés dans l'épaisseur des murs des maisons pour éclairer les rues, rappellent fortement nos lampes électriques, bien que, paraît-il, ils n'en soient pas. La machine à voler d'Astané sera probablement bientôt réalisée, sous une autre forme sans doute ; mais, hormis les constructeurs, qui s'inquiète de la forme ou du principe d'un nouvelle invention et oserait déclarer *a priori* qu'elle est impossible ? Les ponts qui disparaissent sous l'eau pour laisser passer les bateaux (texte 25) sont, sauf pour un technicien, aussi naturels que les nôtres, qui arrivent au même résultat en se levant en l'air. Et ainsi de suite. A l'exception des « pouvoirs évocateurs » d'Astané, emprunt évident aux idées spirito-occultistes, et qui, d'ailleurs, ne concernent que Mlle Smith personnellement et ne figurent dans aucune scène martienne, il n'y a rien sur Mars qui dépasse ce qu'on obtient ou peut attendre des ingénieurs d'ici-bas.

Pour créer du nouveau et de l'inédit, l'auteur de ce roman s'est donc tout simplement inspiré de ce qui se voit d'étonnant dans nos rues et de ce que les enfants inventent d'eux-mêmes. C'est une bonne et sage petite imagination de 10 à 12 ans, qui trouve déjà suffisamment drôle et original de faire manger les gens de là-haut dans des assiettes carrées avec une rigole pour le jus, de charger une vilaine bête à un œil unique de porter la lunette d'Astané, d'écrire avec une pointe fixée à l'ongle de l'index au lieu d'un porte-plume, de faire allaiter les bébés par des tuyaux allant directement aux mamelles d'animaux pareils à des biches, etc. Rien des Mille et une nuits, des métamorphoses d'Ovide, des contes de fées ou des voyages de Gulliver ; pas trace d'ogres, de géants ni de véritables sorciers dans tout ce cycle. On dirait l'œuvre d'un jeune écolier à qui on aurait donné pour tâche d'inventer un monde aussi différent que possible du nôtre, mais *réel*, et qui s'y serait consciencieusement appliqué, en respectant naturellement les grands cadres accoutumés hors desquels il ne saurait concevoir l'existence, mais en lâchant la bride à sa fantaisie enfantine sur une foule de points de détail, dans les limites de ce qui lui parait admissible d'après son étroite et courte expérience.

3° A côté de ces innovations arbitraires et futiles, le roman martien porte, en une foule de ses traits, un cachet nettement oriental sur lequel j'ai déjà souvent insisté. Le teint jaune et les longs cheveux noirs d'Astané ; le costume de tous les personnages, robes chamarrées ou de nuances vives, sandales à lanières, chapeaux plats et blancs, etc. ; les longues tresses des femmes et les ornements en forme de papillons de leur coiffure ; les maisons aux formes bizarres tenant de la pagode, du kiosque, du minaret ; les couleurs éclatantes et chaudes du ciel, des eaux, des rochers et de la végétation ; les lacs aux bords découpés s'avançant en minuscules promontoires garnis d'espèces de campaniles (voir fig. 13 et 14), etc. ; tout cela a un faux air japonais, annamite, chinois, hindou, je ne sais quoi encore, tout à la fois. Il est à noter que cette empreinte d'Extrême-Orient est purement extérieure, ne porte que sur la partie visuelle pour ainsi dire de tout le roman, et ne pénètre aucunement jusqu'aux caractères et aux mœurs des personnages. C'est comme si l'écolier dont je parlais tout à l'heure, ayant vu quelques photographies ou gravures coloriées de ces contrées lointaines, mais sans rien savoir encore de précis sur les coutumes de leurs habitants, avait conservé dans l'œil une impression confuse de tout cet ensemble de formes et de tonalités si différentes de celles de nos pays, puis s'était amusé à répandre ce vernis superficiel d'exotisme sur les images du monde nouveau qu'on le chargeait de créer, de manière à lui donner un aspect aussi original que possible.

Tous les traits que je viens de relever chez l'auteur du roman martien, et bien d'autres, peuvent se résumer en un seul : son caractère profondément enfantin. Il faut la candeur et l'imperturbable naïveté de l'enfance, qui ne doute de rien parce qu'elle ignore tout, pour se lancer sérieusement dans une entreprise telle que la peinture prétendue exacte et authentique en tous points d'un monde inconnu, ou pour s'imaginer qu'on réussira à donner le change simplement en travestissant à l'orientale et en saupoudrant de puériles bizarreries les faits courants de la réalité ambiante. Jamais une personne adulte, moyennement cultivée et ayant quelque expérience de la vie, ne perdrait son temps à élaborer de pareilles sornettes — Mlle Smith moins que toute autre, intelligente et développée comme elle l'est dans son état normal.

Cet aperçu provisoire sur l'auteur du cycle martien trouvera sa confirmation et son complément dans les chapitres suivants, lorsque nous aurons examiné la langue martienne, dont j'ai fait abstraction jusqu'ici.

CHAPITRE IV[1]

Le Cycle martien (suite) : la Langue martienne.

Des divers phénomènes automatiques, le « parler en langues » est un de ceux qui de tous temps ont le plus piqué la curiosité, mais sur lesquels on a le moins de documents précis, par suite de la difficulté de recueillir exactement, au moment où ils jaillissent, des flots de paroles confuses ou inintelligibles. Le phonographe enregistreur, qui a déjà été employé dans quelques cas exceptionnels tel que celui de Le Baron[2], rendra sans doute un jour d'inestimables services pour ce genre d'étude, mais il laisse encore trop à désirer à l'heure actuelle au point de vue de son utilisation pratique avec des sujets hors de leur sens normal, qui ne sont pas maniables à volonté et ne s'inquiètent guère d'attendre, pour proférer leurs paroles insolites, que l'instrument soit installé et juste au point[3].

Il y a bien des genres de glossolalie. Le parler exta-

---

[1] Le contenu de ce chapitre a été communiqué à la Société de Physique et d'Histoire naturelle de Genève dans sa séance du 6 avril 1899. (Archives des sc. phys. et nat. 1899, t. VIII, p. 90)

[2] Proceed. of the Soc. for Psych. Res. 1897, vol. XII, p. 278.

[3] Une tentative de ce genre a été faite à une séance de Mlle Smith, grâce à l'obligeance de M. Eug. Demole qui avait apporté son phonographe enregistreur ; mais elle n'a pas abouti.

tique, simplement incohérent et entrecoupé d'exclamations émotionnelles, qui se produit parfois dans certains milieux religieux surchauffés, est autre chose que la création de néologismes qu'on rencontre dans le rêve, le somnambulisme, l'aliénation mentale, ou encore chez les enfants. De même, cette fabrication de mots arbitraires soulève d'autres problèmes que l'emploi occasionnel d'idiomes étrangers ignorés du sujet (au moins en apparence), mais véritablement existants. Dans chacun de ces cas, il faut de plus examiner si, et dans quelle mesure, l'individu attribue un sens déterminé aux sons qu'il émet, s'il comprend (ou a du moins l'impression de comprendre) ses propres paroles, ou bien s'il ne s'agit que d'un déclanchement mécanique et sans signification de l'appareil phonateur, ou encore si ce jargon inintelligible pour la personnalité ordinaire exprime les idées de quelque personnalité seconde. Toutes ces formes varient d'ailleurs en nuances et en degrés, sans parler des cas mixtes, peut-être les plus fréquents, où elles se mêlent et se combinent. C'est ainsi que l'on voit chez le même individu et parfois au cours du même accès, une série de néologismes, compris ou incompris, faire place à un simple verbiage incohérent en langue vulgaire, ou vice-versa, etc.

Une bonne description et une classification raisonnée de toutes ces catégories et variétés de la glossolalie seraient du plus grand intérêt. Je ne puis toutefois songer ici à une telle étude, ayant assez à faire déjà à me débrouiller avec le martien de Mlle Smith. Ce langage somnambulique ne rentre, on l'a déjà entrevu, ni dans le parler extatique et incohérent de l'enthousiasme religieux, ni dans l'emploi d'une langue étrangère, mais réellement existante; il représente plutôt le néologisme porté à sa plus haute expression et pratiqué d'une façon systématique, avec une signification très précise, par une sous-personnalité ignorée du Moi normal. C'est un cas typique de « glossopoïèse », de fabrication complète et de toutes pièces d'une langue nouvelle par une activité subconsciente. J'ai maintes fois regretté que ceux qui ont été témoins de phénomènes analogues, comme Kerner avec la Voyante de Prévorst, n'aient pas recueilli et publié aussi intégralement que possible tous les produits de ce singulier fonctionnement des facultés verbales. Sans doute, chaque cas pris isolément paraît une simple anomalie, une pure curiosité arbitraire et sans portée ; mais, qui sait si du rapprochement d'un grand nombre de ces bibelots psychologiques, assez rares en somme, ne finirait pas par jaillir quelque lueur inattendue ? Les faits exceptionnels sont souvent les plus instructifs, et de combien de secours précieux l'embryologie n'est-t-elle pas redevable à la tératologie !

Pour ne pas tomber dans les mêmes torts de négligence, ne sachant d'ailleurs où m'arrêter si je voulais faire un choix, j'ai pris le parti de rapporter ici au complet tous les textes martiens que nous avons pu recueillir. Je les ferai suivre d'un paragraphe renfermant les quelques remarques que cette langue inédite m'a suggérées ; mais, bien loin de me flatter d'avoir épuisé le sujet, je souhaite vivement qu'il se trouve des lecteurs plus compétents pour corriger et compléter mes observations, car je dois avouer que je suis linguiste et philologue à peu près comme l'âne jouait de la flûte. — Il convient, pour commencer, de donner encore quelques détails sur les divers modes psychologiques de manifestation de cette langue inédite.

I. Automatismes verbaux martiens.

J'ai décrit dans le chapitre précédent, et je n'y reviens pas, la naissance de la langue martienne, indissolublement liée à celle du roman lui-même, depuis le 2 février 1896, jusqu'à l'inauguration du procédé de traduction par l'entremise d'Esenale dans la séance du 2 novembre suivant

(v. p. 149 à 158). Pendant plusieurs mois encore, la langue martienne s'en tint aux deux formes psychologiques d'apparition qu'on l'a vue revêtir au cours de cette première année :

1° Automatisme *verbo-auditif*, hallucinations de l'ouïe accompagnant des visions à l'état de veille plus ou moins parfait. Dans le cas de visions spontanées, Hélène note au crayon, soit pendant la vision même, soit immédiatement après, les sons inintelligibles qui frappent son ouïe ; mais elle en laisse à regret beaucoup échapper, n'arrivant à recueillir parfois que la première ou la dernière phrase des paroles que ses personnages imaginaires lui adressent, ou des bribes éparses des conversations qu'ils tiennent entre eux ; ces fragments eux-mêmes renferment souvent des inexactitudes qu'on rectifie ultérieurement au moment de la traduction, Esenale ayant la bonne habitude d'articuler très nettement chaque mot martien avant d'en donner l'équivalent français. Dans le cas des visions qu'elle a aux séances, Hélène répète à mesure les paroles qu'elle entend sans les comprendre, et ce sont les assistants qui les notent tant bien que mal.

2° Automatisme *vocal* (hallucinations « verbo-motrices d'articulation » dans l'encombrante terminologie officielle). Ici encore ce sont les assistants qui recueillent ce qu'ils peuvent des paroles étrangères prononcées en état de trance, mais cela se réduit à peu de chose, car Hélène dans son état martien cause souvent avec une désespérante volubilité. Il y a, du reste, une distinction à faire entre les phrases relativement nettes et courtes qui sont plus tard traduites par Esenale, et le baragouin rapide et confus dont on ne peut jamais obtenir la signification, probablement parce qu'il n'en a en effet aucune, et n'est qu'un pseudo-langage (v. p. 151-152).

Un nouveau procédé de communication, l'écriture, se fit jour à partir d'août 1897, soit avec un retard de dix-huit mois sur la parole (au rebours de Léopold qui écrivit longtemps avant de parler). Elle se produisit, elle aussi, sous deux formes qui font pendant aux deux cas ci-dessus, et complètent ainsi le quatuor classique des modalités psychologiques du langage :

3° Automatisme *verbo-visuel*, c'est-à-dire apparition de caractères exotiques devant les yeux d'Hélène éveillée, qui les copie aussi fidèlement que possible comme un dessin, sans savoir ce que veulent dire ces mystérieux hiéroglyphes.

4° Automatisme *graphique*, écriture tracée par la main d'Hélène complètement intrancée et incarnant un personnage martien. Dans ce cas, les caractères sont généralement plus petits, plus réguliers, mieux formés, que les dessins du cas précédent. Un certain nombre d'occasions où la phrase a été prononcée par Hélène avant d'être écrite, et surtout l'articulation d'Esenale au moment de la traduction, ont permis d'établir avec certitude les relations entre les sons vocaux et les signes graphiques de la langue martienne.

Il est à noter que ces quatre manifestations automatiques du langage martien ne portent pas une égale atteinte à la personnalité normale de Mlle Smith. Dans la règle, les hallucinations verbo-auditives et verbo-visuelles ne suppriment point chez elle la conscience de la réalité présente ; elles lui laissent une liberté d'esprit sinon complète, du moins suffisante pour observer d'une manière réfléchie ces automatismes sensoriels, les graver dans sa mémoire et les décrire ou en prendre copie en y joignant souvent des remarques témoignant d'un certain sens critique. Au contraire, les hallucinations verbo-motrices d'articulation ou d'écriture paraissent incompatibles chez elle avec la conservation de l'état de veille et sont suivies d'amnésie. Hélène est toujours totalement absente ou intrancée pendant que sa main écrit mécaniquement, et s'il lui arrive très exceptionnellement de parler automatiquement martien en dehors des moments d'incarnation complète, elle ne s'en aperçoit ni ne s'en souvient. Je ne sache pas qu'elle se soit jamais trouvée dans le cas des médiums qui regardent consciemment leur main écrire sans leur participation, ni dans celui, bien plus rare il est vrai, des sujets qui s'entendent avec étonnement proférer sans le vouloir des paroles inconnues qu'ils peuvent recueillir eux-mêmes[1]. Cette incapacité de la personnalité normale de Mlle Smith à observer sur-le-champ ou à se remémorer ensuite ses automatismes verbo-moteurs, dénote une perturbation plus profonde que pendant ses automatismes sensoriels. Cette différence se comprend — il est même curieux qu'elle ne soit pas plus universellement répandue — quand on songe au rôle capital que jouent nos sensations et images motrices dans la constitution de notre personnalité, au rebours des données visuelles et auditives qui servent surtout à la représentation intellectuelle et objective du non-Moi. Des chaînes de *visa* et d'*audita* peuvent ainsi se développer automatiquement sans entamer beaucoup le Moi ordinaire d'Hélène, qui se trouve, au contraire, gravement désorganisé lorsqu'une partie de ses centres kinesthésiques, celle surtout servant à la parole et à l'écriture qui nous tiennent toujours de si près, est accaparée par une personnalité seconde.

L'écriture martienne n'est apparue qu'au bout d'une incubation prolongée qui se trahit dans plusieurs incidents, et a certainement été stimulée par diverses suggestions extérieures, pendant au moins un an et demi. Voici les principales dates de ce développement.

16 février 1896. — On surprend pour la première fois l'idée d'une écriture spéciale à la planète Mars dans l'étonnement d'Hélène, en demi-trance martienne, à la vue de M. R. prenant des notes pour le procès-verbal. (V. p. 153.) Cet étonnement paraît se rapporter au crayon et à la façon de le tenir plutôt qu'aux caractères tracés.

2 novembre. — L'écriture est nettement prédite dans la phrase « Astané m'apprendra à écrire », échappée à Hélène en trance martienne après la scène de la traduction par Esenale. (V. p. 158.)

---

[1] Voir la curieuse auto-observation de Le Baron, *A case of psychic automatism including « speaking with tongues »* publiée par W. James, Proceed. S. P. R. XII, p. 277.

8 novembre. — Après la traduction du texte 3, Léopold questionné répond par la main gauche qu'Astané fera écrire ce texte à Mlle Smith, mais la prédiction ne se réalise pas.

23 mai 1897. — L'annonce de l'écriture martienne devient plus précise : « Bientôt, dit Astané à Hélène, tu pourras tracer notre écriture et tu posséderas dans tes mains les marques de notre langage. » (Texte 12.)

18 juin. — Dans une visite que je fais à Hélène, nous parlons du martien, et à ma demande elle prend un crayon pour voir s'il en viendrait automatiquement quelques signes. Elle trouve que le crayon a une tendance à se placer de lui-même [par les mouvements inconscients de ses doigts] sur le dos de son index, comme s'il voulait s'y fixer ; puis elle croit voir un anneau entourant le bout de son doigt et terminé par une courte pointe. Elle n'écrit rien, mais lâche bientôt le crayon et le repoussse loin d'elle avec de petites chiquenaudes, puis elle entre peu à peu dans une vision martienne où elle entend le texte 14.

20 juin. — Au début d'une séance, vision martienne à demi-éveillée, où elle réclame à un interlocuteur imaginaire « un anneau large qui avance en pointe et avec quoi on écrit ». Cette description rappelle à M. R. qu'il a chez lui de petits porte-plumes de ce genre, ajustables au bout de l'index.

23 juin. — Je remets à Hélène les deux petits porte-plumes que M. R. a bien voulu m'envoyer pour elle, mais ils n'ont pas l'heur de lui plaire : elle les trouve « trop lourds, mastocs, gros comme de vrais tuyaux de cheminée, etc. » Elle consent pourtant à en enfiler un au bout de l'index, mais, après une vaine attente, elle l'ôte et prend un crayon, disant que s'il doit s'écrire du martien, cela se fera aussi bien par ce moyen ordinaire qu'avec ces baroques porte-plumes. Au bout d'un moment, elle s'endort, et sa main commence à tracer automatiquement un message de l'écriture de Léopold. Je demande alors à celui-ci si les porte-plumes de M. R. ne répondent pas encore aux exigences du martien et si Mlle Smith écrira une fois cette langue comme cela a été déjà tant de fois annoncé. La main d'Hélène répond aussitôt, de la plus belle calligraphie de Léopold : « Je n'ai pas encore vu l'instrument dont se servent les habitants de la planète Mars pour écrire leur langue, mais, ce que je puis t'affirmer, c'est que la chose arrivera telle qu'elle t'a été annoncée. Léopold. » Peu après, elle se réveille amnésique.

27 juin. — Dans la scène de traduction du texte 15, Hélène ajoute à son refrain habituel « il est parti, Esenale, bientôt il reviendra, *bientôt il écrira.* » Par l'index, Léopold nous apprend qu'on aura sous peu de l'écriture martienne, mais pas encore ce soir.

3 août. — Entre 4 heures et 5 heures de l'après-midi, Hélène a eu à son bureau pendant dix à quinze minutes la vision d'une large barre horizontale, couleur feu, puis rouge brique, qui a passé peu à peu à une teinte rose sur laquelle se sont détachés une foule de caractères étrangers, qu'elle suppose être des lettres martiennes à cause de la couleur du fond. Ces caractères flottaient dans l'espace devant elle et tout autour. Des visions analogues se répètent au cours des semaines suivantes.

22 août. — Je résume, d'après le procès-verbal très détaillé de M. Lemaître, la scène (à laquelle je n'assistais pas) où Hélène a, pour la première fois, écrit du martien copié sur une hallucination verbo-visuelle :

Après diverses visions non martiennes, Mlle Smith se tourne du côté de la fenêtre (il pleut à verse et fait tout gris), en s'écriant : « Oh! regardez, c'est tout rouge! Est-ce déjà l'heure de se coucher? Monsieur Lemaître, êtes-vous là? Est-ce que vous voyez comme c'est rouge? Je vois Astané qui est là, dans ce rouge, je ne vois que sa tête et le bout de ses doigts; il n'a point de robe. Et puis voici l'autre [Esenale] avec lui. Ils ont tous les deux au bout des doigts des lettres sur un bout de papier. Vite, donnez-moi du papier! » On lui remet une feuille blanche et le porte-plume à anneau, qu'elle jette dédaigneusement. Elle accepte un crayon ordinaire, qu'elle prend à sa façon habituelle entre le médius et l'index, puis écrit de gauche à droite les trois premières lignes de la fig. 21 en regardant attentivement son modèle fictif vers la fenêtre avant chaque lettre, et en y joignant des indications orales d'après lesquelles ce sont des mots qu'elle voit écrits, en caractères noirs, sur les trois papiers — ou plus exactement sur trois bâtons blancs, sortes de cylindres courts et un peu aplatis — que tiennent à la main droite Astané, Esenale, et un troisième personnage dont elle ignore le nom, mais dont la description correspond à Pouzé. Après quoi, elle voit encore un autre papier ou cylindre qu'Astané tient au-dessus de sa tête, et qui porte aussi des mots qu'elle se met à copier (les trois dernières lignes de la fig. 21, p. 198). « Oh! c'est dommage, dit-elle en arrivant au bout de la quatrième ligne, c'est tout sur une ligne et je n'ai plus de place! » Elle écrit alors, au-dessous, les trois lettres de la ligne 5 et ajoute sans rien dire la ligne 6. Puis elle reprend : « Comme il fait sombre chez vous! Le soleil est tout à fait couché (il continue à pleuvoir à verse). Plus personne! Plus rien! » Elle reste en contemplation devant ce qu'elle vient d'écrire, puis revoit Astané tout près de la table, qui lui montre de nouveau un papier, le même, croit-elle, que tout à l'heure. « Mais non, ce n'est pas tout à fait la même chose, il y a une faute, c'est là (elle montre la quatrième ligne, vers

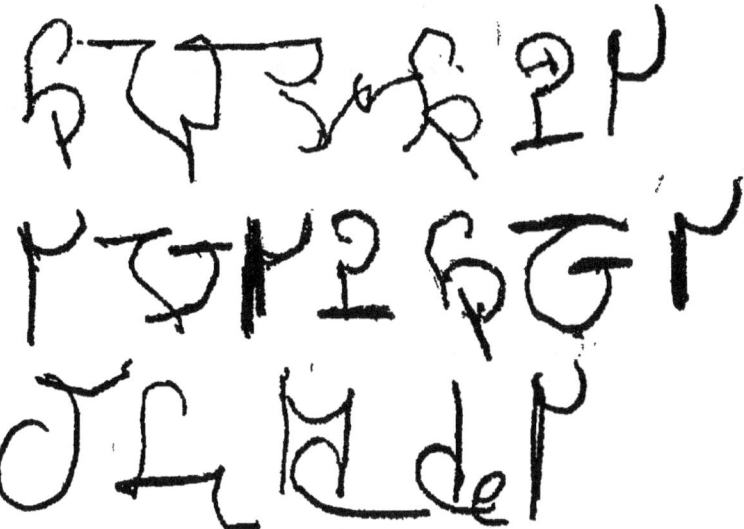

Fig. 21. — Texte n° 16; séance du 22 août 1897. — Premier texte martien écrit par Mlle Smith (d'après une hallucination visuelle). Grandeur naturelle. [Collection de M. Lemaître.] — Ci-joint sa notation française :

astane
esenale
pouze
mene simand
ini.
mira.

la fin)... Ah! je ne vois plus!» Puis bientôt elle ajoute : « Il me montrait autre chose, il y avait une faute, mais je n'ai pas pu voir. C'est très difficile. Pendant que j'écrivais, ce n'était pas moi, je ne sentais pas mon bras. C'est un peu ce que j'avais vu au magasin [le 3 août et jours suivants], comme des points d'interrogation. C'était difficile, parce que quand je relevais la tête je ne voyais plus bien les lettres. C'était un dessin comme une grecque. J'en avais la tête toute raide, toute prise. » — A ce moment donc, Hélène se rappelait l'état d'obnubilation dont elle sortait à peine, qui avait accompagné la vision martienne et la copie automatique du texte verbo-visuel. Mais, un peu plus tard, dans la soirée, l'amnésie avait presque tout absorbé : elle ne se souvenait plus que vaguement d'avoir vu des lettres étranges et ignorait complètement avoir écrit quelque chose. Il est probable que la correction proposée par Astané vers la fin de la quatrième ligne, et qu'elle n'a pu saisir, consistait à supprimer l'*n* de Simandini; on verra, en effet, dans le cycle hindou, qu'il y a eu des données contradictoires sur l'orthographe de ce nom.

La supposition très naturelle que les trois premiers mots écrits étaient les noms des personnages connus (Astané, Esenale, Pouzé) qui les portaient sur leurs bâtons, a fait découvrir la valeur de beaucoup de caractères martiens et permis de deviner les trois derniers mots. L'alphabet nouveau s'enrichit de quelques autres signes les jours suivants, grâce aux échos que cette séance eut dans la vie ordinaire d'Hélène, à qui il arriva à plusieurs reprises d'écrire non pas encore du vrai martien, mais du français en lettres martiennes,

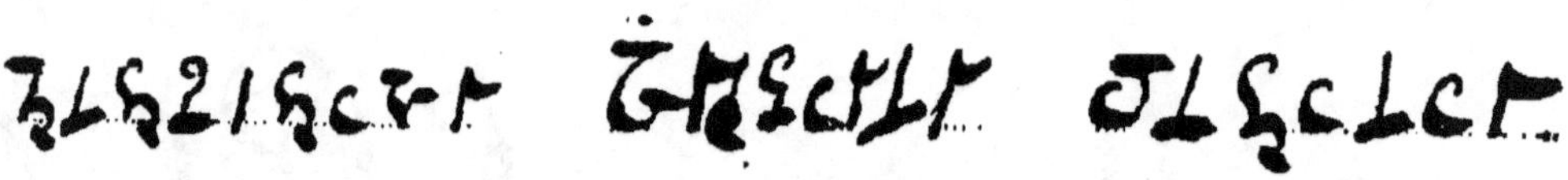

Fig. 22. — Exemples de mots français isolés *(française, lumière, prairie,)* tracés automatiquement en caractères martiens par Mlle Smith dans ses écritures normales. — Voir aussi fig. 1, page 53.

à sa grande stupéfaction lorsqu'elle se trouvait après coup devant ces hiéroglyphes inconnus (car elle se perd de vue, ainsi que je l'ai déjà dit, à l'instant même où elle les trace). La première manifestation de cet automatisme graphique ne concernant encore que la forme des lettres et non le vocabulaire, date du lendemain même de la susdite séance :

23 août. — « Voici, m'écrivit Hélène à midi en m'envoyant des bordereaux auxquels j'ai emprunté les trois exemples de la fig. 22, voici quelques étiquettes que je m'étais mise en devoir de faire ce matin, à dix heures, et que je n'ai pu arriver à terminer d'une manière convenable. C'est seulement maintenant que je suis dégagée du

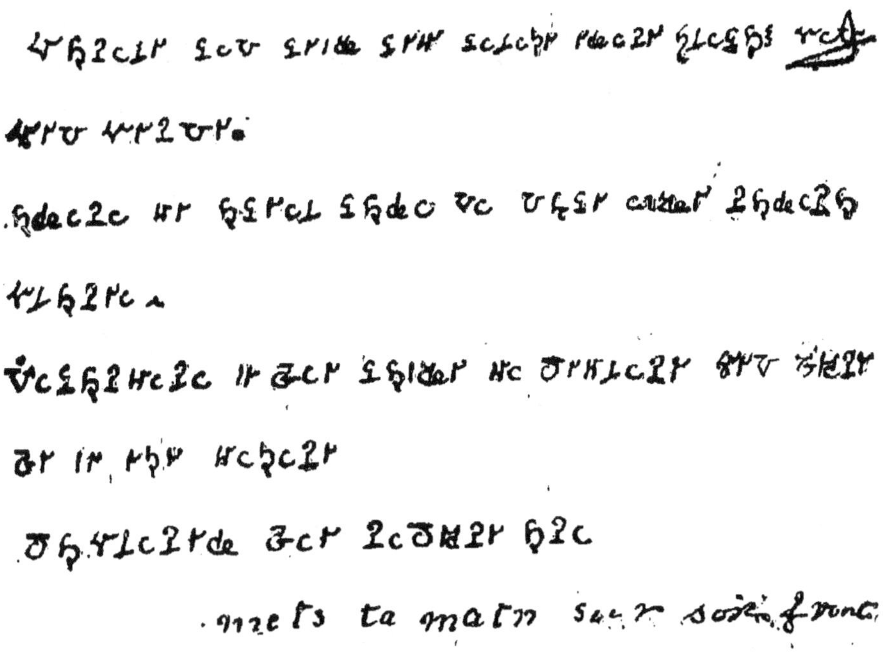

mets ta main sur son front

Fig. 23. — Texte martien n° 17; séance du 12 sept. 1897. — Écrit par Mlle Smith incarnant Astané (puis Léopold pour les mots français de la fin). Voir la traduction p. 210. L's de trop, à la fin de la première ligne, a aussitôt provoqué le gribouillage destiné à la raturer. -- Reproduction en demi-grandeur naturelle.

brouillard rose qui n'a cessé de m'envelopper pendant près de deux heures...»

Trois semaines plus tard se produisit enfin l'écriture automatique martienne complète, dans une séance chez moi, dont voici le résumé.

12 septembre 1897. — A la fin d'une assez longue vision martienne, Mlle Smith voit Astané, qui a quelque chose au bout du doigt et qui lui fait signe d'écrire. Je lui présente un crayon et après diverses tergiversations, elle se met à tracer très lentement des caractères martiens (fig. 23). C'est Astané qui se sert de son bras, et elle est pendant ce temps totalement anesthésique et absente. Léopold, en revanche, est là et donne divers signes de sa présence; par exemple, comme l'un des assistants, en la voyant former ces lettres bizarres, parle de les comparer avec les divers alphabets orientaux pour voir s'ils en proviennent, Léopold dicte par un doigt : *Vos recherches seront bien inutiles*. A la fin de la sixième ligne, elle paraît se réveiller à demi et murmure : « Je n'ai pas peur, non je n'ai pas peur! » puis elle retombe dans son rêve pour écrire les quatre derniers mots (qui signifient « Alors ne crains pas », et sont la réponse d'Astané à son exclamation). Presque aussitôt, Léopold se substitue à Astané et trace sur la même feuille, de son écriture caractéristique

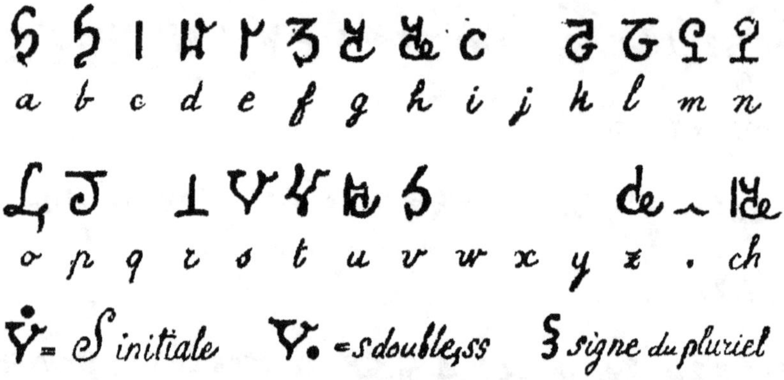

FIG. 24. — Alphabet martien, résumant l'ensemble des signes obtenus.
(N'a jamais été donné comme tel par Mlle Smith.)

quoique assez déformée vers la fin : *Mets ta main sur son front*[1], par où il m'indique que c'est le moment de passer à la scène de traduction par Esenale.

On peut conclure de ces étapes successives que l'écriture martienne est le résultat d'une lente autosuggestion où l'idée d'un instrument scripteur spécial et de son maniement a joué longtemps un rôle dominant, puis a été abandonnée, sans doute comme peu pratique à réaliser. Les caractères eux-mêmes ont d'abord hanté pendant plusieurs semaines l'imagination visuelle d'Hélène avant de lui apparaître sur les cylindres des trois martiens d'une façon assez nette et stable pour être copiés, et de pouvoir ensuite envahir son mécanisme graphomoteur. Une fois manifestés au dehors, ces signes, que j'ai rassemblés sous forme d'alphabet dans la fig. 24, n'ont pas varié depuis deux ans. Cependant quelques petites confusions dont je parlerai plus loin montrent bien que la personnalité qui les emploie n'est pas absolument séparée de celle d'Hélène, quoique cette dernière à l'état de veille soit encore devant le martien écrit comme devant du chinois : elle le reconnaît à son aspect général, fort caractéristique en effet, mais ignore la valeur des caractères et serait incapable de le lire.

[1] Il est à noter que Léopold a écrit ces mots en conservant le crayon dans la position où le tenait Astané, c'est-à-dire entre l'index et le médius (mode d'Hélène), au lieu de le prendre à la manière ordinaire, entre le pouce et l'index, comme il en a l'habitude.

L'écriture martienne d'Hélène n'est pas stéréotypée, mais elle présente suivant les circonstances quelques variations dans la forme et surtout la grandeur absolue des lettres. On peut le constater dans les fig. 21 à 32, où j'ai reproduit la plupart des textes obtenus par écrit. Quand le martien jaillit en hallucination verbo-visuelle, Hélène le transcrit en traits de grandes dimensions, mal assurés, chargés de reprises et de bavures (fig. 21, 26, 31), et elle remarque toujours que l'original qu'elle a devant les yeux est beaucoup moins gros et plus net que sa copie. Dans les textes venus automatiquement par sa main, c'est-à-dire censément tracés par les Martiens eux-mêmes, l'écriture est en effet plus petite et plus précise. Pourtant ici encore on observe de curieuses différences : Astané a une calligraphie moins volumineuse qu'Esenale, et Ramié est celui qui a l'écriture de beaucoup la plus fine (fig. 28 et 29). La forme des lettres, par exemple du *t*, n'est pas non plus tout à fait la même chez ces diverses personnalités. Il serait toutefois prématuré de se lancer déjà dans des études de graphologie martienne, et abandonnant ce soin à mes successeurs, j'en viens à la collection par ordre chronologique des textes recueillis.

II. Les textes martiens[1].

Il n'est pas toujours aisé de représenter une langue et sa prononciation au moyen des caractères typographiques d'une autre. Par bonheur, le martien, en dépit de ses apparences étranges et des cinquante millions de lieues qui nous séparent bon an mal an de la rouge planète, est au fond si proche voisin du français que cette entreprise n'offre guère de difficulté dans son cas.

Pour les textes, au nombre de douze[2], que nous

---

[1] Le texte 14 et une liste d'une centaine de mots martiens, ont déjà été publiés par M. Lemaitre dans sa *Réponse à M. Lefébure* (Ann. des Sc. psych., t. VII, p. 181).
[2] Ce sont les textes 16 à 20, 26, 28, 31, 34, 37 à 39. Ils sont indiqués plus loin par un astérisque.

possédons par écrit, soit que Mlle Smith les ait copiés d'après une hallucination verbo-visuelle, soit que sa main les ait immédiatement tracés dans un accès d'automatisme graphomoteur, la transcription française s'impose d'elle-même, chaque lettre martienne ayant son équivalent exact dans notre alphabet[1]. Je me suis borné à mettre des accents sur les voyelles (elles n'en ont pas dans l'écriture martienne) conformément à la prononciation d'Esenale au moment de la traduction. Il n'y a donc qu'à lire à haute voix les textes suivants en les articulant comme si c'était du français pour avoir à peu près les paroles martiennes sorties de la bouche de Mlle Smith; je dis *à peu près*, parce qu'il reste, cela va sans dire, dans le parler d'Esenale comme dans celui de tout le monde, des façons particulières d'appuyer sur certaines syllabes et de glisser sur d'autres, une légère scansion des mots en brèves et en longues, bref de délicates nuances d'accentuation, que l'on ne peut représenter adéquatement et dont les auditeurs n'ont pas même essayé de prendre note aux séances.

Dans les textes auditifs ou vocaux qui n'ont pas été obtenus par écrit, j'ai adopté l'orthographe la plus probable d'après la prononciation d'Esenale, mais (à l'exception des mots connus d'autre part grâce aux textes écrits) je n'en puis naturellement garantir l'exactitude absolue. La façon dont Hélène recueille au crayon les phrases martiennes qui frappent son ouïe ne nous est pas d'un grand secours à cet égard, parce que, ainsi que je l'ai dit plus haut (p. 193), elle se trouve à l'endroit de ces hallucinations verbo-auditives dans la situation d'une personne qui entend des paroles inconnues, et les orthographie tant bien que mal, d'une manière assez arbitraire et souvent fautive. Elle écrit, par exemple, *hézi darri né ciké taisse* ce qui, d'après la prononciation d'Esenale et d'autres textes graphiques, doit être corrigé en *êzi darié siké tès:* ou encore *misse messe as si lé* au lieu de *mis mess assilé*. On ne peut

---

[1] Sauf le signe (muet) de certains pluriels, que j'imiterai par un *s*.

donc faire foud sur l'orthographe d'Hélène, mais je l'ai naturellement suivie partout où il n'y avait aucune raison meilleure de s'en écarter.

En disant que les textes suivants doivent être articulés à la française, il convient d'ajouter deux remarques. D'abord la consonne finale, d'ailleurs très rare en martien, s'y fait toujours entendre; le mot ten se prononce comme dans le français *gluten*, essat comme *fat*; amès comme *aloès*; mis et mess comme *lis* (fleur) et *mess* (d'officier), etc. En second lieu, pour les diverses valeurs de l'*e*, j'ai adopté la règle suivante : l'*e* ouvert est partout indiqué par un accent grave *è*; l'*e* demi-ouvert, qui ne se présente qu'au commencement et dans l'intérieur des mots, est marqué par l'accent aigu *é*; l'*e* fermé, par l'accent aigu à la fin des mots (ou avant un *e* muet final), et par un circonflexe au commencement ou dans l'intérieur; l'*e* muet ou demi-muet reste sans accent. On prononcera donc, par exemple, les *e* des mots martiens **mété, bénézée**, comme ceux des mots français *été, répétée;* **êvé** comme *rêvé*, **tès** comme dans *Lutèce*, etc.

On trouvera en italiques, au-dessous des textes martiens, leur mot à mot français donné par Esenale de la façon rapportée plus haut (v. p. 158-159). J'ai aussi indiqué pour chaque texte son genre d'automatisme — auditif, visuel, vocal ou graphique — ainsi que la date de son apparition, et, entre parenthèses, celle de la séance souvent assez éloignée où il a été traduit; j'y ai joint enfin les explications qui m'ont paru nécessaires.

1. **métiche C.   médache C.   métaganiche S.   kin't'che**
   Monsieur C.   Madame C.   Mademoiselle S.   quatre.
— Vocal. 2 février 1896. — Voir plus haut, p. 151.

2. **dodé né ci haudan té mess métiche astané ké dé**
   Ceci est la maison du grand homme Astané que tu
mé véche
as vu.
— Auditif. Vers le 20 septembre 1896 (trad. 2 novembre). — Entendu par Hélène en même temps qu'elle avait la vision de la maison de la fig. 12. (Voir p. 155 et 158).

3. **modé iné cé di cévouitche ni êvé ché kiné liné**
   Mère adorée, je te reconnais et suis ton petit Linet.

— Vocal. 8 novembre 1896 (trad. même séance). — Paroles adressées à Mme Mirbel par son fils Alexis (Esenale) dans une scène d'incarnation tout à fait analogue à celle décrite, p. 150.

4. **i modé meté modé modé iné palette is**
O mère, tendre mère, mère bien-aimée, calme tout
ché péliché ché chiré né ci ten ti vi
ton souci, ton fils est près de toi.

— Vocal. 29 novembre 1896 (trad. même séance). — Prononcé par Esenale à l'adresse de Mme Mirbel dans une scène d'incarnation analogue à la précédente. Au moment de la traduction, Esenale a très nettement répété les derniers mots de la façon suivante : « né ci *est près*, ten ti vi *de toi* ». C'est une erreur évidente, car il ressort de nombreux textes ultérieurs que *est près de toi* correspond à né ten ti vi ; reste le mot ci qu'il serait naturel de traduire par *là*, *ici*, ou *tout*, si ces mots ne se trouvaient rendus différemment dans d'autres textes. (On peut aussi soupçonner une confusion entre l'adverbe *là* et l'article *la* traduit par ci dans le texte 2).

5. **i kiché ten ti si ké di êvé dé étéche mêné**
Oh! pourquoi près de moi ne te tiens-tu toujours, amie
izé bénézée
enfin retrouvée!

— Auditif. 4 décembre 1896 (trad. 13 décembre). — Fragment d'un long discours d'Astané à Hélène pendant une apparition qu'elle eut de lui vers 9 heures du soir, au moment de se coucher. Cette phrase qu'il prononça deux fois, est la seule qu'elle ait pu se rappeler assez nettement pour la noter aussitôt après la vision. Elle a le sentiment d'avoir compris tout le discours d'Astané pendant qu'il parlait, et pense qu'elle aurait pu le traduire à mesure en français, non point mot à mot, mais dans son sens général. Elle comptait l'écrire le lendemain, mais le matin à son réveil elle ne put retrouver ni les paroles d'Astané ni leur signification, pas même le sens de cette phrase écrite la veille au soir. — Entendu de nouveau, comme seconde partie du texte suivant, dans la séance du 13 décembre.

6. **ti iche cêné éspênié ni ti êzi atèv astané êzi**
De notre belle « Espênié » et de mon être Astané, mon
érié vizé é vi... i kiché ten ti si ké di êvé
âme descend à toi... oh! pourquoi près de moi ne te tiens-
dé étéche mêné izé bénézée
tu toujours, amie enfin retrouvée!

— Auditif. 13 décembre 1896 (trad. même séance). — Entendu de la voix lointaine d'Astané tout en éprouvant une sensation pénible d'arrachement de la peau au visage, autour des yeux, dans le dos, sur les poignets et les mains. Dans la traduction, le mot *Espénié* reste tel quel, comme un nom propre; l'index gauche (Léopold) montre le ciel et dit qu'on pourrait le rendre par *terre*, *planète*, *demeure*.

7. cé êvé plêva ti di bénèz éssat riz tès midée
Je suis chagrin de te retrouver vivant sur cette laide
durée cé ténassé riz iche espénié vétéche ié ché atèv hêné
terre; je voudrais sur notre Espénié voir tout ton être s'élever
ni pové ten ti si éni zée métiché oné gudé ni zée darié
et rester près de moi; ici les hommes sont bons et les cœurs
grêvé
larges.

— Auditif. 15 décembre 1896 (trad. 17 janvier 1897). — Paroles d'Astané à Hélène dans une vision matinale. Le fragment suivant de la lettre dans laquelle elle m'envoyait ce texte, mérite d'être cité comme exemple des cas assez fréquents où Mlle Smith, sans connaître la traduction exacte des paroles étrangères, en devine cependant la signification totale et les comprend par leur équivalent émotionnel : « Ce matin, à 5 h. ³/₄, j'ai entrevu Astané au pied de mon lit. Je vous envoie les paroles que j'ai entendues venant de lui... Le sens général de cette langue était à ce moment très présent à mon esprit, et je vous le donne comme je l'ai compris, c'est-à-dire d'une manière aussi claire que possible, l'ayant de suite noté : « Combien je regrette que tu ne sois pas née dans notre monde; tu y serais bien plus heureuse, car tout est mieux chez nous, tout est meilleur, les gens comme les choses, et moi je serais si heureux de t'avoir de nouveau près de moi. » Voilà à peu près ce qu'il m'a semblé comprendre; peut-être un jour pourrons-nous nous en assurer. » — A rapprocher du texte 5, dont la nuit lui fit oublier le sens.

8. amès mis tensée ladé si — amès ten tivé avé
Viens un instant vers moi, viens près d'un vieil
men — koumé ié ché pélésse — amès somé têsé
ami fondre tout ton chagrin; viens admirer ces
misaïmé — ké dé surès pit châmi — izâ méta ii
fleurs, que tu crois sans parfum, mais pourtant si
borèsé ti finaïmé — izâ ii dé seïmiré
pleines de senteurs!... Mais si, tu comprendras!

— Auditif et vocal. 31 janvier 1897 (trad. même séance). — Hélène en hémisomnambulisme voit Astané qui lui dit de répéter ses paroles; elle lui répond : « Mais parlez bien... je veux bien répéter... mais je ne comprend pas très bien... », puis elle prononce lentement et très distinctement le texte ci-dessus, par groupes de quelques mots, séparés par des repos [marqués ici par des traits —].

On remarque que ces groupes, à l'exception du sixième, correspondent à des hémistiches de la traduction française, obtenue dans la même séance. Après le sixième groupe, Hélène s'interrompt plus longtemps et dit : « Je ne peux pas comprendre », puis prononce les quatre derniers mots qui sont la réplique d'Astané à son objection.

9. ané éni ké éréduté cé ilassuné té imâ ni
   C'est ici que, solitaire, je m'approche du ciel et
bétiné chée durée
regarde ta terre.

— Auditif. 24 février 1897 (trad. 14 mars). — Assoupie dans son fauteuil après le repas de midi, Hélène entend cette phrase en même temps qu'elle a la vision d'une maison, creusée dans une montagne martienne traversée par une sorte de puits, et représentant l'observatoire d'Astané.

10. simandini lé lâmi mêné kizé pavi kiz atimi
    Simandini, me voici ! amie ! quelle joie, quel bonheur !

— Auditif. 14 mars 1897 (trad. même séance). Voir texte suivant.

11. i modé duméïné modé kêvi cé mache povini
    O mère, ancienne mère, quand je peux arriver
poénêzé mûné é vi saliné éziné mimâ nikaïné modé
quelques instants vers toi j'oublie mes parents Nikaïné, mère !
— i men
— *ô ami !*

— Vocal. 14 mars 1897 (trad. même séance). — Dès le commencement de cette séance, Hélène se plaint de froid aux mains, puis d'une grande envie de pleurer, et de bourdonnements d'oreilles qui vont croissant et dans lesquels elle finit par entendre Astané lui adresser les paroles martiennes du texte 10. Aussitôt après, elle entre en plein somnambulisme ; la respiration, très superficielle et haletante, s'accélère jusqu'à trois par seconde, accompagnée de mouvements synchroniques de l'index gauche ; puis elle s'arrête soudain en expiration, bientôt suivie d'une profonde inspiration ; le buste se redresse alors, la figure prend une expression de souffrance, et l'index gauche annonce que c'est Esenale [Alexis Mirbel] qui s'incarne. Après une série de spasmes et de hoquets, Hélène se lève, va se placer derrière Mme Mirbel, lui prend le cou dans ses mains, incline sa tête sur la sienne, lui caresse tendrement la joue, et lui adresse les paroles du texte 11 (sauf les deux derniers mots). Puis elle relève la tête, et de nouveau avec sa respiration haletante (s'accélérant jusqu'à 40 inspirations en 16 secondes) se dirige vers M. Lemaître [dont Alexis Mirbel était élève à l'époque de sa mort]. Elle lui met les mains sur les épaules, puis lui prend affectueusement la main droite, et avec une émotion et des sanglots contenus lui adresse les deux mots i men! Après quoi elle exécute la pantomime de tendre la main à Léopold et de se laisser conduire par lui à un canapé où l'on obtient par le procédé accoutumé, mais non sans peine, la traduction des textes 10, 11 et 9.

12. lassuné ké nipuné ani tis dé machir mirivé
Approche, ne crains pas; bientôt tu pourras tracer
iche manir sé dé évenir toué chi amiché zé forimé
notre écriture, et tu posséderas dans tes mains les marques
ti viche tarviné
de notre langage.

— Auditif. 23 mai 1897 (trad. même séance). — Peu après le début de la séance, Hélène encore éveillée a la vision d'Astané, qui lui adresse ces paroles qu'elle répète d'une voix lente et faible. Je donne le texte tel qu'il a été entendu et noté d'une manière uniforme par plusieurs assistants, tant à ce moment-là que lors de sa traduction subséquente. Il réclamerait toutefois diverses corrections pour être d'accord avec les textes écrits ultérieurs : **ké nipuné ani**, *et ne crains pas*, devrait être modifié en **kié nipuné ani**, *ne crains pas* (voir texte 17) ; **sé** ou **cé** ne figure qu'ici pour *et*, qui partout ailleurs se dit **ni** ; **viche** est une erreur pour **iche** (à moins qu'il n'y ait là un v euphonique dont il n'y a pas d'autre exemple), et **tis** pour **tiche**.

13. (adèl) ané sini (yestad) i astané cé fimès astané mirâ
C'est vous, ô Astané, je meurs! Astané, adieu!

— Vocal. Même séance que le texte précédent, après lequel Hélène entre en plein somnambulisme, se met à pleurer, devient haletante, tient la main sur son cœur, et prononce cette phrase en y mêlant deux mots, *Adèl* et *yestad*, qui ne sont pas martiens, mais se rattachent au cycle oriental ; aussi ne reparaissent-ils pas dans le texte tel qu'il a été répété au moment de la traduction. Cette intrusion de termes étrangers au rêve martien s'explique par l'imminence d'une scène hindoue toute prête à jaillir, qui a occupé la seconde moitié de la séance et où le domestique arabe Adèl joue un grand rôle. Le mélange des deux romans s'est beaucoup accentué quelques instants plus tard, dans un long discours, dénué d'*r* et très riche en chuintantes, d'une telle volubilité qu'il a été impossible d'en recueillir un seul mot. Au moment de la traduction, à la fin de la séance, cette tirade (ou, du moins, un gazouillement analogue) a été répété d'un trait et avec la même rapidité empêchant toute notation ; d'après la traduction française qui a suivi, d'un seul jet également, il s'agissait de souvenirs de la vie de Simandini qu'Hélène rappelle à Astané et où il est beaucoup question dudit Adèl (voir plus loin au Cycle oriental).

14. eupié zé palir né amé arvâ nini pédriné évaï
Eupié, le temps est venu; Arva nous quitte; sois
diviné lâmée ine vinâ té luné — pouzé men hantiné
heureux jusque au retour du jour. — Pouzé, ami fidèle,
êzi vraïni né touzé med vi ni ché chiré saïné — ké
mon désir est même pour toi et ton fils Saïné. — Que
zalizé téassé mianiné n' di daziné — eupié — pouzé
l'élément entier t'enveloppe et te garde! — Eupié! — Pouzé!
— Auditif. 18 juin 1897 (trad. 20 juin). — Pendant une visite que je fais à Mlle Smith, elle a la vision de deux personnages martiens se promenant au bord d'un lac, et elle répète ce fragment de conversation qu'elle entend entre eux. D'après un autre texte (20), Arva est le nom martien du Soleil.

15. modé tatinée cé ké mache radziré zé tarvini va
Mère chérie, je ne puis prononcer le langage où
nini nini triménêni ii adzi cé zé seïmiré vétiche i
nous nous comprenions si bien! Je le comprends cependant; ô
modé inée kévi bérimir m hed kévi machiri cé di triné
mère adorée, quand reviendra-t-il? Quand pourrai-je te parler
ti éstotiné ni bazée animina i modé cé meï adzi
de ma dernière et courte existence? O mère, je t'ai bien
ilinée i modé inée cé ké lé nazère ani — mirâ
reconnue, ô mère adorée, je ne me trompe pas! — Adieu
modé itatinée mirâ mirâ mirâ
mère chérie, adieu, adieu, adieu!
— Auditif. 27 juin 1897 (trad. même séance). — Mme Mirbel étant présente, Hélène aperçoit Esenale qui se tient debout auprès de sa mère et lui adresse ces paroles. Les adieux de la fin ne sont pas de ce moment-là, mais ont été prononcés par Esenale immédiatement à la suite et comme complément de la traduction; c'est le seul cas (outre le texte 36) où il ne s'en soit pas tenu strictement aux textes déjà recueillis et se soit permis l'adjonction d'une nouvelle phrase, qui ne renferme d'ailleurs aucun mot inédit; **itatinée** *chérie* est évidemment un lapsus qui doit être corrigé soit en **tatinée** *chérie*, soit en **i tatinée ô** *chérie*. — Le véritable équivalent français de **triménêni** est probablement *entretenions*. Le mot **éstotiné** pour *ma dernière* est suspect, *ma* se disant partout ailleurs **êzé**.

*16. astané ésenâle pouzé mêné simandini mirâ
(Astané. Esenale. Pouzé. Amie Simandini, adieu!)
— Visuel. 22 août 1897. — Ce texte, qui n'a pas eu besoin de traduction, constitue la première apparition de l'écriture martienne. Voir plus haut la fig. 21 et le résumé de cette séance, pp. 197-199.

*17. **taniré mis méch med mirivé éziné brimaṣ ti tès**
Prends un crayon pour tracer mes paroles de cet
tensée — azini dé améir mazi si somé iche nazina
instant. Alors tu viendras avec moi admirer notre nouveau
tranéï. — Simandini cé kié mache di pédriné tès luné ké cé
passage. Simandini, je ne puis te quitter ce jour. Que je
évé diviné — patrinèz kié nipuné ani
suis heureux! — Alors ne crains pas!

— Graphique. 12 septembre 1897 (trad. même séance). — Voir pp. 169 et 200 et fig. 23.

*18. **modé tatinée lâmi mis mirâ ti ché bigâ kâ**
Mère chérie, voici un adieu de ton enfant qui
ébrinié sanâ é vi idé di zé rénir — zé mess métich kà é
pense tant à toi. On te le portera, le grand homme qui a
zé valini iminé — ni z[é] grani sidiné
le visage mince et le corps maigre.

— Auditif, puis graphique. 10 octobre 1897 (trad. même séance). — Hélène a la vision d'un paysage martien, où Esenale flotte désincarné autour des plantes et prononce ces paroles, qu'elle répète. (On comprit lors de la traduction que ce texte était destiné à Mme Mirbel, qui se trouvait alors à la campagne, mais à qui la personne très clairement indiquée par le signalement final devait, en effet, aller rendre visite et pourrait porter le message.) Je tends alors à Hélène un crayon dans l'espoir d'obtenir ce même texte par écrit; après diverses tergiversations et simagrées relatives à l'éclairage, dénotant un état de somnambulisme croissant, elle se décide à prendre le crayon, entre l'index et le médius, parle à Esenale qu'elle continue à voir et qu'elle fait asseoir à côté d'elle, puis se met à écrire, complètement absente et fascinée par le papier. L'index gauche (Léopold) nous apprend que c'est Esenale lui-même qui écrit par le bras d'Hélène. Deux fois elle s'interrompt pour dire à Esenale : « Oh ! ne partez pas encore !… restez encore là ! » Elle paraît nerveuse et agitée, et s'arrête souvent d'écrire pour cribler son papier de petits coups de crayon ou y faire des ratures et gribouillages (voir fig. 25); dans le zé de la dernière ligne, elle oublie l'é (ce qui n'a pas empêché Esenale de prononcer correctement le mot au moment de la traduction). Une fois le texte achevé, elle se réveille à moitié, me reconnaît et me cause pendant quelques instants, puis glisse dans un autre somnambulisme.

*19. **m[en] cé kié mache di triné sandiné téri**
(Amie, je ne puis te parler longtemps comme
né êzi vraïni zoū réch mirâ milé piri mirâ
est mon désir; plus tard, adieu adieu.)

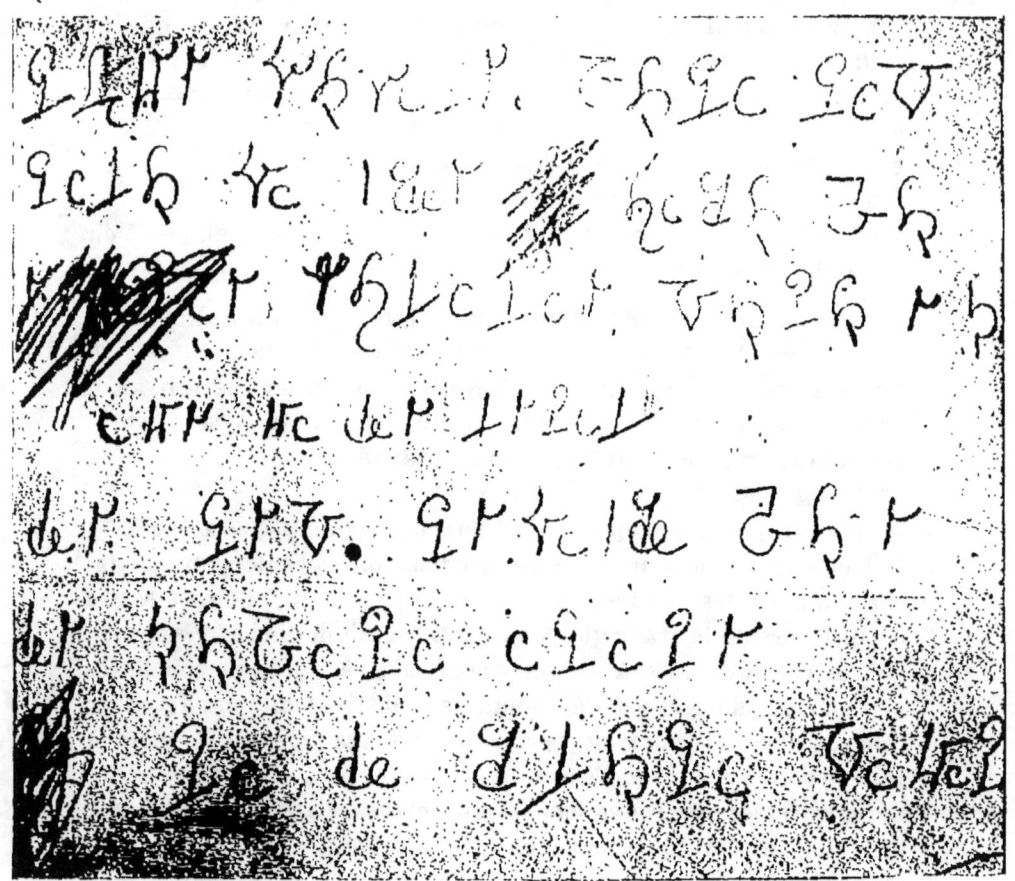

Fig. 25. — Texte n° 18 (10 oct. 1897), écrit au crayon par Mlle Smith, incarnant Esenale. — Reproduction autotypique aux deux tiers de la grandeur naturelle.

— Graphique, puis auditif. 24 octobre 1897 (il n'y a jamais eu de traduction de ce texte, dont deux mots restent inconnus). — Hélène voit d'abord la table éclairée d'une lumière verte dans laquelle lui apparaissent des dessins qu'elle copie : cela donne ce texte, sauf les deux dernières lettres du premier mot, dont la place reste blanche. Aussitôt après, elle entend parler martien, et elle répète : c'est le même texte, où le premier mot est prononcé en entier. Puis elle a la vision d'Astané, d'Esenale, et d'une petite fille dont elle entend le nom **Niké** ; mais tout cela fait bientôt place à d'autres somnambulismes non-martiens.

*20. Siké évaï diviné zé niké crizi capri né amé
     Siké, sois heureux! Le petit oiseau noir est venu
orié antéch é èzé carimi ni ézi érié é nié pavinée hed
frapper hier à ma fenêtre et mon âme a été joyeuse ; il

lé sadri dé zé véchir tiziné　Matêmi misaïmé　kâ lé
me chanta: tu le verras demain. — Matêmi,　fleur　qui me
umèz essaté **Arvâ** ti éziné udânix amès tès uri amès
fais　vivre,　soleil　de　mes　songes,　viens　ce　soir, viens
sandiné ten ti si évaï divinée　**Romé** va né **Siké**
longtemps près de moi ; sois　heureuse ! — Romé, où est Siké ? —
atrizi ten té taméch épizi
Là-bas, près du « tamèche » rose.

— Auditif, puis graphique. 28 novembre 1897 (trad. même séance.)
— Fragments de conversation entendus pendant la vision de la fête martienne décrite p. 181. Siké (jeune homme) et Matêmi (jeune fille) forment un premier couple qui passe et s'éloigne dans la direction d'un gros buisson de fleurs rouges (tamèche), tandis qu'un second couple échange les dernières paroles du texte en se disposant à rejoindre le précédent. — Après cette vision qu'elle a contemplée debout et décrite avec beaucoup d'animation, Hélène s'assied et se met à écrire les mêmes phrases martiennes ; on apprend par Léopold que c'est Astané qui se sert de sa main [en tenant le crayon entre le pouce et l'index, c'est-à-dire à la façon de Léopold, et non à la manière d'Hélène comme il l'avait fait pour le texte 17]. M¹¹ᵉ Smith paraît d'abord complètement absorbée et insensible pendant cette opération ; cependant, la conversation de quelques assistants semble la troubler un peu, et Léopold finit par donner trois violents coups du poing gauche sur la table pour faire faire silence, après quoi l'écriture s'exécute plus rapidement (en moyenne 12 caractères par minute). L'écriture terminée, Léopold indique de faire asseoir Hélène sur le canapé pour la scène de traduction.

21. véchêsi　têsée　polluni　avé　métiche　é vi ti
　　Voyons　cette　question,　vieux　homme ; à toi de
bounié seïmiré ni triné
chercher, comprendre et　parler.

— Auditif. 15 janvier 1898 (trad. 13 février). — Fragment de conversation entre deux personnages martiens entrevus dans une vision éveillée.

22. astané cé amès é vi chée　brimi　messé téri
　　Astané, je viens à toi ; ta　sagesse　grande comme
ché pocrimé lé...
ton　savoir　me...

— Auditif. Vers le 25 janvier 1898 (trad. 13 février). — Vision à 6 heures du matin d'une jeune fille martienne [Matêmi ?] traversant un tunnel percé dans une montagne et arrivant à la maison d'Astané, à qui elle adresse cette parole, suivie de beaucoup d'autres qu'Hélène n'a pas saisies assez distinctement pour les noter.

23. [A] paniné évaï kirimé zé miza ami grini
      Paniné sois prudent, le «miza» va soulever;
ké chée éméche rès pazé — [B] pouzé tès luné soumini
que ta main se retire! —   Pouzé, ce jour riant...
arvâ ii cen zé primi ti ché chiré kiz pavi luné —
Arva si beau... le revoir de ton   fils... quel heureux jour —
[C] saïné êzi chiré izé linéï kizé pavi êzi mané
    Saïné, mon fils, enfin debout! quelle joie!...Mon père
ni êzé modé tiziné êzi chiré êzi mané cé êvé adi
et ma mère... Demain, mon fils... Mon père, je suis bien
  anâ
maintenant.

— Auditif. 20 février 1898 (trad. même séance). — Vision martienne très compliquée. D'abord trois petites maisons roulantes, comme des pavillons ou kiosques chinois se déplaçant sur de petites boules; dans l'une d'elles, deux personnages inconnus, dont l'un sort la main par une petite fenêtre ovale; ce qui lui attire de la part de son compagnon l'observation de la première phrase [A] du texte; à ce moment, en effet, ces pavillons roulants (miza) prennent un mouvement de balancement qui fait un bruit de tic tac, puis glissent comme un train sur des rails. Ils contournent une haute montagne rose et arrivent dans une sorte de superbe gorge ou entonnoir, aux pentes couvertes de plantes extraordinaires, où se trouvent des maisons blanches sur des grillages ressemblant à des pilotis. Les deux hommes sortent alors de leur *miza* en causant, mais Hélène n'accroche que quelques bribes [B] de leur conversation. A leur rencontre arrive un jeune homme de 16 à 18 ans, qui a la tête bandée, une sorte de bonnet de nuit et point de cheveux du côté gauche. Salutations martiennes: ils se frottent mutuellement la tête avec leurs mains, etc. Hélène se plaint d'entendre très confusément ce qu'ils disent et n'en peut répéter que des bouts de phrases [C]; elle a mal au cœur, et Léopold me dicte par l'index gauche *Endors-la*, ce qui amène bientôt la scène habituelle de répétition mot à mot et de traduction du texte.

24. saïné êzi chiré iée êzé pavi ché vinâ ine ruzzi
    Saïné mon fils, toute ma joie, ton retour au milieu
ti nini né mis mess. assilé atimi... itéchə...
de nous est un grand, immense bonheur.. toujours...
furimir... nori
aimera... jamais.

— Auditif. 11 mars 1898 (trad. 21 août). — « Hier matin, au saut du lit, m'écrivait Hélène en m'envoyant ce texte, j'ai eu une vision de Mars, la même à peu de chose près que celle entrevue [à la séance

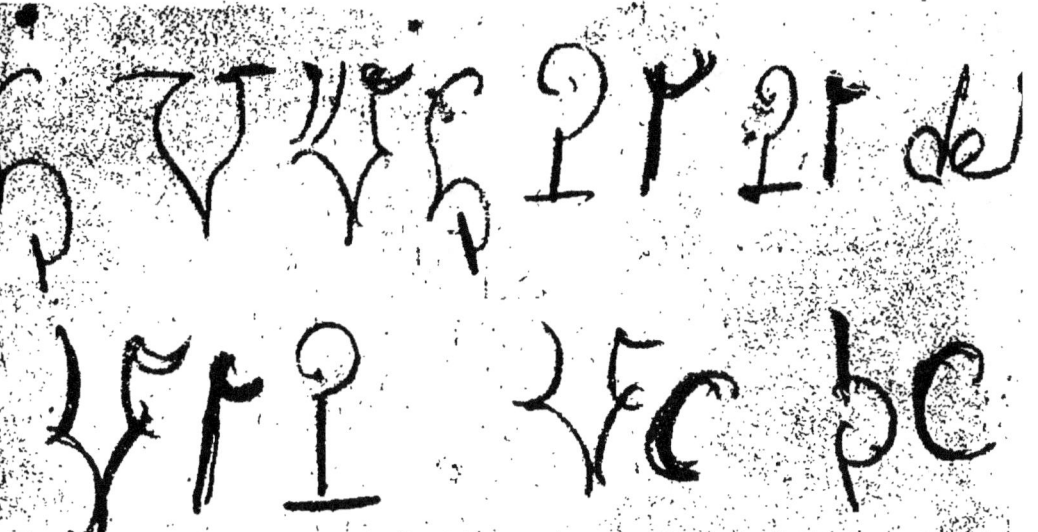

Fig. 26. — Texte n° 26 (21 août 1898), apparu en hallucination visuelle et copié au crayon par M¹¹ᵉ Smith. Reproduction autotypique; grandeur naturelle.

du 20 février]. J'ai revu les pavillons roulants, les maisons sur grillages, plusieurs personnages, entre autres un jeune homme qui n'avait de cheveux que d'un côté de la tête, il faisait même examiner la chose aux messieurs qui étaient près de lui. J'ai pu noter quelques paroles : j'avais de la peine à bien saisir, c'était très confus et les derniers mots ont été pris au vol par ci par là dans ce qui m'arrivait d'un peu net... »

 25. **dé véchi ké ti éfi mervé éni**
  Tu vois que de choses superbes ici.

— Auditif. 21 août 1898 (trad. même séance). — Vision éveillée d'une rivière entre deux montagnes roses, avec un pont (semblable à celui de la fig. 9) qui s'abaisse dans l'eau et disparaît pour laisser passer cinq ou six bateaux (comme celui de la fig. 13), puis reparaît et se rétablit. Comme Hélène décrit tout cela avec admiration, elle entend une voix lui dire les mots martiens ci-dessus.

 *26. **Astané né zé ten ti vi**
  Astané est là près de toi.

— Visuel. 21 août 1898 (trad. même séance). — Suite de la scène précédente : Hélène aperçoit, « dans l'air » tout illuminé et rouge de sa vision martienne, des caractères inconnus d'elle qu'elle copie comme un dessin (v. fig. 26). Je lui demande en lui montrant le mot *zé* (qui partout ailleurs veut dire *le*) si elle ne s'est pas trompée; elle vérifie, en comparant soigneusement ses traits au modèle imagi-

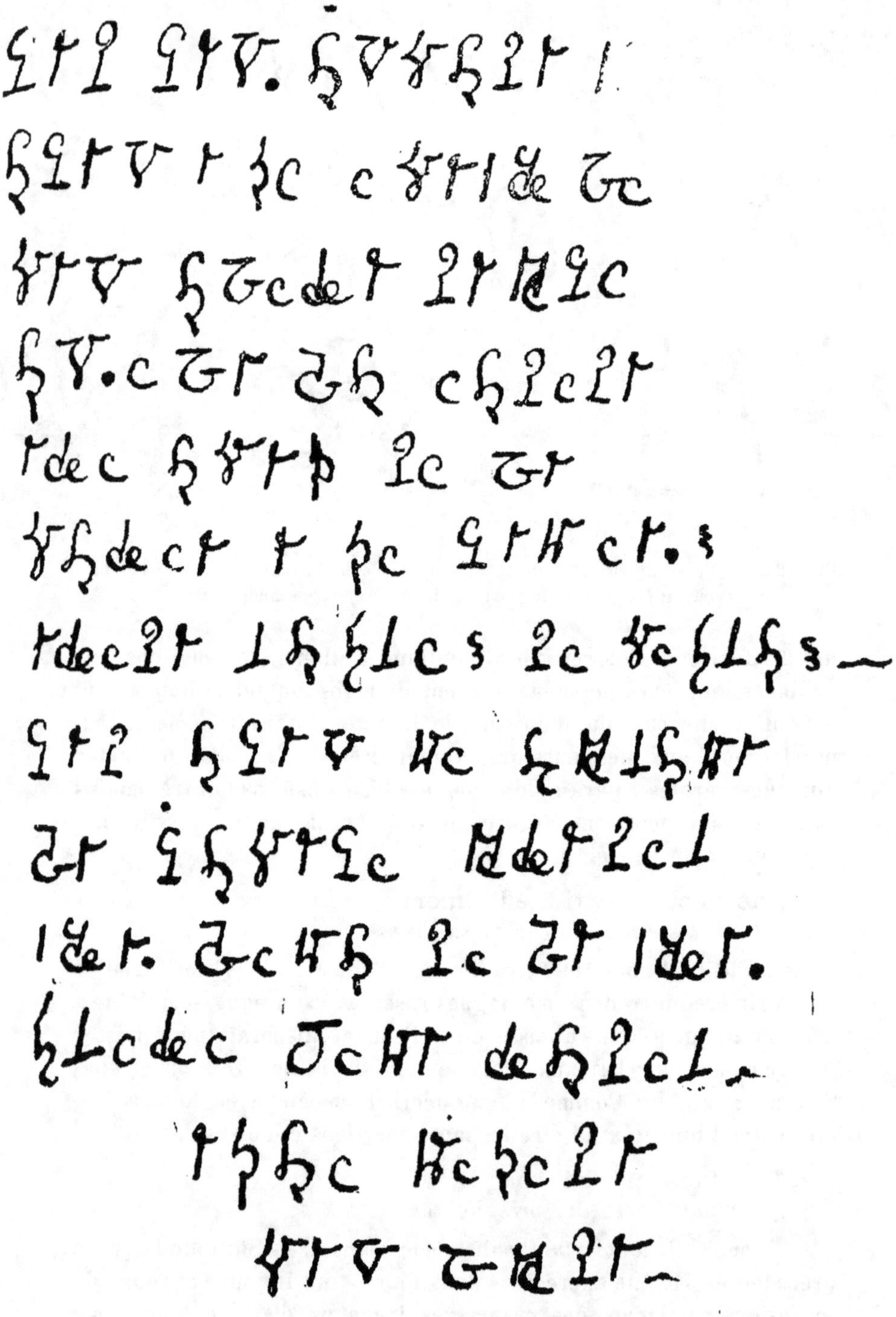

FIG. 27. — Texte n° 28 (3 oct. 1898), écrit par Mlle Smith, copiant un texte de Matêmi aperçu en hallucination visuelle. (Les légers tremblements de quelques traits ne sont pas dans l'original, mais proviennent de ce que le texte, d'un crayon trop pâle, a été repassé à l'encre pour être reproduit.) — (Grandeur naturelle.)

naire qu'elle regarde en face d'elle et un peu en haut, et affirme que c'est bien exact.

27. siké kiz crizi hantiné hed é ébrinié rès amêré é
Siké, quel oiseau fidèle! il a pensé se réunir à
nini éssaté ti iche atimi matêmi hantiné hed né
nous, vivre de notre bonheur! — Matêmi fidèle, il est
hantiné êzi darié siké tès ousti ké zé badêni lassuné
fidèle mon cœur! — Siké, ce bateau que le vent approche
mazi trimazi hed é ti zi mazêté é poviné é nini zé priàni
avec force! il a de la peine à arriver à nous; le flot
é fouminé ivraïni idé é ti zi mazêté é vizêné zé
est puissant aujourd'hui; on a de la peine à distinguer le
chodé
« *chodé* ».

— Auditif. Vers le 4 septembre 1898 (trad. 16 octobre). — Hélène a entendu et noté cette phrase en même temps qu'elle avait la vision de deux jeunes gens martiens qui se promenaient au milieu d'une espèce de parterre et regardaient arriver un bateau dans le genre de celui de la fig. 13. — On n'a pas pu savoir ce que désigne le *chodé*.

*28. men mess Astané cé amès é vi itéch li tès
Ami grand Astané, je viens à toi toujours par cet
alizé nétimi assilé kâ ianiné êzi atèv ni lé
élément mystérieux, immense, qui enveloppe mon être et me
tazié é vi med iéeξ éziné rabriξ ni tibraξ. men amès di
lance à toi pour toutes mes pensées et besoins. Ami, viens te
ouradé ké Matêmi uzénir chée kida ni ké chée brizi pi
souvenir que Matêmi attendra ta faveur, et que ta sagesse lui
dézanir. évaï diviné tès luné.
répondra. Sois heureux ce jour.

— Visuel. 3 octobre 1898 (trad. 16 octobre). — A 8 h. ³/₄ du soir, Mlle Smith désirant obtenir une communication de Léopold pour elle et sa mère, se met dans son fauteuil et se recueille. Bientôt elle entend la voix de Léopold lui dire qu'il ne peut se manifester ce soir, mais que quelque chose de beaucoup plus intéressant et important se prépare. La chambre lui paraît bientôt s'obscurcir complètement, sauf le bout de la table où elle se trouve, qui s'éclaire vivement d'une lumière dorée; une jeune fille martienne, en robe jaune et à longue tresse de cheveux, vient alors s'asseoir à côté d'elle et se met à tracer, sans encre ni crayon, mais avec une pointe au bout de l'index, des traits noirs sur un cylindre blanc, d'abord placé sur la table, puis sur ses genoux et qui se déroule à mesure qu'elle écrit.

Hélène est assez près pour voir ces caractères et les copier à mesure au crayon sur une feuille de papier (voir fig. 27) ; après quoi la vision s'évanouit, et elle voit reparaître la chambre et sa mère. Hélène ignore la signification de ces caractères « qui ressemblent à des chiffres, à des 2 et des 7 », et elle dit que l'original sur le cylindre était plus petit et plus net que sa copie. Elle tenait son crayon selon son habitude entre l'index et le médius, et à l'impression d'avoir été tout le temps en parfait état de veille, quoique fascinée par la présence de cette jeune fille ; mais sa mère, qui assistait à cette scène d'écriture automatique, pense « qu'on lui faisait écrire, car elle avait un drôle d'air, donnait de petits coups de crayon, suivait la ligne avec son index gauche, etc. »

29. sazêni kiché nipunêzé dodé né pit léziré bèz
    Sazêni pourquoi craindre?   *Ceci est sans souffrance ni*
neura évaï dastrée firêzi zé bodri né dorimé zé
danger, sois paisible; certainement le os est sain, le
pastri tubré né tuzé
sang seul est malade.

— Auditif, 14 octobre 1898 (trad. 16 octobre). — Vision matinale d'un monsieur et d'une dame inconnus, cette dernière ayant son bras, taché de rouge, appliqué contre un instrument à trois tubes placé sur une tablette fixée au mur. Ces paroles sont du monsieur ; la dame n'a rien dit.

30. modé ké hed oné chandêné têsé mûné ten ti
    Mère, que ils sont délicieux ces moments près de
vi bigâ va bindié idé ti zâmé tensée zou rèche
toi !— Enfant, où trouve on de meilleurs instants? plus tard
med ché atèv kiz fouminé zati
pour ton être quel puissant souvenir.

— Auditif. 22 octobre 1898 (trad. 18 décembre). — « 6 ¼ h. du

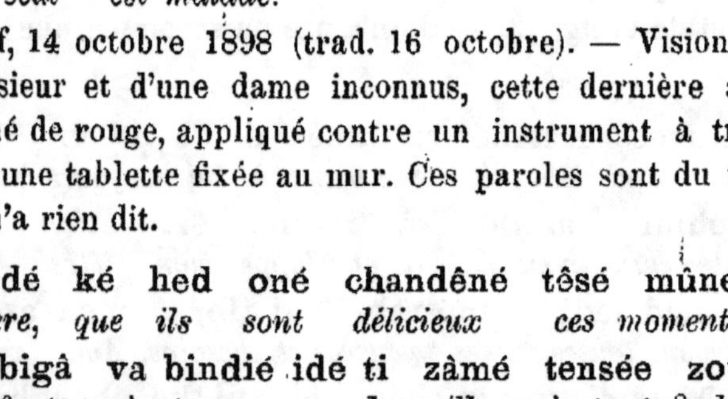

Fig. 28. — Texte n° 31 (27 oct. 1898), écrit par Mlle Smith incarnant Ramié. Grandeur naturelle.

matin ; vision d'une grève, terrain d'une couleur rougeâtre : nappe d'eau immense, d'un beau vert légèrement bleuté. Deux femmes sont là, marchant près l'une de l'autre. C'est tout ce que j'ai pu saisir de leur conversation. »

*31. **Râmié bisti ti Espênié** ché dimé ûni zi
Ramié habitant de Espénié, ton semblable par la
trimazi tié vadâzâξ di **anizié bana mirâξ. Ramié** di
force des «vadazas», te envoie trois adieux. Ramié te
trinir tié toumaξ ti bé **animinâ** ni **tiche di uzir nâmi**
parlera des charmes de sa existence et bientôt te dira beaucoup
ti **Espênié. évaï divinée.**
de Espénié. Sois heureuse!

— Graphique. 27 octobre 1898 (trad. 18 décembre). — « Midi 50 minutes. Point de vision, mais une forte crampe au bras droit, et un je ne sais quoi me poussant à prendre du papier et un crayon. J'écris sans comprendre quoi ni pourquoi. » [On voit par la traduction, donnée près de deux mois plus tard, qu'il s'agissait de la première manifestation de Ramié et de l'annonce de la vision ultramartienne qui allait venir peu de jours après.] V. fig. 28. — Le terme *vadazas*, qui n'a jamais été expliqué, n'a pas l'air martien et paraît emprunté au cycle hindou. Sur *Espénié*, voir au texte 6.

32. **anâ évaï maniké é bétiné mis tié attanâ**
Maintenant sois attentive à regarder un des mondes
kâ di médinié bétinié tès tapié ni bée atèv kavivé
qui te entourent. Regarde ce « tapié » et ses êtres étranges.
danda anâ
Silence maintenant !

— Auditif. 2 novembre 1898 (trad. 18 décembre). — Hélène a la vision matinale d'un martien [Ramié] qui lui entoure la taille de son bras et de l'autre main lui montre, en lui disant ces paroles, un tableau étrange **(tapié)** renfermant des êtres extraordinaires parlant la langue inconnue du texte suivant. Au moment où cette vision s'efface, Hélène écrit sans s'en apercevoir le texte 34. (Pour plus de détails, voir au chapitre suivant sur l'ultramartien.)

33.
BAK	SANAK	TOP	ANOK	SIK
sirima	**nêbé**	**viniâ-ti-mis-métiche**	**ivré**	**toué**
rameau	*vert*	*nom de un homme*	*sacré*	*dans*
ÉTIP	VANÉ	SANIM	BATAM	ISSEM	TANAK

ÉTIP	VANÉ	SANIM	BATAM	ISSEM	TANAK
viniâ-ti-misé-bigâ	**azâni**	**maprinié**	**imizi**	**kramâ**	**ziné**
nom de une enfant	*mal*	*entré*	*sous*	*panier*	*bleu*

	VANEM	SÉRIM	MAZAK	TATAK	SAKAM
	viniâ-ti-mis-zaki	**datrinié**	**tuzé**	**vâmé**	**gâmié**
	nom de un animal	*caché*	*malade*	*triste*	*pleure.*

— Auditif pour le texte non-martien (v. chap. suivant), qu'Hélène a entendu prononcer le 2 novembre par les êtres étranges du tableau de la vision précédente. Vocal pour la traduction martienne de ce texte, laquelle a été donnée par Astané (incarné en Hélène, et parlant par sa bouche la langue inconnue, suivie pour chaque mot de son équivalent martien) dans la séance du 18 décembre 1898. Aussitôt après, Astané a cédé la place à Esenale qui, à son tour, a répété la phrase martienne en la traduisant mot à mot en français selon le procédé habituel.

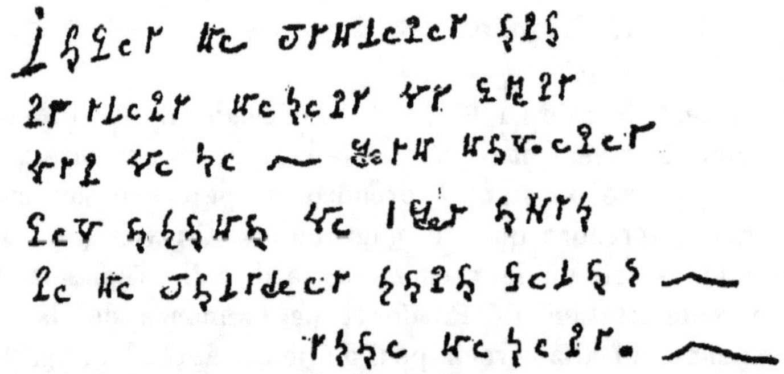

FIG. 29. — Texte n° 34 (2 nov. 1898), écrit par Mlle Smith incarnant Ramié. Grandeur naturelle.

*34. **Ramié di pédrinié   anâ   né   ériné   diviné**
     Ramié te   quitte maintenant, est satisfait, heureux
té mûné ten ti vi. hed dassinié mis abadâ ti ché
du moment près de toi. Il garde un peu de ton
atèv ni di parèzié banâ mirâ§. — évaï divinée.
être et te laisse trois adieux. Sois heureuse!

— Graphique. 2 novembre 1898 (trad. 18 décembre). — Hélène ne s'est aperçue qu'après coup que sa main, qu'elle sentait « fortement tenue », avait écrit ce texte pendant la fin de la vision précédente. — Voir fig. 29.

35. [A] **attanâ zabiné pi ten té iche tarvini mabûré**
       Monde arriéré, très près du nôtre, langage grossier,
nubé   téri   zée atèv [B] Astané ézi dabé fouminé ni
curieux comme les êtres! — Astané, mon maître puissant et
ié ti takâ tubré né bibé ti zé umézé
tout de pouvoir, seul est capable de le faire.

— Auditif. 5 décembre 1898 (trad. 18 décembre). — Travaillant à la lampe à 7 heures du matin, Hélène eut de nouveau la vision du martien (Ramié) qui lui prit la taille en faisant de l'autre main le geste de lui montrer quelque chose (probablement le tableau de la vision précédente, mais Hélène ne le vit pas apparaître), et en lui disant la première phrase [A]. La seconde phrase [B] est la

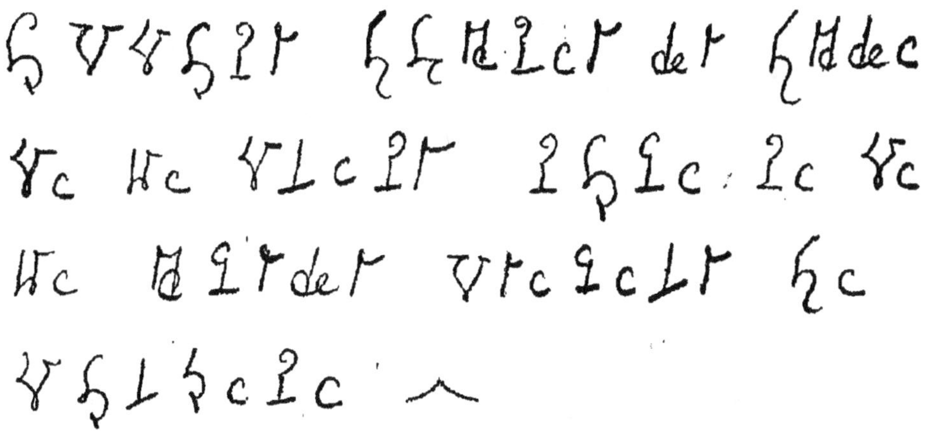

FIG. 30. — Texte n° 37 (24 mars 1899), écrit par Mlle Smith incarnant Astané. [Collection de M. Lemaître.] — Grandeur naturelle. — Par un défaut du cliché, il manque un point sur la 1re lettre.

réplique de ce même martien à une question mentale d'Hélène lui demandant de traduire le langage étrange de l'autre jour. [Il faut donc qu'elle ait compris le sens de la première phrase pour y avoir répondu par sa question mentale appropriée.]

36. [A] aé aé aé aé lassunié lâmi rêzé aé aé aé
    Aé, aé, aé, aé! — Approche! voici Rézé... aé, aé, aé,
aé niké bulié va né ozâmié zitêni primêni — [B] ozâmié
aé, petit Bulié... où est Ozamié? Zitêni, Primêni..   Ozamié,
viniâ ti mis bigâ kêmâ zitêni viniâ ti misé bigâ kêmisi
nom de un enfant mâle; Zitêni, nom de une enfant femelle;
primêni viniâ ti misé bigâ kêmisi
Primêni, nom de une enfant femelle.

— Auditif. 8 mars 1899 (trad. 4 juin). — Hélène a entendu la phrase [A] pendant la vision dont la description suit. A la traduction, comme les assistants ne comprennent pas tout de suite que les trois derniers mots sont aussi des noms propres, Esenale ajoute la phrase [B] avec sa signification française. — « Je n'ai pu m'endormir hier au soir. A 11 ½ heures, tout s'éclaira subitement autour de moi et cette lueur vive me permettait de distinguer les objets environnants. Je me lève ce matin avec le souvenir très exact de ce que je vis alors. Un tableau se forma dans cette lueur, et je n'eus plus devant les yeux que l'intérieur d'une maison martienne : une salle immense carrée, autour de laquelle étaient fixés des rayons, ou pour mieux dire de petites tables suspendues et fixées dans le mur. Ces tables avec rebord contenaient chacune un bébé, mais point du tout emmaillotté : tous les mouvements de ces petits enfants étaient libres et un simple petit linge était posé sur leur corps. On aurait

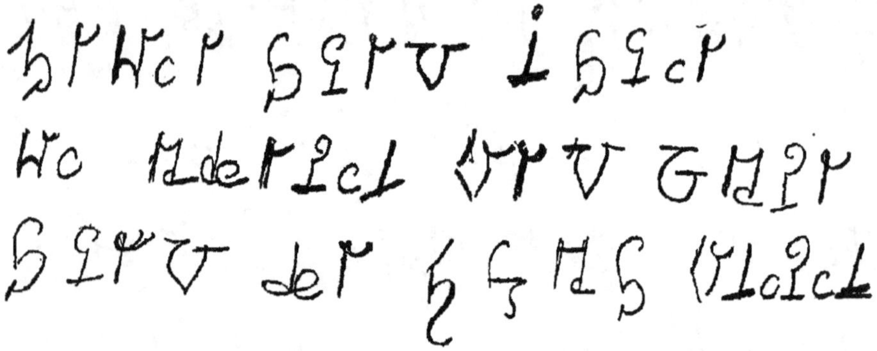

FIG. 31. — Texte n° 38 (30 mars 1899), écrit par Mlle Smith copiant un texte de Ramié qui lui apparaît en hallucination visuelle. [Collection de M. Lemaitre.] — Reproduction aux deux tiers de la grandeur naturelle.

dit qu'ils reposaient sur une mousse jaunâtre ; je n'ai jamais pu me rendre compte de quoi étaient recouvertes ces tables. Des hommes avec des bêtes étranges circulaient dans cette salle ; ces bêtes avaient la tête large, plate, presque sans poils, et de grands yeux très doux pareils à ceux des phoques; leurs corps légèrement poilus ressemblaient un peu aux biches de nos contrées, sauf leurs queues larges et plates; elles avaient de fortes mamelles auxquelles les hommes présents adaptaient un instrument carré auquel tenait un tuyau qui était présenté à chaque enfant, et on comprenait parfaitement qu'ils étaient allaités du lait de ces bêtes. J'entendais des cris, un grand brouhaha, et c'est à grand'peine que j'ai pu noter les quelques paroles [de ce texte] ; j'ai renoncé à écrire le reste tant cela me venait peu distinctement. Cette vision a duré environ un quart d'heure; puis tout a disparu graduellement et il pouvait être minuit lorsqu'enfin je m'endormis profondément. »

*37. **Astané bounié zé buzi ti di triné nâmi ni**
  Astané cherche le moyen de te parler beaucoup et
ti di umêzé seïmiré bi tarvini.
de te faire comprendre son langage.

— Graphique. 24 mars 1899 (trad. 4 juin). — « 6 ½ heures du matin. Vision d'Astané ; je suis debout en train de mettre mes pantoufles. Il me parle, mais je ne puis le comprendre. Je prends cette feuille de papier et un crayon; il ne me parle plus, mais s'empare de ma main droite qui tient le crayon. J'écris sous cette pression ; je n'ai rien compris, pour moi ceci est de l'hébreu. Ma main se détend, je relève la tête pour voir Astané, mais il a disparu. » — Voir fig. 30.

*38. **fédié amês Ramié di uzénir tês luné amês zé**
  Fédié, viens! Ramié te attendra ce jour; viens, le
boua trinir
frère parlera.

— Visuel. 30 mars 1899 (trad. 4 juin). — Assise à sa table de toilette à 9 ¹/₁ heures du soir, avant de se coucher, Hélène se trouve tout à coup enveloppée d'un brouillard rosé qui lui cache une partie des meubles, puis se dissipe en lui laissant voir dans le fond de sa chambre « une salle étrange éclairée de globes rosés fixés dans le mur. » Plus près d'elle apparaissent une table suspendue en l'air et un homme au costume martien, assis sur une pique, qui écrit avec une sorte de clou fixé à l'index droit. « Je me penche vers cet homme, je veux poser ma main gauche sur cette table imaginaire, mais ma main retombe dans le vide et j'ai infiniment de peine à la remettre en place : elle est comme raidie et conserve pendant quelques instants fort peu de force. » Il lui vient heureusement à l'idée de prendre le crayon et le papier à portée dans son tiroir et de copier « les caractères que vient de tracer l'homme martien que j'ai déjà vu plusieurs fois [Ramié]; et à grand'peine — car ils étaient beaucoup plus petits que les miens — j'arrive à reproduire [le texte martien de la fig. 31]. Tout cela a duré un quart d'heure environ, je me suis mise au lit et n'ai plus rien vu ce soir-là, ni le lendemain. »

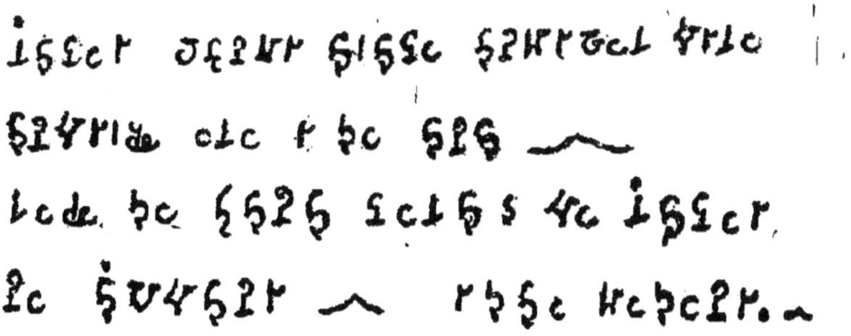

Fig. 32. — Texte n° 39 (1ᵉʳ avril 1899), écrit par Mlle Smith incarnant Ramié. [Collection de M. Lemaitre.] — Grandeur naturelle.

*39. **Ramié** **pondé** **acâmi** **andélir** **téri** **antéch**
Ramié, *savant* *astronome,* *apparaîtra* *comme* *hier*
iri é vi anâ. **riz vi banâ mirâÊ ti Ramié ni**
souvent à toi maintenant. *Sur toi trois adieux de Ramié et*
Astané. évaï divinée.
Astané. Sois heureuse!

— Graphique. 1ᵉʳ avril 1899 (trad. 4 juin). — « Encore en me mettant au lit, à 10 heures 5 minutes. Nouvelle vision du personnage vu avant-hier [Ramié]; je crois qu'il va parler, mais aucun son ne sort de sa bouche. Je prends vite crayon et papier, je me sens le bras droit saisi par lui et je me mets à tracer l'écriture étrange ci-jointe [v. fig. 32]. Il est très affectueux; dans son maintien, dans son regard, tout respire tant de bonté et en même temps d'étrangeté. Il me quitte en me laissant sous un vrai charme, beaucoup trop court. »

40. ramié   ébanâ   dizênâ   zivênié ni bi vraïni
Ramié,   lentement, profondément,   étudie,   et son désir
assilé né ten ti rès kalâmé astané êzi dabé né zi
immense est près de se accomplir. Astané mon maître est là
med lé godané ni ankôné évaï banâ zizazi divinée
pour me aider et réjouir. Sois trois fois heureuse !
— Auditif. 4 juin 1899 (trad. même séance). — Hémisomnambulisme où Hélène, sans avoir de vision, entend une voix au timbre voilé lui adresser des paroles parmi lesquelles elle arrive avec quelque peine à saisir les phrases précédentes.

41. A ces textes proprement dits, formant des phrases, il convient pour être complet d'ajouter quelques mots isolés, recueillis en diverses occasions et dont le sens résulte avec une suffisante certitude, soit du contexte français où ils étaient encadrés, soit de la description par Hélène des objets qu'ils désignaient. Tels sont : **chèke**, papier ; **chinit**, bague ; **asnòto**, espèce de paravent ; **Anini Nikaïné**, nom propre d'une petite fille (voir p. 169), probablement la sœur martienne d'Esenale, qui flotte à ses côtés, invisible pour elle, et la surveille pendant une maladie à la façon des Esprits-protecteurs : **Béniel**, nom propre de notre Terre vue de Mars (laquelle s'appelle, d'autre part, **Durée**, dans les textes 7 et 9).

III. Remarques sur la langue martienne.

Pour peu que le lecteur ait donné quelque attention aux textes précédents, ne fût-ce qu'aux deux premiers, il aura sans doute été bien vite édifié sur le prétendu langage de la planète Mars, et peut-être s'étonnera-t-il que je m'y arrête davantage. Mais, comme plusieurs des habitués des séances de Mlle Smith — et, naturellement, Mlle Smith elle-même — tiennent sérieusement pour son authenticité, je ne puis me dispenser de dire pourquoi le « martien » n'est à mes yeux qu'un travestissement enfantin du français. A défaut, d'ailleurs, de l'importance astronomique à laquelle il prétend sur l'autorité de Léopold, cet idiome conserve tout l'intérêt psychologique qui s'attache aux produits automatiques des activités subconscientes de l'esprit, et il mérite bien quelques instants d'examen.

Il faut dès l'abord rendre cette justice au martien (je continue à l'appeler de ce nom par commodité) qu'il est bien une langue, et non un simple jargon et baragouinage de bruits vocaux produits au hasard du moment sans fixité aucune. On ne peut, en effet, lui refuser les caractères suivants : 1° C'est un ensemble de sons nettement articulés, groupés de façon à former des mots. 2° Ces mots, au moment où ils sont prononcés, expriment des idées définies. 3° Enfin, le rapport des mots aux idées est constant; autrement dit la signification des termes martiens est permanente et se maintient (à part de très légères inconsistances sur lesquelles je reviendrai plus loin) d'un bout à l'autre des textes recueillis au cours de ces trois années[1].

J'ajoute que parlé couramment et un peu vite, comme Hélène le fait parfois en somnambulisme (texte 4, 11, 15, etc., etc.), il a un caractère acoustique bien à lui, dû à la prédominance de certains sons et à une intonation spéciale difficile à décrire. De même qu'on distingue à l'oreille des langues étrangères qu'on ne comprend d'ailleurs pas, et que tout dialecte possède un accent particulier qui le fait reconnaître, on s'aperçoit dès les premières syllabes si Hélène parle hindou ou martien d'après la complexion musicale, le rythme, les consonnes et voyelles de prédilection, propres à chacun de ces deux idiomes. Par là le martien porte bien le cachet d'une langue naturelle; je veux dire qu'il n'est pas le résultat d'un calcul purement intellectuel, mais que des influences d'ordre esthétique, des facteurs émotionnels, ont concouru à sa création et instinctivement dirigé le choix de ses assonances et terminaisons favorites. Le martien n'a certainement point été

---

[1] Si l'on m'objecte qu'il manque au martien le caractère essentiel d'une langue — à savoir la consécration pratique, le fait de servir de moyen de communication entre des êtres vivants — je ne répondrai pas avec Mlle Smith qu'après tout nous n'en savons rien, mais je dirai simplement que ce côté social de la question ne nous regarde pas ici. Même le Volapük et l'Esperanto ne servent encore à rien, ils n'en sont pas moins de langues, et le martien a sur ces constructions artificielles la supériorité psychologique d'être une langue naturelle, spontanément créée sans la participation consciente, réfléchie et voulue, d'une personnalité normale.

fabriqué de sang-froid et à tête reposée pendant l'état normal, habituel, *français* pour ainsi dire, de Mlle Smith, mais il porte en ses tonalités caractéristiques l'empreinte d'une disposition affective particulière, d'une humeur ou orientation psychique déterminée, d'un état d'âme spécial qu'on peut appeler d'un mot l'état *martien* d'Hélène. La sous-personnalité qui prend plaisir à ces jeux linguistiques paraît bien être la même, au fond, que celle qui se complaît dans les images visuelles exotiques et colorées de la planète aux rochers roses, et qui anime les personnages du roman martien.

Un simple coup d'œil sur l'ensemble des textes précédents montre que le martien, comparé au français, est caractérisé par la surabondance des *é* ou *è* et des *i*, et la rareté des diphtongues et des nasales. Une statistique plus précise des sons-voyelles qui frappent l'oreille en lisant à haute voix les textes martiens d'une part, et leur traduction française de l'autre, m'a donné le pourcentage du tableau I ci-dessous [1]. Mais on sait que les voyelles se distinguent au point de vue acoustique par des sons fixes caractéristiques, et qu'elles se répartissent ainsi à des hauteurs différentes dans l'échelle musicale,

TABLEAU I. Statistique des sons-voyelles.

		MARTIEN.	FRANÇAIS.
a	%	16,3	13,7
e muet (comme ceux de *casemate*)	»	3,6	20,8
e fermé ou demi-fermé (comme tous ceux de *hébété, rêvé*)	»	36,9	14,3
e ouvert (comme celui d'*aloès*)	»	2,1	4,6
i	»	34,3	13,4
o	»	2,3	5,7
u	»	2,3	3,1
Diphtongues et nasales (*ou, oi, eu, an, in, on, un*)	»	2,1	24,5

[1] Il va sans dire que, malgré ses chiffres suivis de décimales, aboutissement naturel de toute statistique, ce tableau ne prétend qu'à une valeur approximative, vu la part d'arbitraire qui affecte dans certains cas l'appréciation des sons-voyelles (surtout quand il s'agit des *e*). Je crois, cependant, que le résultat général est encore au-dessous de la réalité en ce qui concerne la tonalité élevée du martien relativement au français, par le fait que les noms propres martiens, très riches en *é* et en *i*, figurent tels quels dans la traduction française et y ont indûment accru la proportion de ces voyelles hautes. — Cette statistique a été faite avant l'arrivée des plus récents textes martiens (36 à 39), qui ne pourraient d'ailleurs la modifier que d'une façon peu notable, tout à fait insignifiante pour le résultat général du tableau II.

TABLEAU II. Groupement au point de vue de la Hauteur.   MARTIEN.   FRANÇAIS.

		MARTIEN	FRANÇAIS
Voyelles hautes (*i* et *e* non-muet).	%	73,3	32,3
Voyelles moyennes (*a* et *o*)	»	18,6	19,4
Voyelles basses ou sourdes (*u*; diphtongues et nasales; *e* muet)	»	8,0	48,4

i et *é* étant les plus élevées, *a* et *o* occupant la région moyenne, *u* et *ou* se trouvant dans la partie inférieure. En réunissant donc à ces dernières les nasales toujours sourdes, ainsi que les *e* muets, le tableau I peut se ramener aux trois groupes du tableau II au point de vue de la hauteur et de la sonorité. On constate alors que le martien est d'une tonalité générale beaucoup plus élevée que le français; car, tandis que les deux langues ont à peu près la même proportion de voyelles moyennes, les sons bas, sourds, ou muets, qui forment presque la moitié des voyelles françaises, ne figurent que pour $1/12$ à peine en martien, où les sons hauts en revanche représentent en gros les trois quarts des voyelles au lieu d'un tiers seulement en français.

D'autre part, les recherches sur l'audition colorée ont montré qu'il existe une connexion psychologique étroite, fondée sur des analogies émotionnelles et une équivalence des réactions organiques, entre les sons élevés et les couleurs claires ou vives, les sons bas ou sourds et les couleurs sombres. Or, cette même corrélation se retrouve, dans la vie somnambulique de Mlle Smith, entre les visions éclatantes, lumineuses, colorées, qui caractérisent son cycle martien, et la langue aux voyelles élevées et sonores qui jaillit dans ce même cycle. Il est permis d'en conclure que c'est bien la même atmosphère émotionnelle qui baigne et enveloppe ces produits psychologiques variés, la même personnalité qui donne le jour à ces automatismes visuels et phoniques. L'imagination ne pouvant d'ailleurs, on le comprend, créer ses fictions de rien, elle est bien obligée d'emprunter ses matériaux à l'expérience individuelle, quitte à les trier ou les transformer conformément aux tendances émotives qui l'inspirent. C'est pour cela que les tableaux martiens ne sont qu'un reflet du monde terrestre, mais dans ce qu'il a de plus chaud et de plus brillant, l'Orient; de même, la langue martienne n'est que du français, mais métamorphosé et porté à un diapason supérieur.

J'admets donc que le martien est une langue, et une langue naturelle en ce sens qu'elle est automatiquement enfantée, sans la participation consciente de Mlle Smith, dans l'état émotionnel ou par le moi secondaire qui est la source de tout le reste de ce cycle. Il me reste maintenant à relever quelques-uns des traits qui semblent indiquer que l'inventeur de toute cette linguistique subliminale n'a jamais su d'autre idiome que le français, qu'il est beaucoup plus sensible à l'expression verbale qu'aux rapports logiques des idées, et qu'il possède à un degré éminent ce caractère enfantin et puéril que j'ai déjà relevé chez l'auteur du roman martien. Il convient pour cela d'examiner rapidement cette langue inédite au point de vue de sa phonétique et de son écriture, de ses formes grammaticales, de sa syntaxe et de son vocabulaire.

1. *Phonétique et Écriture martiennes.*

Le martien se compose de sons articulés qui tous, tant consonnes que voyelles, existent en français. Tandis que sur ce globe les langues géographiquement voisines de la nôtre (pour ne pas parler de plus éloignées) en diffèrent chacune par certains sons spéciaux — *ch* allemand, *th* anglais, etc. — la langue de la planète Mars ne se permet pas de pareilles originalités phonétiques. Elle semble, au contraire, plus pauvre que le français. Je n'y ai pas rencontré jusqu'ici la chuintante *j* ou *ge* (comme dans *juger*), ni le son double *x*. (Je ne parle que des textes proprement dits rassemblés ci-dessus, car, dans les discours verbeux et impossibles à recueillir de certaines séances, il y avait certainement des *j* ; mais là encore, je n'ai remarqué aucun son simple étranger au français, et le cachet acoustique particulier de ce jargon ne résultait que d'une plus grande abondance de combinaisons peu fréquentes dans notre langue, telles que le phonème tch, qui ne se retrouve que dans les deux textes 1 et 3.) La phonétique martienne, en un mot, n'est qu'une reproduction incomplète de la phonétique française.

L'alphabet martien, rapproché du nôtre (fig. 24, p. 201), suggère une remarque analogue. La forme graphique des caractères est assurément nouvelle, et nul ne devinerait nos lettres dans ces dessins d'aspect exotique. Néanmoins chaque signe martien correspond (à la seule exception du signe du pluriel) à un signe français, tandis que l'inverse n'est pas vrai, de sorte qu'ici encore on est en présence d'une imitation appauvrie de notre système d'écriture.

Les douze textes écrits sur lesquels j'établis mes comparaisons comprennent environ 300 mots (dont 160 différents) et 1200 signes. Il s'y trouve au total 21 lettres différentes ayant toutes leur équivalent exact dans l'alphabet français, lequel en possède encore 5 autres qui manquent en martien : *j* et *x* dont les sons eux-mêmes n'ont pas été observés, et *q*, *w*, *y* qui font, en somme, double emploi avec *k*, *v* et *i*. Cette réduction du matériel graphique se manifeste en deux autres détails. D'abord, il n'y a ni accents ni ponctuation, à l'exception d'un certain signe, ressemblant à notre circonflexe, employé quelquefois en guise de point à la fin des phrases. En second lieu, chaque lettre n'a qu'une forme, la diversité des majuscules et des minuscules ne paraissant pas exister en martien, non plus que celle des caractères cursifs et typographiques. Des chiffres, nous ne savons rien.

Il y a cependant trois petites singularités à signaler. 1° A défaut de majuscules, les initiales des noms propres se distinguent assez souvent par un point placé au-dessus du caractère ordinaire. 2° Dans les cas de lettres doubles, la seconde est remplacée par un point situé à droite de la première. 3° Enfin, il existe, pour marquer le pluriel des substantifs et de quelques adjectifs, un signe graphique spécial, ne répondant à rien dans la prononciation, et ayant la forme d'une petite ondulation verticale qui fait un peu songer à une amplification de notre *s*, marque ordinaire du pluriel en français. — Ces particularités, outre la forme extérieure des lettres, constituent toute la dose d'invention déployée dans l'écriture martienne. Ajoutons que cette écriture, qui n'est ordinairement pas penchée, va de gauche à droite comme la nôtre. Toutes les lettres sont à peu près de même hauteur, sauf l'*i* qui est beaucoup plus petit, et restent isolées les unes des autres ; leur assemblage en mots et phrases offre à l'œil un certain aspect d'inscriptions hiéroglyphiques orientales [1].

L'alphabet martien n'ayant jamais été révélé comme tel, nous ignorons l'ordre dans lequel les lettres s'y succèderaient. Il semble toutefois qu'elles aient été inventées en suivant notre alphabet, au moins en grande partie, si l'on en juge d'après les analogies de forme des caractères martiens correspondant à certaines séries de lettres françaises; comparez a et b ; g et h ; s et t ; et surtout la succession

---

[1] Noter certaines analogies avec l'écriture sanscrite. Comp. p. ex, le *p* et l'*l* martiens avec le *8* ou certains *t* et *d* sanscrits.

k l m n. D'autre part, on constate d'étranges rapports entre des lettres très distantes dans l'alphabet français, lorsqu'on rapproche u et g, z et h, f et v, ainsi que c et i qui semblent avoir simplement fait chassé-croisé en passant du français au martien. Au total, si l'on essaye de ranger ces curieux caractères suivant leur ressemblance de forme, on trouve qu'ils se répartissent en cinq groupes assez distincts. Le premier ne renferme que c et r, constitués exclusivement par des traits rectilignes. Le second, comprenant e et d, servirait de transition aux deux suivants caractérisés par la présence d'une grosse boucle ou panse ouverte soit à gauche (a b f n p v), soit à droite (i g h k l m z u). Un dernier groupe embrasserait o s et t où il n'y a plus ni traits rectilignes, ni grosse panse dominante, mais seulement des courbes diverses. A remarquer encore certaines couples de lettres qui ne sont que l'image renversée ou spéculaire l'une de l'autre : m et n, l et p, et d'une façon moins parfaite f et k. A ces cas de symétrie verticale se joignent ceux de symétrie horizontale, mais inexacte dans les détails, qu'on observe dans les groupes l et m, n et p (comme chez nous dans les lettres *d* et *q*, *b* et *p*.

C'est dans la valeur phonétique des lettres, c'est-à-dire dans la correspondance des sons articulés et des signes graphiques, qu'on voit le mieux percer la nature essentiellement française du martien. La seule différence notable à relever ici entre les deux langues est la beaucoup plus grande simplicité de l'orthographe martienne, résultant de ce qu'il ne s'y trouve pas de lettres inutiles : toutes se prononcent, même les consonnes finales telles que s, n, z, etc., qui sont le plus souvent muettes en français. Cela revient à dire que l'écriture martienne s'est moulée sur la langue parlée, et n'est que la notation des sons articulés de celle-ci par les moyens les plus économiques. Tant s'en faut cependant qu'elle réalise le type d'une écriture vraiment phonétique, c'est-à-dire où chaque signe correspondrait à une certaine articulation élémentaire, constante et invariable, et vice-versa. Elle fourmille, au contraire, d'équivoques, d'exceptions, d'irrégularités, qui font qu'une seule et même lettre revêt des prononciations très différentes suivant les cas, et que réciproquement un même son s'écrit de diverses manières, sans qu'on puisse apercevoir aucune explication rationnelle pour toutes ces ambiguïtés — si ce n'est qu'on retrouve précisément les mêmes en français ! On rencontre en d'autres termes, dans ce prétendu idiome extra-terrestre, une collection de singularités et de caprices qui ne nous étonnent point au premier abord, tant notre langue nous y a accoutumés, mais dont la réunion, lorsqu'on y réfléchit, défie l'œuvre du hasard et constitue un signalement auquel il est impossible de se méprendre. Le martien n'est que du français déguisé. Je ne relèverai que les plus curieuses de ces frappantes coïncidences, d'autant plus frappantes que le champ où je les récolte est très limité puisqu'il se borne aux douze textes à la fois écrits et prononcés, lesquels ne renferment que 160 mots différents.

Les voyelles simples de l'alphabet martien correspondent exactement aux cinq voyelles françaises *a e i o u* et ont les mêmes nuances de prononciation. La plus intéressante sous ce rapport est l'e qui n'a pas moins de quatre ou cinq valeurs différentes, tout comme chez nous : les trois e d'**ésenale**, par exemple, se prononcent successivement comme ceux de *médecine*, ceux de **êvé** comme dans *rêvé*; la terminaison de **amès** comme dans *kermès*, etc. Les diphtongues et nasales se prononcent et s'écrivent en martien identiquement comme en français, à en juger du moins par les seuls échantillons **ou**, **an**, **on**, qui figurent dans les textes écrits.

Le c martien joue un triple rôle qu'il remplit également (avec d'autres encore) en français. Il est guttural et équivalent au k dans **carimi**, **crisé**, où il se prononce comme dans *car*, *cri*. Il prend le son sifflant de l's dur devant e (il ne s'est pas encore rencontré devant i) dans le mot **cé** qui se prononce comme dans *agacé*. Enfin, joint à l'h, il forme la chuintante ch dont je reparlerai.

L's a les mêmes caprices que chez nous. Elle est généralement forte; mais, entre deux voyelles, elle devient douce comme le z, à moins qu'elle ne se double, auquel cas elle reste forte. Par exemple, dans les mots **somé**, **astané**, **mis**, elle se prononce comme en français dans *somme*, *astre*, *fils;* tandis que dans **ésenale** et **misaïmé** elle siffle comme le z de **ézé**, **épizi**, exactement comme en français l'*s* et le *z* s'équivalent dans *visage* et *gazeux;* mais elle redevient forte, grâce à sa duplication, dans **essaté** et **dassinié** comme dans *essai* et *assigner*.

Si inversement on part des sons articulés pour examiner leur représentation dans l'écriture martienne, on tombe sur des singularités qui existent toutes en français. La gutturale forte qui a plusieurs moyens d'expression chez nous, en possède encore deux en martien, le **c** et le **k** ; il n'y a que le *q* dont le martien fasse résolument l'économie en le remplaçant par **k** (voir, par exemple, les mots **ka, ké**, signifiant *qui, que*). De même, la sifflante forte, ordinairement figurée par l'**s** simple (sauf entre deux voyelles) peut se traduire par **c** devant un **e**; et la sifflante douce, représentée dans la règle par **z**, l'est parfois par une **s** simple entre deux voyelles.

En outre, des sons qui phonétiquement sont aussi simples que bien d'autres, et pourraient revendiquer une lettre spéciale comme ils le font dans diverses langues terrestres, se trouvent avoir en martien précisément le même symbole complexe qu'en français. Le son-voyelle *ou*, par exemple, qui en allemand se rend par une seule lettre, a suivi l'habitude française : il s'écrit et se prononce dans **pouzé, bounié**, etc., comme dans *poule*. De même pour les nasales **an, on**, les seules figurant dans les textes écrits, où elles sont orthographiées dans **sandiné, pondé**, etc., comme dans *santé* et *pondre*. Enfin, la chuintante forte que le français est seul sur notre globe, je crois, à représenter par l'union du *c* et de l'*h* — puisqu'elle s'écrit *sh* en anglais, *sch* en allemand, *c* en italien, etc., et que maintes langues orientales la désignent beaucoup plus logiquement par un signe spécial simple comme le son lui-même — se trouve également représentée en martien par **ch** qui se prononce dans **ché, métiche**, etc., comme dans *chez* et *fétiche*.

Un petit détail dans l'orthographe de la terminaison assez fréquente **che** trahit d'une façon significative l'influence des vieilles habitudes, et montre que les soi-disant Martiens qui écrivent par la main d'Hélène sont au fond plus accoutumés à manier le français que leur propre langue. En parcourant les divers textes graphiques, on s'aperçoit que le son **ch** dans la dernière syllabe d'un mot est représenté tantôt avec un e final (**iche, mache**), tantôt sans e final (**métich, antéch**), bien que, dans tous ces cas, la prononciation soit exactement la même et semblable à celle des terminaisons françaises de *riche, tache, mèche*. D'où vient cette différence d'orthographe que rien n'explique dans la prononciation, et d'autant plus étrange qu'en français la finale *ch* non suivie d'un *e* a un tout autre son et devient gutturale (*varech, almanach*)? Il faut, je pense, l'interpréter comme un simple *lapsus calami* dû à une ressemblance de forme probablement fortuite entre la lettre martienne **h** et la lettre française *e*. L'orthographe véritable et complète serait toujours **che** (**métiche, antéche**); mais il se trouve que l'**h** martien se termine par une boucle fermée semblable à un *e* français, ce qui entraîne facilement une confusion : pour peu que la personnalité martienne d'Hélène soit distraite en écrivant la finale ch, sa main trompée par cette boucle a le sentiment d'avoir tracé un e final et oublie d'ajouter l'e martien qui manque encore. C'est l'inverse et la revanche des cas où le rêve sous-jacent vient troubler la personnalité normale et glisse des caractères martiens dans la correspondance française d'Hélène (v. fig. 1, p, 53, et 22, p. 199). — Ce qui confirme cette explication, c'est un cas où la même erreur s'est produite avec la lettre z, également terminée par une boucle en forme d'e. Dans l'article martien **zé**, qui se rencontre nombre de fois dans les textes écrits, l'e final n'est guère susceptible d'être omis, par la double raison que dans un mot de deux lettres il est plus difficile d'en oublier une que dans de plus longs mots, et surtout que l'é, n'étant pas muet mais fermé, y frappe davantage l'attention dans la parole intérieure. Cependant, on rencontre à la fin du texte 18 un exemple de cette absence de l'e terminal, de sorte que l'article **zé**, qui a d'ailleurs été ensuite intégralement prononcé, s'y trouve réduit à la lettre **z**. Esenale s'est évidemment laissé prendre à la boucle trompeuse qu'il venait de tracer par la main d'Hélène, comme il l'avait déjà fait deux lignes plus haut dans le mot **métich**, tandis qu'en quatre autres occasions, au cours du même texte, il a échappé à cette erreur (v. fig. 25, p. 211).

2. *Formes grammaticales.*

L'ensemble des textes que nous possédons ne permet pas encore d'en tirer une grammaire martienne. Quelques indices permettent cependant de pronostiquer que les règles de cette grammaire, si jamais elle voit le jour, ne seront guère qu'un décalque ou une parodie de celles du français.

Voici par exemple la liste des pronoms personnels, articles, adjectifs possessifs, etc., apparus jusqu'ici :

je **cé**	*me* **lé**, *moi* **si**	*ton* **ché**	*ce* **tês**, *ces* **tésé**	*de* **ti**
tu **dé**	*te* **di**, *toi* **vi**	*ta* **chée**	*cette* **tês**, **tésée**	*des* **tié**
il **hed**	*se* **rès**, *lui* **pi**	*tes* **chi**	*le* (pron.) **zé**	*du* **té**
nous **nini**	*mon* **êzi**	*son* **bi**	*qui* **kâ**, *que* **ké**	*au* **ine**
vous **sini**	*ma* **êzé**	*sa* **bé**	*quel* **kiz**, *quelle* **kizé**	
ils **hed** [1]	*mes* **éziné**	*ses* **bée**	*un* **mis**, *une* **misé**	
on **idé**	*notre* **iche**		*le, la, les* (art.) **zé, zi, zée**.	

---

[1] Ce mot ne figurant que dans un texte auditif (30), nous ignorons s'il prendrait, par écrit, le signe (non prononcé) du pluriel.

Il y a des textes où le féminin dérive du masculin, comme en français, par l'adjonction d'un e muet, et le pluriel par le petit signe non prononcé qui a tout l'air d'une réminiscence de notre s. Ainsi **diviné** *heureux* donne **divinée** *heureuse;* **ié** *tout* donne iée *toute* et iéeȝ *toutes* (textes 7, 24, 28, etc.). De même, la terminaison ir caractéristique du futur rappelle le *ra* français (**uzir** *dira*, **dézanir** *répondra*, **trinir** *partera*, etc.) dont la voyelle, moyennement haute, a été remplacée par la plus aiguë de toutes, conformément à la tonalité élevée du martien. Il suffit, en tout cas, de ces exemples — ainsi que de formes telles que la série **cé amès** *je viens;* **amès** *viens;* **né amé** *est venu;* **dé améir** *tu viendras* — pour montrer que le martien est une langue à flexion, et même une langue analytique, singulièrement analogue au français.

Il y a entre ces deux langues un autre ordre de points de contact, d'un intérêt plus spécial parce qu'il montre le rôle prépondérant que les images verbales ont souvent joué dans la confection du martien au préjudice de la nature logique, intrinsèque, des idées. Je veux dire qu'à tout moment le martien traduit le mot français en se laissant guider par des analogies auditives, sans égard pour le sens véritable, de sorte qu'on est tout surpris de retrouver dans l'idiome de la planète Mars les mêmes particularités d'homonymie que chez nous. C'est ainsi que deux vocables identiques comme prononciation, mais aussi hétérogènes comme signification, que la préposition *à*, et *a* du verbe avoir, se rendent en martien par le même mot **é**.

De même, le petit mot *le* est toujours traduit par **zé**, dans son double rôle d'article et de pronom (voir par exemple, dans le même texte 20 : *le* petit oiseau, tu *le* verras). Pareillement *que* aux multiples emplois se dit uniformément **ké**. Notre mot *si*, devient **ii** dans l'acception de *oui* comme dans celle de *tellement*. La préposition *de*, qui marque tant de rapports logiques différents, est invariablement traduite par **ti**, et le pronom personnel *te* par **di**, peu importe qu'il exprime un datif ou un accusatif. Inutile de multiplier davantage ces exemples (le lecteur en trouvera facilement d'autres si ça l'amuse) qui montrent que ces petits mots, conjonctions, pronoms, prépositions, etc., qui, dans notre idiome très analytique, constituent les articulations essentielles du langage et remplacent les cas de la déclinaison, etc., sont toujours traduits uniquement sur leur apparence verbale, sans nul souci de leur fonction logique. Le martien suit servilement le français et n'a aucun sentiment propre de ce que M. Bréal a appelé la survivance des flexions[1]. Il est clair que jamais quelqu'un ayant un peu étudié d'autres langues, telles que l'allemand ou l'anglais, ne s'aviserait de traduire les deux *nous* de la même façon dans la phrase *nous nous comprenions*, comme le fait le martien **nini nini triménêni**. Bref, il est de toute évidence que les gens de là-haut ne pensent qu'en français, et modèlent leur langage sur une parole intérieure, auditive ou motrice, exclusivement française.

On pourrait faire d'autres rapprochements curieux. En français la conjonction *et* ne diffère que faiblement, au point de vue des images phoniques, du verbe *est*; en martien aussi il y a la plus grande analogie entre **ni** et **né** qui traduisent ces deux mots. Entre le participe passé **nié** du verbe être et la conjonction **ni**, il n'y a qu'un **é** de différence, tout comme entre leurs équivalents français *été* et *et*. L'oreille tend à rapprocher le mot **va** (il *va*) du verbe *venir* plutôt que du verbe *aller*; c'est sans doute pourquoi il se dit en martien **ami** (texte 23) qui semble appartenir à la série **amès** *viens*, **amé** *venu*, etc. — Il faut avouer que toutes ces coïncidences seraient bien extraordinaires si elles étaient purement fortuites.

3. *Construction et Syntaxe.*

L'ordre des mots est absolument le même en martien qu'en français. Cette identité de construction des phrases se poursuit jusque dans les détails les plus infimes, tels que la division ou l'amputation de la négation *ne pas* (v. p. ex. textes 15 et 17), voire même l'introduction d'une lettre inutile en martien pour correspondre à un *t* euphonique français (v. texte 15, **kévi bérimir m hed**, *quand reviendra-t-il*).

Si l'on admettait par hypothèse que la suite des mots, telle qu'elle nous est donnée dans ces textes, n'est pas l'ordonnance naturelle de la langue martienne, mais un arrangement artificiel comme celui des traductions juxtalinéaires à l'usage des écoliers, la possibilité même de cette correspondance absolument mot pour mot n'en resterait pas moins un fait extraordinaire et sans exemple dans les langues d'ici-bas; car, il n'en est pas une, que je sache, où chaque terme de la phrase française se trouve toujours

---

[1] M. Bréal, *Essai de Sémantique*, Paris 1897, p. 55.

rendu par *un* terme, ni plus ni moins, de la phrase étrangère. L'hypothèse ci-dessus est d'ailleurs inadmissible, car les textes martiens dont Esenale donne la traduction littérale n'ont pas été au préalable arrangés par lui dans ce but ; ce sont les paroles mêmes que Mlle Smith a entendues et notées dans ses visions, souvent bien des semaines et des mois avant qu'Esenale les répétât pour les traduire, et qui constituaient la conversation telle quelle, prise sur le vif, des personnages martiens. Il en faut conclure que ceux-ci, dans leur élocution, suivent pas à pas et mot à mot l'ordre de notre langue, ce qui revient à peu près à dire qu'ils parlent un français dont on aurait simplement changé les sons.

4. *Vocabulaire.*

Au point de vue étymologique, je n'ai su démêler aucune règle de dérivation, même partielle, qui permettrait de soupçonner que les mots martiens soient issus des mots français suivant une loi quelconque. A part le tout premier texte, où il est difficile de nier que les gens de Mars nous aient volé nos termes de politesse en les dénaturant, on ne voit guère de ressemblance nette entre les mots martiens et leurs équivalents français ; tout au plus quelques traces douteuses d'emprunt, comme **mervé** *superbe* qui pourrait être un abrégé de *merveille* (texte 25), et **véche** une imitation de *voir*.

Encore moins le lexique martien trahit-il l'influence de langues étrangères (du moins à ma connaissance). C'est à peine si de loin en loin on rencontre un terme qui éveille un rapprochement ; par exemple, **modé** *mère* et **gudé** *bon* font penser aux mots allemands ou anglais ; **animina** *existence* ressemble à *anima ;* diverses formes des verbes *être* et *vivre*, **évé, évaï, essat,** rappellent le latin *esse*, ou l'hébreu *évé* et le passage du récit biblique de la création ou Eve est appelée la mère des vivants. Un linguiste à la fois savant et facétieux réussirait sans doute à allonger la liste de ces étymologies à la mode du XVIIIme siècle. Mais à quoi bon ? Dans cette rareté des points de contact entre les idiomes d'ici-bas et le glossaire martien on pourrait trouver un argument en faveur de l'origine extra-terrestre de ce dernier, si, d'autre part, il ne semblait trahir l'influence de notre langue en ce qu'une notable proportion de ses mots reproduisent d'une façon suspecte le nombre de syllabes ou de lettres de leurs équivalents français, et imitent parfois jusqu'à la distribution des consonnes et des voyelles. Voyez par exemple, outre les termes de politesse déjà rappelés, les mots **tarviné** *langage*, **haudan** *maison*, **dodé** *ceci*, **valini** *visage*, etc., et la plupart des petits mots, tels que **cé** *je*, **ké** *que*, **ti** *de*, **dé** *tu*, etc. Abstraction faite de cela, il faut convenir qu'il n'y a aucune trace de parenté, de filiation, de ressemblance quelconque, entre le vocabulaire martien et le nôtre, ce qui fait un singulier contraste avec l'identité foncière que nous avons constatée entre les deux langues dans les paragraphes précédents.

Cette contradiction apparente porte en elle-même son explication, et nous livre la clef du martien. Cet idiome fantaisiste est évidemment l'œuvre naïve et quelque peu puérile d'une imagination enfantine qui s'est mis en tête de créer une langue nouvelle, et qui, tout en donnant à ses élucubrations des apparences baroques et inédites, les a coulées sans s'en douter dans les moules accoutumés de la seule langue réelle dont elle eût connaissance. Le martien de Mlle Smith, en d'autres termes, est le produit d'un cerveau ou d'une personnalité qui a certainement du goût et des aptitudes pour les exercices linguistiques, mais qui n'a jamais su que le français, se préoccupe peu du rapport logique des idées, et ne se met pas en frais pour innover en fait de phonétique, de grammaire, ni de syntaxe, ne soupçonnant probablement pas même l'existence de toutes ces belles choses et la possibilité de tels raffinements. Il n'y a que le dictionnaire que le candide inventeur du martien ait pris à tâche de rendre aussi extraordinaire que possible, conformément à la notion du vulgaire et des enfants qui ne voient dans un idiome étranger qu'un assemblage de mots incompréhensibles, ignorant que ce qui caractérise une langue, et la différencie vraiment d'une autre, c'est sa structure interne et non point son vocabulaire.

Le procédé de création du martien paraît consister simplement à prendre des phrases françaises telles quelles, et à y remplacer chaque mot par un autre quelconque fabriqué au petit bonheur. Mais ce travail de fabrication artificielle est en réalité plus difficile et fatiguant qu'on ne se l'imagine avant de l'avoir essayé. Involontairement, on reste pris dans les ornières du rythme et du nombre, on se laisse aller à traduire les termes courts par des courts et les longs par des longs, on conserve même parfois sans s'en apercevoir certaines voyelles ou consonnes du mot primitif, et au total on se trouve avoir contrefait ou dénaturé le vieux plutôt qu'inventé du neuf. Voilà pourquoi c'est surtout dans les textes du début qu'on reconnaît sous le martien la structure des mots français. L'auteur en a sans doute été frappé lui-même, et s'est dès lors évertué à compliquer son lexique, à rendre ses mots de plus en plus méconnaissables. Cette recherche de l'originalité — qu'il n'a d'ailleurs jamais étendue au delà de la partie purement matérielle du langage, n'ayant pas l'idée qu'il pût y avoir d'autres différences entre les langues — représente un effort d'imagination dont il faut lui tenir compte. Comme en outre il prend soin de conserver ses néologismes à mesure qu'il les forge, et de s'en faire un dictionnaire auquel il reste fidèle dans la suite, il faut également rendre hommage au travail de mémorisation que cela implique. Ce n'est pas qu'il ne s'y glisse parfois des erreurs et des oublis. La fixité de son vocabulaire n'a pas été parfaite dès le début. Mais enfin, après les premières hésitations, et indépendamment de quelques confusions ultérieures, il fait preuve d'une consistance terminologique louable, et nul doute qu'avec le temps et quelques encouragements suggestifs, il n'en viendrait à élaborer une langue très complète — peut-être même plusieurs, comme il est permis de l'augurer du texte 33 sur lequel nous reviendrons au chapitre suivant.

J'ai parlé des inconsistances qui se rencontrent dans le vocabulaire martien, surtout dans les premiers temps. Beaucoup ne sont peut-être qu'apparentes et tiennent à ce que, soit Hélène, soit les auditeurs, distinguaient mal parfois les sons qu'ils entendaient. Cependant, en faisant bénéficier le martien de tous les cas douteux, il en reste quelques-uns où très certainement il n'y a eu aucune méprise, et qui révèlent des modifications dans les mots ou leur sens précis. Par exemple, dans le texte 4, *tout* se dit **is** (aucune hésitation possible sur cette prononciation *ice)*, tandis qu'à partir du texte 7, quinze jours après, il se dira définitivement **ié** et au féminin **iée** (texte 24). De même le mot **kiné** *petit* (3) s'est transposé plus tard en **niké** (20), et **amiché** *mains* (12) est devenu **éméche** *main* (23), à moins qu'on ne veuille voir dans cette variation une flexion originale pour distinguer le pluriel du singulier! L'article *la*, qui se disait **ci** dans le texte 2 (tel qu'Hélène l'a entendu et noté au crayon et qu'Esenale l'a distinctement prononcé au moment de la traduction), est plus tard devenu **zi** (27,31). L'adverbe *là*, par suite de la confusion verbale dont j'ai donné d'autres exemples p. 233, a subi le même sort (comp. 4 et 40), et, de plus, il figure comme **zé** dans le texte visuel 26, ce qui constitue une véritable faute de la part d'Astané, car **zé** veut toujours dire *le*. La négation *ne*, nettement articulée **ké** dans les premiers textes, a été prononcée et écrite **kié** à partir du texte 17, peut-être pour la distinguer de **ké** *que*. — Dans d'autres cas, le défaut de fixité peut s'expliquer par l'oubli momentané du véritable équivalent français et la substitution d'un synonyme. Par exemple, le mot *instant* qui se dit **tensée** (8 et 17), sert aussi une fois (11) à traduire **mùné**, dont le vrai sens est *moment* (34). De même le mot **triménéni** (15) aurait probablement dû être rendu par *entretenions* plutôt que par *comprenions*, car, d'après la suite du même passage (15) et divers autres textes (8,37), c'est le verbe **seïmiré** qui est le véritable équivalent martien de *comprendre*. De même encore **azini**, traduit par *alors* comme **patrinèz**, semble plutôt signifier *puis* ou *ensuite* (17). — Les exemples d'inconsistance totale, c'est-à-dire de l'emploi de deux mots de fabrication absolument différente pour exprimer la même idée, sont rares. On en trouvera un en comparant les deux occasions, à sept mois de distance, où Esenale dit à sa mère qu'il la *reconnaît* (3) et qu'il l'a *reconnue* (15), ces deux formes du même verbe étant exprimées par deux mots aussi différents que **cévouitche** et **ilinée**.

Une autre sorte de variation éclate dans la façon de rendre les monosyllabes français *je*, *de*, etc., lorsque leur *e* s'élide et se remplace par une apostrophe devant le mot suivant. Dans les premiers temps, le martien paraît toujours prendre le mot français en bloc, comme une unité : **tive** *d'un*, **ilassuné** *m'approche*, **zalisé** *l'élément*, **mianiné** *l'enveloppe*, **méï** *t'ai*, etc. (passim dans les quinze premiers textes). Les derniers textes au contraire (depuis 29) font toujours la distinction des deux mots, et Esenale les sépare en français comme en martien : **ti mis** *de un*, **lé godané** *me aider*, **zé bodri** *le os*, **di anizié** *te envoie*, etc. Il y a donc eu comme un progrès dans la faculté d'analyse du philologue martien. Ce progrès a pu être spontané, mais je suis tenté de le rattacher au moins en bonne partie à une discussion que j'eus avec Léopold sur le martien, la confusion de l'article et du pronom **zé** *le*, etc. (voir au chapitre suivant); discussion qui tomba précisément dans l'intervalle entre ces deux séries de textes, et qui doit avoir attiré l'attention subliminale d'Hélène sur la valeur propre des petits mots que l'élision fait rentrer, au point de vue verbal, dans le mot suivant. Ce progrès analytique ne supprime d'ailleurs pas certaines inconsistances; car, si on peut comprendre **zalisé**, *l'élément*, comme la contraction de l'article **zé** et du substantif **alisé** (comp. textes 14 et 28), on ne s'explique pas la formation de **ilassuné**, **méï**, etc., puisque *me* se dit **cé**, et *te* **di**; ni le désaccord entre **tive** et **ti mis**.

On pourrait sans doute allonger cette liste de contradictions et de variations. Mais, somme toute, ces petites imperfections se réduisent à peu de chose, comparées à la permanence générale très remarquable du vocabulaire martien.

5. *Style.*

Il resterait à examiner le style. Si le style c'est l'homme, c'est-à-dire non pas l'entendement impersonnel et abstrait, mais le caractère concret, le tempérament individuel, l'humeur et la vibration émotionnelle, on doit s'attendre à retrouver dans la tournure des textes martiens le même cachet spécial qui distingue les visions, les sons de la langue, l'écriture, les personnages, bref tout le roman, à savoir le curieux mélange d'exotisme oriental et de puérilité enfantine dont paraît être faite la sous-personnalité de Mlle Smith à l'œuvre dans ce cycle. Il est difficile de se prononcer en ces matières d'impression esthétique vague plutôt que d'observation précise ; mais, pour autant que j'en juge, il me semble qu'il y a bien dans la phraséologie des textes recueillis un quelque chose d'indéfinissable qui ne répond pas mal au caractère général de tout ce rêve.

Comme évidemment ces paroles sont pensées d'abord en français, — puis travesties en martien par une substitution de sons dont le choix, ainsi qu'on l'a vu à propos de la tonalité élevée de cette langue, subit et reflète la disposition émotive générale, — c'est naturellement sous leur face française que nous devons les considérer pour juger de leur style véritable. Malheureusement, nous ne savons pas jusqu'à quel point la traduction donnée par Esenale est bien identique à l'original primitif; certains détails semblent indiquer qu'il y a parfois des divergences. Quoi qu'il en soit, on sent nettement que la forme littéraire de la plupart de ces textes (pris en français) est plus voisine de la poésie que de la prose. Bien qu'aucun ne soit en vers proprement dits, le grand nombre d'hémistiches qu'on y rencontre, la fréquence des inversions, le choix des termes, l'abondance des exclamations et des phrases entrecoupées, y trahissent une grande intensité d'émotion sentimentale et poétique[1]. On retrouve le même caractère, avec une forte nuance d'originalité exotique et d'archaïsme, dans les formules de salutations et d'adieu (« sois heureuse ce jour » ; « sur toi trois adieux », etc.), ainsi que dans beaucoup d'expressions et de tournures de phrases qui rappellent plus le parler nuageux et métaphorique de l'Orient que la sèche précision de notre langage courant (« il garde un peu de ton être » ; « cet élément mystérieux, immense », etc.).

Si maintenant l'on se rappelle que partout, dans l'histoire littéraire, la poésie précède la prose, l'imagination vient avant la raison et le genre lyrique avant le didactique, on arrive à une conclusion qui concorde avec celle

---

[1] La même note reparait en martien dans le fréquent emploi de l'allitération, de l'assonnance, de la rime : *misaïmé, finaïmé*, tant de mots terminés en *iné*, etc.

des paragraphes précédents. C'est que, par ses tournures et son style, la langue martienne (ou les phrases françaises qui lui servent d'ossature) semble nous apporter l'écho d'un âge reculé, le reflet d'un état d'âme primitif, dont se trouve bien éloignée, dans ses dispositions d'esprit ordinaires et normales, Mlle Smith d'aujourd'hui.

Il y aurait bien des points de détail à relever dans le style des textes martiens, qui varie notablement suivant le personnage en jeu, ce qui est dans l'ordre. Esenale parle à sa mère autrement qu'Astané à Simandini, et le langage de l'amoureux Siké est, comme il convient, beaucoup plus fleuri (« soleil de mes songes », etc.) que celui du savant astronome Ramié, bien que ce dernier n'ait rien de la sécheresse scientifique d'ici-bas et soit probablement un émule de M. Flammarion plutôt que de feu Le Verrier. Mais ces remarques m'entraîneraient trop loin. Je me borne à une seule : l'emploi du mot *métiche* — incontestablement dérivé de notre *Monsieur* (v. texte 1) — dans le sens de *homme* (textes 2, 7, 21, 33 ; dans le texte 18, il eût été plus conforme à la situation, surtout de la part d'Esenale, de traduire par *monsieur*). J'incline à voir dans cette confusion de deux sens bien différents, non une preuve de la suppression de toute inégalité sociale sur Mars, mais un ressouvenir de l'âge tendre où les enfants désignent encore comme « des monsieurs, des madames » tous les gens qu'ils aperçoivent sur la route ou dans les livres d'images. Ce serait un petit indice de plus de l'origine infantile de la littérature martienne.

IV. Mlle Smith et l'inventeur du martien.

L'analyse précédente de la langue martienne vient fournir son appui aux considérations que le contenu du roman nous a déjà suggérées sur son auteur (p. 184). S'imaginer qu'en bouleversant les sons des mots français on créera vraiment une nouvelle langue capable de supporter l'examen, et vouloir la faire passer pour celle de la planète Mars, serait le comble de la fatuité niaise ou de l'imbécillité, si ce n'était simplement un trait de naïve candeur bien digne de cet âge « heureux » (quel euphémisme trop souvent!) où les forces vives de la nature humaine s'insurgent à leur façon contre les stupides cruautés de nos méthodes scolaires, et où le pauvre écolier tire le parti qu'il peut des longues heures de classe en se livrant, entre autres jeux, à la confection d'alphabets secrets pour correspondre avec ses compagnons de geôle.

Tout le cycle martien nous met en présence d'une personnalité enfantine, exubérante d'imagination, partageant pour la lumière, la couleur, et l'exotisme oriental, les tendances esthétiques de la personnalité normale actuelle de Mlle Smith, mais contrastant avec elle — outre son caractère puéril — par deux points à noter. 1° Elle prend un plaisir tout spécial aux ébats linguistiques et à la fabrication d'idiomes inédits (on a vu au texte 33 une langue ultramartienne poindre à côté du martien), tandis qu'Hélène n'a ni goût ni facilité pour l'étude des langues, qu'elle déteste cordialement et où elle n'a jamais eu de succès. 2° Nonobstant cette aversion, Hélène possède une certaine connaissance soit actuelle, soit potentielle, de l'allemand — dont ses parents lui ont fait prendre des leçons pendant trois ans — tandis que l'auteur du martien ne sait évidemment que le français. Il est, en effet, difficile de croire que si cet auteur avait eu ne fût-ce qu'une teinture de la langue germanique, si différente de la nôtre par la construction de la phrase, la prononciation, l'existence de trois genres, etc., quelques réminiscences au moins ne s'en seraient pas glissées dans ses élucubrations, et qu'avec la préoccupation de fabriquer un idiome aussi éloigné que possible du français il se fût abstenu de tout emprunt aux notions de grammaire étrangère en sa possession. J'en infère que la sous-personnalité martienne qui fait preuve d'une activité linguistique si féconde, mais si complètement assujettie aux formes structurales de la langue maternelle, représente un stade ancien, et comme un arrêt de développement, antérieur à l'époque où Hélène commença l'étude de l'allemand.

Si l'on songe, d'autre part, à la très grande facilité que le père de Mlle Smith paraît avoir possédée pour les langues (v. p. 15), on en vient à se demander si l'on n'assiste pas, dans le martien, à l'éveil et au déploiement momentané d'une faculté héréditaire, dormant sous la personnalité normale d'Hélène qui n'en a pas profité d'une manière effective. C'est un fait d'observation vulgaire que les talents et aptitudes sautent parfois une génération et semblent passer directement des grands-parents aux petits-enfants en oubliant le chaînon intermédiaire, qu'on dirait vraiment avoir hérité d'un creux au lieu de la bosse familiale. Il faut pourtant bien que ce chaînon désavantagé possède aussi ces dons — puisqu'il les transmet — sous la forme de germes engourdis, de virtualités non développées, de capital mort en apparence. Peu importe ici le substratum anatomo-physiologique représentant dans l'organisme ces dispositions latentes, qui attendent pour éclore le terrain plus propice de quelque descendant mieux ou différemment constitué ; il suffit que d'une façon ou d'une autre ces facultés invisibles soient présentes dans l'individu, pour comprendre qu'elles puissent occasionnellement jeter de fugitives lueurs à la faveur de certaines circonstances exceptionnelles, telles que les états hypnoïdes. Qui sait si Mlle Smith, cédant un jour à un hymen qui aurait enfin obtenu l'agrément de Léopold, ne ferait pas refleurir de plus belle les aptitudes polyglottes de son père, pour le bonheur de la science, dans une brillante lignée de philologues et de linguistes de génie ? Cela donnerait bien à penser, alors, que le martien de ses somnambulismes n'était que la manifestation anormale et rudimentaire de facultés dont elle se trouvait dépositaire à son insu.

En attendant, et sans même invoquer un talent spécial latent chez Hélène, on peut attribuer le martien à une survivance, ou à un réveil sous le coup de fouet des hypnoses médiumiques, de cette fonction générale, commune à tous les humains, qui est à la racine du langage et se manifeste avec d'autant plus de spontanéité et de vigueur qu'on remonte plus haut vers la naissance des peuples et des individus. L'ontogénèse, disent les biologistes, reproduit en abrégé et *grosso modo* la phylogénèse ; chaque être passe par des étapes analogues à celles de la race elle-même ; et l'on sait que les premiers temps de l'évolution ontogénique, la période embryonnaire, l'enfance, la prime jeunesse, sont plus favorables que les époques ultérieures et l'âge adulte aux réapparitions éphémères de formes ou de tendances ancestrales qui ne laisseront plus guère de traces dans l'être ayant achevé son développement organique[1]. Le « poète mort

---

[1] Comme exemple de l'application de ce point de vue biologique à la psychologie, voir la très intéressante et suggestive étude de M. G. STANLEY HALL sur les peurs, phobies et obsessions diverses, si communes dans l'enfance, qu'il explique aisément pour la plupart comme des reproductions momentanées d'états d'âmes raciaux pour ainsi dire, des réminiscences ataviques de conditions d'existence datant des premiers âges de l'humanité et même de l'animalité. *A study of fears*, American Journal of Psychology, t. VIII (janv. 1897), p. 147.

jeune », en chacun de nous, n'est que l'exemple le plus banal de ces retours ataviques de tendances et d'émotions qui ont accompagné les débuts de l'humanité, qui restent l'apanage des peuples enfants, et qui font une poussée d'une énergie variable, en chaque individu, au printemps de sa vie, pour se figer ou disparaître tôt ou tard chez la plupart, à moins de prendre un nouvel essor et de s'adapter à des conditions supérieures chez les vrais artistes. Tous les enfants sont *poètes*, et cela dans l'acception originelle, la plus étendue, du terme : ils créent, ils imaginent, ils construisent, — et la langue n'est pas la moindre de leurs œuvres. Elle a beau finir par se mouler dans les formes que le milieu social lui impose, sa naissance et son développement attestent une activité « glossopoïétique » puissante qui ne demande qu'à s'exercer chez l'enfant, puis va s'affaiblissant avec l'âge.

J'en conclus que le fait même de la réapparition et du déploiement de cette activité dans les états martiens d'Hélène, est un nouvel indice de la nature infantile, primitive, arriérée en quelque sorte et depuis longtemps dépassée par sa personnalité ordinaire, des couches subliminales que l'autohypnotisation médiumnique met chez elle en ébullition et fait remonter à la surface. Il y a ainsi une parfaite concordance entre le caractère puéril du roman martien, les allures poétiques et archaïques de son style, et la fabrication à la fois audacieuse et naïve de sa langue inédite.

CHAPITRE VII

Le Cycle martien (fin) : L'Ultramartien.

On se lasse de tout, même de la planète Mars. *On* ne désigne pas l'imagination subliminale de Mlle Smith, qui ne se fatiguera sans doute jamais de ses grandes envolées dans la société d'Astané, Esenale et Cie. C'est moi-même, je l'avoue à ma honte, qui, en 1898, commençai à en avoir assez. Une fois au clair sur la nature essentielle de la langue martienne; ne me sentant pas l'étoffe d'un grammairien ou d'un lexicologue pour en entreprendre une étude approfondie, laquelle d'ailleurs, à en juger par la lenteur dont les textes s'étaient succédé depuis deux ans, menaçait fort de durer tout le reste de mon incarnation actuelle, ou de celle du médium, sans arriver à son terme ; trouvant d'autre part que ces textes, considérés comme de simples curiosités de vitrine psychologique, étaient peu variés et risquaient de devenir encombrants à la longue, — je me décidai à tenter quelque expérience qui pût, sinon en tarir la source, du moins en rompre la monotonie.

Jusque-là, sans émettre d'opinion ferme sur le martien, j'avais toujours manifesté un très réel intérêt pour ces communications, tant à Mlle Smith à l'état de veille qu'à

Léopold dans ses incarnations. Tous deux se montraient également persuadés de la vérité objective de ce langage et des visions qui l'accompagnaient. Léopold n'avait cessé, dès le premier jour, d'en affirmer l'authenticité strictement martienne. Hélène, sans tenir absolument à ce que cela vînt de la planète Mars plutôt que d'une autre, partageait la même foi dans l'origine extra-terrestre de ces messages, et, comme cela ressortait de maints détails de sa conversation et de sa conduite, elle y voyait une révélation de la plus haute importance qui ferait peut-être pâlir un jour « toutes les découvertes de M. Flammarion ». Qu'arriverait-il si je m'avisais de heurter de front cette conviction intime, et de démontrer que le prétendu martien n'était qu'une chimère, un pur produit d'autosuggestion somnambulique ?

Ma première tentative, qui s'adressa à Léopold, n'eut pas d'influence appréciable sur la suite du cycle martien.

C'était dans la séance du 13 février 1898. Hélène dormait profondément, et Léopold conversait avec nous par gestes du bras gauche et épellation des doigts. Je lui exprimai catégoriquement ma certitude que le martien était de fabrication terrestre, ainsi que le prouvait sa comparaison avec le français. Comme Léopold répondait par force gestes de dénégation, je lui en détaillai quelques preuves, entre autres l'accord des deux langues sur la prononciation du *ch*, et sur l'homonymie du pronom et de l'article *le*. Il m'écouta et parut comprendre mes arguments, mais il n'en opposa pas moins une fin de non-recevoir à ces coïncidences caractéristiques, en dictant de l'index gauche : *Il y a des choses plus extraordinaires*, et il ne voulut point démordre de l'authenticité du martien. Nous restâmes chacun sur nos positions, et les textes ultérieurs ne portèrent aucune trace de notre entretien [1]. Il semblait donc que ce n'était pas par l'intermédiaire de Léopold qu'on pouvait suggérer une modification au roman martien.

Je laissai passer quelques mois, puis essayai d'une discussion avec Hélène éveillée. A deux reprises, en octobre

---

[1] Voyez toutefois (p. 239) ma remarque sur le changement relatif aux monosyllabes atteints d'élision en français. Ma discussion grammaticale avec Léopold — tombant dans le long intervalle entre le dernier exemple de l'ancienne façon de procéder (*t'ai*, texte 15) et le premier cas de la nouvelle manière plus analytique (*le os*, texte 29) — fut peut-être pour quelque chose dans ce changement, ainsi que mon entretien du 6 octobre avec Hélène.

1898, je lui exprimai mon complet scepticisme à l'endroit du martien. La première fois, le 6 octobre, dans une visite que je lui fis en dehors de toute séance, je m'en tins à des objections générales, auxquelles elle répliqua en substance ce qui suit. D'abord, que cette langue inconnue, en raison de son intime union avec les visions, et malgré ses ressemblances possibles avec le français, devait nécessairement être martienne si les visions l'étaient. Ensuite, que rien ne s'opposait sérieusement à cette origine véridique des visions, et par conséquent de la langue elle-même, puisqu'il y avait deux moyens pour un d'expliquer cette connaissance d'un monde éloigné, à savoir la communication proprement *spirite* (c'est-à-dire d'esprits à esprits, sans intermédiaire matériel) dont la réalité ne saurait être mise en doute, et la *lucidité*, cette faculté ou ce sixième sens indéniable des médiums, qui leur permet de voir et d'entendre à une distance quelconque. Enfin, qu'elle ne tenait pas mordicus à l'origine proprement martienne de ce rêve étrange, pourvu qu'on lui concédât qu'il venait d'autre part que d'elle-même, étant inadmissible que ce fût l'œuvre de sa subconscience, puisqu'elle n'avait durant sa vie ordinaire absolument aucune perception, aucun sentiment, pas l'ombre d'un indice, de ce prétendu travail intérieur d'élaboration auquel je m'obstinais à l'attribuer, au mépris de toute évidence et de tout bon sens.

Quelques jours plus tard (16 octobre), comme Mlle Smith, parfaitement réveillée après une séance de l'après-midi, passait la soirée chez moi et paraissait être dans la plénitude de son état normal [1], je revins à la charge avec plus d'insistance.

J'avais jusqu'alors toujours évité de lui montrer en détail la traduction des textes martiens, ainsi que l'alphabet, et elle ne connaissait que de vue pour ainsi dire l'écriture martienne dont elle ignorait la valeur des lettres. Cette fois, je lui expliquai par le menu

---

[1] La suite prouve bien que ce n'était là qu'une apparence, et qu'en réalité Hélène se trouvait encore dans l'état de suggestibilité qui se prolonge plus ou moins longtemps après les séances, et qui ne prend peut-être jamais fin avant le sommeil de la nuit.

les secrets de cette langue, ses originalités superficielles et ses ressemblances fondamentales avec la nôtre ; sa richesse en i et en ê ; sa construction puérilement identique à la construction française jusqu'à glisser entre les mots **bérimir** et **hed** un m euphonique superflu pour imiter notre expression *reviendra-t-il* ; ses nombreux caprices de phonétique et d'homonymie, reflets évidents de ceux auxquels nous sommes accoutumés, etc. J'ajoutai que les visions me paraissaient également suspectes par leurs invraisemblables analogies avec ce que nous voyons sur notre globe. A supposer que les maisons, les végétaux et les gens de Mars fussent construits sur le même plan fondamental que ceux d'ici-bas, il était cependant fort douteux qu'ils en eussent les proportions et l'aspect typique ; en effet, l'astronomie nous apprend que sur Mars les conditions physiques, la longueur de l'année, les écarts des saisons, l'intensité de la pesanteur, etc., sont tout autres que chez nous ; ce dernier point, en particulier, doit agir sur tous les produits, naturels et artificiels, de façon à y altérer fortement tant les dimensions absolues que les proportions de hauteur et de largeur qui nous sont familières. J'observai encore qu'il y a sans doute sur Mars comme sur la Terre une grande variété d'idiomes, et que l'on pouvait s'étonner du singulier hasard qui faisait parler à Esenale une langue aussi semblable au français. — Je conclus enfin en remarquant que tout cela s'expliquait au contraire à merveille, ainsi que l'aspect oriental des paysages martiens et le caractère généralement enfantin de ce roman, si l'on y voyait une œuvre de pure imagination due à une sous-personnalité ou à un état de rêve de Mlle Smith elle-même, qui reconnaît avoir toujours eu beaucoup de goût pour ce qui est original et se rattache à l'Orient.

Pendant plus d'une heure, Hélène suivit ma démonstration avec un vif intérêt. Mais, à chaque nouvelle raison, après en avoir paru d'abord un peu déconcertée, elle ne tardait pas à répéter, comme un refrain triomphal et un argument sans réplique, que la science n'est pas infaillible, qu'aucun savant n'a encore été sur Mars, et qu'il est, par conséquent, impossible d'affirmer en toute certitude que les choses n'y sont point conformes à ses visions. A ma conclusion, elle riposta que, relatives à Mars ou à autre chose, ses révélations ne sortaient en tout cas pas de son propre fonds, et qu'elle ne comprenait pas pourquoi je m'acharnais ainsi contre la supposition la plus simple, celle de leur authenticité, pour lui préférer cette inepte et absurde hypothèse d'un Moi sous-jacent ourdissant en elle, à son insu, cette étrange mystification.

Tout en maintenant que mes déductions me paraissaient rigoureuses, je dus bien convenir que la science n'est pas infaillible et qu'un petit voyage sur Mars pourrait seul lever absolument tous nos doutes sur ce qui s'y passe. Nous nous quittâmes ainsi bons amis, mais cette conversation me laissa l'impression très nette de la complète inutilité de mes efforts pour faire partager à Mlle Smith les conceptions de la psychologie subliminale. Ce qui, d'ailleurs, ne me surprend ni ne m'afflige, car, à son point de vue, il vaut peut-être mieux qu'il en soit ainsi.

La suite montre cependant que mes raisonnements de ce soir-là, stériles en apparence, ne sont point restés sans effet. S'ils n'ont pas modifié la manière de voir *consciente* de Mlle Smith, ni surtout l'opinion de Léopold, ils ont néanmoins pénétré jusqu'aux couches profondes où s'élaborent les visions martiennes, et y agissant à la façon d'un levain, ont été l'origine de développements nouveaux et inattendus. Ce résultat corrobore avec éclat l'idée que tout le cycle martien n'est qu'un produit de suggestion et d'autosuggestion. De même que jadis le regret de M. Lemaître de ne pas savoir ce qui se passe sur les autres astres avait fourni le premier germe de cette élucubration, de même maintenant mes critiques et remarques sur la langue et les gens de là-haut ont servi de point de départ à de nouvelles chevauchées de l'imagination subliminale d'Hélène. Si l'on compare, en effet, le contenu de notre discussion du 16 octobre, que j'ai brièvement résumée ci-dessus, avec les visions des mois suivants (voir à partir du texte 30), on constate que ces dernières renferment un évident commencement de réponse, et sont un essai de satisfaction, aux questions que j'avais soulevées. On y assiste à une très curieuse tentative, naïve et enfantine comme tout le roman martien, d'échapper aux défauts que je reprochais à celui-ci, non pas en le modifiant et le corrigeant — ce qui eût été se déjuger et se contredire — mais en le dépassant en quelque sorte, et en lui superposant une construction nouvelle, un cycle *ultramartien* si l'on me permet cette expression indiquant à la fois qu'il se déroule sur quelque planète indéterminée plus lointaine que Mars, et qu'il ne constitue pas une histoire absolument indépendante, mais qu'il est greffé sur le roman martien primitif.

L'effet suggestif de mes objections du 16 octobre ne fut pas immédiat, mais laisse deviner un travail d'incubation. Le texte 30, venu la semaine suivante, ne diffère guère des précédents, sauf par l'absence d'une lettre euphonique qui eût pourtant été mieux en place entre les mots bindié idé, *trouve-t-on*, que dans le bérimir m hed du texte 15 sur lequel j'avais attiré l'attention d'Hélène ; peut-être est-t-il permis de voir dans ce petit détail un premier résultat de mes critiques. L'apparition, un peu plus tard, d'un nouveau personnage martien, Ramié, qui promet à Hélène des révélations prochaines sur une planète non autrement spécifiée (texte 31), prouve que le rêve ultra-martien était en train de se mûrir subconsciemment ; mais il ne fit explosion que le 2 novembre (soit 17 jours après les suggestions auxquelles je le rattache), dans cette curieuse scène où Ramié dévoile à Mlle Smith un monde insoupçonné et bizarre dont la langue tranche singulièrement sur le martien accoutumé. Il vaut la peine de citer la description détaillée qu'Hélène m'envoya de cette étrange vision. (Voir aussi textes 32 à 35.)

« ... J'étais réveillée et levée depuis environ vingt minutes. Il était environ 6 $^1/_4$ heures du matin et j'étais en train de coudre. Depuis un instant déjà je faisais la réflexion que ma lampe baissait sensiblement, et finalement je finis par n'y plus rien voir.

« Au même moment, je me sentis la taille enveloppée, serrée. fortement par un bras invisible. Je me vis alors entourée d'une lumière rosée, laquelle se montre généralement lorsque se prépare une vision martienne. Je pris vite le papier ainsi que le crayon toujours à ma portée sur ma table de toilette, et posai ces deux choses sur mes genoux pour le cas où il viendrait quelques paroles à noter.

« A peine ces préparatifs étaient-ils terminés que je vis à mes côtés un homme de visage et d'habits martiens. C'était, en effet, ce personnage [Ramié] qui m'enveloppait la taille du bras gauche, me montrant du bras droit un tableau peu distinct, mais qui, finalememt, se dessina fort bien. Il me dit aussi quelques phrases que je pus noter assez bien il me semble [texte 32, où Ramié attire l'attention d'Hélène sur un des mondes qui l'entourent et lui en fait voir les êtres étranges].

« Je vis alors un coin de terre peuplé d'hommes tout à fait différents de ceux qui habitent notre globe. Le plus grand de tous n'avait guère que 90 centimètres de hauteur et la majorité en avait au moins 10 de moins. Leurs mains étaient immenses. Longues de 30 centimètres environ, sur une largeur de 8 à 10, elles étaient agrémentées d'ongles noirs, très longs, à moitié recourbés intérieurement. Leurs pieds aussi étaient immenses, chaussés, mais d'une chaussure que je ne pus bien distinguer.

« Je n'ai vu aucun arbre, aucun brin de verdure, dans ce coin de terre visible à mes yeux. Un fouillis de maisons ou plutôt de cabanes d'un style des plus simple, toutes basses, longues, sans fenêtres ni portes ; et chaque maison avec un petit tunnel, long de

Fig. 33. — Maisons ultramartiennes, dessinées par Mlle Smith d'après sa vision du 2 novembre 1898.

3 mètres environ, se voyait et cela d'une façon très correcte [v. fig. 33]. Les toits étaient plats, garnis de cheminées ou tuyaux, je n'en sais trop rien, et ceux-là assez élevés. Le sol, presque noir, n'était garni ni de pavés ni de trottoirs, tout y était des plus nature.

« Les hommes, avec torse et bras nus, n'avaient pour tout vêtement qu'une sorte de jupe arrêtée à la taille et soutenue aux épaules par des bandes ou bretelles larges et d'apparence forte. Leur tête était complètement rasée, courte, n'ayant guère que 10 ou 12 centimètres de hauteur sur environ 20 de largeur. Les yeux très petits, la bouche immense, le nez comme une fève, tout était si différent de nous que j'aurais presque cru voir un animal plutôt qu'un homme, s'il n'était tout à coup sorti des paroles de la bouche de l'un d'eux, lesquelles je pus — je ne sais trop comment — heureusement noter. C'était une langue inconnue de moi, toute par soubresauts : *bak sanak top anok sik étip vané sanim batam issem tanak vanem sébim mazak tatak sakam* [1].

« Cette vision a duré un quart d'heure environ. Insensiblement elle s'est effacée me laissant toujours la taille entourée, mais plus légèrement, par le bras du personnage martien. Lui-même s'effaça; insensiblement je me sentis dégagée, mais ma main droite fortement tenue traçait sur le papier des caractères étranges [texte 34, adieux de Ramié à Hélène] dont je n'avais à ce moment nullement conscience, mais que je remarquai seulement lorsque ma main fut tout à fait dégagée de toute pression et que tout, autour de moi, fut rentré dans l'ordre naturel. Je ne me remis pas à ma couture et m'empressai de faire ma toilette. Il ne m'est resté, durant la journée, aucune impression pénible ni tenace de cette vision. »

Un mois plus tard, il y eut comme une continuation ou une répétition avortée de la même vision; le tableau ne réussit pas à apparaître distinctement, et Ramié [texte 35] se contenta d'apprendre à Hélène qu'il s'agissait d'un monde arriéré, proche voisin de Mars, et d'une langue grossière dont Astané seul pourrait donner la traduction. C'est ce qui eut en effet lieu quinze jours après : Astané s'incarna avec des gestes et des mouvements spasmodiques particuliers, et répéta (de la voix ordinaire d'Hélène) le texte barbare, suivi mot à mot de ses équivalents martiens, qu'Esenale à son tour, succédant à Astané, interpréta en français selon sa manière habituelle. On apprit aussi par Léopold, en réponse à une question d'un des assistants, que ce monde inculte et primitif était l'une des petites planètes ; mais il est à présumer qu'il aurait aussi répondu affirmativement si on lui avait nommé Phobos ou Déimos, et en somme l'un des satellites de Mars répondrait mieux que les astéroïdes au globe « très près du nôtre » dont parle Ramié.

A ce qui précède se sont jusqu'ici bornés les messages ultramartiens. Les derniers textes obtenus (37 à 40) sem-

---

[1] Dans la scène de traduction (texte 33), Hélène incarnant Astané répéta cette phrase d'une façon excessivement rapide et saccadée. Toutes les voyelles sont brèves et à peine articulées, tandis que les consonnes initiales ou finales *b, k, t, p*, sont précédées d'un court silence et explodent violemment, ce qui donne à l'ensemble un caractère haché et sautillant.

blent bien annoncer que tout n'est pas fini de ce côté, et nous laissent espérer de nouvelles révélations quand l'astronome Ramié, à force d'étudier sous l'habile direction de son maître Astané, sera en état de faire de plus amples découvertes dans le ciel de Mars. Psychologiquement, cela veut dire que le processus d'incubation latente se poursuit ; peut-être l'écriture ultra-martienne, ou une nouvelle langue ultra-ultramartienne, est-elle en train de se mijoter dans la profondeur. Si elle éclate au jour, je me hâterai de la porter à la connaissance du monde savant — dans une prochaine édition de ce livre !

Pour le présent, je me borne à remarquer combien le peu d'ultramartien que nous possédons dénote déjà la préoccupation de répondre à mes remarques du 16 octobre. J'avais accusé le rêve martien de n'être qu'une imitation, vernie aux brillantes couleurs orientales, du milieu civilisé qui nous entoure ; — or voici un monde d'une bizarrerie affreuse, au sol noir, d'où toute végétation est bannie, et dont les êtres grossiers ressemblent plus à des bêtes qu'à des humains. J'avais insinué que les choses et les gens de là-haut pouvaient bien avoir d'autres dimensions et proportions que chez nous ; — et voici que les habitants de ce globe arriéré sont de vrais nains, avec des têtes deux fois plus larges que hautes et des maisons à l'avenant. J'avais fait allusion à l'existence probable d'autres langues, relevé la richesse du martien en *i* et en *é*, incriminé sa syntaxe et son *ch* empruntés au français, etc. ; — et voici une langue absolument nouvelle, d'un rythme très particulier, extrêmement riche en *a*, sans aucun *ch* jusqu'ici, et dont la construction est tellement différente de la nôtre qu'il n'y a pas moyen de s'y retrouver.

Ce dernier point surtout me semble présenter à son apogée le caractère d'enfantillage et de puérilité qui éclate dans cet appendice inattendu du cycle martien comme dans tout le cycle lui-même. Evidemment, le naïf philologue subliminal de Mlle Smith a été frappé de mes remarques sur l'ordre identique des mots en martien et en français, et a voulu échapper à ce défaut dans son nouvel essai de langue inédite. Mais ne sachant pas au juste en quoi consistent la syntaxe et la construction, il n'a rien trouvé de mieux que de substituer le chaos à l'arrangement naturel des termes dans sa pensée, et de brouiller les mots de sa phrase, en en supprimant même peut-être quelques-uns, de façon à dépister la critique la plus sévère et à fabriquer un idiome qui n'ait décidément plus rien de commun sur ce point avec le français. C'est bien ici que le plus beau désordre est un effet de l'art. Il a du reste réussi, car, même avec la double traduction martienne et française du texte 33, il est impossible de savoir exactement de quoi il s'agit. C'est peut-être la petite fille *Élip* qui est *triste* et qui *pleure* parce que l'homme *Top* a fait *mal* à l'animal *sacré Vanem* (qui s'était *caché, malade, sous* des *rameaux verts*) en voulant le faire *entrer dans* un *panier bleu*. A moins que ce ne soit le rameau, l'homme, où le panier, qui soit sacré, l'enfant malade, etc. Le rameau vert détone dans un monde où, d'après la vision d'Hélène, il n'y a ni arbre ni verdure; mais Esenale n'a pas spécifié s'il s'agit de *vert* ou *ver, vers,* etc.; ni si *caché* et *entré* sont des participes ou des infinitifs. — Je laisse ce rébus au lecteur et j'en viens à ma conclusion, qui sera brève, car elle ressort déjà des considérations terminant les deux chapitres précédents.

Tout le cycle martien, avec sa langue spéciale et son appendice ultramartien, n'est au fond qu'un vaste produit de suggestions occasionnelles de la part du milieu, — et d'autosuggestions qui ont germé, poussé, et fructifié abondamment, sous l'influence de ces incitations du dehors, mais sans aboutir à autre chose qu'à une sorte de masse informe et confuse, qui en impose par son étendue beaucoup plus que par sa valeur intrinsèque, car elle est souverainement enfantine, puérile, insignifiante à tous égards sauf en tant que curiosité psychologique. L'auteur de cette élucubration n'est pas la personnalité actuelle, adulte et normale, de Mlle Smith, qui a de tout autres caractères et qui se sent, en face de ces messages automatiques, comme devant quelque chose d'étranger, d'indépendant, d'extérieur, et se trouve contrainte de croire à leur réalité objective et à leur authenticité. Il semble que c'est bien plutôt un état ancien, infantile, moins évolué, de l'individualité d'Hélène, qui reparaît au jour, reprend vie, et redevient actif, dans ses somnambulismes martiens, comme le prouve la note de naïve puérilité de l'ensemble, jointe au cachet archaïque et poétique du style, ainsi qu'à la somme de mémoire et d'imagination constructive déployée au cours de ce roman et dans l'invention de son idiome inconnu.

De même qu'en pathologie les néoplasmes ont probablement pour point de départ ordinaire des cellules restées à l'état embryonnaire, qui se mettent soudain à proliférer et à se différencier d'une façon anormale sous l'influence de certaines excitations externes ou de circonstances internes peu connues; de même, en psychologie, il semble aussi que certains éléments reculés et primitifs de l'individu, des couches infantiles encore douées de plasticité et de mobilité, sont particulièrement aptes à engendrer ces étranges végétations subconscientes, sortes de tumeurs ou d'excroissances psychiques, que nous appelons des personnalités secondes. L'étiologie ne nous en est, d'ailleurs, pas plus claire que celle des néoplasmes organiques; les excitations du milieu ambiant, chocs émotifs, traumatismes moraux, suggestions spirites ou autres, toutes ces causes restent bien inefficaces sans la présence de conditions internes indispensables; or, de ces dernières, nous ne savons quasi rien, car les termes de prédisposition hypnoïde, tendance à la désagrégation, facilité de dédoublement, suggestibilité, etc., ne font que multiplier les noms du fait lui-même, sans dissiper notre ignorance sur sa nature intime et ses vraies raisons d'être.

On pourrait aisément pousser plus loin le parallèle entre les tumeurs anatomiques tantôt malignes, tantôt bénignes, circonscrites ou diffuses, etc., — et ces parasites psychologiques, limités ou envahissants, inoffensifs comme le rêve martien ou dangereux comme une idée fixe morbide, ignorés de la personne normale ou la troublant de leurs irruptions automatiques, etc. Mais comparaison n'est pas raison, et ce serait tomber d'une autre manière dans la naïve illusion de ceux qui croient élucider le jeu si compliqué et délicat des phénomènes mentaux en invoquant les neurones corticaux et les mouvements de protraction, rétraction, coaption, reptation et *tutti quanti*, de leurs prolongements dendritiques ou cylindraxiles. Aussi n'estimerai-je pas non plus avoir ajouté quoi que ce soit à l'explication du cycle martien en rappelant — ce qui va *a priori* sans dire pour la psychologie physiologique — que la sous-personnalité enfantine qui crée ce cycle doit être représentée, dans le cerveau de Mlle Smith, par des faisceaux de fibres ou un système d'associations dynamiques spéciales; lesquelles restent hors d'usage (ou se disloquent pour faire partie d'autres combinaisons) pendant que règne la personnalité actuelle et normale d'Hélène, mais recommencent à fonctionner plus ou moins complètement lorsqu'elle rentre dans son état martien. L'existence de ces corrélatifs anatomo-physiologiques de notre vie mentale va tellement de soi, mais leur représentation forcément vague et incertaine est tellement inutile pour l'intelligence des faits psychiques, qu'il devrait être une bonne fois convenu que cette mécanique cérébrale est toujours sous-entendue, mais qu'on n'en doit jamais parler tant qu'on n'a rien de plus précis à en dire.

J'ai à peine besoin d'ajouter, en terminant, que toute hypothèse spirite ou occulte quelconque me paraît absolument superflue et injustifiée dans le cas du martien de Mlle Smith. L'autosuggestibilité, mise en branle par certaines stimulations du milieu, comme on vient de le voir par l'histoire de l'ultramartien, suffit amplement à rendre compte de ce cycle tout entier.

CHAPITRE VIII

Le Cycle hindou.

Tandis que le roman martien est une œuvre de pure fantaisie, où l'imagination créatrice pouvait se donner libre carrière, n'ayant pas à redouter l'épreuve d'une vérification quelconque, le cycle hindou et celui de Marie-Antoinette, se mouvant dans un cadre terrestre déterminé, représentent un travail de reconstruction assujetti d'emblée à des conditions de milieux et d'époques très complexes. Rester dans les limites de la vraisemblance, ne pas commettre trop d'anachronismes, satisfaire aux exigences multiples de la logique et de l'esthétique, constituait une entreprise singulièrement périlleuse et en apparence au-dessus des forces d'une personne sans instruction spéciale en ces matières. Le génie subconscient de Mlle Smith s'en est acquitté d'une façon remarquable et y a déployé un sens vraiment fort délicat des possibilités historiques et de la couleur locale.

Le roman hindou, en particulier, reste pour ceux qui y ont assisté une énigme psychologique non encore résolue d'une façon satisfaisante, parce qu'il révèle et implique chez Hélène, relativement aux coutumes et aux langues de l'Orient, des connaissances dont il a été impossible de trouver jusqu'ici la source certaine. Tous les témoins des somnambulismes hindous de Mlle Smith qui ont une opinion à ce sujet (plusieurs s'abstiennent d'en avoir) sont d'accord pour y voir un curieux phénomène de cryptomnésie, de réapparitions de souvenirs profondément enfouis au-dessous de l'état de veille normal, avec une part indéterminée de broderies imaginatives sur ce canevas de données réelles. Mais sous ce nom de cryptomnésie ou résurrection de mémoires latentes, ils entendent deux choses singulièrement différentes. Pour moi il s'agit uniquement de souvenirs de sa vie présente, et je ne vois rien de supranormal dans tout cela ; car bien que je n'aie point encore réussi à trouver le mot de l'énigme, je ne doute pas de son existence, et je relèverai plus loin deux ou trois indices qui me paraissent appuyer mon idée que les notions asiatiques de Mlle Smith ont une origine toute ordinaire. Tant pis, d'ailleurs, ou tant mieux, si je me trompe. Pour les observateurs enclins au spiritisme, au contraire, la mémoire endormie qui se réveille en somnambulisme n'est rien de moins que celle d'une vie antérieure de Mlle Smith, et cette explication piquante, qui a d'abord été donnée par Léopold, bénéficie à leurs yeux de l'impossibilité de fait où je me trouve de prouver qu'il en soit autrement. On voit que nous sommes loin de nous entendre sur la question de méthode.

Sans doute, si l'on avait assisté à tous les incidents de la vie d'Hélène depuis sa tendre enfance, et que l'on eût la certitude que ses connaissances sur l'Inde ne lui ont pas été fournies du dehors par la voie normale des organes des sens, il faudrait bien chercher autre chose, et choisir entre les hypothèses d'une mémoire atavique héréditairement transmise à travers quinze générations, ou de communications télépathiques actuelles avec le cerveau de quelque savant indianiste, ou d'une réincarnation spirite, ou de je ne sais quoi encore. Mais nous n'en sommes pas là. Il n'y a rien de plus ignoré, dans les détails, que l'existence journalière de Mlle Smith dans son enfance et sa jeunesse. Or, quand on sait tous les tours dont est capable la mémoire subconsciente de la vie présente, on n'est pas scientifiquement fondé à recourir à une prétendue « antériorité », dont la seule garantie est l'autorité de Léopold (le martien a suffisamment montré le cas qu'on en peut faire), pour expliquer l'apparition somnambulique de choses totalement oubliées, je l'accorde, de Mlle Smith en son état de veille, mais dont l'origine a fort bien pu se nicher dans les recoins inconnus de sa vie écoulée (lectures, conversations, etc.).

La trame du roman hindou, que j'ai déjà sommairement indiquée à diverses reprises, est la suivante. Hélène Smith était, à la fin du XIVme siècle de notre ère, la fille d'un cheik arabe, peut-être nommé Pirux[1], qu'elle quitta pour devenir sous le nom de Simandini la onzième femme du prince Sivrouka Nayaca, dont j'ai l'honneur d'être la réincarnation actuelle (je prie une fois pour toutes le lecteur de bien vouloir excuser le rôle fort immodeste qui m'est dévolu malgré moi en cette affaire). Ce Sivrouka, qui régnait sur le Kanara et y bâtit en 1401 la forteresse de Tchandraguiri, ne paraît pas avoir été de caractère très accommodant; quoique pas mauvais au fond et assez attaché à son épouse préférée, il avait l'humeur farouche et des manières plutôt rudes. On ne saurait en attendre davantage d'un petit potentat asiatique de cette époque. Simandini ne l'en aimait pas moins avec passion, et à sa mort elle fut brûlée vive sur son bûcher, selon la mode du Malabar. Autour de ces deux personnages principaux apparaissent quelques figures secondaires, entre autres un fidèle domestique nommé Adèl et un petit singe, Mitidja, que Simandini avait emmenés avec elle d'Arabie aux Indes; puis le fakir Kanga, qui tient une beaucoup plus grande place dans le cycle martien, où on l'a vu réincarné

---

[1] Il subsiste quelque incertitude sur ce nom et son attribution au père de Simandini. (Voir p. 261).

en Astané, que dans le cycle hindou proprement dit. Quelques autres individus, tous masculins, Mougia, Miousa, Kangia, Kana, se montrent dans des rôles trop effacés pour qu'on en puisse rien dire de précis.

Les états hypnoïdes dans lesquels ce roman s'est manifesté chez Hélène présentent la plus grande variété et tous les degrés, depuis la veille parfaite (en apparence), momentanément traversée par quelque hallucination visuelle ou auditive dont le souvenir se conserve intact et permet une description détaillée, jusqu'au somnambulisme total avec amnésie au réveil, où se déroulent les scènes les plus frappantes d'extases et d'incarnations. On en verra divers exemples dans les pages suivantes.

I. Apparition et développement du cycle oriental.

Sans revenir sur les visions étranges, mais mal connues, qui hantaient déjà l'enfance et la jeunesse de Mlle Smith (v. p. 18), je retracerai les principales étapes de son roman asiatique depuis la naissance de sa médiumité.

Pendant les trois premières années, on n'assiste qu'à un petit nombre de manifestations de ce genre, aux séances du moins, car pour ce qui est des automatismes qui ont pu surgir à d'autres moments, surtout pendant la nuit ou l'état hypnagogique, nous n'en savons rien.

En *novembre 1892*, deux séances du groupe N. sont occupées par l'apparition d'une ville chinoise, Pékin au dire de la table, où un désincarné, parent d'une personne du groupe, se trouve remplir une mission auprès d'un enfant malade. [Cette irruption de la Chine là où on ne l'attendait guère est vraisemblablement due à l'influence d'un petit vase chinois qu'Hélène avait remarqué dans le salon de Mme B*** (dont j'ai parlé, p. 90). Mme B***, dans une visite que je lui fis, me montra d'elle-même cette potiche en me disant qu'Hélène, l'ayant aperçue un jour, l'avait prise et examinée avec curiosité en s'informant de sa provenance; c'est peu après cet incident que les visions chinoises se manifestèrent [1].]

---

[1] Mlle Smith, qui a toujours eu une prédilection pour les objets orientaux et n'en rencontre jamais un sans l'admirer, n'estime pas que ses visions chinoises se rattachent à la potiche de Mme B*** plus spécialement qu'à une foule d'autres.

Dans ses séances de 1894, Hélène eut à plusieurs reprises des visions détachées se rapportant à l'Orient, comme cela ressortait de leur contenu même ou des indications dictées par la table. C'est ainsi qu'elle vit Téhéran, puis le cimetière des missions à Tokat *(12 juin)* ; un cavalier à manteau de laine blanche et à turban, avec le nom d'Abderrhaman *(2 septembre)* ; enfin, un paysage oriental avec une cérémonie d'aspect bouddhique *(16 octobre)*. Cette dernière vision plus spécialement paraît être un signe avant-coureur du roman hindou, car on relève dans le procès-verbal de l'époque un ensemble de traits caractéristiques qui se retrouveront dans les scènes hindoues ultérieures : immense jardin de plantes exotiques, colonnades, allées de palmiers précédées d'énormes lions de pierre ; par terre de longs tapis aux magnifiques dessins ; niches, dômes de verdure, temple au milieu des arbres avec une statue comme un bouddha ; un cortège de 12 femmes en blanc, qui s'agenouillent tenant des lampes allumées ; au centre, une autre femme à cheveux très noirs se détache du cortège, balance une lampe et enflamme une poudre qu'elle venait de répandre sur une pierre blanche [la suite du roman permet de reconnaître en cette femme la première apparition de Simandini]. Mais c'est seulement 4 à 5 mois plus tard qu'a lieu dans tout son éclat le véritable épanouissement du rêve oriental.

17 février 1895. — A la fin d'une séance assez longue, Hélène s'étant rendormie après un premier réveil, la table dicte *Pirux cheik*, et répond à nos questions qu'il s'agit d'un cheik arabe du XVe siècle. A ce moment, Hélène se réveille définitivement en disant qu'elle vient de voir un homme à moustache noire et aux cheveux crépus, vêtu d'un burnous et d'un turban, qui avait l'air de ricaner et de se moquer d'elle. — L'épellation de *Pirux* a laissé à désirer comme netteté, et Léopold, interrogé ultérieurement, n'a jamais affirmé très catégoriquement (mais encore moins nié) que ce nom fût celui du cheik père de Simandini.

3 mars. — Séance où nous sommes six, ayant toutes nos mains sur la table. Après une courte attente, Hélène s'étonne de ne plus voir mon médius gauche, tandis qu'elle voit bien mes autres doigts. Mon trousseau de clefs, que je place sur mon médius, disparaît également à sa vue, bien qu'elle continue à entendre le bruit qu'il fait, ainsi que le tapotement que j'exécute contre la table avec ce doigt. Cette anesthésie systématique visuelle très limitée laisse prévoir, suivant de nombreux exemples des séances antérieures, que les phénomènes qui vont venir me concerneront. Bientôt commence une longue vision de scènes qu'Hélène croit avoir déjà vues en partie [c'est, en effet, une répétition très amplifiée de celle du 16 octobre précédent, dont aucun des assistants n'avait alors connaissance].

Elle décrit une pagode qu'elle dessine de la main gauche en quelques coups de crayon; puis une avenue de palmiers et de statues, des aloès, une procession et des cérémonies devant un autel, etc. Le rôle principal est joué par un personnage en sandales, à grande robe jaune et à casque d'or garni de pierreries [première apparition de Sivrouka], et par la femme à cheveux noirs et robe blanche déjà vue le 16 octobre [Simandinini].

Dans la première partie de la vision, Hélène qui suit cette femme de son regard extatique tout en nous la dépeignant, la voit se diriger de mon côté; mais comme, à ce moment, l'invisibilité de mon médius s'est généralisée à toute ma personne et qu'Hélène ne me voit ni ne m'entend plus, tandis qu'elle a pleinement conscience des autres assistants, elle s'étonne de voir cette femme faire « sur le vide » des gestes d'imposition et de bénédiction qui ont lieu sur ma tête. A plusieurs reprises je change de place et m'assieds en différents points de la chambre; chaque fois, au bout de peu de secondes, Hélène se tourne de mon côté et, sans m'apercevoir, voit la femme à cheveux noirs venir se placer derrière mon siège et répéter ses gestes de bénédiction dans l'espace à une hauteur correspondant à ma tête. Dans la suite de la vision, je ne parais plus jouer aucun rôle, et il s'agit d'une cérémonie où la femme hindoue, avec un diadème sur la tête, brûle de l'encens au milieu de ses 12 compagnes, etc. Pendant tout ce temps, la table, contre son habitude, n'a donné aucune explication; mais Hélène ayant elle-même posé quelques questions, remarque que cette femme imaginaire lui répond par des signes de tête, et lui révèle entre autres m'avoir connu dans une existence antérieure. Au moment de l'effacement de la vision, qui a duré plus d'une heure, Mlle Smith entend les mots : *A bientôt*. La suite, en effet, ne se fit pas longtemps attendre.

6 mars. — Répétition et continuation de la séance précédente, avec ce progrès que l'hallucination visuelle de la femme à cheveux noirs se change en hallucination cénesthésique totale, c'est-à-dire qu'au lieu d'une simple vision, il se produit une incarnation : Hélène devient elle-même cette femme et mime son rôle.

A peine la séance commencée, Mlle Smith cesse de nous entendre tout en continuant à nous voir, et nous dit : « Mais causez donc, parlez donc ! » Elle peut encore lire et comprendre ce que je lui communique par écrit, mais l'obnubilation va croissant. Elle paraît s'absorber dans quelque vision intérieure, et entre bientôt dans un somnambulisme au cours duquel elle vient se placer derrière le coin de canapé que j'occupe, pose ses mains sur ma tête en appuyant fortement, fait de vains efforts pour parler, puis lâche peu à peu ma tête, et levant majestueusement les bras au-dessus de moi comme pour me bénir, prononce tout à coup d'une voix grave et solennelle ces deux mots séparés par quelques soupirs : *Atiéyi... Ganapatinâmâ*. Après cette scène de bénédiction très impressionnante, elle se livre dans la chambre à une succession de pantomimes muettes où elle paraît assister à un spectacle effrayant et lutter avec des ennemis [scène du bûcher]. Elle finit par aller s'asseoir sur le divan, où elle recouvre son état normal après une série d'oscillations psychiques, attitudes diverses, réveils éphémères, retours de sommeil, etc. La dernière de ses phases mimiques consiste à arracher et à jeter loin d'elle tous les ornements que peut bien porter une princesse asiatique : bagues à tous ses doigts, bracelets aux poignets et aux bras, collier, diadème, boucles d'oreille, ceinture, anneaux à la cheville des pieds.

Une fois réveillée, elle n'a aucun souvenir de la scène de la bénédiction, mais se rappelle assez distinctement les rêves correspondants aux autres pantomimes : elle a revu la femme à cheveux noirs de la séance précédente, le paysage oriental, etc. Au cours de sa description, le passage de la simple vision à l'incarnation se reflète dans le changement de forme de son récit : elle nous parlait de cette femme à la 3me personne, et soudain elle adopte la 1re personne, et dit *je* pour raconter entre autres qu'elle — ou la femme à cheveux noirs — a vu un cadavre sur un bûcher, et que quatre hommes, contre lesquels elle s'est débattue, voulaient la forcer à monter sur ce bûcher. Quand j'attire son attention sur ce changement de style, elle répond qu'en effet il lui semblait être elle-même cette femme. Elle se souvient aussi de s'être réveillée un instant et de nous avoir entrevus et reconnus, tout en se voyant elle-même vêtue d'un costume oriental et parée de bijoux ; mais elle ne se rappelle pas la scène où elle s'est dépouillée de ces ornements.

Indépendamment du roman hindou, ces deux séances sont intéressantes au point de vue psychologique, parce qu'on y voit le changement de l'hallucination visuelle, objective, qui n'altère guère le sentiment de la réalité présente, en hallucination totale, cénesthésique et motrice, constituant une transformation complète du Moi. Cette généralisation de l'automatisme partiel au début, cet envahissement et cette absorption de la personnalité ordinaire par la personnalité subliminale, n'entraîne pas toujours l'amnésie chez Hélène, ce qui lui permet de décrire au réveil cette impression *sui generis* d'être soi et un autre, de voir devant ses yeux une personne qui agit et de sentir qu'elle ne fait qu'un avec cette personne. (Comp. p. 117).

On remarquera que dans le cas particulier de l'identification de la femme hindoue à cheveux noirs avec Mlle Hélène Smith de Genève, le problème de la connexion causale est susceptible de deux solutions inverses (et la même remarque serait également à sa place dans le cycle de Marie-Antoinette). Pour le croyant spirite, c'est parce que Mlle Smith est la réincarnation de Simandini — c'est-à-dire parce que ces deux personnages, malgré l'éloignement de leurs existences dans le temps et l'espace, sont substantiellement et métaphysiquement identiques — qu'elle redevient réellement Simandini, et se sent être princesse hindoue, dans certains états somnambuliques favorables. Pour le psychologue empirique, c'est au contraire parce que le souvenir visuel d'une femme hindoue (peu importe son origine) s'étend comme un parasite, gagne en surface et en profondeur à la façon d'une tache d'huile, et envahit toute la personnalité impressionnable et suggestible du médium, — c'est pour cela que Mlle Smith se sent devenir cette femme, et en conclut qu'elle l'a été jadis. (Voir p. 26-27 et la note p. 117.) Mais quittons cette digression pour revenir au développement du rêve hindou.

10 mars. — Après diverses visions éveillées se rapportant à d'autres sujets, Hélène entre en somnambulisme. Pendant vingt minutes elle reste assise les mains sur la table, par les coups frappés de laquelle Léopold nous informe qu'il se prépare une scène d'antériorité me concernant; que j'ai été jadis un prince hindou, et que Mlle Smith, bien avant son existence de Marie-Antoinette, se trouvait être alors ma femme et a été brûlée sur mon tombeau; que nous saurons ultérieurement, mais pas ce soir ni dans la prochaine séance, le nom de ce prince ainsi que l'endroit et la date de ces événements. Puis Hélène quitte la table et dans une pantomime muette d'une heure, dont le sens assez clair est confirmé par Léopold au moyen du petit doigt[1], elle joue, jusqu'au bout cette fois, la scène palpitante du bûcher ébauchée dans la séance précédente.

Elle avance lentement autour de la chambre, comme en résistant et entraînée malgré elle, tour à tour suppliante et se débattant

---

[1] M. Lemaître a publié, dans son récit de cette séance, une bonne partie de cette conversation entre les assistants et Léopold répondant par *oui* et *non*. (*Annales des Sciences psychiques*, t. VII, p. 84).

énergiquement contre les hommes fictifs qui la mènent à la mort. Tout à coup, se dressant sur la pointe des pieds, elle paraît monter sur le bûcher, cache avec effroi sa figure dans ses mains, recule de terreur, puis avance de nouveau comme poussée par derrière. Finalement elle s'abat brusquement de toute sa hauteur, et tombe à genoux devant un douillet fauteuil dans lequel elle enfonce son visage couvert de ses mains jointes. Elle sanglote violemment. Par le petit doigt, visible entre sa joue et le coussin du fauteuil, Léopold continue à répondre par des *oui* et *non* très nets à mes questions. C'est le moment où elle repasse son agonie dans les flammes du bûcher; les sanglots cessent peu à peu, la respiration devient de plus en plus haletante et superficielle, puis soudain s'arrête en expiration et reste suspendue pendant quelques secondes qui semblent interminables. C'est la fin! Le pouls est heureusement bon quoique un peu irrégulier; pendant que je le tâte, le souffle se rétablit par une profonde inspiration. Après quelques retours de sanglots, elle se calme et se relève lentement pour s'asseoir sur le canapé voisin. Cette scène du dénouement fatal, dans le fauteuil, a duré huit minutes. Après des alternances de sommeil, catalepsie, etc., durant près d'une demi-heure, elle s'éveille, se rappelant avoir revu en rêve le cadavre de l'homme étendu sur un bûcher, et la femme que des hommes forçaient à y monter contre son gré. — Il n'y eut rien d'oriental dans les séances suivantes, et le rêve hindou ne reprit que quatre semaines après.

7 avril. — Mlle Smith ne tarde pas à entrer dans un état mixte où son rêve hindou se mêle et se substitue, mais seulement en ce qui me concerne, au sentiment de la réalité présente. Elle me croit absent, demande aux autres assistants pourquoi je suis parti, puis se lève et vient tourner autour de moi en me considérant, toute surprise de voir ma place occupée par un étranger aux cheveux noirs frisés et au teint brun, vêtu d'une robe à larges manches, d'un beau bleu et à ornements d'or. Quand je lui adresse la parole, elle se détourne et paraît entendre ma voix du côté opposé, où elle va me chercher; lorsque j'y vais, elle me fuit, puis, quand je la suis de nouveau, elle revient au lieu que je viens de quitter. Après quelque temps de ce manège, elle cesse de se préoccuper de moi et de mon substitut frisé à robe bleue, pour tomber dans un état plus profond. Elle prend un regard de visionnaire, et décrit une sorte de château crénelé, sur une colline, où elle aperçoit et reconnait le personnage frisé de tout à l'heure, mais dans un autre costume et entouré d'hommes noirs très laids et de femmes « qui sont bien ». Interrogé sur le sens de cette vision, Léopold répond en épelant par le petit doigt: *La ville de Tchadraguiri dans le Kanaraau* (sic); puis il ajoute au bout d'un instant : *il y a une lettre de trop au dernier mot*, et finit par donner le nom de *Kanara* et par ajouter l'indication : *au quinzième siècle*. Au réveil de cet état somnambulique qui dure deux heures, y compris de longues périodes de silence où l'on ne sait quelles visions l'absorbent, Hélène se rappelle avoir rêvé d'un personnage frisé à robe bleue richement garnie de pierreries, avec un coutelas recourbé, en or, suspendu à une agrafe. Elle se souvient d'avoir soutenu avec lui une longue conversation dans une langue étrangère qu'elle comprenait et parlait elle-même fort bien, quoiqu'elle n'en sache plus le sens.

[Le curieux manège du début — dans lequel l'anesthésie systématique à mon égard et l'allochirie se combinaient avec une sorte de rapport attractif tardif, qui la faisait aller s'asseoir dans le coin de la chambre et sur le meuble que je venais de quitter — peut être considéré comme une autosuggestion due à la circonstance suivante : dans l'après-midi de ce même jour, Mlle Smith avait assisté à une séance de la Société Psychique de Genève, où le président s'était étendu sur le fait que « d'excellents somnambules peuvent retrouver dans une chambre l'influence des gens qui n'y sont plus, et les suivent comme à la piste, sentant en quelque sort leurs traces et voyant leur image fluidique sur les meubles où ils se sont arrêtés. »]

14 avril. — Bientôt profondément endormie, Mlle Smith quitte la table et se livre à une pantomime muette fort gracieuse, d'abord souriante, puis finissant dans la tristesse et par une scène de larmes. Le sens en est indiqué au fur et à mesure par Léopold agitant le pouce de la main gauche. Hélène est aux Indes, en son palais de Tchandraguiri dans le Kanara, *en 1401*, et elle reçoit les déclarations d'amour du personnage frisé qui est le prince *Sivrouka Nayaka*, auquel elle est mariée depuis un an environ. Le prince s'est jeté à ses genoux, mais il lui inspire une certaine frayeur, et elle est encore en proie au chagrin d'avoir dû quitter son pays natal pour le suivre. Léopold affirme qu'elle se souviendra au réveil, en français, de tout ce que le prince lui dit en sanscrit, et qu'elle nous en répétera une partie, mais pas tout, parce que cela est trop intime. — Après le réveil, elle paraît, en effet, se rappeler nettement tout son rêve et nous raconte qu'elle se trouvait sur une colline, où l'on bâtissait ; ce n'était pas précisément une ville, ni même un village, car il n'y avait pas de rues ; c'était plutôt un endroit isolé, dans la campagne, et ce que l'on construisait n'avait pas la forme d'une maison ; il y avait des trous plutôt que des fenêtres [forteresse et meurtrières]. Elle s'est trouvée dans un palais fort beau à l'intérieur, mais pas à l'extérieur. Il y avait une grande salle garnie de verdure avec, au fond, un grand escalier flanqué de statues d'or. Elle s'y est longuement entretenue, pas en français, avec le personnage basané aux cheveux noirs frisés et au magnifique costume; il a fini par monter l'escalier, mais elle ne l'a pas suivi. Elle paraît se rappeler fort bien le sens de tout ce qu'il lui a dit dans leur conversation en langue étrangère, mais elle semble embarrassée à ces souvenirs et ne consent pas à nous en raconter quoi que ce soit.

26 mai. — Au cours de cette séance, comme Hélène dans un somnambulisme muet incarne la princesse hindoue, je lui tends une feuille de papier et un crayon dans l'espoir d'obtenir quelque texte ou dessin. Après diverses péripéties, elle y trace l'unique mot *Simadini* en lettres qui ne rappellent point du tout son écriture habituelle (v. fig. 34). Puis, prenant une autre feuille toute blanche, elle paraît la lire avec un sourire de bonheur, la plie soigneusement et la glisse dans son corsage, l'en retire et la relit avec ravissement, etc. Léopold nous apprend par le petit doigt

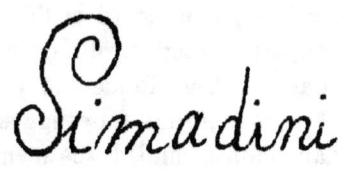

Fig. 34.

que Simadini est le nom de la princesse hindoue, et qu'elle lit une lettre d'amour de Sivrouka. Au réveil, elle se souvient d'avoir été « dans un palais tellement beau », et d'y avoir reçu une lettre très intéressante, mais dont elle refuse de nous dire le contenu, évidemment trop intime.

— J'intercale ici deux remarques à propos du nom de Simadini, qui est un des premiers exemples connus d'une écriture de Mlle Smith autre que son écriture normale. 1° Lorsque, quatre mois plus tard, Léopold commença à se communiquer graphiquement (p. 96-99), une certaine analogie dans la formation des lettres, et la tenue de crayon identique, firent penser que c'était déjà lui qui avait tracé le mot de la fig. 34. Mais il le nia toujours, et l'on n'a jamais pu en savoir l'auteur. 2° J'ai dit plus haut (p. 199) qu'il y a eu des données divergentes sur l'orthographe de ce nom. Voici, en effet, un fragment d'une lettre que Mlle Smith m'écrivit l'hiver suivant (18 février 1896); c'était au surlendemain d'une séance mal réussie (v. p. 153), et elle me dépeignait les impressions fâcheuses qui lui en étaient restées :

« ... Je suis toute triste et ne puis dire pourquoi; j'ai le cœur gros, et de quoi je ne le sais moi-même. C'est au point qu'aujourd'hui (vous allez rire) il me semblait que ma joue gauche avait maigri! Je suis sûre qu'à ce moment vous n'auriez pas reconnu Simadini, tant son visage était piteux et découragé. — Pensez qu'à cet instant même où je vous trace ces mots, j'entends comme une voix qui me dit dans mon oreille droite : *Non pas Simadini, mais Simandini!* — Que pensez-vous que cela peut être ? C'est bien drôle, n'est-ce pas ? Aurions-nous mal compris ce nom ? Ou bien n'est-ce peut-être que moi qui l'avais mal compris ?... »

Mlle Smith oublie ici que ce nom ne lui est point venu la première fois en hallucination auditive, auquel cas on pourrait admettre qu'elle l'a en effet mal compris, mais par écrit, en somnambulisme, ce qui exclut toute méprise de sa conscience ordinaire. Il faut se borner à enregistrer comme un fait, inexpliqué jusqu'ici, cette correction d'un automatisme graphique par un automatisme auditif au bout de plusieurs mois. Entre les deux orthographes, j'ai adopté la seconde, qui n'a plus subi de changements et figure seule dans les textes martiens (10, 16). —

16 juin. — Répétition amplifiée de la scène de la lettre du prince hindou. Impossible d'en savoir le contenu ; je lui suggère de s'en souvenir et de nous le raconter au réveil, mais Léopold réplique en épelant : *Elle ne le dira pas ; que n'avez-vous assez gagné sa confiance afin qu'elle vous dise tout sans crainte !* et la suggestion reste sans effet.

30 juin. — Somnambulisme avec pantomime muette dont le sens est indiqué par Léopold. C'est la scène des fiançailles de Simandini et Sivrouka à Tchandraguiri. Il y a d'abord une phase d'oppression et soupirs avec gestes de lutte contre divers prétendants qui veulent s'emparer d'elle ; puis sourires et extase, provoqués par l'arrivée de Sivrouka qui la délivre et chasse ses rivaux ; enfin, joie et admiration en acceptant les fleurs et les bijoux qu'il lui offre.

J'ai rapporté, trop longuement peut-être, quoique très en abrégé, ces premières apparitions du roman oriental parce qu'elles forment un enchaînement assez suivi, en sens inverse de l'ordre chronologique, conformément à une théorie spirite qui veut que dans ces souvenirs d'existences antérieures la mémoire médianimique remonte le cours du temps, et retrouve les « images » des événements les plus récents avant celles des plus anciens[1]. Pendant

---

[1] Cette théorie (dont j'ignore si elle est très répandue en dehors des cercles locaux où je l'ai rencontrée) pourrait avoir un fondement psychologique réel. On sait que MM. Breuer et Freud dans leur méthode cathartique — qui consiste à réveiller, pour leur donner un libre cours émotionnel, les souvenirs latents des traumatismes psychiques subis par leurs malades — retrouvent d'abord les incidents les plus récents et remontent graduellement aux plus anciens. Il se peut que quelque chose d'analogue ait lieu chez les médiums à romans d'antériorité. Si l'histoire s'est élaborée, dans leurs rêveries subconscientes, en suivant le cours normal des événements, on comprend qu'une fois achevée elle se dévide en sens inverse dans les séances, qui sont une sorte d'exutoire ou de catharsis naturelle pour ces amas subliminaux.

cette première période de quatre mois, le cycle hindou a fait irruption dans huit séances (sur une vingtaine environ auxquelles j'ai assisté ou dont j'ai eu connaissance), et s'est manifesté un peu comme une histoire de lanterne magique se déroulant en tableaux successifs, dont la netteté n'est pas parfaite d'emblée, mais subit les tâtonnements de la mise au point. Les scènes du roman ne se répartissent pas exactement sur les diverses séances, mais empiètent souvent sur plusieurs, s'ébauchant volontiers en de simples visions, avant d'atteindre leur perfection de concrète et vivante réalité dans une scène de personnification somnambulique.

On peut résumer toute cette histoire en un petit nombre de tableaux principaux. Il y a eu la scène de la mort sur le bûcher, préparée en vision dans la séance du 6 mars et exécutée le 10 ; puis la scène d'intérieur dans le palais et la forteresse en construction (7 et 14 avril) ; celle de la lettre d'amour (26 mai et 16 juin) ; enfin, les fiançailles (30 juin). Il y faut joindre, à titre de couronnement en quelque sorte symbolique et supérieur au cadre historique, le grand tableau du début, d'abord présenté en vision le 3 mars, puis réalisé trois jours après avec l'étonnante exclamation *Atièyâ Ganapatinâmâ*. Le sens de cette scène n'a jamais été indiqué par Léopold, mais paraît assez clair. On y peut voir une espèce de prologue, pour ne pas dire d'apothéose, inaugurant tout le roman : c'est la princesse hindoue d'il y a cinq siècles, reconnaissant son seigneur et maître en chair et en os, sous la forme imprévue d'un professeur universitaire qu'elle salue avec une emphase toute orientale en le bénissant, fort à propos, au nom de la divinité de la science et de la sagesse — puisque *Ganapati* est un équivalent de Ganesâ, le dieu à tête d'éléphant, patron des sages et des savants.

On conçoit que ces deux mots de résonnance exotique, prononcés à haute voix à une époque où le martien n'était point encore né — et suivis de toutes les conversations, malheureusement muettes pour nous, qu'au réveil des séances subséquentes Hélène se rappelait avoir eues en langue étrangère (en *sanscrit* selon Léopold) avec le prince hindou de ses rêves — suscitèrent une vive curiosité et le désir d'obtenir de plus longs fragments audibles de cet idiome inconnu. Ce n'est qu'en septembre 1895 qu'on eut cette satisfaction, dans une séance où le roman oriental, qui n'avait plus donné signe de vie depuis le mois de juin, fit une nouvelle explosion. A partir de ce moment, il n'a plus cessé, pendant ces quatre années, de reparaître avec une abondance inégale et des éclipses plus ou moins longues, accompagné presque chaque fois de paroles d'un aspect sanscritoïde. Mais la trame du roman n'a plus la même netteté qu'au début. Au lieu de tableaux s'enchaînant dans un ordre chronologique régulier, ce ne sont plus que des réminiscences souvent confuses, des souvenirs sans liens précis entre eux, qui jaillissent de la mémoire de Simandini. Comme les lambeaux de nos jeunes années surgissant incohérents et pêle-mêle dans nos rêves, ainsi Mlle Smith se trouve facilement assaillie, dans ses somnambulismes, par des visions se rapportant à des épisodes quelconques, et ne formant point un tout suivi, de son existence asiatique supposée.

Quelques-unes de ces scènes concernent sa vie de jeune fille en Arabie. On la voit, par exemple, jouant gracieusement avec son petit singe Mitidja ; ou copiant un texte arabe (v. fig. 35, p. 289) que lui présente son père, le cheik, au milieu de sa tribu ; ou s'embarquant sur un navire étranger, escortée de noirs hindous, pour sa nouvelle patrie ; etc. Mais de beaucoup le plus grand nombre de ses trances somnambuliques ou de ses visions spontanées ont trait à sa vie dans l'Inde et aux détails de son existence quotidienne. Son bain que lui prépare le fidèle serviteur Adèl ; ses promenades et rêveries dans les splendides jardins du palais, tout remplis d'une luxuriante végétation et d'oiseaux rares aux éclatantes couleurs ; ses scènes de tendresse et de doux épanchements — toujours empreintes, cela est à noter, de la plus parfaite convenance — vis-à-vis du prince Sivrouka quand il est bien disposé, scènes de chagrin aussi, et de larmes abondantes au souvenir de la patrie absente, lorsque l'humeur capricieuse et brutale du despote oriental se fait trop durement sentir; les moments de jeux enfantins avec Mitidja, les conversations avec le fakir Kanga ; les dévotions et cérémonies religieuses devant quelque statue bouddhique, etc.; tout cela forme un ensemble extrêmement varié et plein de couleur locale. Il y a dans tout l'être de Simandini, dans l'expression de sa physionomie (Hélène a presque toujours les yeux grands ouverts dans ce somnambulisme), dans ses mouvements, dans son timbre de voix lorsqu'elle parle ou chante « hindou », une grâce paresseuse, un abandon, une douceur mélancolique, un quelque chose de langoureux et de charmeur qui répond à merveille au caractère de l'Orient, tel que le conçoivent les spectateurs qui, comme moi, n'y ont jamais été. Avec cela un maintien toujours plein de noblesse et de dignité, conforme à ce que l'on peut attendre d'une princesse; pas de danses, par exemple, ni rien de la bayadère.

Mlle Smith est vraiment très remarquable dans ses somnambulismes hindous. La façon dont Simandini s'assied à terre, les jambes croisées, ou à demi-étendue, nonchalamment appuyée du bras ou de la tête contre un Sivrouka tantôt réel (lorsque dans sa trance incomplète elle me prend pour son prince), tantôt imaginaire (auquel cas il lui arrive de se tenir accoudée dans le vide en des poses d'équilibre invraisemblable, impliquant des contractures de clown); la religieuse et solennelle gravité de ses prosternements lorsqu'après avoir longtemps balancé la cassolette fictive, elle croise sur sa poitrine ses mains étendues, s'agenouille et par trois fois s'incline, le front frappant le sol ; la suavité mélancolique de ses chants en mineur, mélopées traînantes et plaintives, qui se déroulent avec des notes flûtées se prolongeant en un lent decrescendo et ne s'éteignant parfois qu'au bout de 14 secondes d'une seule tenue ; la souplesse agile de ses mouvements ondoyants et serpentins lorsqu'elle s'amuse avec son singe imaginaire, le caresse, l'embrasse, l'excite ou le gronde en riant et lui fait répéter tous ses tours ; — toute cette mimique si diverse et ce parler exotique ont un tel cachet d'originalité, d'aisance, de naturel, qu'on se demande avec stupéfaction d'où vient, à cette fille des rives du Léman, sans éducation artistique ni connaissances spéciales de l'Orient, une perfection de jeu à laquelle la meilleure actrice n'atteindrait sans doute qu'au prix d'études prolongées ou d'un séjour au bord du Gange [1].

Le problème, ai-je déjà dit, n'est pas résolu, et j'en suis encore à chercher d'où Hélène Smith a tiré ses notions sur l'Inde. Il semble que le plus simple serait de profiter de l'état hypnotique des séances pour confesser la mémoire subconsciente d'Hélène et l'amener à livrer ses secrets, mais mes essais dans ce sens n'ont pas encore abouti. C'est sans doute inhabileté de ma part, et je finirai peut-être, ou quelqu'un de mieux avisé, par trouver le joint. Le fait est que jusqu'ici je me suis toujours heurté à Léopold, qui ne se laisse pas évincer ou berner comme le bon diable du pauvre Achille de M. Janet [2], et qui n'a jamais cessé d'affirmer que le sanscrit, Simandini, et le reste, sont authentiques. Quant aux renseignements extérieurs, ils manquent entièrement. Toutes les pistes que j'ai cru découvrir, et elles sont déjà nombreuses, se sont trouvées fausses ; le lecteur me dispensera de lui détailler mes insuccès.

S'il ne s'agissait que de la pantomime hindoue, le mystère serait moindre. Quelques récits entendus à l'école, ou

---

[1] La description précédente ne s'applique naturellement qu'aux bonnes séances, où rien ne trouble le développement du rêve hindou dans toute sa pureté. Mais souvent le somnambulisme n'est pas assez profond ni franc ; de vagues souvenirs de la vie réelle, l'influence du roman martien, de Marie-Antoinette, ou des visions relatives aux assistants, etc., viennent interférer avec le cycle oriental ; on assiste alors à des scènes mixtes et confuses, où ces diverses chaînes d'images hétérogènes s'entrecroisent et se paralysent mutuellement.

[2] *Névroses et idées fixes*, I, 375.

lus dans des feuilletons, sur l'incinération des veuves du Malabar; des gravures et descriptions relatives à la vie civile et religieuse de l'Inde, etc., bref les informations variées qui, dans notre pays et à notre époque de cosmopolitisme, arrivent une fois ou l'autre aux yeux ou aux oreilles d'un chacun et font partie du bagage (conscient ou subconscient) de tout individu qui n'est pas absolument inculte, — voilà plus qu'il n'en faut, à la rigueur, pour expliquer la scène du bûcher, les prosternements, et tant d'attitudes diverses, voire même le caractère musical des chants et les dehors sanscritoïdes de la langue. Il y a, en effet, des exemples célèbres montrant combien peu de chose suffit à une intelligence déliée, doublée d'une forte mémoire et d'une imagination fertile et plastique, pour reconstituer ou fabriquer de toutes pièces un édifice complexe, ayant les apparences de l'authenticité et capable de tenir longtemps en échec la perspicacité des connaisseurs eux-mêmes. Or ce que le travail conscient et réfléchi est arrivé à faire dans ces cas-là, les facultés subliminales peuvent l'exécuter à un bien plus haut degré de perfection encore chez les sujets à dispositions automatiques.

J'ai rappelé plus haut (p. 93) avec quelle virtuosité un sujet hypnotisé réalise le type qu'on lui prescrit, et devient en un clin d'œil pompier, nourrice, vieillard, lapin et ce que l'on voudra, par une extraordinaire et subite concrétion de toutes les images ou connaissances emmagasinées en lui et se rapportant au rôle en question. Et cependant ce n'est pas le sujet qui a choisi son personnage, c'est l'hypnotiseur qui le lui impose du dehors sans souci de ses préférences ou de ses aptitudes naturelles. Si, malgré cette contrainte, l'imagination hypnotique ne se trouve pour ainsi dire jamais prise au dépourvu, et si elle tire instantanément le plus excellent parti des données souvent bien maigres qu'elle possède relativement au thème imposé, — faut-il encore s'étonner de la perfection à laquelle peut atteindre la réalisation d'un type que le Moi subconscient a librement adopté parce qu'il répond à ses goûts et à ses inclinations, et pour l'exécution duquel il a eu le loisir de trier et de conserver, au cours des années, les matériaux qui se rapportaient spécialement à son dessein, parmi tous ceux que lui offraient les expériences quotidiennes ?

Personne n'a ordonné à Mlle Smith de jouer le rôle somnambulique d'une princesse hindoue ou d'une reine de France, comme M. Richet ordonnait à Mme B. de se transformer en prêtre ou en général. Si donc elle devient Simandini ou Marie-Antoinette en somnambulisme, c'est bien que ces figures plutôt que d'autres répondent à ses inclinations congénitales, expriment ses tendances latentes, incarnent une tournure ou un idéal secret de son être. Nul doute, par conséquent, que la sélection instinctive que chaque être vivant fait constamment au milieu des impressions de tout genre qui l'assaillent, — remarquant et retenant les unes, laissant échapper les autres, conformément à ses aptitudes innées, à son caractère et son tempérament, à toute son individualité en un mot, — nul doute que cette sélection ne se soit effectuée chez Mlle Smith suivant cette même tendance, cette même tournure d'esprit qui devait plus tard déterminer le choix de ses incarnations somnambuliques. Si elle personnifie si admirablement la princesse hindoue, c'est que depuis toute petite, comme l'aimant attire la limaille perdue dans la poussière, elle a instinctivement noté et enregistré tout ce qui, dans les mille rencontres de chaque jour, se rapportait à l'Orient. Bribes de conversations, coup d'œil aux étalages, récits de missions, journaux illustrés, touristes étrangers aperçus dans la rue, affiches et spectacles forains peut-être, que sais-je encore, ces innombrables formes de l'école buissonnière auxquelles nous devons tout ce que l'école officielle ne nous apprend pas, c'est-à-dire les neuf dixièmes de ce que nous possédons réellement, — voilà les sources auxquelles Hélène a parfaitement pu puiser sans s'en douter cette très remarquable connaissance de l'Inde qui inspire ses somnambulismes asiatiques.

Inversément, si elle a glané autour d'elle et soigneusement emmagasiné cela spécialement qui sentait l'exotisme, n'ayant par contre ni attention, ni mémoire, pour ce qui concernait, par exemple, l'allemand ou les mathématiques, c'est que telle était sa nature et la pente originelle de son esprit. Le caractère individuel, qu'il soit l'œuvre de l'hérédité, du hasard, ou d'une libre détermination pré-empirique à la façon de Schopenhauer, est une notion ultime, au delà de laquelle on ne remonte pas, dans nos sciences expérimentales. Je veux bien que l'on y voie le legs d'une existence antérieure, ce qui ne fait, du reste, que reculer la difficulté. Mais même en admettant — hypothèse agréablement poétique — que Mlle Smith fut réellement princesse arabo-hindoue au XVme siècle pour expliquer son goût si vif, j'allais dire sa nostalgie, des splendeurs orientales dans sa fade existence genevoise d'aujourd'hui, il n'en est pas moins évident que ce goût suffit à rendre compte d'abord du triage qu'elle a fait à son insu, dans le milieu ambiant, de tout ce qui pouvait alimenter son rêve exotique, puis de la mise en œuvre de ces matériaux, sous la forme du roman hindou, dans ses états hypnoïdes favorisés par les séances de spiritisme. Point n'est donc besoin de véritables et authentiques réminiscences d'une vie antérieure, de la réapparition mystérieuse de souvenirs concrets d'il y a cinq siècles, pour expliquer la création du type de Simandini, dont il est à mon sens beaucoup plus équitable de faire directement honneur à l'exubérante fantaisie subliminale de Mlle Smith.

Mais il reste deux points qui compliquent le cas du roman hindou et semblent défier, jusqu'ici du moins, toute explication normale, parce qu'ils dépassent les limites d'un pur jeu d'imagination. Ce sont les renseignements *historiques* précis donnés par Léopold, dont on a pu, en un certain sens, vérifier quelques-uns; et la *langue* hindoue parlée par Simandini, qui renferme des mots plus ou moins reconnaissables dont le sens réel s'adapte à la situation où ils ont été prononcés. Or, si l'imagination d'Hélène peut avoir reconstruit, d'après les informations générales flottant en quelque sorte dans notre atmosphère de pays civilisé, les mœurs, usages et scènes de l'Orient, on ne voit pas d'où a pu lui venir la connaissance de la langue et de certains épisodes peu marquants de l'histoire de l'Inde. Ces deux points méritent d'être examinés à part.

II. Sivrouka et M. de Marlès.

Ce n'est pas de chance, quand on fut toujours brouillé avec l'histoire et la géographie comme je le suis, de tomber sur un médium dont le subliminal est bourré des connaissances les plus rares et les plus subtiles en ce domaine. Lorsque le Kanara, Sivrouka, Simandini, etc., firent successivement leur apparition, lentement épelés par Léopold, avec la date de 1401, mes compagnons de séance et moi nous nous précipitâmes sur Bouillet, qui nous remit en mémoire la province du Malabar relative au premier de ces noms, mais nous laissa dans la plus complète obscurité quant au reste. La Géographie de Vivien de Saint-Martin me révéla ensuite l'existence de trois Tchandraghiri, un col, une rivière, et une petite ville du district d'Arcot-Nord (Madras). Cette dernière, ou plutôt sa citadelle au sommet d'une colline, répondait assez bien à la description d'Hélène dans ses visions du 7 et du 14 avril, mais la construction de ce fort ne daterait que de 1510 au lieu de 1401, et cette localité serait bien éloignée du Kanara où Léopold plaçait toute cette histoire (voir p. 265 à 267).

Quant à Sivrouka et son entourage, ni dictionnaires ni encyclopédies ne me fournirent le moindre indice à ce sujet. Les historiens ou orientalistes vivants auxquels je m'adressai furent d'une désolante unanimité à me répondre qu'ils ne connaissaient point ces noms, dont l'exactitude historique leur paraissait douteuse et qu'ils ne se souvenaient pas davantage d'avoir rencontrés dans des œuvres d'imagination.

« J'ai là, me dit un savant professeur d'histoire en me montrant un respectable carton, de nombreux documents sur l'histoire de l'Inde; mais cela ne concerne que le nord de la Péninsule, et de ce qui a pu se passer dans le sud, à l'époque dont vous me parlez, nous ne savons quasi rien. Vos noms me sont inconnus et ne me rappellent aucun personnage réel ou fictif. »

« Le nom même de Sivrouka me semble bizarre pour un nom hindou », me répondit un autre qui ne put m'en dire davantage à ce sujet.

« Je regrette vivement, écrivit un troisième au reçu des textes d'Hélène, de ne pas voir de piste pour les souvenirs de votre médium. Je n'imagine aucun livre qui réponde aux données... Tchandraghiri et Mangalore [où se passent plusieurs scènes du cycle hindou] sont exacts, mais Madras [id.] ne l'est pas pour 1401 : le nom et l'établissement ne remontent qu'au XVIIme siècle. Ces pays dépendaient alors du royaume de Vijayanagara et un naïk au service de ces princes aurait bien pu résider successivement à Tchandraghiri et à Mangalore. Je ne puis rien faire de Sivrouka; le roi de Vijayanagara en 1402 était Bukkha II, or Bukka donnerait Siribukkha, Tiribukkha. Mais le naïk qui changeait si souvent de résidence n'était pas, évidemment, un prince souverain... Etait-ce un roman ? Certains détails m'en font douter. Un romancier assez soucieux de la couleur locale pour introduire dans son récit autant de mots indiens n'aurait pas donné le titre du prince sous la forme sanscrite *nayaka*, mais se serait servi de la forme vulgaire *naïk* ; il n'aurait pas fait parler la femme au mari en le nommant par son nom Sivrouka [comme Hélène le fait constamment dans ce somnambulisme]... Je n'ai pas souvenir d'avoir rien lu dans ce genre et je ne vois pas d'ouvrage d'imagination d'où l'histoire aurait pu être tirée. »

On comprend si j'étais vexé de ne pouvoir tirer au clair mon antériorité asiatique présumée. Aussi, pendant que la science officielle m'administrait ces douches réfrigérantes, je continuais à fouiner de mon côté dans les bibliothèques à ma disposition. Et voici qu'un beau jour le hasard me fit tomber, dans une vieille histoire de l'Inde en six volumes par un nommé de Marlès, sur le passage suivant :

« Le Kanarà et les provinces limitrophes du côté de Delhy peuvent être regardés comme la Géorgie de l'Hindoustan ; c'est là, dit-on, qu'on trouve les plus belles femmes, aussi les naturels s'en montrent-ils fort jaloux ; ils les laissent peu voir aux étrangers.

« Tchandraguiri, dont le nom signifie *montagne de la lune*, est une vaste forteresse construite en 1401 par le rajah Sivrouka-Nayaca. Ce prince ainsi que ses successeurs furent de la secte des Djaïns... »[1].

Enfin ! avec quel battement de cœur n'écarquillai-je pas mes yeux devant cette preuve historique irréfutable que ma précédente incarnation, sous le beau ciel de l'Inde, n'était point un mythe ! Je m'en sentis tout réchauffé, je relus vingt fois ces lignes bénies, et j'en pris copie pour les envoyer à ces prétendus savants qui ignoraient jusqu'au nom de Sivrouka et se permettaient de mettre en doute sa réalité.

Hélas, mon triomphe fut de courte durée. Il paraît que la garantie de Marlès n'est pas de premier ordre. Cet auteur ne jouit même que d'une assez mince considération dans les cercles bien informés, à en juger par le passage suivant d'une lettre de M. Barth, qui ne fait qu'exprimer sous une forme alerte et vive une opinion que d'autres spécialistes m'ont également confirmée :

---

[1] De Marlès, *Histoire générale de l'Inde ancienne et moderne, depuis l'an 2000 avant J.-C. jusqu'à nos jours*, etc. Paris 1828, T. I, p. 268-269.

« ... C'est par la note de M. Flournoy que j'apprends qu'il y a une histoire de l'Inde par de Marlès, que le fort de Candragiri a été fondé en 1401, et que le fondateur, Sivrouka-Nayaca, existe imprimé en caractères romains, à Paris même, depuis 1828. Que de choses nouvelles dans les livres qu'on ne consulte plus! Et celui de Marlès est bien un de ceux qu'on ne consulte plus. Je l'ai déterré hier à la Bibliothèque de l'Institut. Impossible de plus mal faire, même en 1828. Mais il y a parfois des perles dans un fumier, et ce Sivrouka-Nayaca peut en être une. Malheureusement, l'auteur, qui n'indique jamais aucune source, ne dit pas où il l'a pris ; et, plus tard, dans son 4ᵐᵉ volume, où il fait l'histoire du XIIᵐᵉ au XVIᵐᵉ siècle, il ne dit plus un mot ni de Candragiri, ni de Sivrouka. »

Voilà mon existence hindoue terriblement mal en point, et ce pauvre Marlès bien arrangé! Il me reste toutefois l'espoir que son renseignement, quoique non reproduit par les écrivains postérieurs plus estimés, soit cependant vrai en soi. Cela est d'autant plus possible que la science n'a pas encore dit son dernier mot en ce domaine, à peine son premier, s'il faut en croire les hommes les plus compétents, à commencer par M. Barth lui-même :

« Jusqu'à ce jour, dit-il, il n'y a pas de véritable histoire du Sud de la péninsule... L'Inde dravidienne est un domaine très peu familier à la plupart des indianistes... Il n'y a rien à tirer pour nous des travaux et des monographies qu'on a faits sur les chroniques et traditions légendaires indigènes; car il faudrait savoir les langues dravidiennes d'une part, et l'arabe et le persan d'autre part, pour pouvoir les contrôler ou seulement les consulter avec fruit. Les seuls travaux que nous puissions suivre sont ceux qui sont en train de faire cette histoire par les documents épigraphiques ; or, ceux-ci, jusqu'à présent, ne disent rien de Simandini, d'Adèl, de Mitidja, ni même de Sivrouka. »

Ce silence de l'épigraphie est assurément regrettable ; mais qui sait si elle ne sortira pas quelque jour de son mutisme pour donner raison à Marlès — et même à Léopold, en nous racontant l'histoire authentique de la princesse hindoue, de son singe arabe et de son esclave Adèl! Cela ne coûte rien d'espérer. Déjà, grâce à M. Barth encore, dont M. L. Favre a bien voulu me transmettre les renseignements, j'ai eu connaissance d'un autre Tchandraghiri que celui du district de North-Arcot mentionné par Vivien de St-Martin, à savoir un Tchandraghiri situé dans le South-Kanara, et dans le fort duquel on a signalé une inscription inédite qui doit remonter au temps du roi Harihara II de Vijayanagara, qui a régné jusqu'au commencement du XVme siècle[1]. Voilà qui nous rapproche joliment des révélations somnambuliques de Mlle Smith. En attendant leur confirmation définitive par de nouvelles découvertes archéologiques, on pourrait rechercher des vestiges de Sivrouka dans les ouvrages antérieurs d'où Marlès a dû le tirer. Malheureusement, ces ouvrages ne se trouvent pas à volonté et sont peu commodes à consulter. M. le prof. Michel, de l'Université de Liège, a eu l'extrême obligeance de parcourir à mon intention ceux de Buchanan[2] et de Rennell[3], mais sans résultat :

« Je me trouve avoir dans ma bibliothèque l'ouvrage de Buchanan ; je l'avais examiné rapidement... je viens de parcourir de nouveau une bonne partie de ces trois in-4⁰ et j'ai acquis la conviction que Marlès ne s'est pas servi de cet ouvrage. Je relève en passant un raja *Sivuppa-Nayaka*, que Buchanan place au XVIIme siècle, et dont le nom a quelque analogie avec votre mystérieux personnage... J'ai parcouru aussi la description géographique et historique de l'Indostan par James Rennell, que Marlès cite dans sa préface ; je n'y ai rien trouvé. »

Si Marlès n'a pas inventé Sivrouka de toutes pièces, ce qui n'est pourtant guère supposable, c'est très probablement dans la traduction de Férishta par Dow[4] qu'il l'a trouvé. Je n'ai malheureusement pas encore pu consulter moi-même cet ouvrage assez rare, qui ne se trouve point

---

[1] Rob. Sewell, *Lists of antiquarian remains in the Presidency of Madras.* vol. I. 1882, p. 238. (Citation due à M. Barth. Je n'ai pas pu consulter cet ouvrage.)

[2] Buchanan, *A journey from Madras trough the countries of Mysore, Canara and Malabar*, etc. 3 vol. 4°, Londres 1807.

[3] Jam. Rennell, *Description historique et géographique de l'Indostan*. Trad. de l'anglais. Paris an VIII (1800), 3 vol. 8° et atlas 4°.

[4] Dow, *History of Hindustan*, transl. from the persian of Ferishta. Londres, 1803. — M. Michel me signale Wilks, *Historical sketches of the south of India*, Londres, 1810, comme ayant aussi pu servir de source à Marlès. — Si quelque lecteur érudit découvrait des traces quelconques de Sivrouka antérieures à Marlès, je lui serai fort reconnaissant de me les communiquer.

à Genève que je sache, ni obtenir des renseignements précis sur son contenu.

L'incertitude qui plane sur le problème historique s'étend naturellement au problème psychologique. Il est clair que si des inscriptions, ou simplement quelque vieil ouvrage, venaient un jour nous parler non seulement de Sivrouka, mais de Simandini, d'Adèl, et d'autres personnages qui figurent dans le roman hindou d'Hélène, mais dont Marlès ne souffle pas mot, il n'y aurait pas à se préoccuper davantage de ce dernier auteur, et la question se poserait : Mlle Smith a-t-elle pu avoir connaissance de ces documents antérieurs, et si non, comment leur contenu reparaît-il dans son somnambulisme ? Mais en l'état actuel des choses, et toutes réserves faites quant aux surprises possibles de l'avenir, je n'hésite pas à considérer comme la supposition la plus probable et la plus rationnelle, que c'est bien le passage de Marlès, cité ci-dessus, qui a fourni à la mémoire subliminale d'Hélène la date précise de 1401 et les trois noms de la province, de la forteresse et du rajah.

Divers autres traits des visions de Mlle Smith trahissent également la même inspiration. La scène où elle voit bâtir, et sa description de ce qu'on bâtissait, découlent directement de l'idée de forteresse fournie par le texte. La traduction *montagne de la lune* a dû contribuer à lui faire placer cette scène sur une colline. La beauté des femmes du pays, sur laquelle insiste Marlès, a son écho dans la remarque d'Hélène que les femmes qu'elle aperçoit « sont bien ». Enfin, la qualité princière de Sivrouka, relevée par Marlès, se retrouve tout le long du roman et éclate dans la splendeur de son costume, du palais, des jardins, etc.

J'ignore si les noms et la nationalité des autres personnages, Simandini, Adèl, le singe, le cheik, etc., sont empruntés à quelque ouvrage ignoré qui serait, pour cette partie arabe de l'histoire, le pendant de Marlès pour la partie hindoue. Cela se peut, mais ce n'est pas nécessaire. Il est permis de voir provisoirement, dans ces broderies autour de Sivrouka, un ingénieux expédient par lequel l'imagination d'Hélène a trouvé moyen de relier à cette figure centrale, et de fondre ainsi en un seul tout, ses autres souvenirs orientaux non spécifiquement hindous.

L'hypothèse que je viens d'émettre, qui rattache directement à Marlès les données du rêve asiatique d'Hélène également présentes chez cet auteur, soulève cependant deux objections.

La première est tirée des petites différences d'orthographe entre le texte de Marlès et les mots dictés par Léopold. Cette difficulté n'est insurmontable que si on élève au rang d'infaillibilité absolue l'exactitude de la mémoire subliminale, ordinairement bien supérieure, il faut le reconnaître, à celle de la mémoire consciente. Mais la comparaison favorite des souvenirs oubliés, reparaissant en somnambulisme, à des clichés photographiques conservés inaltérables, nous porte facilement à nous exagérer la fidélité des images mnésiques inconscientes. Or ce serait s'abuser que de croire que cette fidélité, souvent étonnante, soit toujours parfaite. Il suffit des rêves — où des souvenirs d'enfance reviennent parfois avec une netteté surprenante, mais cependant altérés ou déformés, en quelques détails, conformément à des expériences ultérieures ou à des événements récents — pour montrer que les automatismes de la mémoire ne sont pas toujours à l'abri des influences de l'imagination ni exempts d'erreurs.

Dans le cas particulier, il y a deux divergences entre Marlès et Léopold : ce dernier a substitué un *k* au *c* de *Nayaca*, et il a oublié l'*n* de *Tchandraguiri*. (Comp. p. 265-266 et p. 277.) Une autre faute qu'il a aussitôt corrigée, consistant à dicter d'abord *Kanaraau*, était évidemment une confusion comme nous en commettons souvent en écrivant, occasionnée par un trop rapide passage du mot *Kanara* au renseignement suivant déjà tout prêt à surgir : *au* XVme *siècle*. Mais ce renseignement lui-même, traduction libre de la date de Marlès 1401, et la susdite correction, sans parler de maint autre exemple, montrent assez que Léopold n'est pas uniquement un mécanisme à répétition rendant avec une aveugle servilité ce qu'il a emmagasiné. C'est une personnalité originale, qui réfléchit, raisonne, innove, et que sa spontanéité même soumet, comme nous tous, à certaines chances d'erreur. Sa mémoire n'est point parfaite. Il lui arrive de se tromper, et le fait qu'il n'écrit pas des mots étrangers comme un auteur donné ne prouve pas que ces mots n'en puissent provenir.

De plus, les deux divergences dont il s'agit semblent simplement indiquer que le genre de mémoire verbale, le type endophasique de Léopold, n'est pas visuel (auquel cas l'erreur serait de plus de conséquence), mais auditivo-moteur comme chez la plupart des gens. Chacune de ces erreurs s'explique de la façon la plus naturelle. L'épellation *Nayaka* au lieu de *Nayaca* est attribuable à l'influence de la terminaison du mot *Sivrouka* qui précède; l'identité de prononciation a entraîné l'identité d'orthographe. Quant à l'oubli de l'*n* de *Tchandraguiri*, c'est-à-dire la confusion de la nasale *an* avec la simple voyelle *a*, on trouve un autre exemple exactement du même fait dans le nom de la princesse, d'abord écrit *Simadini* puis rectifié plus tard en *Simandini*, comme on l'a vu p. 267. Cela prouve simplement que, dans sa parole intérieure et la conservation des souvenirs de mots, l'individualité de Léopold-Hélène oublie ou néglige les images verbo-visuelles, et s'en tient surtout aux images verbo-auditives ou verbo-motrices comme la grande majorité des gens. Certes, si Léopold avait dicté *Nayaca* en dépit de l'analogie avec *Sivrouka*, j'y verrais un indice de plus que Marlès est son modèle; tout comme s'il avait dicté une des orthographes savantes actuelles *Tchandraghiri* ou *Candragiri* [1], cette divergence frappante d'avec Marlès, qui écrit conformément à la mode ancienne et à la prononciation vulgaire, me semblerait un grave empêchement à mon hypothèse. Mais étant donnés les faits tels qu'ils sont, je ne pense pas qu'on puisse m'objecter les deux insignifiantes différences que je viens d'exposer — et d'expliquer suffisamment.

La seconde objection est d'ordre négatif : c'est l'impossibilité où je me trouve de dire où, quand, et comment Mlle Smith aurait pris connaissance du texte de Marlès. J'avoue sans ambages que je n'en sais rien, et je donne volontiers acte à Hélène de l'indomptable et persévérante énergie avec laquelle elle n'a cessé de protester contre mon hypothèse en l'air, qui a le don de l'exaspérer au

---

[1] Adoptées, par exemple, la première par Vivien de Saint-Martin, la seconde par M. Barth, comme on a pu le remarquer plus haut.

suprême degré — et cela se comprend! Car elle a beau creuser ses souvenirs, elle n'y retrouve pas la moindre trace de cet ouvrage. Et non seulement cela, mais comment peut-on sérieusement supposer qu'elle en ait jamais eu le moindre vent, elle qui ne s'est point occupée de l'histoire de l'Inde, qui n'a rien lu ni entendu sur ce sujet, et à qui le nom de Marlès était totalement inconnu jusqu'au jour où elle a appris que je soupçonnais cet auteur d'être la source du roman hindou! — Il faut convenir, en effet, que l'idée que le passage en question a pu parvenir d'une façon ordinaire aux yeux ou aux oreilles de Mlle Smith semble bien un peu extravagante. Je ne connais à Genève que deux exemplaires de l'ouvrage de Marlès, également ensevelis dans la poussière, l'un à la Société de Lecture, association privée dont certainement jamais aucun membre ou ami de la famille Smith n'a fait partie, l'autre à la Bibliothèque Publique, où il faudrait avoir perdu le sens pour aller le consulter entre des milliers de livres plus intéressants et plus modernes. Ce ne serait donc que par un concours de circonstances absolument exceptionnel et presque inimaginable que Marlès aurait pu se trouver un jour entre les mains d'Hélène; et comment se ferait-il alors qu'elle n'en eût conservé aucun souvenir?

Je reconnais la puissance de cette argumentation et que le plus sage est sans doute de laisser la chose en suspens. Mais s'il fallait se décider, comme on n'a guère de choix, extravagance pour extravagance, je préférerais encore l'hypothèse qui n'invoque que des possibilités naturelles à celle qui en appelle aux causes occultes, et j'admettrais tout bonnement, si invraisemblable que cela paraisse à première vue, que l'un des deux exemplaires susdits — ou peut-être un troisième, car, enfin, qui me garantira qu'il ne s'en trouve pas d'autre dans notre pays? — aura été feuilleté distraitement par Mlle Smith, chez des amis ou connaissances sinon chez ses parents, ou encore qu'elle en aura entendu lire ou raconter quelques passages en son jeune âge, etc. Le fait qu'elle n'en a plus aucun souvenir conscient ne prouve rien contre de telles suppositions, comme le savent tous ceux qui sont un peu au courant du jeu de nos facultés.

Il va sans dire que mon raisonnement est l'inversé de celui qui prévaut généralement dans les cercles spirites. Témoin l'illustre Aksakof, pour ne rappeler qu'un exemple, qui, découvrant qu'un curieux message typtologique se trouvait déjà imprimé dans un livre que le médium pouvait fort bien avoir eu sous les yeux (sauf qu'il n'en avait aucun souvenir conscient), et reconnaissant que le message vient de ce livre, ajoute : « Mais par quel moyen la cervelle du médium avait-elle été mise en relation avec le contenu du livre ? Voilà le mystère. *Je me refuse à admettre que cela se soit fait par voie naturelle, par la lecture directe. Je crois à un procédé occulte.* »[1] A la bonne heure ; voilà qui est parler net, et la franchise de la déclaration que j'ai soulignée me charme à tel point que je ne résiste pas à la tentation de me l'approprier dans le cas de Mlle Smith et de Marlès, en y transposant seulement deux mots : *je me refuse à admettre que cela se soit fait par voie occulte ; je crois à un procédé naturel*. — Evidemment, dans les cas douteux (qui sont l'énorme majorité) où l'explication naturelle et l'explication occulte se dressent en face l'une de l'autre sans qu'il soit matériellement possible de démontrer laquelle est vraie en fait, la décision reste affaire de goût et d'appréciation personnelle. Ou si l'on tient à invoquer la logique, il faut reconnaître qu'il existe deux logiques incompatibles et contraires dès que le spiritisme est en jeu, l'une à l'usage des adeptes et l'autre pour les simples chercheurs, ce qui, naturellement, ne facilite pas leur entente, chaque camp accusant volontiers l'autre de mauvaise foi, de parti-pris, d'ignorance des méthodes scientifiques, etc., alors qu'au fond tous deux sont également sincères, convaincus et respectueux de ce que la différente conformation de leur cerveau ou la structure opposée de leur entendement les obligent à regarder comme les règles absolues de toute recherche impartiale. Je ne puis songer, puisqu'on ne saurait être juge et partie en même temps, à trancher un débat aussi périlleux ; je me contenterai, avant d'y prendre position, de le résumer et de l'éclaircir en formulant les principes qui servent implicitement de base à ces deux logiques.

Le doute, disent les uns, — c'est-à-dire le manque de preuves absolues, l'absence de souvenirs, l'obscurité du passé, l'ignorance

---

[1] A. AKSAKOFF, *Animisme et Spiritisme*, traduction française par Sandow. Paris 1895, p. 411.

des circonstances précises, bref tous les arguments négatifs tirés du défaut de renseignements, — le doute doit profiter aux hypothèses naturelles et ordinaires qui seront, par conséquent, toujours admises provisoirement et jusqu'à preuve du contraire; l'*onus probandi*, la charge de la démonstration, incombant en bonne méthode aux hypothèses nouvelles, occultes, supranormales. — Tout au contraire, proclame l'autre logique, c'est aux explications courantes et normales à faire leur preuve dans chaque cas particulier, et ce sont les causes occultes, supranormales, mystérieuses, qu'il est légitime de faire bénéficier de l'obscurité des faits et qui devront toujours être admises provisoirement, jusqu'à preuve du contraire.

Entre ces deux points de vue méthodologiques, il n'y a guère de conciliation possible. Le lecteur en pensera ce qu'il voudra. A tort ou à raison, je me réclame du premier, et considère comme un injustifiable renversement des rôles, comme un inadmissible déplacement des responsabilités, cette tendance du supranormal et de l'occulte à se substituer, à la faveur de l'insuffisance de nos informations, dans les droits acquis des hypothèses naturelles. Dans le cas particulier de Mlle Smith et du passage de Marlès, j'admets donc — provisoirement et jusqu'à preuve du contraire — qu'en dépit des lacunes de sa mémoire consciente, Hélène a eu connaissance du contenu de ce passage par les voies ordinaires de la vue ou de l'ouïe; peut-être, je le crois volontiers, pendant quelque état de distraction, de rêverie, d'assoupissement, etc., grâce auquel ce contenu a échappé à sa personnalité normale pour tomber d'emblée dans ses couches hypnoïdes. Et je ne serais pas étonné que la remarque de Marlès sur la beauté des femmes du Kanara ait été le clou, l'atome crochu, qui a piqué l'attention subliminale et l'a très naturellement rivée sur cet unique passage, avec les deux ou trois lignes consécutives, à l'exclusion de tout le contexte environnant, beaucoup moins intéressant.

A ceux qui trouveraient décidément mon hypothèse trop extravagante — ou trop simple — il reste le choix entre les multiples formes de l'hypothèse occulte. Serait-ce Léopold qui, en tout puissant désincarné qu'il est, a lu dans le volume fermé de Marlès, ou l'a fluidiquement feuilleté à l'insu des bibliothécaires? Ou bien y a-t-il eu transmission télépathique de ce passage, du cerveau de quelque lecteur terrestre inconnu à celui de Mlle Smith? Serait-ce chez elle un cas de clairvoyance, de lucidité, d'intuition dans l'astral, ou encore de duperie de la part de quelque esprit farceur? Et si, prenant au sérieux la théorie réincarnationiste, on admet que Sivrouka, 1401, Tchandraguiri, sont bien réellement des réminiscences de la vie passée de Simandini, comment expliquer cette curieuse coïncidence, dans leur choix et leur épellation, avec précisément les désignations de Marlès? Etait-ce peut-être une aimable attention de Léopold, qui sait et prévoit tout, de nous traduire ainsi en date de l'ère chrétienne, et de nous orthographier à la française, les renseignements historiques contenus dans les souvenirs hindous de la princesse, afin que nous eussions moins de peine à les reconnaître et à les vérifier dans le texte de Marlès le jour où nous viendrions, par quelque heureux hasard, à mettre la main sur cet auteur oublié? — Vraiment ma tête se brouille au milieu de toutes ces alternatives, et de crainte de n'y voir à mon tour que des extravagances, je me hâte de passer à un autre sujet.

III. Les éléments arabes du cycle oriental.

Un petit problème pour les partisans de la préexistence orientale de Mlle Smith : comment se fait-il que retrouvant dans ses trances l'usage de l' « hindou » qu'elle parlait jadis à la cour de Sivrouka, elle ait totalement oublié l'arabe, qui fut pourtant sa langue maternelle dans cette même antériorité, et qu'elle dut employer exclusivement jusqu'à son départ de la terre natale, à dix-huit ans bien révolus? Si les émotions de son princier mariage lui avaient enlevé toute mémoire du passé, on comprendrait que l'idiome de son enfance et de son adolescence eût sombré comme le reste dans cette amnésie de sa vie de jeune fille. Mais ce n'est pas le cas. Elle a gardé de très vifs souvenirs de son père le cheik, de ses tentes au soleil, des gens, des chameaux et des paysages de l'Arabie. Dans beaucoup de séances et de visions spontanées, elle se trouve reportée à cette première moitié de son existence asiatique. Mais alors elle raconte en français ce qu'elle voit se dérouler devant elle, ou bien se livre à une pantomime muette. Jamais elle n'a prononcé ni écrit quoi que ce soit qui ressemblât à de l'arabe. Peut-on supposer que déjà dans sa vie hindoue, elle s'était assimilé la langue de sa patrie d'adoption au point d'en perdre jusqu'aux souvenirs latents de sa langue maternelle ? Cela serait contre toutes les analogies psychologiques connues. Ou bien faut-il admettre que son centre de Broca ou son larynx, façonnés dans cette existence-ci par le français, peuvent encore se plier en somnambulisme aux dialectes de la famille indo-européenne tels que son prétendu sanscrit, mais sont réfractaires aux réminiscences d'un idiome sémitique ?

Soyons sérieux. D'ailleurs en disant qu'Hélène n'a jamais parlé ni écrit l'arabe, j'exagère. Elle en a écrit une fois quatre mots. C'est l'exception qui justifie la règle. En effet, non seulement elle n'a accompagné cet unique texte d'aucune prononciation, mais elle l'a exécuté comme un dessin, et il ressort de l'ensemble de la scène qu'elle ne faisait que copier, sans le comprendre, un modèle que lui présentait un personnage imaginaire. Voici un aperçu de cet incident :

27 octobre 1895. — Peu après le début de la séance, Mlle Smith a une vision arabe : « Regardez ces tentes... il n'y a point de pierres ici, c'est tout du sable... (elle compte les tentes une à une:) il y en a vingt !... Elle est belle, celle-ci ! Ne trouvez-vous pas, M. Lemaître, que c'est la plus grande ? Elle est attachée par des ficelles et de petits piquets... » Etc. Puis elle décrit les personnages : l'un qui fume assis dans un coin les jambes croisées ; d'autres tout noirs (la table dit que ce sont des nègres et que la scène se passe en Arabie) ; puis un homme vêtu de blanc qu'Hélène a le sentiment de connaître sans réussir à se le remettre. Elle appuie son index sur son front dans l'attitude d'une personne cherchant ses souvenirs, et la table [sur laquelle elle a la main gauche] nous informe alors qu'elle a vécu en Arabie dans sa vie de Simandini, et qu'elle essaye de se remémorer ces temps lointains. Suit une scène assez longue où ses réminiscences arabes alternent et se mélangent avec la conscience du milieu réel, bien qu'elle ne nous voie et ne nous entende plus. De là un état de confusion mentale qui paraît lui être fort pénible :

« ... M. Lemaître ! M. Flournoy ! Etes-vous là ? Répondez-moi donc!... Je suis pourtant bien venue ici ce soir? Si au moins je pouvais... je ne suis pourtant pas en voyage... je crois bien que c'est dimanche... enfin, je n'y comprends plus rien; je crois que j'ai la tête si fatiguée que toutes mes idées s'embrouillent... je ne rêve pourtant pas... Il me semble que j'ai autant vécu avec eux (les assistants, dit la table) qu'avec eux (les Arabes de sa vision)... Mais, je les connais, tous ces hommes! Dites-moi donc qui vous êtes! êtes-vous arrivés ces jours à Genève? (il s'agit, dit la table, d'Arabes vivant il y a cinq siècles, parmi lesquels le père de Simandini.) Venez donc plus près, venez ici! je voudrais que vous me parliez!... M. Lemaître!... Eh! ce joli petit dessin! qu'est-ce que c'est donc que ce dessin? (la table ayant dit que c'est un dessin que lui présente l'Arabe son père, et qu'elle pourra le copier, on place devant elle un crayon et une feuille blanche qui paraît se transformer en papyrus dans son rêve) : C'est joli, cette feuille verte; c'est une feuille de quelle plante?... Je crois bien que c'est un crayon que j'ai là, je vais essayer de faire ce dessin... » Après la lutte ordinaire entre les deux manières de saisir le crayon (v. p. 98-99), elle cède à la tenue de plume de Léopold en disant : « Enfin tant pis! », puis trace très lentement et avec grand soin la fig. 35, de gauche à droite, en levant souvent les yeux sur son modèle imaginaire, comme elle copierait un dessin. Après quoi elle s'endort profondément, puis viennent d'autres somnambulismes.

Au réveil, elle se souvient de l'état de confusion par où elle a passé : « Vilaine soirée, dit-elle; j'étais malheureuse, je me sentais vivant ici, comme toujours, et je voyais des choses comme étant à l'étranger, j'étais avec vous et je vivais ailleurs, etc. » Les éléments imaginaires de son état possédaient d'ailleurs un plus fort *coefficient de réalité* que les éléments actuels, car il lui semblait que sa vie présente n'était qu'un rêve, et qu'en vérité elle était dans une autre existence.

Toute cette scène donne l'impression nette que la phrase arabe n'existait dans la mémoire d'Hélène qu'à titre de souvenir visuel, sans signification ni images verbales quelconque. C'était pour elle une écriture incompréhensible, un simple dessin comme des caractères chinois ou japonais pour nous. Evidemment, il s'agit d'un texte qui a dû tomber sous ses yeux en quelque instant propice, et qui, absorbé par l'imagination subliminale à l'affût des choses d'aspect oriental, a été incorporé tant bien que mal dans une scène du rêve asiatique.

Telle est du moins la supposition qui me paraît la plus plausible. Car pour ce qui est d'y voir un débris de la langue arabe qu'Hélène parlerait et écrirait couramment si elle était dans une phase convenable de somnambulisme — comme l'a un jour prétendu Léopold répondant par gestes à une série de questions, pour ne pas dire d'insinuations, que lui faisait à ce propos un des assistants — cela me semble une hypothèse encore plus arbitraire, et peu en accord avec les autres phénomènes de trance de Mlle Smith. Les occasions ne lui ont pas manqué, depuis

F<small>IG</small>. 35. — Texte arabe dessiné de gauche à droite[1] par Mlle Smith en hémisomnambulisme : *elqalil men elhabib ktsir,* le peu de l'ami (est) beaucoup. — [Collection de M. Lemaître.] — Grandeur naturelle.

près de cinq ans que se déroulent ses romans exotiques, de déployer ses réserves philologiques supposées et de parler ou d'écrire l'arabe à flot si sa mémoire subliminale s'y prêtait. Elle a présenté tous les degrés et tous les genres de somnambulisme, et plus de visions d'Arabie qu'il ne le fallait pour réveiller par association l'idiome correspondant si vraiment il sommeillait en elle. Le complet et total isolement du texte ci-dessus, au milieu de ce débordement de scènes orientales, me paraît donc déposer fortement en faveur de ma supposition, qu'il s'agit là d'un cliché visuel unique en son genre, accidentellement rencontré et emmagasiné, et que la sous-personnalité asiatique de Mlle Smith ignore absolument l'arabe.

Cette supposition se trouve corroborée par les indices que j'ai pu recueillir sur l'origine probable de ce cliché. Quand je le présentai à mon collègue M. le prof. Montet, il m'apprit que c'était un proverbe arabe, ponctué à la façon du nord de l'Afrique, et signi-

[1] On sait que l'arabe se lit et s'écrit de droite à gauche.

fiant : *Peu d'un ami est beaucoup.* Ce sens était évidemment ignoré de l'imagination subliminale d'Hélène, qui autrement n'eût pas manqué, comme pour l'hindou, de broder une jolie scène autour d'un dicton qui y prêtait, au lieu de le reproduire dans des circonstances en somme très insignifiantes. M. Montet m'ayant ensuite rappelé que la décoration musulmane fait un grand usage de proverbes ou adages de ce genre comme motifs d'ornements, je m'adonnai à des recherches assidues pour dénicher la source, objets d'art, étoffes et tapis, livres illustrés, etc., d'où ce texte avait bien pu tomber sous le regard d'Hélène. Ce fut en vain, et je commençais à désespérer de rien trouver — d'autant plus que ledit texte était tracé au naturel, en véritables caractères d'écriture, tandis que dans les inscriptions ornementales que je rencontrais, les lettres arabes étaient presque toujours stylisées, entrelacées, déformées de mille manières dans un but artistique — lorsque le hasard me mit sur une nouvelle piste.

Je causais un jour de ces phénomènes avec M. le Dr E. Rapin, qui fut à diverses reprises l'un des médecins de la famille Smith, et lui montrais mes documents, lorsqu'examinant le texte en question il s'écria : « Il me semble vraiment que je reconnais mon écriture ! », et me fit remarquer combien ces quatre mots sont tracés d'une façon droite et horizontale, alors que les vrais Arabes écrivent volontiers obliquement et plus ou moins de travers. Il faut dire que le Dr Rapin, qui est arabisant à ses heures, avait fait quelques années auparavant un voyage dans le Nord de l'Afrique. Au retour, il publia le récit d'une de ses excursions [1], et avant de distribuer cette plaquette à ses amis et connaissances, il inscrivit à la plume sur chaque exemplaire, en guise de dédicace originale, quelque proverbe arabe (sans la traduction française) emprunté à une collection d'exemples qui se trouvait dans la grammaire où il avait étudié cette langue. Or le texte dessiné en somnambulisme par Mlle Smith, et tel qu'il est ponctué, est précisément un de ces proverbes, celui-là même qui se trouve en tête de la liste dans la dite grammaire [2]. D'où la supposition infiniment probable qu'Hélène a eu sous les yeux un exemplaire de l'opuscule du Dr Rapin portant cette dédicace manuscrite, et en a été d'autant plus frappée qu'elle connaissait personnellement l'auteur. Le Dr Rapin tient pour fort possible qu'il ait envoyé sa brochure à Mlle Smith ou à ses parents ; malheureusement, à dix ans de distance, n'ayant pas gardé note des personnes à qui il adressa sa plaquette, il ne peut affirmer la chose et encore bien moins se rappe-

---

[1] Dr E. RAPIN, *En Kabylie.* Paris 1887. (Extrait de l'*Annuaire du Club Alpin Français*, vol. XIII, 1886.)
[2] MACHUET. *Méthode pour l'étude de l'arabe parlé.* 3me édit. Alger 1880, p. 270.

ler quel proverbe arabe il aurait inscrit sur l'exemplaire d'Hélène. Comme d'autre part ni Hélène à l'état de veille, ni Léopold interrogé pendant ses somnambulismes, ni surtout — ce qui est d'un plus grand poids — Mme Smith la mère, n'ont le moindre souvenir d'avoir jamais reçu ou vu la brochure du Dr Rapin, il vaut mieux faire abstraction de cette possibilité. Il n'en reste pas moins vraisemblable à mes yeux qu'un exemplaire revêtu de ce proverbe s'est rencontré dans le champ visuel d'Hélène, soit au cours d'une visite chez d'autres personnes, soit dans le cabinet de réception du Dr Rapin lui-même, où il se peut fort bien qu'elle ait été justement à cette époque (les dates étant impossibles à reconstituer exactement après tant d'années écoulées). Cette dernière conjecture me paraîtrait plus particulièrement apte à expliquer que l'inscription arabe ait été remarquée et retenue par la conscience subliminale ou hypnoïde, sans participation de la personnalité ordinaire naturellement préoccupée et absorbée par le fait même d'une consultation médicale.

Il n'est pas jusqu'aux inexactitudes du texte d'Hélène comparé au modèle de la grammaire Machuet, qui ne s'expliquent comme la reproduction de petites erreurs habituelles au Dr Rapin, lequel y voit une curieuse preuve de plus que ce texte est une imitation servile de son écriture, à la grosseur près : « Une faute d'orthographe au premier mot [l'absence de liaison entre l'*a* et l'*l* de *elqalil*], faute dont j'étais coutumier à mes débuts dans l'étude de l'arabe, me fait supposer que j'ai dû écrire ce proverbe de mémoire. Il m'arrivait aussi d'écrire le dernier mot en omettant une lettre [l'*i* de *ktsir*] et de réparer mon erreur après coup ; ce que témoigne également la configuration de ce mot dans le texte en question. La seule différence serait dans la grosseur de l'écriture ; celle de Mlle Smith est plus prononcée que la mienne. Il se peut cependant que dans le cas particulier j'aie écrit avec ces dimensions-là. »

J'ai retrouvé dans ma bibliothèque l'exemplaire que le Dr Rapin m'avait envoyé de cette même brochure en 1887 ; il porte en tête, à l'angle de la couverture et attirant de loin le regard, un proverbe arabe autre que celui de Mlle Smith, mais présentant le même caractère d'horizontalité. L'écriture est, il est vrai, d'un tiers plus petite que celle de la fig. 35 ; mais cette différence de grosseur n'est point une objection ; car rien ne prouve qu'un souvenir visuel doive toujours être reproduit graphiquement dans les dimensions de l'original ; on a au contraire pu constater, par l'exemple des textes martiens verbo-visuels, qu'il existe en fait chez Hélène une propension marquée à retracer à une échelle notablement supérieure les modèles imaginaires que copie sa main. Tout me pousse donc à admettre, comme l'hypothèse ayant les plus fortes présomptions en sa faveur, que l'unique texte arabe fourni par Hélène est le souvenir visuel d'une dédicace du Dr Rapin. Mais je me hâte de reconnaître que ce n'est point encore chose absolument démontrée, afin de laisser une petite porte ouverte à ceux qui préfèrent d'instinct quelque autre explication moins vraisemblable, mais occulte, à cette supposition très simple, mais naturelle.

Des autres détails des somnambulismes arabes d'Hélène, je n'ai rien à dire; ils ne dépassent pas les notions qu'elle a pu inconsciemment puiser dans le milieu ambiant; d'autant plus qu'à ces sources communes, déjà invoquées à propos du rêve hindou (p. 273), il faut ajouter ici ce qu'elle a dû recueillir de la bouche de son père, qui avait séjourné en Algérie. Pour ce qui est enfin des noms propres liés aux scènes arabes, sauf Pirux qui ne me rappelle rien et qui est d'ailleurs suspect (v. p. 261), ils éveillent tous certaines associations d'idées, mais sans qu'il soit possible de rien affirmer de certain sur leur origine.

Le nom du petit singe Mitidja semble emprunté à la plaine bien connue des environs d'Alger. Adèl, nom du fidèle esclave, veut dire *équité* en arabe et est appliqué en Algérie à une certaine fonction judiciaire. Simadini, enfin, corrigé ensuite en Simandini, me rappelle à la fois une famille de négociants grisons longtemps établis à Genève, MM. Semadeni, qui ont fort bien pu être en relations d'affaires avec le père d'Hélène, et la petite commune de Simand dans le comitat d'Arad en Hongrie. A moins encore que ce mot ne représente soit la forme indianisée de quelque nom arabe terminé en *eddin;* soit une réminiscence du sanscrit *simantinî,* « qui a peut-être bien été çà et là un nom propre, dit M. de Saussure, quoique n'étant d'habitude rien d'autre qu'un mot (poétique) pour *femme.* » Mais ceci nous amène au langage hindou.

IV. Du langage hindou de Mlle Smith.

La nature du langage hindou d'Hélène est moins aisée à tirer au clair que celle du martien, parce qu'il n'a jamais été possible d'en obtenir ni traduction littérale ni textes écrits. Ignorant au surplus les dialectes sans nombre de l'Inde antique et moderne, et n'ayant pas cru devoir me livrer à leur étude uniquement pour apprécier à leur juste valeur les exploits philologiques d'un médium intrancé, je ne puis me permettre aucun jugement personnel en cette matière. Il ne me reste pas même la ressource de placer intégralement les pièces du procès sous les yeux du lecteur, comme je l'ai fait pour le martien, par la raison que notre inintelligence de l'hindou d'Hélène, jointe à sa prononciation rapide et peu nette — un vrai gazouillement parfois — nous a fait perdre la plus grande partie des nombreuses paroles entendues au cours d'une trentaine de scènes orientales disséminées sur un espace de quatre ans. Même les fragments que nous avons pu noter présentent pour la plupart tant d'incertitudes qu'il serait oiseux de les publier tous. J'ai communiqué les meilleurs d'entre eux aux orientalistes cités dans la préface de ce livre. Des renseignements qu'ils ont bien voulu me donner, il ressort que le soi-disant *hindou* d'Hélène (je lui conserve cette dénomination vague qui ne doit rien préjuger sur sa nature) n'est aucun idiome déterminé connu de ces spécialistes, mais que d'autre part on y retrouve, plus ou moins méconnaissables et défigurés, des termes ou des racines qui se rapprochent du sanscrit plutôt que des langues actuelles de l'Inde, et dont le sens correspond souvent assez bien aux situations où ces mots ont été prononcés. Je vais en donner quelques exemples.

1. Les deux mots atiêyâ ganapatinâmâ, qui ont inauguré la langue hindoue le 6 mars 1895 (v. p. 263), et qui revêtaient à ce moment-là dans la bouche de Simandini la portée évidente d'une formule de salutation ou de consécration à l'adresse de feu son époux inopinément retrouvé, ont été articulés d'une façon si impressive et si solennelle que leur prononciation ne laisse guère de place au doute[1]. Il est

---

[1] Il n'existe un léger doute que sur le premier mot, proféré brusquement par Hélène comme une exclamation ou une interjection; bien qu'aucun des assistants n'ait eu de variante à proposer pour *atiêyâ* (pron. *a—ti—é* (fermé) —*iâ*) noté par M. Lemaître qui faisait le procès-verbal, la surprise occasionnée par ce vocable inattendu nous avait laissé à tous un certain sentiment d'incertitude à son sujet.

d'autant plus intéressant de constater l'accord de mes savants correspondants sur la valeur de ces deux mots : le premier ne leur rappelle rien de précis ou d'applicable à la situation, mais le second est une allusion flatteuse et pleine d'à-propos à la divinité du panthéon hindou qui s'intéresse le plus vivement à la gent professorale.

M. P. Oltramare, à qui j'avais envoyé ces mots sans lui rien dire de leur provenance, me répondit : « Rien de plus innocent que le mot **ganapatinâmâ**; il signifie *qui porte le nom de Ganapati*, lequel est le même que Ganêsa... Quant à **atiêyâ**, ce mot n'a pas une physionomie hindoue ; serait-ce peut-être **atreya**, qui, paraît-il, servait de désignation aux femmes qui avaient avorté, une explication que d'ailleurs je ne garantis nullement... [Pour être plus affirmatif sur ces mots, il faudrait savoir] s'ils sont vraiment sanscrits, car s'ils appartiennent aux langues vulgaires, je me récuse absolument. »

M. Glardon, qui connaît mieux ces langues vulgaires et parle couramment l'hindostani, ne m'indiqua pas davantage de sens pour **atiêyâ**, et vit aussi dans l'autre mot « une épithète d'honneur, littéralement *nommé de Ganapati*, nom familier du dieu Ganêsa. »

M. de Saussure ne trouva également aucun sens au premier terme, où il incline aujourd'hui à voir une création arbitraire dans le genre du martien, et il remarqua que dans le second « les deux mots **Ganapati**, divinité bien connue, et **nâmâ** *nom*, sont construits ensemble on ne sait comment, mais pas nécessairement d'une manière fausse. — Il est assez curieux, ajouta-t-il, que ce fragment où est mêlé un nom de divinité soit justement prononcé avec une sorte d'emphase solennelle et un geste de bénédiction religieuse. » Cela dénote bien, en effet, un emploi intelligent et intentionnel.

Un mélange d'articulations improvisées, et de véritables mots sanscrits adaptés à la situation, tel paraît donc être l'hindou d'Hélène d'après ce premier et court échantillon. Les spécimens ultérieurs ne feront que corroborer cette impression.

2. La prochaine explosion d'hindou eut lieu cinq mois plus tard (15 septembre 1895), au milieu d'une très longue séance orientale où je ne relève que les points qui nous intéressent spécialement, à savoir le sanscrit supposé d'Hélène, l'interprétation française qu'en donna Léopold, et les curieux traits de concordance de ces deux textes.

Dans une scène de tendresse, avec soupirs et sanglots, à l'égard de Sivrouka, Hélène prononce d'une voix excessivement douce les paroles suivantes : **ou mama priva (ou prira, priya) — mama radisivou — mama sadiou sivrouka — apa tava va signa damasa — simia damasa bagda sivrouka.** Pendant les phrases diverses qui précèdent le réveil, je demande la signification de ces paroles à Léopold qui occupe le bras droit d'Hélène. Il refuse d'abord en dictant par l'index : *Cherchez-la vous-mêmes*, puis, comme j'insiste : *J'aurais mieux aimé que vous la cherchiez vous-mêmes.* Je le prie de nous dicter au moins l'orthographe exacte du texte exotique recueilli d'une façon assez incertaine, mais il se dérobe en disant qu'il ignore le sanscrit. A force de questions auxquelles il répond par *oui* et *non*, on apprend pourtant que ce sont des paroles d'amour de Simandini à son époux qui allait la quitter pour un voyage dans ses Etats. Puis soudain, comme il semble que le réveil approche, Léopold agite fiévreusement l'index et commence à dicter avec impatience : *Dépêchez-vous* [d'épeler]… *Mon bon, mon excellent, mon bien-aimé Sivrouka, sans toi où prendre le bonheur.* Ses réponses à nos questions nous donnent encore à entendre que c'est le sens intégral de tout le sanscrit prononcé ce soir (et rapporté ci-dessus); que ce n'est pas lui, Léopold, qui fait parler cette langue à Hélène, car il ne la sait pas, mais que c'est bien lui qui vient de nous en donner l'équivalent français, non par une traduction littérale des mots eux-mêmes puisqu'il ne les comprend pas, mais en interprétant les sentiments intimes de Mlle Smith, au courant desquels il est parfaitement. Peu après, Hélène se réveille amnésique.

D'après M. de Saussure, il y a certainement dans ce texte quelques fragments sanscrits répondant plus ou moins à l'interprétation de Léopold. Les plus clairs sont **mama priya** qui signifie *mon chéri, mon bien-aimé*, et **mama sadiou** (corrigé en **sâdhô**) *mon bon, mon excellent*. Le reste de la phrase est moins satisfaisant dans l'état où il est : **tava** veut bien dire *de toi*, mais **apa tava** est un pur barbarisme si cela doit signifier *loin de toi*. De même la syllabe **bag** dans **bagda** fait penser, indépendamment de la traduction de Léopold, à **bhâga** *bonheur*, mais elle se trouve entourée de syllabes incompréhensibles.

3. Dans une séance subséquente (1er décembre 1895), Hélène se livra à une série de pantomimes somnambuliques variées, représentant des scènes de la vie de Simandini qui étaient censées se passer à Mangalore, et au cours desquelles il lui échappa plusieurs paroles hindoues dont on ne put malheureusement obtenir aucune interprétation de

la part de Léopold. Mais ici encore, si l'on n'est pas trop difficile, on arrive à retrouver dans ces phrases un sens plus ou moins adapté à la pantomime.

Au milieu d'une gracieuse scène de jeu avec son petit singe Mitidja, elle lui dit de l'accent le plus doux et le plus harmonieux : [A] **mama kana sour (ou sourde) mitidya... kana mitidya** *(ter)*. — Plus tard, répondant à son prince imaginaire qui vient, suivant Léopold, de lui faire (on ne sait pourquoi) de sévères admonestations, qu'elle écoutait d'ailleurs avec un air de soumission forcée et même de ricanement, elle lui dit : [B] **adaprati tava sivrouka... nô simyô sinoṅyedô... on yediô sivrouka.** — Enfin, revenue à de meilleurs sentiments et doucement penchée vers lui, elle lui murmure avec un charmant sourire : [C] **mama plia... mama naximi (ou naxmi) sivrouka... aô laos mi sivrouka.**

Dans le fragment [A], on peut soupçonner dans **mama kana** un terme d'affection en rapprochant **kana** du sanscrit **kânta** *aimé* ou **kanishtha** *mignon, petit*; à moins encore de traduire, avec M. Glardon, **kana** (corrigé en **khana**) **mitidya** par *à manger pour Mitidja*. — Dans la phrase [B], suivant M. de Saussure, « les derniers mots pourraient avec quelque bonne volonté faire songer au mot **anyediuh** *le lendemain* ou *un autre jour*, répété deux fois, et, d'autre part, le premier mot se transformer en **adya-prabhrti** *à partir d'aujourd'hui*; ce qui, combiné avec d'autres syllabes convenablement triturées elles-mêmes, pourrait donner quelque chose comme : **adya-prabhrti tava, sivruka... yôshin... na anyediuh, anyediuh** : *dès aujourd'hui, de toi, Sivrouka, (que je sois)...femme...non un autre jour, un autre jour.* Ce qui n'a du reste (si cela a un sens !) guère de rapport avec la scène. » — Dans la phrase [C], les mots **mama plia** représentent évidemment la même chose que plus haut **mama priya**, *mon bien-aimé*; **naxmi** pourrait être **lakshmî** *beauté* et *fortune*, et les derniers mots pourraient contenir **asmi** *je suis*. Mais, ajoute M. de Saussure, « il doit être bien entendu que toute espèce de sens continu, là où je me suis amusé à le chercher, est pour le moment un simple jeu. »

Tout en laissant donc reconnaître des mots de pur sanscrit, l'ensemble de ces premiers textes présente, d'autre part, des choses assez suspectes au point de vue de la construction, de l'ordre des mots, et peut-être aussi de la justesse des formes (pour autant qu'on peut faire fond sur les formes dans des textes aussi confus).

« Par exemple, observe M. de Saussure, je ne me souviens pas qu'on puisse dire en sanscrit *mon Sivrouka*, ni *mon cher Sivrouka*;

on peut bien dire **mama priya** *mon bien-aimé*, substantivement, mais c'est autre chose que **mama priya Sivruka;** or, c'est ce *mon cher Sivrouka* qui revient le plus souvent. — Il est vrai, ajoute mon savant collègue, qu'il ne faut rien affirmer trop absolument, surtout pour certaines époques où l'on a fait dans l'Inde beaucoup de sanscrit de cuisine... Il reste toujours la ressource de se figurer que, puisque la 11ᵉ femme de Sivrouka était une enfant de l'Arabie, elle n'avait pas eu le temps d'apprendre à s'exprimer sans faute dans l'idiome de son seigneur et maître au moment où le bûcher a mis fin à sa courte existence. »

Le malheur est qu'en entrant ainsi par hypothèse dans le point de vue du roman, on se heurte à une autre difficulté : « Le plus surprenant, remarque en effet M. de Saussure, est que Mᵐᵉ Simandini parlât le sanscrit et non le prâcrit (le rapport du premier au second est celui du latin au français, l'un sortant de l'autre, mais l'un langue savante au moment où se parle l'autre). Quand, dans le drame hindou, on voit les rois, les brahmes et les personnes de haute condition se servir régulièrement du sanscrit, on peut se demander s'il en était constamment ainsi dans la vie réelle. Mais en tous cas toutes les femmes (sauf certaines religieuses), même dans le drame, parlent prâcrit. Un roi s'adresse à sa femme dans la langue noble (sanscrit); celle-ci lui répond toujours dans la langue vulgaire. Or, l'idiome de Simandini, si c'est un sanscrit très méconnaissable, n'est en tout cas pas du prâcrit. Il suffit pour le voir de quelques formes, par exemple **priya**, qui dans toutes les dialectes vulgaires se prononcerait **piya** sans r. »

Les nombreuses paroles hindoues de Mˡˡᵉ Smith pendant ces dernières années donnent lieu à des observations analogues, et n'apportent aucune lumière nouvelle sur leur origine. Aussi me bornerai-je à quelques exemples, que je choisis moins à cause des textes sanscritoïdes eux-mêmes, toujours aussi informes et défectueux, que parce que les circonstances variées où ils se sont produits présentent un certain intérêt psychologique.

4. Scène de chiromancie. Au cours d'une longue séance arabe, puis hindoue (2 février 1896), Hélène vient s'agenouiller à côté de ma chaise et, me prenant pour Sivrouka, elle saisit et examine ma main tout en tenant une conversation en langue étrangère (sans paraître percevoir mes paroles réelles). Il semble qu'on y retrouve, appliquées à

son prince imaginaire, des préoccupations relatives à ma santé qui avaient inspiré plusieurs somnambulismes de Mlle Smith pendant les mois précédents (on en a vu un exemple p. 119-120).

En même temps qu'elle inspecte attentivement les lignes de ma main, elle prononce les fragments suivants, séparés par des silences correspondant aux répliques hallucinatoires de Sivrouka : **priya sivrouka... nô** (signifiant *non* d'après Léopold)... **tvandastroum sivrouka... itiami adia priya... itiami sivra adia... yatou... napi adia... nô... mama souka, mama baga sivrouka... yatou.**
— Outre **sivra** qui, au dire de Léopold, serait un petit nom d'amitié pour Sivrouka, on devine dans ce texte d'autres termes d'affection : **priya** *bien-aimé*, **mama soukha, mama bhâga,** *ô mes délices, ô mon bonheur*. — M. Glardon y relève aussi le mot **tvandastroum**, qu'il rapproche de l'hindostani **tandarast** (ou **tandurust**) *qui est en santé*, **tandurusti** *santé*, provenant des deux mots **tan** *condition physique*, et **durust** *bon, vrai*, d'origine persane. Mais il ajoute qu'il n'y a là peut-être qu'une coïncidence, et il me paraît douteux qu'il eût songé à ce rapprochement s'il n'avait pas été question d'une scène de chiromancie.

5. Le cycle hindou, comme les autres, fait de nombreuses irruptions dans la vie ordinaire de Mlle Smith, et affecte sa personnalité aux degrés les plus variés, depuis la simple vision éveillée de paysages ou gens orientaux, jusqu'aux incarnations totales de Simandini dont Hélène ne conserve aucun souvenir et qui ne sont connues que par les témoins occasionnels. Une forme fréquente de ces automatismes spontanés consiste dans des états mixtes où elle aperçoit des personnages qui lui semblent objectifs et indépendants, tout en ayant le sentiment d'une implication ou identification subjective avec eux, l'impression d'un *tua res agitur* indéfinissable. Il arrive alors facilement que les conversations qu'elle a avec eux sont un mélange de français et de langue étrangère qu'elle ignore tout en en ressentant la signification. En voici un exemple.

1er mars 1898. — Entre 5 et 6 heures du matin, encore au lit, mais parfaitement éveillée à ce qu'elle affirme, Hélène a eu « une superbe vision hindoue » : Magnifique palais, à vaste escalier de pierres blanches, conduisant à de splendides salles garnies de divans bas, sans dossier, d'étoffes jaunes, rouges, et surtout bleues. Dans un salon de repos, une femme [Simandini] à demi étendue et nonchalamment accoudée ; à genoux auprès d'elle, un homme aux cheveux noirs frisés et au teint mat [Sivrouka], vêtu d'une grande robe rouge chamarrée, et parlant un langage étranger, pas martien, qu'Hélène ne sait pas, mais qu'elle avait pourtant le sentiment de comprendre intérieurement, ce qui lui a permis d'écrire ses phrases en français, après la vision. Tandis qu'elle *entendait* causer cet homme, elle *voyait* remuer les lèvres de la femme sans percevoir aucun son de sa bouche, en sorte qu'elle ne sait ce qu'elle a dit ; mais Hélène avait en même temps l'impression de répondre *intérieurement, en pensée*, à la conversation de l'homme, et elle a noté cette réponse. (Cela veut dire, psychologiquement, que les paroles de Sivrouka jaillissaient en images ou hallucinations auditives, et les réponses de Simandini-Hélène en images dites psycho-motrices d'articulation, accompagnées de la représentation visuelle de Simandini effectuant les mouvements labiaux correspondants.) — Voici le fragment de conversation noté au crayon par Hélène au sortir de sa vision, de son écriture ordinaire, mais d'une grande irrégularité (et sans la ponctuation, que j'ai ajoutée) attestant qu'elle n'était point encore entièrement rentrée dans l'état normal :

« [Sivrouka :] Mes nuits sans repos, mes yeux rougis de larmes, Simandini, ne toucheront-ils point enfin ton **attamana** ? Ce jour finira-t-il sans pardon, sans amour ? — [Simandini :] Sivrouka, non, le jour ne finira point sans pardon, sans amour ; la **sumina** n'a point été lancée loin de moi, comme tu l'as supposé ; elle est là, vois-tu ! — [Sivrouka :] Simandini, ma **soucca, maccanna baguea**, pardonne-moi encore, toujours ! »

Cette petite conversation, soit dit en passant, donne assez exactement la note affective qui éclate tout le long du rêve hindou dans les rapports de ses deux principaux personnages. Quant aux mots sanscritoïdes qui y sont mélangés au français et que j'ai soulignés, ils n'ont pas une valeur égale. « **Sumina**, dit M. de Saussure, ne rappelle rien ; **attamana** tout au plus **âtmânam** (accusatif de **âtmâ**) *l'âme;* mais je me hâte de dire que dans le contexte où figure **attamana** on ne pourrait même pas se servir du mot sanscrit qui lui ressemble, et qui ne signifie au fond *âme* que dans le langage philosophique, et au sens d'âme universelle ou autres sens savants. » Dans les autres mots, en revanche, on reconnaît clairement ces termes d'affection sanscrits, déjà vus plus haut, qui émaillent si souvent le parler hindou d'Hélène.

6. L'apparition de mots hindous isolés, ou incorporés à un contexte non hindou, n'est pas très rare chez Hélène

et se produit soit en hallucinations auditives, soit dans ses écritures (voir par exemple fig. 37, p. 310), soit encore au cours de paroles prononcées en hémisomnambulisme plus ou moins marqué. La liste qu'on a pu recueillir de ces termes exotiques, détachés, offre le même mélange de pur sanscrit, et de mots inconnus qui ne se laissent ramener à cette langue que par des transformations si arbitraires ou forcées que cela ôte toute valeur à de tels rapprochements.

A cette seconde catégorie appartiennent, par exemple, **gava, vindamini, jotisse**, ainsi orthographiés par Mlle Smith. Ces termes, dont elle ignore absolument ce qu'ils doivent signifier, frappèrent ses oreilles au cours d'une vision hindoue un matin à son réveil. Le dernier des ces mots rappelle à M. de Saussure le sanscrit **jyôtis** *la constellation*, mais alors il se prononcerait « djiôtisse », ce qui ne correspond guère à la façon dont Hélène l'entendit et l'écrivit. — Il faut joindre à ces exemples quelques mots hindous qui ont fait irruption dans certains textes martiens (on sait que le cycle martien et le cycle oriental ont des attaches intimes et qu'il leur arrive souvent de se mélanger ou d'alterner rapidement l'un avec l'autre). Tels sont **adèl**, nom propre, et **yestad**, inconnu, dans le texte 13; et (dans le texte 31) **vadasa**, qui d'après le reste de la phrase semble désigner des divinités ou puissances quelconques, et où MM. de Saussure et Glardon soupçonnent tout au plus une réminiscence tronquée du terme sanscrit **dévâ-dâsa** *esclave des dieux*.

Comme échantillons de mots isolés qui sont du pur sanscrit, on peut d'abord citer **radyiva** (fig. 37), équivalent évident de **ràdjîva** *le lotus bleu*. Puis **pitaram** (accusatif de **pita** *père*), figurant, mais à faux au point de vue du cas, dans la phrase suivante : — Mon pitaram m'avait confiée à lui — d'une scène hindoue où Hélène-Simandini parlait du fidèle esclave Adèl que son père le cheik arabe lui avait donné lorsqu'elle était partie pour l'Inde. Mais les spécimens les plus remarquables sont les deux mots **sumanas** et **smayamana**, qui ont particulièrement frappé M. de Saussure. Le premier « est la reproduction graphiquement irréprochable du sanscrit **sumanas** *bienveillant*, cité un peu dans toutes les grammaires et servant même çà et là de paradigme de déclinaison »; il faut toutefois noter que, pour toutes les grammaires également, ce mot se prononce *soumanas*, tandis qu'Hélène l'a nettement articulé *sumanas* et qu'il paraissait désigner une plante dans sa phrase : — C'étaient les plus belles sumanas de notre jardin —. Quant à **smayamana**, il échappa à Hélène (et fut aussitôt noté tel quel par M. Lemaître) dans une conversation française, tandis qu'elle regardait un album de vues d'Orient qui devaient naturellement amener le rêve hindou à fleur de conscience. Suivant M. de Saussure, ce mot, qui veut dire *souriant*, est peut-être ce que Mlle Smith « a produit de mieux en fait de sanscrit ; d'abord parce que c'est une forme de 4 syllabes, qui a naturellement plus de mérite à être exacte que les mots de 2 ou 3 syllabes dont il faut se contenter d'ordinaire ; ensuite à cause du groupe consonantique sm, car il est également bien rare que Mlle Smith affronte un mot sanscrit présentant deux consonnes de suite, quelles qu'elles soient ; enfin pour ce fait, encore plus rare, que **smayamâna** revêt un caractère grammatical, et non simplement lexicologique, étant un participe tel que le grec *lego-meno-s*. » On comprend, en effet, l'intérêt de ce mot, qui représente une forme déjà assez compliquée, lorsqu'on songe à la nullité grammaticale habituelle du « sanscrit » d'Hélène, nullité qui s'étend non seulement aux flexions, mais à tous genres de formations.

7. Pour couronner ces spécimens du sanscrit d'Hélène, citons encore son « chant hindou » qui a fait une demi-douzaine d'apparitions depuis deux ans, et dont Léopold a daigné, une seule fois, ébaucher la traduction. Les paroles consistent essentiellement dans le mot sanscrit gâya, *chante*, répété à satiété, avec, par ci par là, quelques autres termes mal articulés et offrant des variantes désespérantes dans les notes prises par les divers auditeurs. Je me bornerai à deux versions [1].

L'une est d'Hélène elle-même. Dans une vision spontanée (18 mai 1898, le matin à son réveil) elle aperçut un homme richement vêtu de jaune et de bleu [Sivrouka] à demi-couché sur de beaux coussins, auprès d'une fontaine entourée de palmiers ; une femme brune [Simandini], assise sur l'herbe, lui chantait dans une langue étrangère une ravissante mélodie ; Hélène en recueillit par écrit les bribes suivantes, où l'on reconnut le texte estropié de son chant ordinaire : **« Ga hïa vahaïyami... vassén iata... pattissaïa priaïa... »**

L'autre transcription est celle que recueillit M. de Saussure, infiniment plus apte que nous, on le conçoit, à distinguer les sons hindous (20 juin 1897). Bien qu'il fut tout près d'Hélène qui chantait assise à terre, la voix de celle-ci était par moment si peu articulée qu'il laissa échapper plusieurs mots et ne garantit point

---

[1] On trouvera une 3me version, antérieure à ces deux-ci, dans l'article de M. Lemaître, *loc. cit.* p. 186.

Fig. 36. — Modulation du chant hindou. Le *sol* final des trois variations a été tenu jusqu'à 14 secondes avec une fixité parfaite. Souvent la suite A a été bissée ou trissée avant la continuation.

l'exactitude de son texte, que voici (moins quelques accents spéciaux) tel qu'il l'écrivit à mesure : « gâya gâya naïa ia miya gayâ briti… gaya vayayâni pritiya kriya gayâni i gâya mamata gaya mama nara mama patii si gaya gandaryô gâya ityâmi vasanta… gaya gayayâmi gaya priti gaya priya gâya patisi… »

C'est vers la fin de cette même séance que Léopold, sans doute pour faire honneur à la présence assez exceptionnelle de M. de Saussure, se décida, après une scène de traduction martienne (texte 14) par Esenale, à nous donner de la voix d'Hélène son interprétation du chant hindou, que voici textuellement avec son mélange de mots sanscrits : « Chante, oiseau, chantons ! **Gaya !** Adèl, Sivrouka[1], chantons le printemps ! Jour et nuit je suis heureuse ! Chantons ! Printemps, oiseau, bonheur ! **ityâmi mamanara priti,** chantons ! aimons ! mon roi ! Miousa, Adèl[2] ! »

En rapprochant cette traduction du texte hindou on découvre entre eux certains points de contact. Outre les deux mots parfaitement exacts **gayâ** *chante* et **vasanta** *printemps*, on retrouve l'idée de *aimons* dans **priti** et **briti** (sanscrit **prîti,** action d'aimer), et l'équivalent approximatif de *mon roi* dans **mama patii** rappelant le sanscrit **mama patê** (ou au nominatif **mama patih**) *mon époux, mon maître.* Il n'est malheureusement guère possible de pousser l'identification plus loin, sauf peut-être pour *oiseau* qu'avec de la bonne volonté on pourrait soupçonner dans **vayayâni** rappelant vaguement **vâyasân** (accus. plur. de **vâyasa** *oiseau*).

Quand à la mélodie de cette plaintive mélopée, M. Aug. de Morsier, qui l'entendit dans la séance du 4 septembre 1898, a bien voulu la noter aussi exactement que possible (v. fig. 36).

---

[1] Ici Hélène paraissait s'adresser à M. P. Seippel et à moi (qui sommes les réincarnations respectives d'Adèl et de Sivrouka !) comme pour nous engager à chanter.

[2] Même jeu à l'endroit de M. Seippel et de M. de Saussure (réincarnation de Miousa).

Les exemples précédents suffisent à donner une idée de l'hindou d'Hélène, et il est temps de conclure. Il ne s'agit apparemment là d'aucun dialecte actuellement existant. M. Glardon déclare que ce n'est ni de l'hindi ni de l'urdu, et après avoir émis au début, à titre de simple hypothèse, l'idée que ce pourrait être du tamil ou du mahratte, il y voit maintenant un mélange de termes réels probablement sanscrits, et de mots inventés. M. Michel estime également qu'il y a dans le baragouin bizarre de Simandini des bribes de sanscrit assez bien adaptées à la situation. Tous mes correspondants sont en somme exactement du même avis, et je ne saurais mieux résumer leur opinion qu'en laissant de nouveau la parole à M. de Saussure :

« Sur la question de savoir si tout cela représente positivement du « sanscrit », il faut répondre évidemment *non*. On peut seulement dire : — 1º Que c'est un mêli-mêlo de syllabes, au milieu desquelles il y a incontestablement des suites de huit à dix syllabes donnant un fragment de phrase ayant un sens (phrases surtout exclamatives, par exemple : **mama prya** *mon bien-aimé!* **mama soukha** *mes délices!*) — 2º Que les autres syllabes, d'aspect inintelligible, n'ont jamais un caractère anti-sanscrit, c'est-à-dire ne présentent pas des groupes matériellement contraires ou en opposition avec la figure générale des mots sanscrits. — 3º Enfin, que la valeur de cette dernière observation est d'autre part assez considérablement diminuée par le fait que Mlle Smith ne se lance guère dans les formes de syllabes compliquées et affectionne la voyelle **a**; or le sanscrit est une langue où la proportion des **a** par rapport aux autres voyelles est à peu près de 4 à 1, de sorte qu'on ne risque guère, en prononçant trois ou quatre syllabes en **a**, de ne pas rencontrer vaguement un mot sanscrit. »

Il résulte de cette dernière remarque de M. de Saussure qu'il ne doit pas être très difficile de fabriquer du sanscrit à la mode de Simandini, pour peu qu'on en possède quelques éléments véritables qui puissent servir de modèle et donner le ton au reste. Et point n'est besoin pour cela d'en savoir beaucoup, comme le remarque M. Barth :

« Mlle Smith a-t-elle été en relation avec quelque personne de qui elle aurait pu prendre quelques bribes de sanscrit et d'histoire?

Il suffit, dans ces cas, d'un premier germe, si mince soit il. L'imagination fait le reste. Les enfants sont très souvent *onomatopoioi*.
... Mon frère, dans sa première enfance, s'était composé ainsi tout un langage à lui. Ma grand'mère, qui était remarquablement intelligente, pouvait encore réciter *verbo tenus*, dans son extrême vieillesse, un petit jargon d'une dizaine de lignes qu'elle s'était composé dans son enfance. C'était à l'époque des guerres de la Révolution : les troupes passaient et repassaient en Alsace, et elle était humiliée de ne pas savoir un mot de français. Elle se mit alors à se fabriquer pour sa satisfaction personnelle un petit discours à assonances à peu près françaises, mais dont les premiers mots seuls, le germe, avaient un sens. Cela commençait par : *Je peux pas dire en français;* puis venait une dizaine de lignes de syllabes ajoutées au hasard, avec un mot français par ci par là, par exemple *vinaigre, manger;* le tout finissait par : *a toujours béni perpense par la tavlerettement*. Ma grand'mère m'a bien souvent cité ce singulier morceau que je regrette de n'avoir pas noté. »

J'ai cité cet exemple de M. Barth à cause de son intérêt. Mais c'est naturellement Mlle Smith elle-même qui nous fournit, dans son propre martien, le fait le plus apte à éclairer son hindou. Il n'en coûte évidemment pas davantage, à une activité subconsciente capable de forger une langue de toutes pièces, d'en élaborer une autre par l'imitation et le délayage de quelques données réelles. Aussi, dès le début du martien (postérieur d'un an, comme on l'a vu, à celui de l'hindou), M. de Saussure n'hésita-t-il pas à faire ce rapprochement et à expliquer, par exemple, le texte sanscritoïde initial, la fameuse phrase de bénédiction atiêyâ ganapatinâmâ, par le même procédé de fabrication qui éclatait dans les paroles d'Esenale ou d'Astané.

« A tort ou à raison, m'écrivait-il, je serais maintenant disposé à voir dans les phrases *sivroukiennes* quelque chose d'analogue au *martien*, entremêlé seulement de distance en distance de lambeaux sancrits. Comme simple illustration de mon idée, supposons que Simandini veuille dire cette phrase : *Je vous bénis au nom de Ganapati*. Placée dans l'état sivroukien, la seule chose qui ne lui vienne pas à l'idée est d'énoncer, ou plutôt de *prononcer* cela en mots français, mais ce sont néanmoins des mots français qui restent le thème ou le substratum de ce qu'elle va dire ; et la loi à laquelle son esprit obéit est que ces mots familiers soient chacun rendu par un substitut d'aspect exotique. Peu importe comment : il faut avant tout, et seulement, que cela n'ait pas l'air de français à ses propres yeux, et qu'elle soit satisfaite en remplissant au hasard par de nouvelles figures de son la place qui est marquée pour chaque mot français dans son esprit. Ajouter que tantôt la substitution sera ainsi complètement arbitraire [c'est le cas du martien], tantôt elle sera influencée ou déterminée par le souvenir d'un mot étranger, — qu'il soit du reste anglais, hongrois, allemand, sanscrit — avec préférence naturelle pour l'idiome qui s'accorde le mieux avec le lieu de la scène.

« Cela donné, j'essaye de serrer de plus près cette marche hypothétique sur la phrase ci-dessus prise comme exemple. — 1° *Je* est forcé de se transformer. La mémoire fournit-elle un mot exotique pour *je*? Aucun. Alors on prend au hasard a pour *je*. (Peut-être en fait, ce a est-il inspiré par l'anglais *I*, prononcé *aï*, mais cela n'est pas nécessaire.) — 2° *vous bénis*; ou *bénis vous*, car si, par exemple, le mot pour *je* a été suggéré par l'anglais, il peut s'ensuivre que la construction anglaise soit involontairement observée dans les mots placés immédiatement après. On marque en conséquence *bénis vous* par **tié yâ**. Le **yâ** peut avoir été pris à l'anglais *you* [modifié dans le sens de la voyelle dominante en sanscrit]. Le **tié**, *bénis*, n'est pris nulle part, comme dans le martien. — 3° *au nom de Ganapati*. Naturellement le nom même de Ganapati est en dehors de tout ce mécanisme et a dû être pris quelque part tel quel. Reste *au nom de*, qui sera exprimé par **nâmâ**, soit par souvenance de l'allemand Name, soit par réviviscence d'un sanscrit **nâmâ** aperçu aussi quelque part; et enfin la construction, contraire à l'ordre des mots français, sera venu sur les ailes de l'allemand *Name*, d'après la tournure allemande *in Gottes Namen, in Ganapati's Namen*. — En somme, charabia qui tire ses éléments d'où il peut, et les invente la moitié du temps avec la seule règle de ne pas laisser percer la trame française sur laquelle il court. »

Ces ingénieuses conjectures de M. de Saussure doivent être prises pour ce qu'elles valent, c'est-à-dire pour une simple figuration, à laquelle il ne tient pas autrement, du procédé linguistique à l'œuvre chez Mlle Smith. En fait, il est probablement dans le vrai quant à la genèse de **ganapatinâmâ** ; car si l'auteur du martien ne sait pas un mot d'allemand comme on l'a vu, ce n'est point une raison pour que l'imitateur du sanscrit partage la même ignorance, au contraire. En effet, lorsqu'on compare le contenu et les personnages des deux cycles exotiques d'Hélène, on s'aperçoit bien vite que le rêve hindou est moins puéril, correspond à un âge et à un degré de développement de toute la personnalité notablement plus avancé, que le rêve martien[1] ; si donc on admet, ainsi que je l'ai exposé (p. 255), que ces romans somnambuliques constituent une sorte de végétation hypnoïde de couches anciennes appartenant à l'enfance ou à la jeunesse de Mlle Smith, il devient très vraisemblable que la couche qui engendre et alimente le cycle hindou est au moins contemporaine de l'époque où elle apprit l'allemand (12 à 15 ans), sinon postérieure, en sorte que les souvenirs de cette langue n'ont pas dû être sans influence sur la confection de l'hindou.

Quand à **atiêyâ**, je doute qu'on puisse y faire intervenir des réminiscences de l'anglais, dont Mlle Smith a totalement abandonné l'étude au bout de deux leçons. Comme aucune conjecture n'est en soi trop triviale ou trop sotte, quand il s'agit d'expliquer des phénomènes qui sont essentiellement de l'ordre du rêve et où la niaiserie d'une association d'idées ne saurait être une objection à sa vraisemblance, je préférerais rapprocher cette exclamation — qui semble bien avoir la valeur d'un *je te bénis* ou *béni sois-tu* — de l'onomatopée populaire « *atiou !* » dont les enfants et leur entourage se servent pour exprimer ou simuler l'éternûment, auquel est d'autre part indissolublement lié par un usage séculaire le souhait d'une bénédiction divine. Cette liaison d'idée infantile, combinée avec la tendance à conserver dans le néologisme le nombre de syllabes de l'original français, et jointe au choix d'une finale sanscritoïde, me paraît expliquer d'une façon plausible, jusqu'à meilleur avis, la transformation supposée de *béni sois-tu* en **atiêyâ**.

Cependant, malgré l'attrait de cette méthode d'exégèse, je renonce à l'étendre aux autres textes hindous, non seulement à cause de l'arbitraire inévitable de ses applications, mais surtout parce que son principe même me paraît sujet à caution dans le cas du sanscrit de Mlle Smith. Je ne suis pas convaincu, en effet, que le procédé général si bien décrit par M. de Saussure (remplacement mot à mot des termes français par des termes d'aspect exotique) — qui est certainement le procédé de fabrication du martien — soit en jeu dans les paroles orientales d'Hélène. On sait que Léopold, qui a mis tant d'empressement à nous procurer un moyen quasi magique d'obtenir

[1] Comparez, par exemple, les sentiments des deux seuls couples figurant dans ces cycles. La création du couple conjugal hindou Simandini et Sivrouka suppose une imagination d'adolescent ou d'adulte, tandis que le couple martien Matêmi et Siké semble dépeint par un enfant qui aurait assisté aux fiançailles d'une sœur ou d'un frère aîné et entendu quelques fragments de conversation entre les heureux amoureux (voir p. 181 et les textes 20 et 27).

la traduction littérale du martien, n'a jamais daigné en faire autant pour l'hindou et s'est borné à nous en esquisser quelques interprétations libres et vagues, n'ajoutant guère à ce que la pantomime laissait déjà deviner. Cela donne à penser que toute traduction précise en est impossible; en d'autres termes, qu'Hélène ne fabrique point son pseudo-sanscrit en suivant pas à pas une trame française et en maintenant à ses néologismes leur sens une fois adopté, mais qu'elle l'improvise et le profère au hasard, sans réflexion, à l'exception bien entendu des quelques mots de vrai sanscrit dont elle connaît la valeur et qu'elle applique intelligemment à la situation. Ce n'est donc pas aux textes martiens proprement dits qu'il faut, à mon avis, comparer l'hindou d'Hélène, mais à ce jargon pseudo-martien, débité avec volubilité dans certaines séances et qu'on n'a jamais pu ni recueillir sûrement, ni faire traduire par Esenale.

On comprend, au surplus, que si le Moi subliminal d'Hélène pouvait se livrer à la création d'une langue définie dans le champ libre de la planète Mars, où il n'avait aucune donnée préexistante à respecter ni aucun contrôle objectif à craindre, il eût été bien imprudent et absurde de répéter ce jeu à propos de l'Inde : les quelques mots mêmes de pur sanscrit qu'il avait à sa disposition devaient l'empêcher d'en inventer d'autres, dont la fausseté eût éclaté au premier examen d'une traduction littérale et mot à mot. Il s'est donc contenté d'entourer ces éléments véridiques, insuffisants pour faire à eux seuls des phrases complètes, d'un jargon de rencontre dénué de signification, mais en harmonie par ses voyelles dominantes avec les fragments authentiques, qui s'y trouvent noyés comme de fins morceaux dans une sauce habile destinée à donner le change sur leur rareté.

Maintenant, comment ces fragments authentiques ont-ils pu arriver en la possession de Mlle Smith, qui n'a aucun souvenir (non plus que sa famille) d'avoir jamais étudié le sanscrit ni d'avoir été en relation avec des orientalistes? Voilà le problème où mes recherches ont échoué jusqu'ici, et dont je n'attends plus la solution que de quelque heureux hasard analogue à ceux qui m'ont fait découvrir le passage de Marlès et la dédicace arabe du Dr Rapin. J'en suis réduit, pour le moment, à de vagues conjectures sur l'étendue des connaissances sanscrites latentes de Mlle Smith, et la nature probable de leur mode d'acquisition.

J'ai longtemps pensé qu'Hélène devait avoir absorbé son hindou principalement par voie *auditive*, et qu'elle avait peut-être habité dans son enfance la même maison que quelque étudiant indianiste qu'elle aurait entendu, à travers la paroi ou par la fenêtre ouverte, débiter à haute voix des textes sanscrits avec leur traduction française. — On connaît l'histoire de la jeune domestique sans instruction qui, prise de la fièvre, parlait le grec et l'hébreu emmagasinés à son insu pendant qu'elle était au service d'un savant allemand. *Se non è vero...* Malgré les justes critiques de M. Lang à propos de son authenticité fort mal établie[1], cette anecdote classique peut subsister, comme type de tant d'autres faits du même ordre réellement observés depuis lors, et comme salutaire avertissement de se méfier des souvenirs subconscients d'origine auditive. — Mais les indianistes sont rares à Genève, et cette piste ne m'a rien donné.

Actuellement j'incline à admettre l'origine exclusivement *visuelle* du sanscrit d'Hélène. D'abord il n'est pas nécessaire qu'elle ait entendu cet idiome. La lecture de textes imprimés en caractères français cadre tout aussi bien avec un parler aussi confus et mal articulé que le sien, et, de plus, peut seule rendre compte de certaines erreurs de prononciation inexplicables si Mlle Smith avait appris cette langue par l'oreille. La plus caractéristique

---

[1] A. Lang. *The Making of Religion*, Londres 1898, p. 10, 12, 324 et suivantes.

de ces erreurs est la présence dans l'hindou d'Hélène du son français *u*, lequel n'existe pas en sanscrit, mais est naturellement suggéré par la lecture si l'on n'est pas prévenu que cette lettre se prononce *ou* dans les mots représentant du sanscrit.

En voici quelques exemples typiques. — Dans une séance où l'hindou coula à fil, on recueillit entre autres ces mots :... **balava** (ou **bahava**) **santas... émi bahu pressiva santas...**[1], intéressants d'abord par des traces de flexion, phénomène assez rare dans le sanscrit d'Hélène : « A côté de **bahu** *beaucoup*, dit M. de Saussure, se trouve **bahava** (nominatif pluriel du même **bahu**, signifiant « *multi* »), d'autant plus curieux qu'il est immédiatement devant **santas** *étant(s)*, autre pluriel ; **bahavah santas** signifie en bon sanscrit *étant nombreux*. » Mais voici la note de M. de Saussure qui nous importe le plus ici : « Le sanscrit **bahu**, *beaucoup*, est un mot des plus courants, mais il serait intéressant de savoir si Mlle Smith prononce **bahou**, ou bien à la française **bahü** comme dans *battu*, *tondu*. Ce dernier fait serait une des plus flagrantes preuves qu'elle répète machinalement une figure écrite. » Comme il n'y a aucun doute sur la prononciation **bahü** (et non point **bahou**) d'Hélène, ce petit fait parle clairement en faveur de l'origine purement visuelle de son sanscrit. — On a d'ailleurs déjà vu qu'elle a commis la même faute dans la prononciation du mot **sumanas** (p. 300). — La même erreur se manifeste sous une autre forme encore, qui ne manque pas d'intérêt, dans ses automatismes graphomoteurs. On verra tout à l'heure que sa plume glisse parfois à son insu de véritables caractères sanscrits au cours de ses écritures françaises; or il est curieux de constater que ceux de ces caractères qui devraient réellement se prononcer *ou* ont pour elle la valeur de notre *u*. J'ai par exemple une lettre d'Hélène où, dans la description d'une vision hindoue, se trouve le mot *discutaient* écrit avec un *u* sanscrit isolé au milieu des autres lettres de son écriture ordinaire. De même, le lecteur peut voir, par un des échantillons de la fig. 38, que le caractère sanscrit qui se prononce *rou* mais que l'on représente en lettres françaises par *ru*, joue dans la conscience subliminale ou la parole intérieure d'Hélène le rôle de cette dernière syllabe, puisqu'elle l'emploie automatiquement pour écrire notre mot *rubis*. Tout cela dénote bien une acquisition par la lecture uniquement.

D'autres observations militent en faveur de la même

---

[1] Voir ce texte plus au long dans l'article de M. Lemaître, *Annales des Sciences Psychiques*, VII, 186. Le mot *uta*, qui se trouve vers la fin de ce même texte, a également été prononcé à la française.

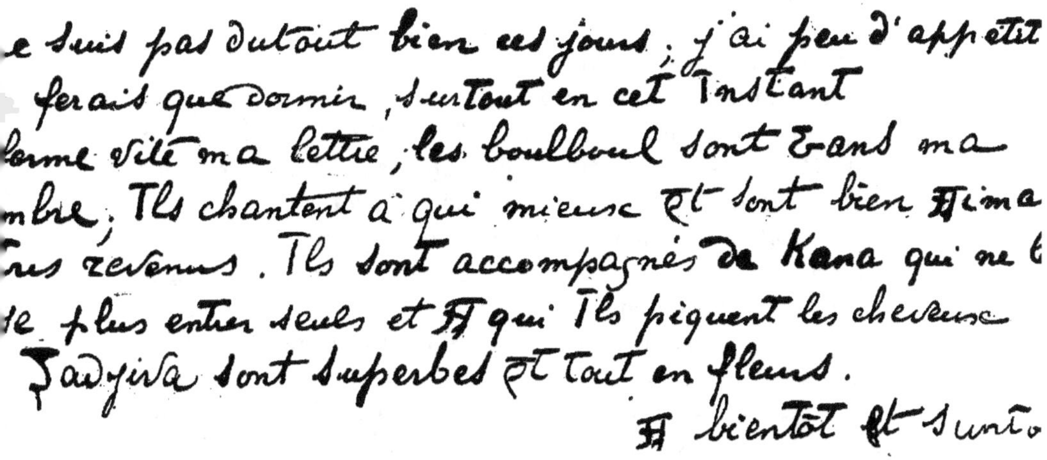

e suis pas dutout bien ces jours ; j'ai peu d'appétit
ferais que dormir, surtout en cet Instant
ferme vite ma lettre, les boulboul sont dans ma
mbre ; Ils chantent à qui mieux et sont bien ṭ ma
us revenus. Ils sont accompagnés de Kana qui ne ť
te plus entrer seuls et ṛ qui Ils piquent les cheveux
Ŗādyiva sont superbes et tout en fleurs.
                                    ṭ bientôt et sunto

Fig. 37. — Fragment final d'une lettre de Mlle Smith terminée, ou plutôt restée inachevée, pendant l'irruption d'un accès spontané de somnambulisme hindou. Noter les mots étrangers *boulboul* (nom persan du rossignol), *Kana* (esclave hindou de Simandini), et *rādyiva* (nom sanscrit du lotus bleu); ainsi que les lettres sanscrites *a, e, i, â, r,* remplaçant des initiales françaises. Remarquer aussi le changement de forme des *t*.

supposition. Jamais, dans les séances, Simandini ne s'est aventurée à *écrire* du sanscrit, et c'est en lettres françaises que son nom a été donné (v. p. 267). Pourtant Hélène possède subconsciemment une partie au moins de l'alphabet dévanâgari, car il s'en glisse parfois des caractères dans son écriture normale. Mais il est à noter que ses connaissances en ce genre ne paraissent aucunement dépasser ce qui aurait pu résulter d'un rapide coup d'œil dans une grammaire sanscrite.

Dans certains cas, cette irruption de signes étrangers (tout à fait analogue à ce qu'on a vu pour le martien) est liée à un accès de somnambulisme spontané et fait partie de tout un cortège d'images et de termes exotiques. On en trouvera ci-joint un exemple intéressant, emprunté à cette période maladive (v. p. 38) où la faiblesse nerveuse d'Hélène la rendait sujette à de perpétuels états de rêve, se rapportant presque toujours au cycle hindou ou au cycle royal. La fig. 37 reproduit la fin d'une lettre qu'Hélène m'écrivit de la campagne à cette époque. Tout le reste de cette épître de six pages grand format est parfaitement normal comme écriture et comme contenu ; mais soudain, fatiguée par son effort prolongé d'attention, elle se met à parler de sa santé, le sommeil la gagne, et les dernières lignes montrent l'envahissement du rêve oriental : Kana l'esclave, avec ses oiseaux apprivoisés, et les brillantes plantes des tropiques, se substituent peu à peu à la chambre réelle. La lettre me parvint inachevée et sans signature, comme on le voit dans la figure 37; Hélène la ferma machinalement pendant son somnambulisme, sans se douter de cette terminaison insolite dont elle fut aussi surprise qu'ennuyée lorsque je lui en parlai ultérieurement.

Dans d'autres cas, c'est à peine si la conscience normale est troublée par le rêve sous-jacent, qui l'affleure juste assez pour substituer par ci par là à quelques signes français leurs équivalents sanscrits, sans altérer en rien la trame des mots ou des idées, et Mlle Smith reste stupéfaite des hiéroglyphes inconnus qu'une inexplicable distraction de sa plume a glissés dans les étiquettes ou les factures qu'elle vient d'écrire (fig. 38, p. 313).

L'examen et la comparaison de tous ces automatismes graphomoteurs exotiques montre qu'il y a dans la subconscience d'Hélène des notions positives, quoique superficielles et rudimentaires, de l'alphabet sanscrit. Elle sait la forme exacte de beaucoup de caractères isolés et leur valeur générale, abstraite pour ainsi dire, mais elle ne semble avoir aucune idée de leur emploi concret et en liaison avec d'autres lettres. Par exemple, dans la fig. 37, les mots *instant* et *ils* commencent par un signe qui, en sanscrit, ne représente l'*i* que dans de tout autres conditions (l'i sanscrit, isolé ou initial, étant absolument différent). Ou plutôt, ce signe se rencontre bien quelquefois dans l'écriture sanscrite au commencement matériel, je veux dire à l'extrémité gauche, de certains mots, mais dans la prononciation il ne vient qu'après la consonne située à sa droite. Ce détail est un nouvel indice de l'origine visuelle des connaissances hindoues d'Hélène : des deux caractères sanscrits valant i, qui peuvent également se trouver au début (graphique, à gauche) des mots, l'œil a surtout retenu le plus simple [1], qui ressemble à notre I majuscule, bien que ce soit précisément celui qui ne se trouve jamais initial pour l'oreille et la prononciation. — Le Moi hindou d'Hélène ne semble pas avoir poussé l'étude de l'écriture sanscrite au delà des caractères détachés, car jamais il n'a tracé de mots entiers en cette langue. Même quand il s'agit de termes exotiques, tels que *radyiva* (fig. 37), il s'en tient prudemment à l'initiale sanscrite et trace le reste en français, comme s'il n'osait point se lancer dans la composition des lettres entre elles. Pareillement dans le mot *plis* (fig. 38), les trois premiers signes — qui y jouent d'ailleurs un rôle très artificiel et dénotant une grande ignorance de leur valeur ordinaire en sanscrit — sont dessinés isolément, au lieu d'être reliés entre eux comme n'y aurait pas manqué un automatisme graphique mieux au fait de l'écriture sanscrite courante. M. Glardon remarque en effet, à ce propos, que lorsque les Hindous veulent écrire, ils commencent toujours par tracer une barre horizontale tenant la longueur de la ligne et à laquelle s'attachent toutes les lettres de chaque mot ; si donc Mlle Smith avait jamais eu quelque notion d'une écriture hindoue cursive, on ne comprendrait pas qu'elle se souvînt des caractères isolés, et eût oublié la barre qui dans la pratique les précède toujours et les relie entre eux.

En somme, ces bribes d'automatismes graphiques trahissent une connaissance de l'écriture hindoue telle à peu près que pourrait l'acquérir un esprit curieux, pas trop mauvais visuel, en parcourant pendant quelques instants les deux ou trois premières pages d'une grammaire sanscrite. Il en retiendrait certaines formes détachées ; d'abord l'a et l'e, qui frappent l'œil par leur position au commen-

---

[1] Encore Mlle Smith a-t-elle oublié le crochet dont est surmonté cet *i* sanscrit et qui le distingue d'un autre signe valant *a*. — Sa mémoire latente possède pourtant aussi la véritable voyelle sanscrite *i* (qui ressemble un peu à un tire-bouchon), mais je n'en ai rencontré qu'un seul exemplaire dans ses lettres, comme initiale du mot français *ils*.

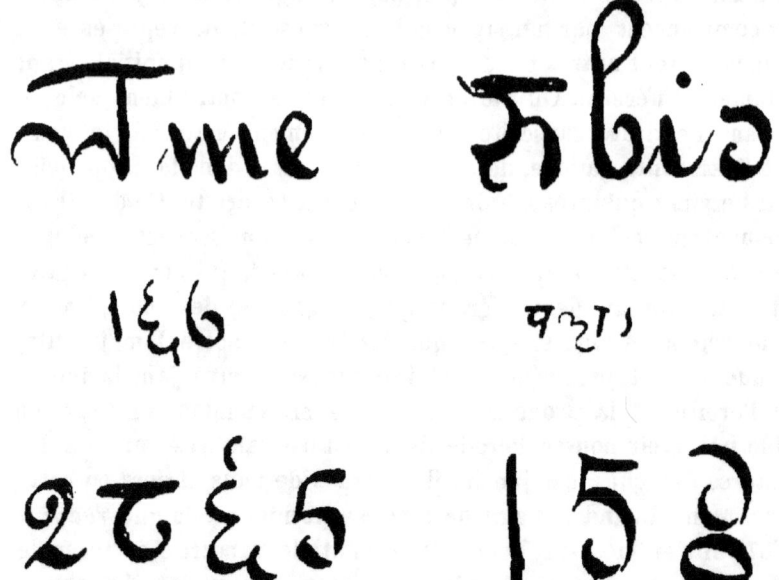

Fig. 38. — Exemples de caractères sanscrits, automatiquement substitués à des lettres et chiffres français, dans des mots ou des nombres provenant des écritures normales de Mlle Smith (*lame*, *rubis*, 166, *plis*, 2865, 154). — Grandeur naturelle.

cement des deux premières lignes (renfermant les voyelles, et ordinairement séparées des lignes suivantes contenant les consonnes) du tableau classique des lettres hindoues en dix groupes; puis la série des chiffres, occupant une ligne spéciale et facile à retenir[1]; enfin quelques autres signes simples glanés au hasard; mais il ne lui resterait probablement aucune des figures trop compliquées résultant de l'union de plusieurs caractères pour former des mots. Cette genèse supposée correspond tout à fait à l'étendue des notions d'écriture sanscrite dont fait preuve la subconscience de Mlle Smith. Et je ne vois aucune impossibilité à ce que le même coup d'œil fugitif, rencontrant en d'autres pages des exemples ou fragments sanscrits imprimés en lettres françaises et accompagnés de leur traduction française, y ait puisé les quelques mots significatifs

---

[1] J'ai rencontré dans les écritures normales de Mlle Smith des exemples de tous les chiffres sanscrits, sauf 1, 2 et 7 (qui peuvent fort bien se trouver dans d'autres spécimens, car je suis loin d'avoir tout vu).

et bien adaptés à la situation qu'on arrive à démêler par ci par là dans les paroles orientales d'Hélène.

Peut-être les amateurs de supranormal préféreront-ils supposer, sinon que Mlle Smith tire vraiment son hindou (la forme graphique de ses caractères sanscrits, la prononciation, etc.) des souvenirs d'une existence antérieure, du moins que tout cela lui a été *télépathiquement* transmis par quelque habitué de ses séances possédant des notions orientales plus ou moins étendues. — Pour ce qui est de MM. de Saussure et Glardon, dont les noms se présentent les premiers à l'esprit, ils n'ont assisté en tout qu'à quatre séances de Mlle Smith, et à une époque tardive où elle avait déjà fourni la plupart de ses textes hindous, en particulier tous ses graphismes des fig. 37 et 38. — En ce qui me concerne, j'avoue avoir suivi il y a plus d'un quart de siècle, en jeune étudiant curieux et tâtant de tout, les premières leçons d'un cours de sanscrit donné par M. le prof. P. Deussen (Kiel), alors privat-docent à l'université de Genève. Il m'en est resté si peu de souvenirs conscients que je ne reconnus pas même les caractères apparus dans la lettre d'Hélène de la fig. 37, et l'idée qu'elle aurait télépathiquement puisé dans ma mémoire latente les notions de langue hindoue dont elle fait preuve, ne m'a jamais sérieusement abordé ; d'autant qu'à ce compte-là elle aurait dû nous fournir aussi de l'hébreu, que j'ai étudié à la même époque pendant un an et dont mes couches subliminales sont certainement beaucoup plus imbibées que de sanscrit, quoiqu'il ne m'en reste guère davantage de souvenirs conscients. — En fait d'autres personnes en relation avec Mlle Smith, je n'en connais pas ayant les moindres notions de sanscrit ou d'autres langues de l'Inde. Il est vrai qu'il peut y avoir eu des spectateurs occasionnels remplissant ces conditions, aux séances qu'elle donna en divers milieux de 1892 à 1894. Dans ce cas, il faudrait en bonne méthode, avant d'invoquer une action télépathique d'eux à Hélène, être d'abord absolument sûr qu'ils ne lui ont pas montré quelques livres ou cahiers de sanscrit à la fin ou au cours d'une séance — ce qui est précisément mon hypothèse, laquelle permet de tout expliquer d'une façon normale et ordinaire quand on sait la puissance de conservation, d'imitation et de reconstruction des facultés subliminales.

Il suffirait en résumé, pour rendre compte du langage hindou de Mlle Smith, que soit dans le groupe N., soit dans quelque autre milieu spirite que j'ignore, on lui eût montré à titre de curiosité et laisser feuilleter une grammaire ou un lexique sanscrit, tout de suite après une séance, pendant cet état de suggestibilité où les impressions extérieures s'enregistrent fort bien chez elle, souvent sans laisser de traces dans sa mémoire consciente. Ainsi s'expliquerait le fait qu'Hélène n'en a aucun souvenir, et est absolument convaincue de n'avoir jamais aperçu ni entendu la moindre bribe de sanscrit ou d'autres langues orientales. Je dois toutefois ajouter que les renseignements que j'ai pu recueillir jusqu'ici ne m'ont fourni aucun indice positif de la vérité de ma supposition, bien qu'ils n'en établissent point non plus la fausseté.

Les pages précédentes étaient déjà sous presse, lorsque M. de Saussure eut une idée aussi aimable qu'ingénieuse. Pour me permettre de donner aux lecteurs non-indianistes un aperçu plus vivant, une impression sensible en quelque sorte, de ce qu'est l'hindou de Mlle Smith, il voulut bien composer à leur intention un texte d'apparence latine, qui fût aussi exactement que possible à la langue de Tite-Live ou de Cicéron ce que le sanscrit de Simandini est à celui des Brahmanes. En d'autres termes, le spécimen de « latinité » suivant a été calculé de manière à ce que toutes les remarques qu'il suggère s'appliquent aux productions « sanscrites » d'Hélène, simplement en changeant le nom.

« Soient supposés prononcés, dans une scène somnambulique « romaine » au lieu d' « hindoue », les mots suivants : — *Meâte domina mea sorôre forinda inde deo inde sîni godio deo primo nomine... obera mine... loca suave tibi ofisio et ogurio... et olo romano sua dinata perano die nono colo desimo... ridêre pavêre... nove...* — voici probablement les observations auxquelles donnerait lieu ce singulier passage, et qui sont identiques à celles que suscitent les textes hindous de Mlle Smith.

« 1° Pas de sens général saisissable si l'on cherche une phrase. De temps en temps pourtant quelques mots formant une assez bonne suite entre eux, un tronçon de phrase. — 2° Pris chacun isolément, comme une collection de vocables qu'on sortirait du dictionnaire, quelques mots sont irréprochables (ainsi *domina*); les autres à moitié corrects (*ogurio*, etc.); d'autres enfin sans aucune identité évidente avec un mot latin (*dinata*, etc). — 3° Le texte est de toute pauvreté sur le point particulier des terminaisons grammaticales. Non seulement on ne voit rien qui ressemble à des terminaisons très caractérisées comme *-orum* ou *-ibus*, mais pas même une terminaison consonantique quelconque comme serait *-as, -os, -is, -us*, ou même *-um* au bout d'un mot. Il semble que l'auteur ait trouvé trop redoutable l'épreuve de fixer la terminaison et la condition grammaticale du mot. — 4° Le même sentiment semble se manifester hors des terminaisons dans le fait de n'user que de mots extrêmement simples dans leur charpente consonantique, comme *do-mi-na*, en évitant toute forme qui offrirait une complication, telle que *octo, somnus, semper, culmen*.

« D'autre part, deux constatations importantes s'imposent :

« 1° Le texte ne mêle pas « deux langues ». Si peu latins que soient ces mots, du moins on ne voit pas intervenir une tierce langue comme serait le grec, le russe ou l'anglais ; et en ce premier sens négatif, le texte offre une valeur précise. — 2° Il offre également une valeur précise par le fait de *ne rien présenter de contraire au latin*, même aux endroits où il ne correspond à rien par l'absence de sens des mots. Quittons ici le latin et revenons au sanscrit de Mlle Smith : ce sanscrit ne contient *jamais la consonne f*. C'est un fait considérable, quoique négatif. L'f est effectivement étranger au sanscrit ; or, dans l'invention libre, on aurait eu vingt chances contre une de créer des mots sanscrits pourvus de l'f, cette consonne semblant aussi légitime qu'une autre si l'on n'est pas averti. »

Cette dernière remarque de M. de Saussure apporte dans le problème du sanscrit d'Hélène une complication dont on ne s'était pas aperçu jusqu'ici. D'une part, l'f étant un des sons les plus répandus dans nos langues occidentales et spécialement en français, tandis qu'il n'existe pas en sanscrit, il y a en effet quelque chose de très remarquable dans sa complète absence de tous les fragments hindous d'Hélène qui ont été recueillis. D'autre part, la connaissance intime du génie de la langue sanscrite que cela semble impliquer de la part de Mlle Smith, est contredite par le fait déjà relevé (v. p. 309) que plusieurs de ses paroles hindoues renfermaient le son français u^1, lequel

---

[1] Ce point paraît avoir été perdu de vue par M. de Saussure dans la dernière de ses remarques. Jugeant les fragments hindous d'Hélène sur leur recueil *écrit*, il a oublié que tous les *u* qui y figurent non précédés d'un *o*, y ont été prononcés par elle à la française, contrairement à l'habitude des sanscritistes pour qui cette lettre

n'appartient pas plus que l'f au sanscrit qui prononce toujours *ou*. Si donc l'absence de l'f résultait d'une réelle possession de cet idiome — soit normale (due à l'étude du sanscrit sous la direction d'un maître), soit supranormale (due aux réminiscences d'une vie antérieure, à une transmission télépathique, etc.) — on ne comprendrait pas comment Hélène n'aurait pas également évité l'*u*, d'autant plus que dans certains cas elle ne commet pas la faute et prononce bien *ou* (par exemple, dans son expression assez fréquente *mama soukha*).

En attendant les éclaircissements que l'avenir pourra nous apporter sur cette cruelle énigme, j'en reste provisoirement à mon hypothèse ci-dessus, que Mlle Smith a absorbé ce qu'elle sait de sanscrit d'une façon essentiellement visuelle, en feuilletant une grammaire ou d'autres documents écrits, pendant ses phases de suggestibilité. Car cette hypothèse n'est point renversée par l'absence de l'f. Je ne pense pas, en effet, que ce soit faire trop d'honneur aux facultés subliminales — d'après tout ce qu'on sait de leur promptitude, de leur finesse, de leur flair parfois étonnamment exquis et délicat — que d'admettre que l'imagination hypnoïde d'Hélène a fort bien pu remarquer cette absence de l'f dans l'alphabet sanscrit donné par les grammaires, et respecter ce trait dans ses créations ultérieures d'un hindou de fantaisie; tandis que son regard n'aura aperçu aucune indication nette que la lettre *u* de cet alphabet eût une autre valeur qu'en français. Quant aux mots où elle dit *ou* comme cela se doit, elle les a peut-être rencontrés accompagnés de leur prononciation notée entre parenthèse, à moins encore que l'initiation visuelle n'ait été complétée par quelques informations auditives égrenées, fournies par les personnes qui lui montraient les documents imprimés.

---

est la transcription du son *ou*. — M. Glardon m'informe que le son français *u* n'existe pas davantage en hindostani, et qu'actuellement encore les hindous de race n'ont pas de *f* et ne peuvent prononcer cette lettre; toutefois les musulmans ont introduit dans les dialectes de l'Inde des mots en *f*, que les hindous écrivent *ph* et prononcent en aspirant le *p*.

Je ne me dissimule point ce qu'il y a de peu satisfaisant dans ces explications conjecturales bourrées de *peut-être*, de *probablement*, etc. Mais, en tout état de cause, les mêmes difficultés subsistent, et un peu de réflexion suffit à montrer que les hypothèses occultes sont logées exactement à la même enseigne que mon hypothèse purement normale. Car, si c'est vraiment le langage de la princesse arabo-hindoue qui reparaît sur les lèvres de Mlle Smith, ou une infusion télépathique d'un idiome authentique, ou tout ce que l'on voudra de supranormal, — comment expliquer la nullité grammaticale de ce parler considéré dans son ensemble, contrastant avec l'exactitude de quelques rares mots ; la remarquable omission de l'**f**, jointe à la présence fautive du son français **u** ; la possession de signes graphiques isolés, et l'ignorance de la barre fondamentale qui les précède et les relie toujours dans l'écriture cursive; l'apparition d'un mot persan comme *boulboul* (fig. 37), et l'absence de mots arabes, d'autant plus étrange de la part d'une fille de cheik que les musulmans n'ont cessé d'en introduire dans les langues de l'Inde ; etc. ? Les occultistes diront sans doute que Simandini *a pu* oublier ceci, là où je dis que Mlle Smith *a pu* retenir cela; que la princesse de jadis confond *peut-être* aujourd'hui l'**ou** hindou avec l'**u** français, là où je dis qu'Hélène ignore *probablement* que l'**ou** se transcrit d'habitude par un **u** dans les grammaires franco-sanscrites, etc. Comme évidence et précision, on conviendra que ces explications se valent; c'est bonnet blanc et blanc bonnet. D'où je conclus que si, tout bien pesé, on préfère encore l'hypothèse occulte à l'hypothèse normale, ce n'est pas qu'elle rende mieux compte des détails concrets du cas, tant s'en faut, mais simplement — qu'elle est occulte. Affaire de goût que je laisse à l'appréciation du lecteur, d'autant plus que j'ai déjà dit plus haut ce que j'en pense (p. 284-285).

V. Sur les origines du rêve hindou.

Ce paragraphe n'a aucun sens si l'on tient vraiment le cycle oriental pour la réapparition, dans les états somnambuliques de Mlle Smith, de souvenirs datant d'une existence antérieure où elle aurait été princesse asiatique, moi-même naïk de Tchandraguiri, M. le prof. Seippel un esclave arabe, etc. Je me bornerais, dans ce cas, à déplorer que le hasard qui nous réunit de nouveau tous, après cinq siècles de séparation, ne nous ait pas laissés au milieu des splendeurs tropicales au lieu de nous transporter sur les bords du Rhône et là précisément où le brouillard est le plus épais en hiver. C'est une dure punition de nos méfaits passés.

Mais quand on pousse le scepticisme jusqu'à ne voir dans tout le rêve hindou qu'un produit fantaisiste élaboré sur quelques informations éparses, ainsi que je l'ai fait dans les paragraphes précédents, on en est également puni, par les problèmes obscurs qui se posent au sujet des origines de ce rêve. Je veux dire qu'on ne voit pas pourquoi l'imagination hypnoïde de Mlle Smith s'est livré à de telles incartades et a distribué, comme elle l'a fait, les rôles de cette pièce à tiroir. Passe encore pour son propre personnage; on comprend qu'une nature portée aux rêveries subconscientes et telle que je l'ai décrite dans les premiers chapitres de ce livre, ait trouvé du plaisir à la fiction des destinées tragiques de Simandini, de même qu'elle s'est sentie spécialement attirée vers la carrière de Marie-Antoinette. Mais M. Seippel, puisque je l'ai cité tout à l'heure, ne tient aucunement de l'arabe et encore bien moins de l'esclave, pas plus dans l'aspect extérieur que dans le caractère; et quand à moi — disons ici M. F., si l'on veut bien me permettre cette substitution d'une initiale anodine au « moi » toujours haïssable — quand à M. F., on se plaît généralement à lui reconnaître, sous quelque sauvagerie, une certaine aménité de mœurs qui ne semblait guère le prédestiner au rôle énergique et farouche d'un despote oriental violent, lunatique, capricieux et jaloux.

Sur les origines psychologiques du rêve hindou — considéré non plus dans son décor oriental, mais dans sa note essentielle qui est la relation émotive de Simandini à Sivrouka (antériorité prétendue de M. F.) — on peut faire deux hypothèses entre lesquelles il est difficile de choisir.

1° Au point de vue de la psychopathologie, je serais tenté de faire rentrer tout ce roman somnambulique dans ce que Freud appelle les « Abwehrpsychosen »[1], résultant d'une sorte d'*autoto*-

---

[1] S. Freud, *Ueber Abwehr-neuro-Psychosen.* Neurologisches Centralblatt, 1894, p. 362 et 402. Breuer et Freud, *Studien über Hysterie*, Wien 1895, passim. Etc.

mie qui débarrasse le Moi normal d'une idée affective incompatible avec lui ; laquelle idée prend sa revanche en occasionnant des perturbations très diverses suivant les sujets, depuis les désordres d'innervation venant troubler la vie quotidienne (hystérie par conversion somatique du coefficient affectif de l'idée repoussée) jusqu'aux cas où le Moi n'échappe à l'intolérable contradiction entre la réalité donnée et l'idée qui l'obsède qu'en se plongeant tout entier dans cette dernière (confusion mentale hallucinatoire, délires, etc.). Entre ces dénoûments variés se trouverait celui où l'idée exclue de la conscience devient le germe de développements hypnoïdes, le point de départ d'une seconde conscience ignorée de la personnalité ordinaire, le centre d'une vie somnambulique où se réfugient et peuvent se donner carrière les tendances que le Moi normal a refoulées loin de lui. Cette solution est peut-être la plus heureuse au point de vue pratique et social, puisqu'elle laisse l'individu dans un état de parfait équilibre et indemne de troubles nerveux, en dehors des moments très limités où le processus sous-jacent éclate en accès somnambuliques [1].

Tel serait le cas du rêve hindou et l'origine de l'attribution du rôle de Sivrouka à M. F. Rien, assurément, dans la manière d'être habituelle et la vie normale de Mlle Smith, ne laisse soupçonner qu'elle ait jamais consciemment éprouvé pour ce dernier des sentiments absurdes et que le bon sens eût d'avance condamnés ; mais divers indices de sa vie subliminale, indépendamment du cycle hindou lui-même (certains songes [2], etc.), ont semblé parfois trahir un conflit latent, dont le Moi sain et raisonnable se serait précisément affranchi par la relégation, hors de la personnalité ordinaire, de l'idée affective inadmissible dans les conditions données de la réalité. De là, chez un tempérament accoutumé aux dédoublements médiumiques et imbu des doctrines spirites, la naissance et le développement, au-dessous du niveau de la conscience normale, de

---

[1] Cette issue favorable de conflits émotionnels dangereux pour le Moi du sujet, me paraît plus particulièrement ouverte aux Médiums, grâce aux habitudes de dédoublement mental, de clivage psychique pour ainsi dire, que les séances et autres exercices spirites ont développées en eux. La pratique du spiritisme constituerait ainsi, dans certaines occasions, une soupape de sûreté, un canal de dérivation, ou une sorte d'assurance contre le risque d'autres troubles possibles ; — un avantage du même ordre que le privilège de certains gauchers d'échapper à l'aphasie en cas d'hémiplégie droite !

[2] Mlle Smith a eu, relativement à M. F., divers songes qu'elle a très candidement racontés, soit à M. Lemaître, soit à moi, et qui, sous des images symboliques variées, trahissaient une préoccupation subliminale analogue à celle d'où jaillissaient les pensées traversant comme un éclair le cerveau de Frl. Elisabeth v. R. (BREUER et FREUD, *loc. cit.*, p. 136). C'est certainement un énorme avantage pour Mlle Smith, attribuable à ses facultés et habitudes médiumiques, que l'*Abwehr* ait pris chez elle la forme d'un roman somnambulique, qui a évité à sa personnalité normale et à sa vie de tous les jours les inconvénients de la *Conversion psychischer Erregung in's Körperliche*, pour employer les termes de Freud.

ce roman d'une existence antérieure, où les tendances émotionnelles incompatibles avec la vie présente ont trouvé à la fois une sorte de justification théorique et un libre champ d'expansion.

2° On peut aussi supposer, et je préfère admettre, que les sentiments de Simandini pour son rajah fictif, loin d'être le reflet et la transposition somnambulique d'une impression vraiment éprouvée par Mlle Smith à l'égard de quelqu'un de réel et de déterminé, ne sont qu'une création fantaisiste — comme la passion dont les imaginations juvéniles s'enflamment parfois pour un type idéal et abstrait en attendant d'en rencontrer une réalisation concrète plus ou moins approchée — et que l'assimilation de Sivrouka à M. F. n'est qu'une coïncidence, due au simple hasard que Mlle Smith a fait la connaissance personnelle de M. F. dans le temps où le rêve hindou venait de débuter. De même qu'Alexis Mirbel s'est trouvé revêtir une fonction importante dans le cycle martien uniquement par suite d'une rencontre fortuite (comme j'ai essayé de le montrer p. 144-146), de même M. F. aurait pris la place d'honneur dans le roman oriental parce qu'il n'y avait que lui qui fût disponible à ce moment-là, tous les autres habitués des séances de cette époque ayant déjà leurs antériorités fixées depuis longtemps.

Deux points appuient cette supposition d'une confusion contingente et superficielle entre M. F. et Sivrouka. D'abord le rêve hindou a nettement commencé, par une vision caractéristique où apparaît Simandini, près de deux mois avant l'admission de M. F. aux séances (v. p. 12 et 261) ; à moins donc de supposer que la subconscience de Mlle Smith prévoyait déjà alors l'arrivée plus ou moins probable de ce nouveau spectateur, et lui réservait d'avance un rôle capital dans le roman d'antériorité qu'elle était en train d'élaborer (ce qui n'est pas tout à fait impossible, il est vrai), il ne semble guère que M. F. ait pu être pour quelque chose dans la création du personnage onirique de Sivrouka. En second lieu, c'est seulement dans ses somnambulismes légers et ses états mixtes ou crépusculaires, qu'il arrive à Mlle Smith de prendre M. F. pour le prince hindou et de s'asseoir à ses pieds dans des attitudes de tendresse et d'abandon (sans d'ailleurs jamais sortir des bornes de la plus parfaite convenance) ; cela n'a plus lieu dès que le somnambulisme devient profond et la trance hindoue complète, M. F. cesse alors d'exister pour elle aussi bien que les autres assistants, et elle n'a plus affaire qu'à un Sivrouka absolument hallucinatoire. — C'est l'occasion de dire qu'Hélène n'a jamais présenté aucun phénomène rappelant, même de loin, certains cas[1] où l'on a vu l'hypnose

---

[1] V. p. ex. W. BRUGELMANN, *Suggestive Erfahrungen*. Zeitschrift für Hypnotismus, t. V, p. 256.

réveiller des tendances grossières et plus ou moins bestiales dont les sujets eussent rougi à l'état de veille. Rien de pareil chez Mlle Smith. Le somnambulisme ne porte aucune atteinte à l'élévation de son sens moral; même dans ses trances les plus profondes, ou lorsqu'elle « incarne » des personnages très différents de son caractère ordinaire, elle ne se départ jamais de la réelle dignité qui est un trait de sa personnalité normale. —

En résumé, l'hypothèse d'une identification purement accidentelle, d'une sorte d'association par simple contiguïté entre le prince hindou et M. F., me paraît au total plus naturelle. Elle dégage en outre ce dernier de toute responsabilité (bien involontaire, d'ailleurs) dans les sentiments si profonds, si désintéressés, et si dignes d'une moins tragique destinée, que le personnage imaginaire de Sivrouka-Nayaka inspire à la pauvre princesse Simandini.

CHAPITRE IX

Le Cycle royal.

S'il me fallait donner à ce cycle une place proportionnée à celle qu'il occupe dans la vie somnambulique de Mˡˡᵉ Smith, cent pages n'y suffiraient pas. Mais on me permettra de passer rapidement sur des faits où je ne pourrais que me répéter, la plupart des observations suscitées par les romans précédents s'appliquant aussi bien, *mutatis mutandis,* à la personnification de Marie-Antoinette par Hélène.

Le choix de ce rôle s'explique naturellement par les goûts innés de Mˡˡᵉ Smith pour tout ce qui est noble, distingué, élevé au-dessus du vulgaire, — et la rencontre de quelque circonstance extérieure qui aura fixé son attention hypnoïde sur l'illustre reine de France, de préférence à mainte autre figure historique également qualifiée pour servir de point d'attache à ses rêveries mégalomaniaques subconscientes. A défaut de renseignements absolument certains sur ce point, je soupçonne fortement la gravure des *Mémoires d'un médecin* représentant la scène dramatique de la carafe entre Balsamo et la Dauphine, d'avoir donné naissance à cette identification d'Hélène avec Marie-Antoinette, en même temps qu'à celle de sa sous-personnalité Léopold avec Cagliostro.

On a, en effet, vu (p. 90-91) que cette gravure, bien faite pour frapper l'imagination, avait été présentée à Mlle Smith par Mme B*** à la fin d'une séance, c'est-à-dire à un moment où l'on n'est jamais sûr que le retour d'Hélène à son état normal soit complet, et où sa personnalité hypnoïde, encore à fleur de conscience pour ainsi dire, est toute prête à absorber les suggestions intéressantes que lui fournira le milieu. C'est quelques mois — un an et quart au plus, peut-être beaucoup moins — après cet incident (dont il est impossible de fixer la date précise en 1892 ou 1893), qu'on apprit par la table, le 30 janvier 1894, qu'Hélène était la réincarnation de Marie-Antoinette. On se rappelle que dans l'intervalle elle avait cru, pendant un certain temps, être celle de Lorenza Feliciani ; il est à noter toutefois que ces deux identifications successives n'ont pas eu la même garantie ou signification psychologique. En effet, c'est Mlle Smith à l'état de veille, c'est-à-dire sa personnalité normale, qui accepta la supposition de Mme B*** qu'elle réincarnait Lorenza [1], mais la table, c'est-à-dire sa subconscience, resta toujours muette sur ce point. Au contraire, l'idée d'avoir été Marie-Antoinette ne paraît pas avoir abordé la conscience ordinaire d'Hélène jusqu'au jour où Léopold révéla ce secret par la table. Si l'on en devait conclure quelque chose, c'est que, sous les suggestions multiples de la gravure des œuvres de Dumas et des suppositions de Mme B***, l'imagination hypnoïde de Mlle Smith a d'emblée préféré au rôle de Lorenza celui de Marie-Antoinette, sans contredit plus flatteur et plus conforme au tempérament d'Hélène, puis l'a élaboré et mûri avec une lenteur assurément très grande, mais qui n'a pourtant rien d'excessif si on la rapproche d'autres exemples d'incubation subliminale chez Mlle Smith [2].

Au point de vue de ses formes psychologiques de manifestation, le cycle royal suivit dès lors une évolution analogue à celle de ses congénères décrits dans les chapitres précédents. Après quelques mois où il se déroula en visions décrites par Hélène et accompagnées de dictées typtologiques explicatives, la trance devint plus profonde et Mlle Smith commença à personnifier la Reine dans des pantomimes muettes dont Léopold précisait le sens par des indications digitales. La parole s'y joignit l'année suivante à une date que je ne puis fixer, car d'autres milieux en eurent la primeur avant que j'en

[1] Mlle Smith assure, actuellement, qu'elle n'a jamais sérieusement cru être la réincarnation de la Feliciani, mais que n'ayant pas davantage de raison de repousser absolument cette hypothèse de Mme B***, elle se renferma sur ce point dans un silence dubitatif, que son entourage interpréta à tort comme un acquiescement.

[2] On a vu que l'écriture a pris cinq mois, et la parole quinze, avant de se manifester avec succès chez Léopold (p. 96-103). Dans le rêve martien, on trouve des durées d'incubation encore plus longues, par exemple un an et demi pour l'écriture (p. 195).

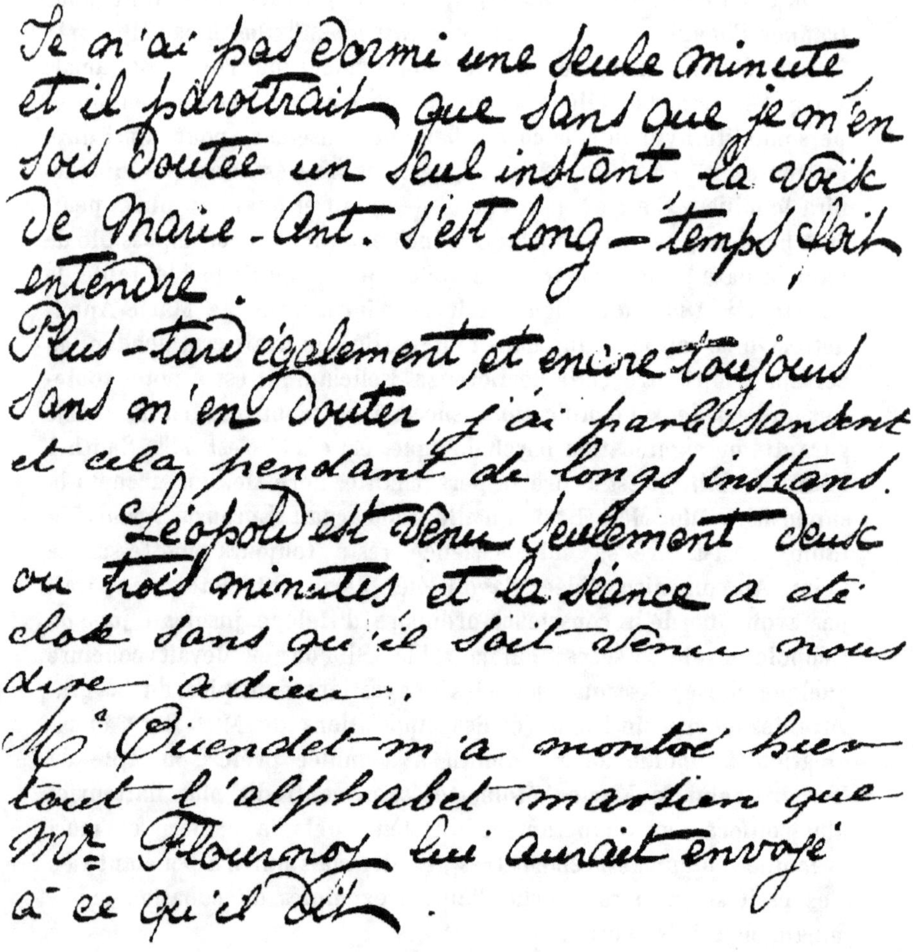

Je n'ai pas dormi une seule minute, et il paroîtrait que sans que je m'en sois doutée un seul instant, la voix de Marie-Ant. s'est long-temps fait entendre.

Plus-tard également, et encore toujours sans m'en douter, j'ai parlé sanscrit et cela pendant de longs instants.

Léopold est venu seulement deux ou trois minutes et la séance a été close sans qu'il soit venu nous dire adieu.

M. Buendel m'a montré hier tout l'alphabet martien que M. Flournoy lui aurait envoyé à ce qu'il dit.

FIG. 39. — Premier exemple connu des irruptions automatiques de l'orthographe et de l'écriture dites « de Marie-Antoinette » au milieu de l'écriture normale de Mlle Smith. — Fragment d'une lettre d'Hélène du 1er nov. 1897, racontant une séance où elle avait incarné successivement la reine de France et la princesse hindoue. [Collection de M. Lemaître.] — Voir aussi p. 54.

fusse témoin pour la première fois le 13 octobre 1895. L'écriture ne fit son apparition, à ma connaissance, que deux ans plus tard (1 nov. 1897; v. fig. 39), quand l'incarnation royale eut atteint son apogée et qu'Hélène en fut venue à soutenir plusieurs heures de suite le rôle somnambulique de Marie-Antoinette. Depuis lors, ce rôle se maintient à un niveau de perfection très remarquable, mais il ne fait plus guère de progrès et il paraît en voie de se stéréotyper.

Il convient de distinguer, dans cette brillante personnification, l'objectivation du type général de souveraine, ou du moins de très grande dame, et la réalisation des caractères individuels de Marie-Antoinette d'Autriche. Le premier point ne laisse presque rien à désirer. Mlle Smith semble posséder par nature tout ce que réclame ce rôle, et l'autosuggestion hypnoïde ne s'y est pas trouvée à court de matériaux à mettre en valeur. Il faut voir, quand la trance royale est franche et complète, la grâce, l'élégance, la distinction, la majesté parfois, qui éclatent dans l'attitude et le geste d'Hélène. Elle a vraiment un port de reine. Les plus délicates nuances d'expression, amabilité charmante, hautaine condescendance, pitié, indifférence, mépris écrasant, se jouent tour à tour sur sa physionomie et dans son maintien, au défilé des courtisans qui peuplent son rêve. Ses jeux de mains avec son mouchoir réel et ses accessoires fictifs : l'éventail, le binocle à long manche, le flacon de senteur fermé à vis qu'elle porte dans une pochette de sa ceinture; ses révérences; le mouvement plein de désinvolture dont elle n'oublie jamais, à chaque contour, de rejeter en arrière sa traîne imaginaire; tout cela, qui ne se peut décrire, est parfait de naturel et d'aisance.

Quant à la personnification spéciale de la malheureuse Autrichienne, épouse de Louis XVI, elle est d'une exactitude moins évidente, et même très problématique. A en juger par le seul point de comparaison objectif à notre disposition, l'écriture (v. fig. 39 à 41), la Marie-Antoinette des somnambulismes d'Hélène ne doit guère ressembler à son prototype supposé; car il y a encore moins de différence entre les autographes de Cagliostro et de Léopold (v. p. 108) qu'entre ceux de la souveraine authentique et de sa prétendue réincarnation en Mlle Smith, cette dernière ayant une calligraphie arrondie, penchée, beaucoup plus régulière et appliquée qu'à l'état normal, au lieu de l'écriture anguleuse et pénible de la reine de France, sans parler des différences criantes dans la formation de beaucoup de lettres. Les quelques analogies orthographiques — Hélène écrit *instans, enfans, étois,* etc. — n'ont rien de spécifique et rappellent simplement les habitudes générales du siècle dernier (v. p. 107).

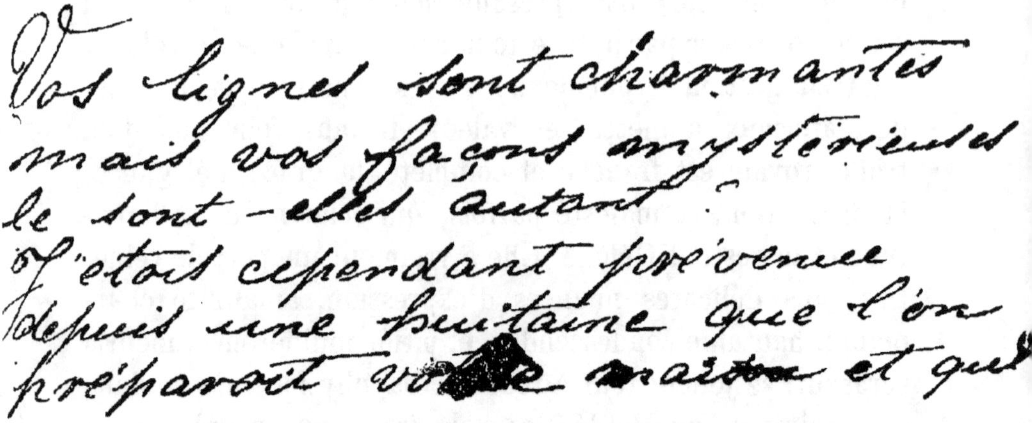

Vos lignes sont charmantes mais vos façons mystérieuses le sont-elles autant?
J'étois cependant prévenue depuis une huitaine que l'on préparoit votre ▬▬▬ et que

Fig. 40. — Ecriture de Mlle Smith incarnant Marie-Antoinette. — Séance du 7 nov. 1897. Commencement, écrit à l'encre, d'une lettre adressée à Philippe d'Orléans (M. Aug. de Morsier, non présent à cette séance). Après les taches de la dernière ligne, Hélène a jeté la plume, puis recommencé et achevé sa lettre au crayon, d'une écriture encore plus régulière et penchée que celle-ci.

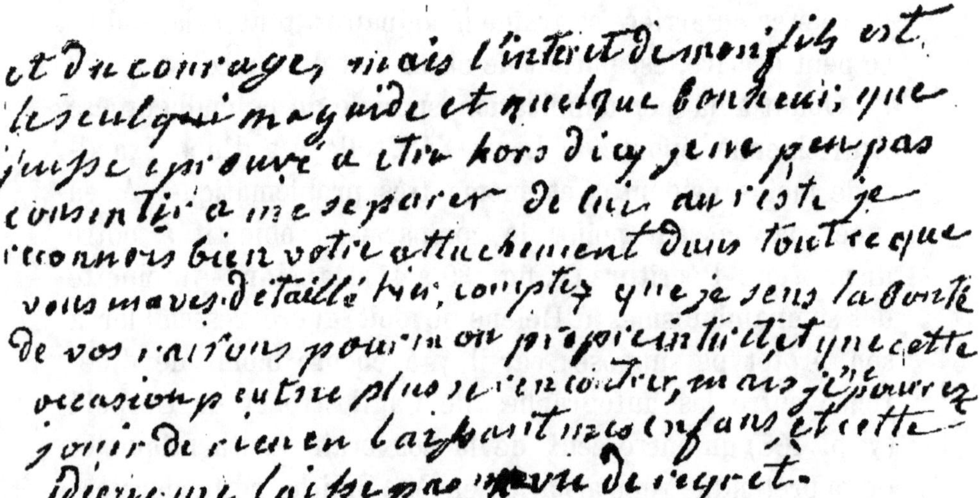

et du courage, mais l'intérêt de mon fils est le seul qui me guide et quelque bonheur que je puisse éprouver à être hors d'icy je ne peux pas consentir à me separer de lui, au reste je reconnois bien votre attachement dans tout ce que vous m'avez détaillé très, comptez que je sens la bonté de vos raisons pour mon propre intérêt, et que cette occasion pourra être plus avantageuse, mais j'éprouve à jouir de rien en laissant mes enfans, et cette idée ne me laisse pas même un regret.

Marie Antoinette

Fig. 41. — Ecriture et signature de Marie-Antoinette. — Fragment d'une lettre écrite du Temple au général de Jarjayes et reproduite dans l'*Isographie des hommes célèbres* (collection de fac-simile publiée sous la direction de Duchesne aîné; Paris, 1827-1830).

N'ayant nulle part trouvé d'indication sur le parler de Marie-Antoinette, j'ignore si l'imagination hypnoïde d'Hélène a deviné plus juste qu'avec l'écriture en lui faisant adopter, dans ses incarnations royales, des intonations et une prononciation qui n'ont rien de germanique et rappelleraient davantage l'accent anglais. Le timbre de la voix ne change pas, mais la parole devient traînante, avec un léger roulement des *r,* et prend quelque chose de précieux et d'affecté, très joli quoique un peu impatientant à la longue. — On sait déjà qu'il n'y a pas une absolue séparation entre les diverses trances d'Hélène. De même que le martien et l'hindou, l'écriture ou l'orthographe de la Reine se glissent parfois dans la correspondance de Mlle Smith (v. fig. 39), et il lui arrive de prendre son accent de Marie-Antoinette, sinon à l'état de veille ordinaire (je n'en sais pas de cas), du moins en dehors de son cycle royal, surtout dans les phases de transition où elle commence ou finit d'incarner Léopold, les Martiens, etc. (Voir, par exemple, p. 125.)

Au point de vue de son contenu, le cycle royal forme une collection de scènes et de tableaux variés, aussi dépourvus que le rêve martien de toute trame continue, et où les événements historiques marquants ne tiennent à peu près aucune place ; jamais, par exemple, on n'y a vu la Reine monter sur l'échafaud comme Simandini sur son bûcher. On ne sait pas même toujours si le spectacle qu'on a sous les yeux est censé être la répétition, le souvenir exact, d'épisodes ignorés mais réels de la vie de Marie-Antoinette, — ou bien s'il s'agit d'incidents nouveaux, actuels, se passant entre la reine maintenant réincarnée et ses anciennes connaissances qu'elle retrouve dans les personnes assistant à la séance ou dans les désincarnés en relation médianimique avec elle. Cela dépend des cas.

Quand, par exemple, le 25 décembre 1896, Mlle Smith intrancée adresse de touchantes exhortations à une dame présente qu'elle prend pour la princesse de Lamballe, il y faut voir, selon Léopold, la reproduction de la dernière soirée que la malheureuse reine, soutenue par sa compagne de captivité, passa en ce monde. Il est vrai qu'à Noël 1792, il y avait trois mois que la princesse de Lamballe était tombée victime des massacres de septembre, mais on n'en est pas à cela près en matière de chronologie spirite.] Quand, d'autre part, l'abbé Grégoire vient dicter par la table qui s'incline significativement vers Hélène : *J'aurais voulu te sauver, mais je n'ai pas pu;* ou que le sinistre Hébert lui dit par le même procédé : *Je t'ai fait mourir... je souffre, priez pour moi;* on doit regarder comme actuels l'hommage et le remords posthumes que ces deux désincarnés apportent, après un siècle, à leur souveraine enfin reconnue dans la personne de Mlle Smith. Mais le plus souvent il est impossible de décider si l'incident auquel on assiste prétend simplement rééditer le passé, ou constitue un fait nouveau. Léopold lui-même ne paraissant pas bien au clair sur ces scènes composites où les souvenirs d'une antériorité écoulée se mêlent à la réalité d'aujourd'hui, le psychologue ne doit pas se montrer plus spirite que les esprits et exiger des distinctions dont il n'a d'ailleurs que faire.

Le lieu des scènes et visions royales est souvent indéterminé. Beaucoup se passent dans les jardins ou les appartements du Petit-Trianon, et les ameublements qu'Hélène y décrit sont bien toujours du pur Louis XVI. Plus rarement, Marie-Antoinette se trouve au Temple, ou à des rendez-vous — innocents au fond, mais bien imprudents — dans quelque pied-à-terre secret à Paris. Jamais on ne la voit en Autriche ; car, à la différence de la princesse hindoue toute pleine encore de ses souvenirs arabes, elle semble avoir complètement perdu de vue son passé de jeune fille.

Dans l'entourage de la Reine, le Roi brille par son absence ; à peine lui a-t-elle fait quelques rares allusions, avec une indifférence marquée. La plupart des personnages connus de l'époque, que je me dispense d'énumérer, y figurent incidemment et pêle-mêle, mais il y en a trois qui reviennent continuellement et occupent le premier plan. C'est d'abord, cela va de soi, le comte de Cagliostro, *mon sorcier* ou *ce cher sorcier*, comme l'appelle familièrement la souveraine, qui n'a jamais assez de ses visites et de ses entretiens roulant sur tout au monde, depuis les sujets philosophiques tels que la vie future et l'existence de Dieu, jusqu'aux commérages de la dernière fête de Versailles, en passant par la politique. C'est ensuite Louis-Philippe d'Orléans (Egalité), et le vieux marquis de Mirabeau, qui ont, le premier surtout, servi d'interlocuteurs hallucinatoires à Hélène dans de nombreuses scènes — jusqu'au jour où, pour le plus grand amusement des assistants, le monologue somnambulique s'est transformé en réelles et vivantes conversations, par suite de l'introduction aux séances de M. Eug. Demole, puis de M. Aug. de Morsier, dans lesquels Marie-Antoinette a immédiatement reconnu les deux personnages ci-dessus. On ne se doute pas de toutes les célébrités de l'Ancien Régime qui se sont donné rendez-vous à Genève à leur insu, en cette fin de siècle, et qui y disputent l'incognito de très bourgeoises enveloppes aux illustres représentants de l'Inde moyenageuse.

Depuis cette rencontre inattendue de deux de ses contemporains réincarnés comme elle, la Reine somnambulique s'accorde volontiers, à l'occasion, le plaisir de renouveler les petits soupers et les joyeuses soirées d'antan. Quand on croit qu'est finie une séance qui a déjà duré de 4 à 7 heures de l'après-midi, et qu'on invite Mlle Smith, enfin réveillée d'une longue série de scènes hindoues, martiennes et autres, à venir dîner et se réconforter avant de reprendre le chemin du logis, il arrive souvent qu'apercevant M. Demole ou M. de Morsier parmi les assistants, elle tressaille légèrement, avec un changement de physionomie parfois tout juste perceptible, mais auquel il n'y a pas à se méprendre ; puis, de son accent si caractéristique de Marie-Antoinette : « Oh, marquis, vous êtes ici et je ne vous avais point encore aperçu ! » Et la voilà dans un somnambulisme vigil, qui pourra se prolonger jusque vers dix heures du soir, entretenu par la bonne volonté suggestive de ses partenaires improvisés, soutenant de leur mieux leur rôle de Mirabeau ou de Philippe d'Orléans.

On descend à la salle à manger. La Reine prend place à table à côté du marquis (ou de Philippe). Elle n'a d'yeux et d'oreilles que pour lui, les autres convives et les domestiques restant exclus de son rêve. Elle ne mange et ne boit que ce qu'il lui sert, et ce n'est point une sinécure que d'avoir le soin de cette auguste voisine, car elle possède vraiment un royal appétit; on est d'autant plus confondu de ce qu'elle dévore, et des rasades de vin qu'elle vide coup sur coup sans inconvénient, qu'à l'état normal Mlle Smith est la sobriété même et mange excessivement peu. Après le dîner, on passe au salon, non sans force compliments et révérences, et Marie-Antoinette prend le café. Les premières fois, elle accepta aussi de Philippe une cigarette et la fuma — Mlle Smith ne fume jamais à l'état de veille — mais les remarques des assistants sur l'invraisemblance historique de ce trait ont dû être enregistrées et porter leur fruit, car aux séances suivantes elle ne parut plus comprendre l'usage du tabac sous cette forme; elle accepta en revanche avec empressement une prise d'une tabatière imaginaire, ce qui lui procura presque aussitôt une série d'éternûments par autosuggestion admirablement réussis.

La soirée se passe dans la conversation la plus variée, jusqu'à ce que, la fatigue se faisant sans doute sentir, la Reine finisse par se taire, baisse les paupières et s'assoupisse dans quelque fauteuil. Dès cet instant, Léopold, qui ne donne pas signe de vie et dont on ne peut obtenir aucune réponse pendant le vif du somnambulisme royal, reparaît et répond par le doigt, ou se manifeste en gestes spontanés : la main d'Hélène se lève, par exemple, et fait des passes sur son front pour accentuer le sommeil réparateur qui va la ramener à l'état normal. Au bout de quelques minutes, une demi-heure au plus, elle se réveille sans aucun souvenir de la soirée, croyant que l'on n'a pas encore dîné, et se plaignant de faim et de soif, comme si la sensibilité stomacale participait à l'amnésie et aux modifications accompagnant le changement de personnalité. Cependant je ne l'ai jamais vue accepter à ce moment-là autre chose qu'un ou deux verres d'eau, après lesquels elle se sent bien réveillée. En la reconduisant à son domicile, j'ai assisté une seule fois à un retour du somnambulisme royal : elle voulut à toute force se rendre chez un personnage connu (aperçu en vision pendant la séance) qui fut reçu à la cour de Marie-Antoinette et mourut à Genève dans le premier tiers de ce siècle ; ce n'est qu'arrivée devant la maison où il habita, et sur le point d'y entrer, que je réussis enfin à la réveiller et à la ramener chez elle, amnésique sur cet incident et toute étonnée des rues inaccoutumées où nous nous trouvions.

Il est inutile de faire un récit plus circonstancié de ces dîners et soirées de Marie-Antoinette. Très amusants pour les spectateurs, ils perdraient beaucoup de leur sel à être narrés tout au long. Les détails en sont ce qu'on peut attendre d'une imagination subliminale vive, alerte et pleine de verve, abondamment pourvue sur le compte de l'illustre souveraine de notions encore plus facilement explicables que celles du cycle hindou grâce à l'atmosphère intellectuelle de notre pays. Il s'y glisse d'ailleurs de nombreux anachronismes, et Sa Majesté donne parfois dans les pièges que le marquis ou Philippe se font un malin plaisir de lui tendre. Elle les évite souvent, quand ils sont trop grossiers, et c'est avec un naturel du plus haut comique qu'elle reste d'abord interdite, puis s'informe curieusement, ou manifeste de l'inquiétude sur la santé mentale de ses interlocuteurs, lorsque ceux-ci introduisent et maintiennent le téléphone, la bicyclette, les paquebots ou le vocabulaire scientifique moderne dans leur conversation XVIIIme siècle. Mais, d'autre part, elle emploie elle-même sans sourciller des termes d'un usage plus invétéré, tels que dérailler (au figuré), mètre et centimètre, etc. Certains mots, comme ceux de tramway et photographie, ont donné lieu à de curieux conflits : Marie-Antoinette laisse d'abord passer le vocable perfide, et l'on voit qu'elle l'a bien compris, mais sa propre réflexion ou le sourire des assistants réveillant en elle le sentiment d'incompatibilité, elle se reprend et revient sur le terme de tout à l'heure en jouant l'ignorance et l'étonnement le plus spontané. Le spiritisme explique ces bévues en accusant les machiavéliques partenaires de la Reine d'abuser lâchement de la suggestibilité liée à l'état de trance pour brouiller ses idées et l'induire en confusion ; la psychologie n'est point surprise que le pastiche subliminal, si remarquable soit-il, présente quelques petites défaillances ; et tout le monde est d'accord dans la façon de s'exprimer, sinon de penser, en attribuant ces anachronismes à un mélange accidentel des souvenirs de la personnalité ordinaire et de la vie présente, avec ceux de la personnalité royale ressuscitée pendant le somnambulisme.

Dans son rôle de Majesté, Mlle Smith fait preuve de beaucoup de finesse et d'à propos. Elle a des réparties fort spirituelles, qui désorientent ou clouent ses interlocuteurs, et dont le style est parfois tout à fait dans la manière de l'époque. Cette aisance et cette promptitude du dialogue, excluant toute préparation réfléchie et calculée, dénotent une grande liberté d'esprit et une remarquable facilité d'improvisation. Il s'y mêle, d'autre part, des saillies ou des épisodes qui n'ont plus rien d'impromptu, et qui sont le résultat évident d'une élaboration préalable au cours des rêveries subconscientes et des automatismes divers que le roman royal fait surgir dans la vie ordinaire d'Hélène. Il y a des scènes dont on peut suivre le développement ou la répétition dans une série de séances et de visions spontanées, comme cela se passe pour les autres cycles. En voici un exemple entre beaucoup.

A la fin d'une séance où assiste M. de Morsier (10 octobre 1897), Mlle Smith entre dans son rêve de Marie-Antoinette. Pendant le dîner, elle fait plusieurs allusions à son fils le dauphin, parle de sa fille, raconte avoir demandé à son sorcier le sexe de son prochain enfant, etc., — toutes choses étrangères à la conversation de Philippe, et qui semblent annoncer quelque scène sous-jacente prête à éclore. En effet, au milieu de la soirée, la Reine devient absorbée et distraite, puis finit par aller s'agenouiller dans un angle peu éclairé du salon : son monologue indique qu'elle est devant le berceau où reposent le petit dauphin et sa sœur. Bientôt elle revient chercher Philippe et l'emmène admirer ses enfants endormis, auxquels, d'une voix très douce, elle chante une romance inédite (« Dormez en paix, etc., »), d'une mélodie plaintive analogue à celle du chant hindou ; les larmes jaillissent de ses yeux: de tendres baisers sur le berceau imaginaire, et une fervente invocation à la Vierge, terminent cette scène maternelle extrêmement touchante.

Plusieurs semaines après (1er décembre), une nouvelle romance fit son apparition dans un accès spontané d'automatisme visuel, auditif et graphique, dont Hélène m'envoya le récit le lendemain. Le soir, seule avec sa mère, elle avait interrogé Léopold sur une affaire qui la préoccupait, et en avait obtenu une réponse. « Aussitôt la communication terminée, je vis tout trouble autour de moi; puis à ma gauche, à une distance d'environ dix mètres, se dessina un salon Louis XVI pas très grand, au milieu duquel était un piano carré ouvert. Devant ce piano était assise une personne jeune encore, dont je ne pus distinguer la couleur des cheveux. Étaient-ils blonds, étaient-ils gris, je n'ai su voir. Elle jouait et chantait en même temps. Les sons du piano, la voix même, arrivaient jusqu'à moi, mais je ne pus saisir les paroles de la romance. Un jeune garçon ainsi qu'une jeune fille se tenaient de chaque côté du clavier. Non loin d'eux était assise une jeune dame tenant un tout jeune enfant sur ses genoux[1]. Cette vision charmante ne dura malheureusement que fort peu de temps, tout au plus dix minutes. » Après l'effacement de la vision, Hélène eut l'idée de prendre un crayon : « Le crayon dans la main, j'étais là à me demander ce que je pourrais bien écrire, lorsque tout à coup j'entendis de nouveau la mélodie, puis, cette fois-ci très distinctement, les paroles, mais sans aucune vision à ce moment. Le tout se passait dans ma tête, dans mon cerveau, et instinctivement je me prenais le front pour mieux entendre et comprendre, à ce qu'il me semblait. Je me sentais obligée à tenir le crayon d'une autre façon que je le tiens habituellement. Voici les paroles de la romance entendues et tracées à cet instant; comme vous le voyez, l'écriture n'est point la mienne, il y a aussi des fautes d'orthographe même très criantes. » — [Voici ce morceau :]

Approchez-vous approchez-vous | enfans chéris approchez-vous | quand le printemps sur nous ramène | ses frais parfums ses rayons d'or | venez enfans sous son haleine | gazouiller bas mes doux trésors | approchez-vous approchez-vous |

[1] On devine aisément que cette vision représente Marie-Antoinette avec ses trois enfants et Madame Élisabeth.

enfans chéris approchez-vous | êtres chéris enfans bénis | approchez-vous de votre mère | son doux baiser petits amis | calme et guérit toutes misères | approchez-vous approchez-vous | enfans chéris approchez-vous[1].

Quelques mois plus tard (4 septembre 1898), les deux scènes précédentes se reproduisent, avec des variantes de détail, dans une même soirée, où Marie-Antoinette mène d'abord Philippe vers la couchette fictive de ses chérubins et leur chante sa première romance : *Dormez en paix*, etc. Puis elle le conduit au piano, et lui déployant un cahier imaginaire sous les yeux, elle l'oblige à l'accompagner, tandis qu'elle chantera la « romance d'Elisabeth ». M. de Morsier, qui n'est heureusement pas embarrassé pour si peu, improvise à tout hasard un accompagnement dont la Reine s'accommode après quelques critiques, et sur lequel elle chante d'une voix très pure et douce des paroles qui se trouvent être mot pour mot celles ci-dessus, écrites automatiquement le 1er décembre précédent.

On voit, par cet exemple, le mélange de préparation, de répétition et d'impromptu, que supposent les incidents variés qui font les frais des soirées royales. Il est probable que si l'on pouvait être témoin, ou si Mlle Smith se souvenait, de tous les automatismes spontanés qu'alimente le roman royal, songes nocturnes, visions hypnagogiques, rêveries subconscientes pendant la veille, etc., on y assisterait à d'interminables conversations imaginaires avec le marquis, Philippe, Cagliostro et tous les personnages fictifs qui apparaissent occasionnellement dans les scènes somnambuliques de Marie-Antoinette. C'est par ce travail sous-jacent et ignoré, peut-être jamais interrompu, que se prépare et s'élabore lentement la personnalité de la Reine de France qui éclate et se déploie avec tant de magnificence dans ses soirées avec Philippe d'Orléans et le marquis de Mirabeau.

J'ai dit que, sauf ces deux messieurs réels qui font toujours partie du rêve royal lorsqu'ils sont présents (et même parfois en leur absence), les autres assistants des séances en sont exclus. On devine qu'ils ne passent pas inaperçus

[1] J'ai respecté l'orthographe ainsi que la complète absence de ponctuation et d'alinéas de ce morceau d'écriture automatique, me bornant à y marquer par des traits verticaux la séparation évidente en vers de huit pieds. Il est de la calligraphie appliquée et régulière dite de Marie-Antoinette (semblable à celle de la fig. 40), mais d'un crayon trop pâle pour en permettre la reproduction.

pour cela. De même que, dans les hallucinations négatives ou l'anesthésie systématique des sujets hypnotisés, ce qui semble non senti est cependant enregistré, ne fût-ce précisément que pour être distrait de l'ensemble et traité comme n'existant pas ; de même il est infiniment probable que rien n'échappe, à l'individualité fondamentale et totale de Mlle Smith, de ce qui se passe autour d'elle. La personnalité royale qui occupe le devant de la scène et se trouve dans un rapport électif limité à Philippe et au marquis, ne fait qu'éclipser ou reléguer dans les coulisses les autres personnalités sans rompre leurs attaches avec l'environnement. On en a de nombreuses preuves.

Par exemple, en marchant, Marie-Antoinette ne se heurte jamais sérieusement aux autres assistants. Les remarques et critiques de ces derniers ne sont pas perdues, car bien souvent sa conversation en trahit l'influence au bout de quelques minutes. De même si on lui pince ou pique la main, lui chatouille le conduit auditif, les lèvres, les narines, et même la cornée, elle semble anesthésique ; cependant, au bout de quelques secondes, sa tête se détourne sans en avoir l'air, et si l'on persiste, elle entre dans une sorte d'agitation accommodée à son rêve, change de position sous un prétexte quelconque, etc. Je brisai un jour une assiette sur le parquet, derrière elle, dans des conditions excluant toute attente ou prévision de sa part ; le fracas fit ressauter toute la société ; Hélène seule ne broncha pas et parut n'avoir rien entendu ; mais, quelques minutes plus tard, elle commença à se trémousser, se leva et quitta la table (ce qu'elle n'avait jamais fait) en se plaignant de ce qu'aucune de ses suivantes ne se trouvait là, alla tirer une sonnette fictive dans un angle de la chambre, puis se promena en proie à une grande impatience et à des explosions de colère, jusqu'à ce que le calme fût peu à peu revenu. Il est manifeste en résumé que les excitations auxquelles elle paraît insensible sur le moment, loin de rester sans effet, s'emmagasinent et produisent par leur sommation des réactions retardées de plusieurs minutes et intelligemment adaptées à la scène somnambulique, mais d'une intensité plutôt exagérée que diminuée par cette période de latence. — La musique agit également sur elle, et d'une manière presque immédiate, en la précipitant du rêve de Marie-Antoinette dans un état hypnotique vulgaire, où elle prend des attitudes passionnelles, qui n'ont plus rien de royal, conformes au caractère varié des airs qui se succèdent au piano.

Il est arrivé parfois que le rêve royal, commencé à la fin d'une

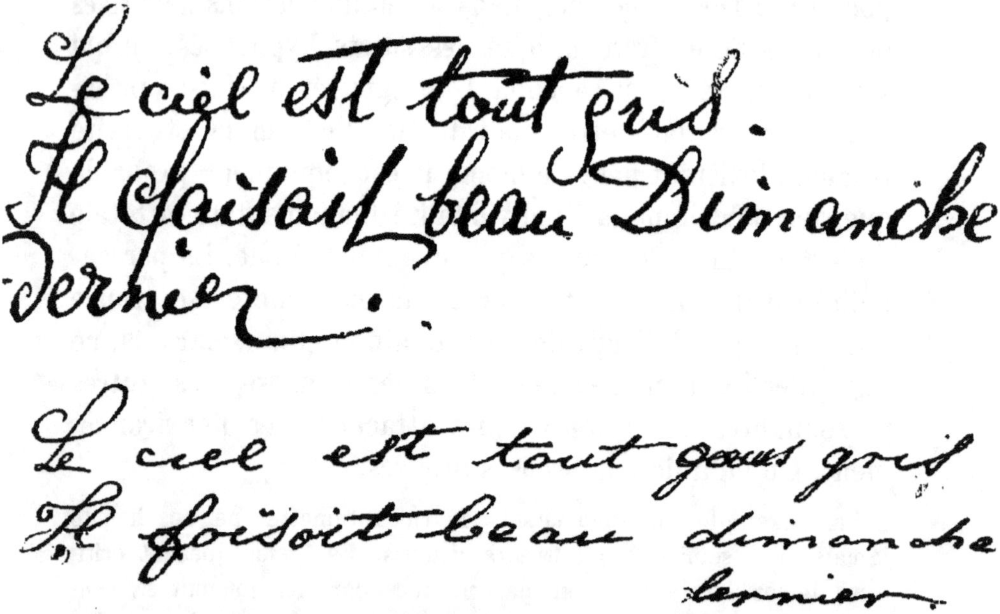

Le ciel est tout gris.
Il faisait beau Dimanche dernier.

Le ciel est tout gous gris
Il foisoit beau dimanche dernier

Fig. 42. — Différences d'écriture de Mlle Smith à la fin d'une incarnation de Marie-Antoinette, selon qu'elle est dans une phase d'état normal (lignes supérieures, de son écriture habituelle) — ou dans un retour du rêve royal (lignes d'en bas; noter le mot *foisoit*). Grandeur naturelle. — Les tremblements de quelques traits ne sont pas dans l'original, mais proviennent de ce qu'il a été repassé à l'encre pour être reproduit.

séance, n'a pu prendre pied par suite du départ de ses deux provocateurs par excellence. Le retour à l'état normal s'est alors effectué sans sommeil, par une série d'oscillations psychophysiologiques, se succédant, par exemple, pendant toute la durée du dîner, et permettant d'observer les variations corrélatives des diverses fonctions. Dans ses phases de Marie-Antoinette, Hélène en a l'accent caractéristique; elle me reconnaît vaguement, sans pouvoir dire qui je suis non plus que les autres personnes présentes; elle a de l'allochirie, une insensibilité complète des mains (avec représentation visuelle du doigt que je pince, etc.), et grand appétit, tout en se plaignant parfois de ne pouvoir manger malgré sa faim; elle ignore qui est Mlle Smith; si on lui demande la date actuelle, elle répond juste pour le mois et le jour, mais indique une année du siècle dernier, etc. Puis, tout à coup, son état change; l'accent royal fait place à sa voix ordinaire; elle semble absolument réveillée, toute confusion mentale a disparu, elle est parfaitement au clair sur les personnes, les dates et les circonstances actuelles, mais n'a aucun souvenir de son état de tout à l'heure; elle n'a plus ni faim, ni allochirie, ni anesthésie, et elle se plaint d'une vive douleur au doigt (celui que j'ai pincé dans la phase précédente). J'ai profité un jour de ces alternatives pour lui tendre un crayon et lui dicter la phrase de la fig. 42;

dans ses moments normaux, elle tient le crayon selon son habitude entre l'index et le médius et a son écriture ordinaire; pendant les retours du somnambulisme royal, elle le tient entre le pouce et l'index, et prend son écriture et son orthographe dites de Marie-Antoinette, exactement comme sa voix en revêt l'accent. Il est à présumer que toutes les autres fonctions, si on pouvait les examiner, présenteraient des variations parallèles analogues, le changement de la personnalité étant naturellement accompagné — et, pour mieux dire, constitué — par des changements connexes non seulement de la mémoire et de la sensibilité, mais de la motilité, des dispositions émotionnelles, bref de toutes les facultés de l'individu. J'ajoute que dans chacun de ses états Hélène a le souvenir des périodes précédentes de même espèce, mais non de l'autre état; il a par exemple fallu lui dicter à nouveau, pour le second essai, la phrase de la fig. 42 qu'elle ne se souvenait point d'avoir entendue ni écrite quelques instants auparavant. Cette séparation en deux mémoires distinctes n'est cependant pas absolue ni très profonde : la personnalité de Marie-Antoinette est en somme une modification, d'intensité et d'étendue très variable suivant les séances et les moments, de la personnalité ordinaire de Mlle Smith, plutôt qu'une personnalité alternante et exclusive comme on en a observé des cas si frappants.

Pour les simples spectateurs, le somnambulisme royal est peut-être le plus intéressant de tous les cycles d'Hélène par l'éclat et la vie de ce rôle, le temps prolongé pendant lequel il peut se soutenir, l'imprévu qu'y apporte la participation d'autres personnes réelles. On y est vraiment à la comédie. Mais pour les amateurs de supranormal, c'est la moins extraordinaire des créations subliminales de Mlle Smith, parce que le milieu général, dans notre pays, est tellement imbibé des souvenirs historiques ou légendaires de l'illustre et malheureuse souveraine, qu'il n'y a rien de surprenant dans la reconstitution hypnoïde d'un personnage aussi connu. Quant au psychologue et au moraliste enfin, qui se prend à réfléchir sur les raisons internes des choses, il ne peut échapper à l'impression de poignant contraste qui se dégage de ce roman étincelant comparé à la réalité. En eux-mêmes, les somnambulismes royaux de Mlle Smith sont presque toujours gais, joyeux, désopilants parfois;

mais considérés dans leur racine cachée, en tant que revanche éphémère et chimérique de l'idéal sur le réel, du rêve impossible sur les nécessités quotidiennes, des aspirations impuissantes sur le destin écrasant et aveugle, ils prennent une signification tragique. Ils expriment la sensation vécue, éprouvée, de l'amère ironie des choses, de la révolte inutile, de la fatalité dominant l'être humain. Ils veulent dire que toute vie heureuse et brillante n'est qu'une illusion bientôt dissipée. L'anéantissement journalier du désir et du rêve par l'implacable et brutale réalité ne pouvait trouver dans l'imagination hypnoïde une représentation plus adéquate, un symbole d'une tonalité émotionnelle plus exacte, que la royale Majesté, dont l'existence semblait faite pour les plus hauts sommets du bonheur et de la gloire — et aboutit à l'échafaud.

CHAPITRE X

Apparences supranormales.

La médiumité de Mlle Smith fourmille de faits supranormaux en apparence, et la question qui se pose est de savoir jusqu'à quel point ils le sont en réalité [1].

Le titre de ce chapitre, je le déclare, ne sous-entend aucun parti pris. Le terme d'*apparences* n'y figure pas dans son acception tendancielle et défavorable de dehors trompeurs derrière lesquels il n'y a rien. Il est pris dans son sens franc et impartial, pour désigner simplement l'aspect extérieur et immédiat d'une chose sans rien préjuger sur sa nature réelle, et pour provoquer, par le fait même de cette neutralité, l'investigation destinée à démêler ce qu'il peut y avoir de vrai ou de faux, d'or pur ou de clinquant, sous l'éclat de la superficie. C'est précisément cette investigation — après laquelle seulement (en cas qu'elle aboutisse) il sera permis de dire si, et dans quelle mesure, les apparences du début étaient illusoires ou véridiques — qui constitue ma tâche présentement.

[1] Pour éviter toute perte de temps et tout désappointement au lecteur, je l'avertis que s'il lui faut absolument des conclusions fermes et arrêtées au sujet du supranormal, il fera mieux de ne pas aller plus loin ; car je n'en aurai pas à lui offrir, et au bout de ce chapitre il se retrouvera Gros-Jean comme devant sur la télépathie, le spiritisme et autres problèmes connexes dont s'est engouée la curiosité contemporaine.

Tâche assez malaisée. Car s'il est toujours hasardeux de toucher à un sujet qui est la pomme de discorde des psychologues — et où l'on a été jusqu'à voir « l'Affaire Dreyfus de la Science »[1] — l'entreprise se complique, dans le cas particulier, de la foi absolue de Mlle Smith et de son entourage au caractère supranormal de ses phénomènes; état d'esprit infiniment respectable, mais qui n'est pas pour faciliter les recherches, toute velléité d'analyse et d'explication ordinaire y étant naturellement ressentie comme un soupçon injustifié, interprétée comme un indice de scepticisme irréductible. Qu'on veuille donc bien me permettre, en guise de précautions oratoires et d'entrée en matière, de m'expliquer sur la façon dont je comprends et désire aborder l'étude de ces faits apparemment supranormaux.

I. De l'étude du supranormal.

Le terme de *supranormal* a été mis à la mode depuis quelques années par les investigateurs de la « Society for Psychical Research », pour remplacer l'ancien mot *surnaturel*, devenu impraticable à cause de toutes les liaisons interlopes qu'il avait fini par contracter dans les milieux philosophiques et théologiques. M. Myers, à qui revient, si je ne me trompe, la paternité de ce nouveau terme ainsi que de tant d'autres, aujourd'hui courants dans le vocabulaire psychique[2], l'applique à tout phénomène ou faculté qui dépasse le niveau de l'expérience ordinaire et révèle, soit un degré d'évolution plus avancé non encore atteint par la masse des humains, soit un ordre de choses transcendental supérieur au monde sensible; dans ces deux cas, en effet, on se trouve en présence de faits qui sont au-dessus de la norme, mais qu'il n'y a aucune raison de tenir

[1] F. C. S. SCHILLER (dans sa critique des *Studies in Psychical Research* de F. Podmore), Mind N. S. vol. VIII, p. 101 (janvier 1899).
[2] Voir entre autres F. W. H. MYERS, *Glossary of terms used in Psychical Research*, au mot « supernormal ». Proc. S. P. R. v. XII, p. 174.

pour étrangers ou contraires aux lois véritables de la nature humaine (comme l'insinuait le mot *surnaturel*).

On voit que la définition de M. Myers insiste sur le caractère de supériorité des phénomènes *supra*normaux. Je ferai toutefois abstraction de ce caractère dans le présent chapitre, et, en dépit de l'étymologie, j'emploierai le terme de supranormal simplement, faute d'un meilleur, pour désigner les faits qui ne rentrent pas dans les cadres actuels de nos sciences, et dont l'explication nécessiterait des principes non encore admis ; — sans d'ailleurs m'occuper de savoir si ces faits sont les messagers d'une économie supérieure ou les avant-coureurs d'une évolution future, plutôt qu'au contraire les survivances d'un état de choses disparu, ou encore de purs accidents, des *lusus naturæ* dénués de signification.

Il va de soi que, pour s'occuper du supranormal, il faut admettre déjà théoriquement sa possibilité, ou, ce qui revient au même, ne pas croire à l'infaillibilité et à la perfection de la science actuelle. Si je considère *a priori* comme absolument impossible qu'un individu sache, beau longtemps avant l'arrivée de tout télégramme, l'accident qui vient de tuer son frère aux antipodes, ou qu'un autre puisse volontairement remuer un objet à distance sans ficelle et en dehors des lois connues de la mécanique et de la physiologie, — il est clair que je lèverai les épaules à tout récit de télépathie, et ne ferai pas un pas pour assister à une séance d'Eusapia Paladino. Excellent moyen d'élargir son horizon et de découvrir du nouveau que de rester assis dans sa science toute faite et sa chose jugée, bien convaincu d'emblée que l'univers finit au mur d'en face, et qu'il ne saurait rien y avoir au delà de ce que la routine journalière nous a habitués à regarder comme les limites du Réel ! Cette philosophie d'autruche — illustrée jadis par ces grotesques érudits dont Galilée ne savait s'il devait rire ou pleurer, qui refusaient de mettre l'œil à sa lunette de peur d'y voir des choses qui n'avaient aucun droit officiel à l'existence[1] — est encore celle de beaucoup de cerveaux pétrifiés par la lecture intempestive des ouvrages de vulgarisation scientifique et la fréquentation inintelligente des universités, ces deux grands dangers intellectuels de notre époque. (On accuse bien aussi certains savants, d'ailleurs calés et cotés, d'avoir encore, dans les veines, du sang de leurs prédécesseurs du temps de Galilée ; mais je crois que c'est une exagération.)

Si, d'autre part, le doute philosophique vis-à-vis des prétendues impossibilités scientifiques dégénère en crédulité aveugle pour tout ce qui fait mine de les battre en brèche ; s'il suffit qu'une chose soit inouïe, renversante, contraire au sens commun et aux vérités reçues, pour être aussitôt admise, l'existence pratique, sans parler d'autres considérations, en devient intenable. L'occultiste convaincu ne devrait jamais laisser passer un craquement de meubles sans s'assurer que ce n'est pas l'appel désespéré de quelque arrière-grand'tante cherchant à lier conversation avec lui ; ni porter plainte à la police quand il trouve sa maison cambriolée en son absence, car comment savoir que ce ne sont pas des élémentals, coques, larves ou autres farceurs de l'au-delà, qui ont fait le coup ? Ce n'est que par d'heureuses inconséquences, et l'oubli continuel de la doctrine, qu'on peut continuer à vivre comme tout le monde dans un univers sans cesse exposé aux capricieuses incursions des Invisibles.

Ces tournures d'esprit contraires, la fatuité bouchée des uns et la superstition niaise des autres, inspirent à beaucoup de gens une égale répugnance. Ce n'est pas d'aujourd'hui que l'on a éprouvé le besoin d'un juste milieu entre ces excès opposés ; voici, par exemple, quelques lignes qui n'ont rien perdu de leur actualité après deux siècles écoulés :

« Que penser de la magie et du sortilège [nous dirions maintenant : de l'occultisme et du spiritisme] ? La théorie en est obscure,

---

[1] Voir entre autres la jolie page de Galilée dans sa lettre à Képler du 19 août 1610. *Opere di Galileo*, édit. de Florence, 1842-1856, t. VI, p. 118.

les principes vagues, incertains, et qui approchent du visionnaire ; mais il y a des faits embarrassants, affirmés par des hommes graves qui les ont vus, ou qui les ont appris de personnes qui leur ressemblent : les admettre tous, ou les nier tous, paraît un égal inconvénient, et j'ose dire qu'en cela, comme dans toutes les choses extraordinaires et qui sortent des communes règles, il y a un parti à trouver entre les âmes crédules et les esprits forts [1]. »

C'est la voix même de la raison que nous fait entendre le sagace auteur des Caractères. Il convient toutefois d'ajouter — ce qu'il ne spécifie pas — que ce « parti à trouver » ne saurait consister en une théorie, une doctrine, un *système* arrêté et tout fait, du haut duquel, comme d'un tribunal arbitral, on jugerait en dernier ressort les cas « embarrassants » que la réalité met devant les pas du chercheur ; car ce système, si parfait qu'on le supposât, ne serait derechef qu'une infaillibilité de plus ajoutée à toutes celles qui encombrent déjà la route de la vérité. Le juste milieu rêvé par La Bruyère ne peut être qu'une *méthode*, toujours perfectible en ses applications et ne préjugeant en rien les résultats de l'investigation, au rebours des points de vue dogmatiques, également autoritaires et stériles, qui caractérisent les deux extrêmes néfastes « des âmes crédules et des esprits forts ».

Développer ici cette méthodologie des recherches psychiques, qui doit guider l'investigateur aux prises avec le supranormal apparent ou réel, m'éloignerait par trop de Mlle Smith. Mais j'en indiquerai brièvement l'essence et l'esprit général, dont on trouve un excellent résumé dans le passage suivant de Laplace [2] :

« Nous sommes si éloignés de connaître tous les agents de la nature et leurs divers modes d'action, qu'il ne serait pas philosophique de nier les phénomènes uniquement parce qu'ils sont inexplicables dans l'état actuel de nos connaissances. Seulement, nous devons les examiner avec une attention d'autant plus scrupuleuse qu'il paraît plus difficile de les admettre. »

---

[1] La Bruyère, *Les Caractères ou les mœurs de ce siècle.* De quelques usages.
[2] Laplace, *Essai philosophique sur les Probabilités.* 2me édit. Paris 1814, p. 110.

Certes, en écrivant ces mots, Laplace ne songeait guère à la télépathie, aux esprits, ou aux mouvements d'objets sans contact, mais seulement au magnétisme animal, qui représentait le supranormal à son époque. Ce passage n'en reste pas moins la règle de conduite à suivre vis-à-vis de toutes les manifestations possibles de ce sujet protéiforme. On y distingue deux points inséparables et se complétant mutuellement comme les faces d'une médaille; mais il convient, pour les mieux mettre en lumière, de les formuler isolément en deux propositions représentant les principes directeurs, les axiomes, de toute investigation du supranormal. L'un, que je nommerai PRINCIPE DE HAMLET[1], peut se condenser en ces mots : *Tout est possible*[2]. L'autre, auquel il est juste de laisser le nom de PRINCIPE DE LAPLACE, est susceptible de bien des expressions ; je l'énonce ainsi : *Le poids des preuves doit être proportionné à l'étrangeté des faits.*

Ces deux axiomes pratiques constituent la meilleure sauvegarde contre les aberrations en sens inverse redoutées de la Bruyère. L'oubli du Principe de Hamlet fait les esprits forts, pour qui les bornes de la nature ne sauraient excéder celles de leur système, les godiches pontifes de tous les temps et de toutes les sortes, depuis les adversaires burlesques de Galilée jusqu'au pauvre Auguste Comte, déclarant qu'on ne pourrait jamais connaître la constitution physique des astres, et à ses nobles émules des sociétés savantes, niant les aérolithes ou condamnant d'avance les chemins de fer. A son tour, l'ignorance du Principe de Laplace fait les âmes crédules, qui n'ont jamais réfléchi que si tout est possible aux yeux du chercheur modeste, tout n'est cependant pas certain ni même égale-

---

[1] « Il y a plus de choses dans le ciel et sur la terre, Horatio, que n'en rêve ta philosophie! » *Hamlet,* Acte I, scène 5.

[2] Il va sans dire que ce principe ne prétend nullement à une vérité *objective* et ne signifie pas que tout soit possible en soi, dans la réalité des choses. Il exprime une disposition *subjective*, l'attitude mentale qui seule convient à des êtres faillibles, perdus dans un univers contingent dont les derniers ressorts leur échappent, et trop ignorants pour être en droit de nier *a priori* la possibilité de quoi que ce soit.

ment vraisemblable, et qu'il faudrait pourtant quelques preuves de plus pour supposer qu'un caillou, tombant sur le plancher dans une réunion occulte, y est arrivé en traversant les murs à la faveur d'une dématérialisation, que pour admettre qu'il y est venu dans la poche d'un loustic.

Grâce à ces axiomes, l'investigateur évitera le double écueil signalé, et s'avancera sans crainte dans le labyrinthe du supranormal, au-devant des monstres de l'occulte. Quelque fantastiques et abracadabrantes que soient les choses qui surgiront à sa vue ou dont on lui rebattra les oreilles, il ne sera jamais pris au dépourvu, mais s'attendant à tout au nom du Principe de Hamlet, il ne s'étonnera de rien et dira simplement: « Soit, pourquoi pas? Il faut voir. » — D'autre part, il ne se laissera pas jeter de la poudre aux yeux et ne se tiendra point pour satisfait à bon marché en matière d'évidence; mais, solidement retranché derrière le Principe de Laplace, il se montrera d'autant plus exigeant en fait de preuves que les phénomènes ou les conclusions qu'on voudra lui faire accepter seront plus extraordinaires, et opposera un impitoyable *non liquet* à toute démonstration qui lui paraîtra suspecte ou boiteuse.

Une remarque toutefois s'impose ici. Je veux parler du rôle inévitable que joue le coefficient personnel de la tournure d'esprit et de caractère, dans l'application concrète du Principe de Laplace. Ce dernier est d'un vague et d'une élasticité déplorables, qui ouvrent la porte à toutes les divergences d'appréciation individuelle. Si l'on pouvait exprimer d'une façon précise et traduire en chiffres, d'une part l'*étrangeté* d'un fait, qui le rend improbable; d'autre part le *poids des preuves* (abondance et valeur des témoignages, excellence des conditions d'observation, etc.), qui tend à le faire admettre; et, enfin, la *proportion* exigible entre ces deux facteurs contraires pour que le second compense le premier et entraîne l'assentiment, — ce serait parfait et tout le monde tomberait bientôt d'accord. Malheureusement on n'en aperçoit guère le moyen. Passe encore pour le poids des preuves; on peut jusqu'à un certain point le soumettre à un jugement objectif et à une estimation impartiale, en suivant les règles et méthodes de la Logique au sens le plus large du terme [1]. Mais l'étrangeté des faits, ou comme disait Laplace, la difficulté de les admettre! qui donc en est juge, ainsi que de leur compensation suffisante ou insuffisante par les preuves prétendues, et à quel étalon universel va-t-on mesurer cela?

Il faut reconnaître que l'on est ici en présence d'un facteur éminemment subjectif, émotionnel, variable d'un individu à un autre, et qu'il sera bien difficile de jamais codifier par une convention internationale. Faites le même récit d'un phénomène supranormal à plusieurs savants également illustres et rompus aux méthodes expérimentales, et vous verrez leurs différences de réaction! Ils seront unanimes, assurément, à critiquer l'insuffisance des preuves; mais, à part cela, les uns prêteront une oreille complaisante à vos histoires; tandis que les autres déclareront qu'on se moque d'eux et n'en voudront point entendre davantage; avec toutes les nuances intermédiaires. C'est que même les hommes les plus positifs ne sont jamais de pures machines à calculer et à raisonner, fonctionnant suivant les lois rigides de la logique mathématique; ils sont, un peu moins seulement que le vulgaire (et encore pas toujours), un paquet d'affections et de préférences, pour ne pas dire de préjugés. Derrière leur laboratoire officiel, ils cultivent en secret un petit jardin privé, tout rempli d'un tas de drôles de végétations métaphysiques; ils caressent *in petto* des vues sur les choses, le monde, la vie, bref une *Weltanschauung* que la science, par essence, ne saurait justifier. Et alors, ce qui cadre avec leurs idées de derrière la tête héritées ou acquises, ce qui ferait bien dans leurs plates-bandes réservées, ils l'accueillent facilement et n'y voient rien que de très plausible, encore que non démontré; tandis qu'à tout ce qui ne trouve pas en eux une place déjà préparée, ils battent froid et opposent d'emblée une fin absolue de non-recevoir avec de grands airs de bon sens offensé. Même là où il n'y a aucun problème métaphysique en jeu, et où il ne s'agit que de choses philosophiquement indifférentes, les phénomènes extraordinaires et non encore classés provoquent presque toujours chez les savants de curieuses différences d'attitude mentale, dénotant qu'ils n'ont point le même sentiment de l'étrangeté des

---

[1] STUART MILL définissait précisément la Logique (inductive et déductive): « la Science des opérations intellectuelles qui servent à *l'estimation* de la preuve ».

faits et de la valeur des présomptions favorables ou défavorables ; rien n'est plus varié en intensité et en direction que le courant tout subjectif d'impressions vagues, de flair instinctif, d'intuition irraisonnée, qui tend à les emporter et incline les uns au rejet, les autres à l'admission des faits supposés, tant que le débat n'a pas été objectivement tranché par des preuves péremptoires.

Laplace avait bien cru trouver dans l'emploi des Probabilités un moyen d'introduire un peu d'objectivité et de précision scientifique en ces régions obscures et controversées :

« C'est ici — disait-il à la suite du passage que j'ai cité — c'est ici que le calcul des probabilités devient indispensable pour déterminer jusqu'à quel point il faut multiplier les observations et les expériences afin d'obtenir, en faveur des agents [normaux ou supranormaux] qu'elles indiquent, une probabilité supérieure aux raisons que l'on peut avoir d'ailleurs de ne pas les admettre. »

Je ne sais trop si, même manié par un Laplace, le calcul des probabilités pourrait nous dire combien il faudrait exactement de dames Piper et de docteurs Hogdson, ou d'Eusapias et de professeurs Richet, pour enfoncer sous le poids des preuves les portes de la science officielle, barricadées contre la difficulté d'accepter la télépathie et les mouvements d'objets sans contact ; ou pour obtenir tout au moins, en faveur de la réalité de ces phénomènes, « une probabilité supérieure aux raisons que l'on peut avoir de ne pas les admettre ». Sans calcul, je m'imagine que s'il y avait actuellement dans les pays civilisés cinquante cas pareils à ces deux-là (Mme Piper et Eusapia), et étudiés avec autant de sérieux, les savants seraient déjà tous blasés sur des phénomènes aussi communs, et nul ne songerait plus à y voir quoi que ce soit de supranormal ou d'étrange, pas plus que dans les guérisons opérées sur la tombe du diacre Pâris, la fistule lacrimale de la jeune Périer cicatrisée par l'attouchement de la Sainte-Épine, et tant d'autres miracles des temps passés justiciables de l'autosuggestion ou de l'hypnotisme. Peut-être trente cas comme les deux en question suffiraient-ils déjà amplement à convaincre tout le monde ; peut-être même vingt, ou dix seulement… Mais, voilà, comme pour les justes de Sodôme, ces dix cas ne se rencontrent pas ; il n'y en a que deux, un de chaque espèce ; et pour quelques observateurs qui pensent que le poids des preuves fournies dans ces deux cas suffit à balancer l'étrangeté des faits, la grande masse des savants trouve que cela ne suffit pas.

Ce n'est point que je veuille médire du calcul des probabilités, dont on ne saurait estimer trop haut les services en toute espèce d'investigation ; mais il ne faut pas croire qu'il mettra les gens d'accord sur les chances de vérité ou d'erreur des hypothèses supranormales. De fécondes applications de ce calcul ont déjà été faites en ce domaine, notamment dans la fameuse enquête sur les Hallucinations, dont le résultat a été de montrer, chiffres en mains, que la fréquence relative des cas d'apparitions véridiques d'un mourant à un vivant éloigné, parle hautement en faveur d'une connexion causale plutôt que d'une coïncidence fortuite [1]. Et pourtant, on sait quels combats se livrent encore autour de ce résultat, et combien peu les savants sont unanimes — en présence d'une statistique conduite pourtant avec une attention aussi « scrupuleuse » qu'eût pu le souhaiter Laplace dans une pareille matière — pour décider si le poids des preuves peut enfin être regardé comme dépassant l'étrangeté des faits. Si donc, sur un terrain qui se prêtait mieux que d'autres à l'introduction du calcul des chances, on a tant de peine à aboutir lorsque le supranormal est en jeu, à plus forte raison ne peut-on espérer des conclusions décisives, n'importe en quel sens, dans la plupart des cas infiniment moins favorables, où l'on en est réduit aux vacillantes et toujours contestables appréciations du « bon sens » pour se consoler de l'inapplicabilité du calcul [2].

Il faut en prendre son parti : dans le supranormal trop de facteurs internes et personnels — idiosyncrasies intellectuelles, tempérament esthétique, sentiments moraux et religieux, tendances métaphysiques, etc., — concourent à déterminer en qualité et en intensité le caractère d'étrangeté des faits en litige, pour qu'on puisse se flatter d'un verdict désintéressé, objectif et déjà quasi scientifique, sur leur degré de probabilité ou d'invraisemblance. Ce n'est que lorsque, à force de cas semblables et de preuves accumulées dans le même sens, un accord tacite s'est enfin produit parmi tous ceux ayant étudié le sujet, que l'on peut dire le problème résolu, soit par la relégation des phénomènes prétendus supranormaux dans le domaine des

---

[1] Prof. Sidgwick's Committee. *Report on the Census of Hallucinations*. Proc. S. P. R. vol. X.

[2] « La théorie des probabilités n'est au fond que le bon sens réduit au calcul », disait encore Laplace (*loc. cit.*, p. 190). Sans doute. Que de cas malheureusement, dans la réalité concrète et vivante, où cette réduction est impraticable et où le bon sens lui-même la condamne! A quoi sert de se donner l'illusion de la précision mathématique en assignant des valeurs numériques arbitraires à des choses qui ne le comportent pas? On peut assurément, en guise de jeu ou d'exercice, évaluer à 9/10 la véracité d'un témoin qui inspire beaucoup de confiance, et à 7/10 celle d'un autre qui en inspire moins; mais qui sera plus convaincu par le résultat bertillonesque de calculs établis sur de telles bases, que par le raisonnement purement qualitatif du simple bon sens (lequel est d'ailleurs tout autre chose que le sens commun)?

illusions percées à jour et des superstitions abandonnées, soit par la reconnaissance de lois ou de forces nouvelles dans la nature. Mais alors les phénomènes considérés jusque-là comme supranormaux ont cessé de l'être; ils font partie de la science constituée, n'ont plus rien d'étrange, et sont admis sans difficulté par tout le monde. Tant que ce stade n'est pas atteint, tant qu'un phénomène supranormal est encore discuté comme tel, il n'y a à son sujet que des opinions individuelles, des certitudes ou des probabilités subjectives, des verdicts où la réalité ne se reflète qu'étroitement soudée à la personnalité de leurs auteurs.

De là me semblent découler deux indications. C'est d'abord que ces derniers — les auteurs qui se mêlent d'émettre un avis sur les faits extraordinaires parvenus à leur connaissance — devraient toujours commencer par faire leur confession, afin que le lecteur fût mieux à même de distinguer les facteurs intimes qui ont pu influencer leur jugement. Il est vrai qu'on ne se connaît jamais bien soi-même, mais ce serait déjà quelque chose que de dire franchement ce qu'on a cru découvrir en soi de partis pris involontaires, d'inclinations obscures pour ou contre les hypothèses intéressées dans les phénomènes en question. C'est ce que j'essaierai de faire ici, en me restreignant, cela va sans dire, aux problèmes que soulève la médiumité de Mlle Smith et sans m'étendre au domaine illimité des « Psychical Research ». Je commencerai donc, en chacun des paragraphes suivants, par donner mon avis personnel et mon sentiment subjectif sur le point auquel ont trait les apparences supranormales d'Hélène.

Il me paraît, en second lieu, que la seule position raisonnable à prendre vis-à-vis du supranormal est celle, sinon d'une complète suspension de jugement qui n'est pas toujours psychologiquement possible, du moins d'un sage probabilisme, exempt de toute obstination dogmatique. Certes, les croyances arrêtées, les certitudes inébranlables, les actes de foi définitifs (ou sans cesse renouvelés, selon les tempéraments), sur le dernier mot de la Réalité et le sens de la Vie, sont la condition *subjective* indispensable de toute conduite proprement morale, de toute existence humaine vraiment digne de ce nom, c'est-à-dire qui prétend être autre chose que la routine animale des instincts hérités et des esclavages sociaux; mais ces convictions inébranlables seraient absolument déplacées sur le terrain *objectif* de la science, et par conséquent aussi sur celui des faits supranormaux, lesquels, quoique encore situés hors du domaine scientifique, aspirent justement à y être reçus. Les nécessités pratiques nous font un peu trop oublier que notre connaissance du monde phénoménal n'atteint jamais à la certitude absolue, tout en y visant, et que dès qu'on dépasse les données brutes et immédiates des sens, les vérités de fait les mieux établies, comme les propositions les plus solidement réfutées, ne sortent pas d'une probabilité qui, pour énorme ou pour insignifiante qu'on la suppose, n'est jamais rigoureusement égale à l'infini ou à zéro. A plus forte raison, dans le supranormal, l'attitude intellectuelle que prescrit le bon sens consistera-t-elle à ne jamais nier ou affirmer absolument et irrévocablement, mais seulement provisoirement, et par hypothèse, pour ainsi dire. Même dans les cas où, après avoir tout examiné scrupuleusement, on croira avoir atteint enfin à la *certitude*, il restera bien entendu que ce mot n'est encore qu'une façon de parler, parce qu'en matière de faits on ne s'élève pas au-dessus de l'opinion probable et que la possibilité d'une erreur insoupçonnée, viciant la démonstration expérimentale la plus évidente en apparence, n'est jamais mathématiquement exclue.

Cette réserve est particulièrement indiquée lorsqu'il s'agit de phénomènes, comme ceux de Mlle Smith, laissant souvent beaucoup à désirer au point de vue des renseignements accessoires qui seraient nécessaires pour se prononcer catégoriquement sur leur compte. Aussi mon appréciation de ces phénomènes, loin de prétendre à un caractère infaillible et définitif, revendique-t-elle d'emblée le droit de se modifier sous l'influence des faits nouveaux qui viendraient à se produire ultérieurement.

Pour plus de clarté, je répartis en quatre groupes les apparences supranormales dont j'ai à m'occuper dans ce chapitre : phénomènes dits physiques, télépathie, lucidité, et messages spirites. Encore ces trois dernières catégories sont-elles fort mal délimitées et pourraient-elles facilement se fondre en une ; mais ma division n'est qu'une sorte de mesure d'ordre et non une classification [1]. Il est à peine besoin d'ajouter que tous les faits curieux déjà vus au cours de ce volume — communications de Léopold, emploi de langues inconnues, personnifications de Simandini ou Marie-Antoinette, révélations d'antériorités [2], etc., — passent également pour mystérieux et supranormaux aux yeux d'Hélène et de son entourage ; mais je crois avoir assez montré chemin faisant ce que j'en pense à tort ou à raison, et ma façon bonne ou mauvaise de les interpréter, pour n'avoir plus besoin d'y revenir.

II. Phénomènes physiques.

Cette dénomination consacrée recouvre plusieurs catégories assez diverses de faits étranges. Je ne parlerai que des deux sortes dont Mlle Smith a fourni des échantillons (dont je n'ai, d'ailleurs, jamais été témoin personnellement), à savoir des « apports » et des « mouvements d'objets sans contact ».

1. *Apports.*

Outre les causes inconnues présidant à leur transport aérien, l'arrivée, dans un local fermé, d'objets extérieurs

---

[1] Voir l'intéressant essai de classification des faits « parapsychiques » par M. E. Boirac, Annales des Sciences psychiques, t. III, p. 341.

[2] La doctrine des *antériorités*, ou précédentes incarnations, paraît être un legs spécial d'Allan Kardec au spiritisme du vieux continent et fait défaut au spiritisme du Nouveau-Monde, ce qui diminue beaucoup la valeur dogmatique de ladite doctrine et me dispense de la discuter ici. Son rôle dans la médiumnité de Mlle Smith montre bien l'influence suggestive du milieu.

venant d'une distance souvent considérable, implique pour la traversée des parois du local, soit le détour par une quatrième dimension de l'espace, soit la pénétration de la matière, c'est-à-dire le passage des molécules ou atomes de l'objet (ou même de ses éléments protyliques impondérables, résultant de sa *dématérialisation* momentanée) entre les molécules ou atomes de la paroi. Tous ces accrocs à nos conceptions vulgaires sur la stabilité de la matière, ou (ce qui est pis) à notre intuition géométrique, me semblent si pénibles à digérer que je serais tenté de leur appliquer le mot de Laplace : « Il y a des choses tellement extraordinaires que rien ne peut en balancer l'invraisemblance ». Ce n'est point pour déclarer faux *a priori* tous les récits de ce genre, car on sait que le vrai n'est pas toujours vraisemblable ; mais décidément, même dans le cas du brave M. Stainton Moses, le poids des preuves ne réussit pas encore à me faire passer par dessus l'étrangeté des faits.

En ce qui concerne les apports obtenus aux séances de M{^{lle}} Smith, ils ont tous eu lieu en 1892-93, dans les réunions du groupe N., où l'obscurité favorisa la production de choses merveilleuses en relation étroite avec les visions et messages typtologiques.

Je ne cite que pour mémoire certains phénomènes acoustiques mentionnés dans les procès-verbaux : le piano résonna à plusieurs reprises sous les doigts des désincarnés favoris du groupe [1] ; il en fut de même d'un violon et d'une sonnette ; une fois aussi on entendit des sons métalliques qui semblaient venir d'une petite boîte à musique, bien qu'il n'y en eût point dans la chambre. Quant aux apports — toujours reçus avec ravissement par les membres du groupe qui ne cessaient de les désirer ardemment et de les réclamer avec instance de leurs amis spirituels — ils furent assez fréquents et variés. En plein hiver, il pleuvait sur la table des roses, des poignées de violettes, des œillets, du lilas blanc, etc., ainsi que des branches de verdure ; il s'y trouva entre autres une feuille de lierre portant gravé en toutes lettres, comme à l'emporte-pièce, le nom

---

[1] Au dire d'un des témoins (déplorablement sceptique de sa nature), ces sons furent toujours confus et tels qu'aurait pu les produire le genou d'un des assistants appuyant sur le clavier et enfonçant plusieurs notes à la fois. Le piano était ouvert, et l'on faisait la chaîne debout tout autour.

d'un des principaux désincarnés en jeu. Lors des visions exotiques et chinoises (v. p. 260), on obtint des coquilles de mer encore humides et renfermant du sable, des monnaies chinoises, un petit vase chinois contenant de l'eau où trempait une superbe rose [1], etc. Ces derniers objets étaient apportés en droite ligne de l'Extrême-Orient par les esprits, à preuve qu'ils eurent l'honneur d'une présentation publique dans une séance de la Société d'Etudes Psychiques de Genève et furent déposés sur le bureau présidentiel où chacun, moi compris, put constater à son aise leur réalité.

Parmi les témoins de ces faits que j'ai pu retrouver, j'ai rencontré toutes les opinions : la complète conviction de leur authenticité, le scepticisme le plus absolu, et un prudent éclectisme qui pense que quelques-uns de ces apports étaient véritables, mais que les autres pouvaient bien provenir de la poche de tel ou tel membre de ce groupe assez nombreux et mélangé. Mlle Smith elle-même, et Léopold que j'ai souvent interrogé à ce sujet, paraissent n'avoir pas d'idées bien arrêtées là-dessus, et je ne saurais mieux faire que de les imiter.

2. *Mouvements d'objets sans contact.*

Le déplacement, sans contact et en l'absence de tout procédé mécanique connu, d'objets situés à distance (*télékinésie*), est très étrange. Cependant, il ne bouleverse que nos notions physiologiques, et ne va pas, comme les apports, jusqu'à renverser nos conceptions sur la constitution de la matière ou sur notre intuition spatiale. Il suppose seulement que l'être vivant possède des forces agissant à distance, ou projette par moment, comme qui dirait des espèces d'organes préhensiles surnuméraires, invisibles, capables de manier les objets à la façon de nos mains (force ecténique de Thury, ectoplasmes de Richet, membres dynamiques d'Ochorowicz, etc.). Tels les pseudopodes éphémères — mais visibles [1] — que l'amibe lance dans toutes les directions.

---

[1] Les témoins que j'ai interrogés ne sont pas d'accord sur la quantité d'eau contenue dans cette potiche ; suivant les uns, il n'en tomba que quelques gouttes lorsqu'on la retourna, suivant d'autres elle était pleine jusqu'au bord, et n'aurait pu être apportée ainsi, avec la rose, dans la poche de quelqu'un.

On peut concevoir que, de même que l'atome et la molécule sont le centre d'une influence rayonnante plus ou moins étendue, pareillement l'individu organisé, cellule isolée ou colonie de cellules, serait originairement en possession d'une sphère d'action où il pourrait concentrer son effort plus spécialement tantôt sur un point, tantôt sur un autre *ad libitum*. Par la répétition, l'habitude, la sélection, l'hérédité et autres principes aimés des biologistes, certaines lignes de force plus constantes se différencieraient dans cette sphère homogène primordiale, et donneraient peu à peu naissance aux organes moteurs. Nos quatre membres en chair et en os, par exemple, balayant l'espace autour de nous, ne seraient qu'un expédient plus économique inventé par la nature, une machine de meilleur rendement élaborée au cours de l'évolution, pour obtenir aux moindres frais les mêmes effets utiles que cette vague puissance sphérique primitive. Ainsi supplantée ou transformée, celle-ci ne se manifesterait plus que très exceptionnellement, dans des états ou chez des individus anormaux, comme une réapparition atavique d'un mode d'agir depuis longtemps tombé en désuétude parce qu'au fond il est très imparfait et nécessite, sans aucun avantage, une dépense d'énergie vitale beaucoup plus considérable que l'emploi ordinaire des bras et des jambes. — A moins encore que ce ne soit la puissance cosmique elle-même, le démiurge amoral et stupide, l'Inconscient de M. de Hartmann, qui entre directement en jeu au contact d'un système nerveux détraqué, et réalise ses rêves désordonnés sans passer par le canal régulier du mouvement musculaire.

Mais assez de ces vaporeuses spéculations métaphysiques ou pseudo-biologiques pour rendre compte d'un phénomène dont il sera toujours assez tôt de chercher l'explication précise lorsque son authenticité aura été mise hors de contestation, si tant est que cela arrive jamais. En ce qui me concerne, je déclare sans vergogne que j'y crois tout à fait — pour le moment.

Trois groupes de preuves de diverse nature m'ont graduellement amené à regarder la réalité de ces phénomènes — malgré la difficulté instinctive de les admettre — comme une hypothèse infiniment plus probable que son contraire.

1° J'ai d'abord été ébranlé par la lecture du mémoire trop oublié de M. le prof. Thury [1]; lequel mémoire me parut (abstraction faite des vues théoriques discutables qui y sont mêlées) un modèle d'observation scientifique dont je ne pouvais négliger le poids qu'en rejetant *a priori* au nom de leur étrangeté la possibilité même des faits en question, ce qui eût été contre le principe de Hamlet. Les conversations que j'ai eu le privilège d'avoir avec M. Thury ont contribué pour leur bonne part à susciter en moi une présomption en faveur de ces phénomènes, ce que le livre n'eût évidemment pas fait au même degré si l'auteur m'en eût été personnellement inconnu.

2° Une fois née, mon idée de la probabilité de ces faits s'est trouvée plutôt renforcée qu'affaiblie par un certain nombre de travaux étrangers plus récents, mais je doute qu'aucun d'eux, ni leur ensemble, eût suffi à l'engendrer. C'est ainsi, entre autres, que les déplacements d'objets sans contact une fois admis par hypothèse, il me paraît plus facile d'expliquer par des phénomènes authentiques de ce genre les observations de Crookes sur les modifications du poids des corps en présence de Home — en dépit des critiques parfaitement méritées au point de vue méthodologique que les publications de Crookes en ce domaine lui ont attirées [2] — que de supposer qu'il ait été simplement la dupe de Home. De même, dans les cas d' « esprits tapageurs » (*Poltergeister*) publiés par la S. P. R., l'hypothèse exclusive de la *naughty little girl*, sans adjonction d'aucune trace de télékinésie, me semble une explication moins adéquate et plus improbable que celle de phénomènes réels qui auraient amorcé et entretenu la fraude [3]. Mais tout dépend natu-

---

[1] M. THURY. *Les tables tournantes considérées au point de vue de la question de physique générale qui s'y rattache*, etc. Genève 1855.
[2] A. LEHMANN (*Aberglaube und Zauberei*, p. 270-273) a insisté sur les fâcheuses contradictions (ou du moins les différences) qui éclatent entre les deux récits de Crookes, et qui jettent une certaine suspicion sur la valeur de ses expériences; mais d'autre part, le jour défavorable que les remarques de Lehmann font rejaillir indirectement sur Home, s'accorde mal avec ce qui paraît avoir été le caractère véritable de ce dernier. — Ceci m'amène à toucher un mot du fameux cas de Katie King. Bien que je n'aie pas à en parler à propos de Mlle Smith, qui n'a jamais présenté la moindre apparence de « matérialisation », je tiens à dire, afin d'éviter tout malentendu, que je me sens d'un affreux scepticisme sur cette affaire-là. Je trouve les preuves publiées par Crookes plus faibles dans ce cas que dans celui de Home, alors que le fait à prouver est à mon sens colossalement plus difficile à admettre; de plus, ce que l'on sait des caractères comparés de Home et de Mlle Cook me semble tout à l'avantage du premier, et ne contribue pas à augmenter ma confiance dans les expériences de Crookes avec la seconde.
[3] Voir F. PODMORE, *Studies in Psychical Research*, Londres 1897, chap. V, Poltergeists. (Proc. S. P. R., vol. XII, p. 45); et la discussion entre LANG (*The Ma-

rellement de l'opinion préconçue que l'on a sur la possibilité générale ou l'impossibilité de ces faits, et mon sentiment serait certainement autre sans le groupe de preuves précédent, et le suivant.

3° La probabilité des mouvements d'objets sans contact a atteint pour moi un degré qui équivaut pratiquement à la certitude, grâce à M. Richet, auquel je dois d'avoir assisté l'an dernier, chez lui, à quelques séances d'Eusapia Paladino dans des conditions de contrôle telles qu'il ne restait place pour aucun doute — à moins de récuser les témoignages combinés de la vue, de l'ouïe, et du toucher, ainsi que la dose moyenne de sens critique et de perspicacité dont se flatte à tort ou à raison toute intelligence ordinaire; ou encore, de soupçonner que les murs du cabinet de travail de M. Richet étaient truqués, et lui-même, avec ses savants acolytes, de sinistres farceurs compères de l'aimable Napolitaine, supposition qu'à défaut du bon sens les convenances les plus élémentaires m'interdiraient absolument de faire. Depuis ce moment, je crois à la réalité de la télékinésie de par la contrainte de la perception, *sensata et oculata certitudine*, pour emprunter l'expression de Galilée [1], qui n'entendait certes pas par là une adhésion irréfléchie aux données des sens telles quelles, comme celle des badauds aux tours d'un prestidigitateur, mais bien le couronnement suprême d'un édifice ayant pour charpente rationnelle l'analyse raisonnée des conditions d'observation et des circonstances concrètes entourant la production du phénomène.

En disant que je crois à ces faits, j'ajoute qu'il ne s'agit point ici d'une conviction dans le sens moral, religieux ou philosophique du terme. Cette croyance est dénuée pour moi de toute importance vitale; elle ne remue aucune fibre essentielle de mon être, et je ne me sentirais pas la moindre disposition à subir le plus léger martyre pour sa défense. Que les objets se meuvent ou ne se meuvent pas sans contact, cela m'est prodigieusement indifférent et ne joue aucun rôle dans mes pensers de derrière la tête sur le sens du monde et de la vie. L'affirmation du fait s'impose simplement à moi comme le ferait celle d'un phénomène météorologique rare et encore inexpliqué, que j'aurais constaté dans d'excellentes conditions excluant toutes les causes d'erreur connues, après beaucoup d'autres témoins, dignes de foi, dont les descriptions m'auraient déjà ébranlé en dépit de l'étrangeté du phénomène; que maintenant l'on vînt à

---

king of Religion, Londres 1898, append. B), PODMORE (Proc. S. P. R., vol. XIV, 133-136), WALLACE (Journ. S. P. R., février 1899), etc.; discussion qui dure encore dans le Journ. S. P. R., et qui jette d'instructives lueurs, non seulement sur la question elle-même, mais encore plus sur les différences de réaction psychologique de ceux qui y prennent part, en face des récits supranormaux.

[1] GALILÉE, *Sydereus nuncius*. Œuvres, édit. de Florence, t. III, p. 59, 76, etc.

fournir la démonstration que nous fûmes tous victimes d'un mirage ou d'une illusion sensorielle, je m'y rendrais sans peine. Pareillement, qu'on arrive à dévoiler un jour les trucs physiques, ou les processus psychologiques fallacieux, qui ont induit en erreur les meilleurs observateurs de télékinésie, depuis M. Thury jusqu'à M. Richet avec la foule de témoins divers dont je fais partie, et je serai le premier à me divertir de la bonne farce que l'art ou la nature nous aura jouée, à applaudir à la perspicacité de celui qui l'aura découverte, à me féliciter surtout de voir rentrer dans le cours des choses ordinaires des apparences supranormales dont la réalité m'importe aussi peu. Seulement, ici comme ailleurs, les principes de Hamlet et de Laplace subsistent : je ne repousse aucunement la possibilité que les faits auxquels j'ai assisté n'aient été au fond qu'illusion et tricherie. mais encore me faudrait-il, à l'appui de cette hypothèse en l'air, quelques preuves proportionnées à l'étrangeté d'une tricherie ou d'une illusion qui se dérobe dès qu'on essaye de l'assigner, et dont personne ne réussit à indiquer la nature. Car il ne suffit pas d'invoquer vaguement des causes générales — supercheries habiles, erreurs des sens et de la mémoire, autosuggestion des assistants, etc., — lorsque toutes s'évanouissent aussitôt qu'on cherche à les préciser, ou viennent échouer devant les circonstances données [1]. Tant que je n'aperçois aucune explication adéquatement et spécifiquement applicable aux phénomènes tels que je les ai constatés, tant qu'au contraire toutes les explications proposées et valables en d'autres occasions sont, de fait, exclues par les conditions concrètes où l'observation a eu lieu, l'étrangeté du phénomène est pour moi plus que compensée par sa certitude empirique, et j'en reste, jusqu'à preuve du contraire, à l'admission de son authenticité supranormale. Parler et penser autrement serait, au point actuel de mon expérience en ce domaine, manquer de franchise ou me classer moi-même dans la catégorie des « esprits forts » de la Bruyère — tout comme, par contre, je n'hésiterais pas à mettre dans celle des « âmes crédules » le lecteur qui accepterait de croire aux mouvements d'objets sans contact uniquement sur ce que je viens de lui en dire !

[1] Les subterfuges depuis longtemps dévoilés qu'Eusapia emploie inconsciemment lorsqu'on la laisse faire (dégagement d'une main, etc.), n'ont eu aucune place dans les séances auxquelles j'ai assisté. La présence à deux d'entre elles de M. Myers encore sous l'impression des désastreuses expériences de Cambridge (1895), et le vif désir d'Eusapia d'arriver enfin à le convaincre, ont rendu ces séances particulièrement remarquables. L'excellence du contrôle et l'évidence des phénomènes y défiaient toutes les critiques et suppositions de fraude qu'on avait pu leur objecter dans d'autres occasions ; M. Myers s'est déclaré convaincu (voir Journ. S. P. R., janvier et mars 1899, pp. 4 et 85); et pour esquiver l'authenticité des phénomènes de télékinésie qui se produisent en présence d'Eusapia Paladino, je n'aperçois actuellement d'autre échappatoire que — l'espérance d'en découvrir une ultérieurement.

Voilà un préambule bien démesuré pour les faits dont j'ai à parler ici, car ils se réduisent à quelques déplacements d'objets sans contact (lévitation de tables, transport ou projection de fleurs et choses diverses situées hors d'atteinte, etc.) dont Hélène et sa mère auraient été témoins à diverses reprises en leur domicile. Je ne puis être taxé de scepticisme entêté puisque je viens d'exposer que j'admets la réalité de la télékinésie ; je dois cependant avouer que, dans le cas présent, tous les récits qu'on m'a faits laissent énormément à désirer au point de vue *évidentiel*. Sans suspecter aucunement la parfaite bonne foi et l'entière conviction de Mme et Mlle Smith, il suffit de se rappeler le rôle ordinaire de la mal-observation et des erreurs de mémoire dans les histoires d'événements supranormaux, pour qu'on ne puisse attribuer une grande valeur probante au témoignage d'ailleurs absolument sincère de ces dames.

Dans l'incapacité où je suis de me prononcer sur des phénomènes auxquels je n'ai point assisté, je relèverai cependant un point qui pourrait militer en faveur de leur authenticité (une fois leur possibilité admise par hypothèse) : c'est que ces phénomènes se sont toujours produits dans des conditions exceptionnelles, alors qu'Hélène était dans un état anormal ou en proie à une vive et profonde émotion. D'un côté, cette circonstance augmente les chances de mal-observation ; mais, d'un autre côté, le jour où il viendrait à être bien établi que — comme le donnent à penser diverses observations — certains états anormaux ou émotionnels mettent en liberté dans l'organisme des forces latentes d'action à distance, il serait permis de supposer qu'il s'est peut-être passé quelque chose d'analogue chez Mlle Smith. Voici, comme échantillon de ces cas perplexes, un fait qui lui arriva pendant la période d'indisposition générale citée p. 38 ; je reproduis, en l'abrégeant et l'annotant, le récit qu'Hélène m'en envoya le lendemain.

« ... Hier au soir j'ai eu la visite de M. H.! Je n'ai pas besoin de vous analyser mon impression, vous la comprendrez aussi bien que moi [1]. Il venait me dire qu'il avait fait une séance avec une dame qui m'est inconnue, et que cette dite dame aurait vu Léopold qui lui aurait donné un remède pour le mal que je pouvais avoir. Je n'ai pas pu m'empêcher de lui apprendre que Léopold m'avait affirmé qu'il ne se manifestait qu'à moi, et que, par conséquent, j'avais beaucoup de peine à admettre ses soi-disant passages chez ceux-ci ou chez ceux-là! Mais là n'est pas le plus intéressant de la chose.

« Pendant que M. H. me parlait, j'ai senti à un moment donné une vive douleur dans la tempe gauche; et, peut-être deux minutes après, mes regards, qui, malgré moi, se dirigeaient toujours du côté du piano sur lequel j'avais posé deux oranges déjà la veille, se trouvaient tout à fait fascinés je ne sais par quoi. Puis, tout à coup, au moment où nous nous y attendions le moins — nous étions tous trois [2] assis à une distance raisonnable du piano — une des oranges se déplaça et vint rouler à mes pieds. Mon père prétendit qu'elle avait sans doute été posée un peu trop au bord du couvercle et qu'à un moment donné elle était tombée tout naturellement. M. H. a de suite vu dans cet incident l'intervention de quelque esprit. Moi, je n'osai pas me prononcer. Enfin, je ramassai l'orange [3] et nous parlâmes de tout autre chose.

« M. H. est resté environ une heure; il est parti à 9 heures juste. Mon père est de suite allé se coucher et dormit bientôt profondément. Je suis entrée dans la chambre de ma mère pour lui donner quelques détails sur la visite de M. H. Je lui parlai, en outre, de la chute de cette orange, et quelle fut ma surprise en retournant au salon et vers le piano, pour prendre la lampe qui était posée dessus, de ne plus trouver la fameuse orange! Il n'y en avait plus qu'une; celle que j'avais ramassée et reposée à côté de l'autre avait disparu. Je la cherchai partout, mais sans succès. Je revins vers ma mère, et pendant que je lui parlais de la chose, nous entendîmes une chute dans le vestibule; je pris la lampe pour voir ce qui avait pu tomber : je distinguai, tout à fait dans le fond [vers la porte d'entrée de l'appartement] l'orange tant cherchée!

---

[1] Impression de surprise très désagréable. M. H., spirite convaincu, qui avait longtemps impatienté Mlle Smith par ses assiduités, lui était souverainement antipathique. Il la laissait tranquille depuis quelque temps, et elle ne s'attendait pas à sa visite. Elle en éprouva une impression d'autant plus irritante, surtout dans l'état de santé instable où elle se trouvait, que M. H., croyant être aimable, lui apportait un soi-disant message de Léopold obtenu par un autre médium, prétention inadmissible pour Hélène (v. p. 77).

[2] M. H.; Hélène; et son père, tout à fait sceptique alors sur les phénomènes médianimiques. Aucun d'eux n'aurait pu atteindre le piano sans se lever.

[3] Elle la replaça sur le piano, à côté de l'autre.

« Là, alors franchement je me demandai si je n'étais pas en présence de quelque manifestation spirite. Je tâchai de ne pas trop m'effrayer, je pris l'orange pour la montrer à ma mère ; je retournai au piano pour prendre la seconde, afin que rien de semblable ne vînt de nouveau nous effrayer ; mais à son tour elle avait aussi disparu ! Alors je me sentis toute tremblante ; je rentrai dans la chambre de ma mère, et pendant que nous causions de la chose, nous entendîmes de nouveau qu'on lançait quelque chose avec violence, et me précipitant pour regarder ce qui arrivait, je vis ma seconde orange exactement posée à la même place que l'autre [derrière la porte d'entrée], et passablement meurtrie. Pensez un peu comme nous étions émotionnées !... Je pris les oranges et allai sans perdre un instant les enfermer dans l'armoire de la cuisine où je les ai retrouvées le lendemain matin ; elles n'avaient pas bougé. Je ne me suis pas couchée sans quelque crainte, mais heureusement je me suis vite endormie. Ma mère est persuadée que c'est M. H. qui a amené quelque mauvais esprit dans la maison, et elle n'est pas très tranquille... »

Il résulte des explications orales de Mlle Smith et de sa mère, ainsi que de la disposition des lieux, que les oranges auraient été projetées à une distance de 9 mètres, depuis le piano, à travers la porte du salon grande ouverte sur le vestibule, contre la porte de l'appartement, comme pour poursuivre et frapper fictivement M. H., sorti par cette porte quelques moments auparavant.

On est sans doute toujours en droit d'écarter d'emblée, comme présentant trop peu de garanties, les histoires extraordinaires d'une personne sujette aux hallucinations. Dans l'espèce cependant, tout ce que je sais de Mlle Smith et de ses parents m'empêche de le faire et me persuade que son récit est foncièrement exact, ce qui ne veut point dire qu'il y ait eu là quoi que ce soit de supranormal. On a, en effet, le choix entre deux interprétations.

1° Dans l'hypothèse d'une télékinésie véritable, voici comment se résumerait l'aventure. L'émotion dûe à la visite inattendue et désagréable de M. H. aurait amené une division de la conscience ; les sentiments d'agacement, de colère, de répulsion contre lui, se seraient condensés en quelque sous-personnalité qui, dans l'ébranlement général de tout l'organisme psychophysiologique, aurait momentanément retrouvé l'usage de ces forces primitives d'action à distance actuellement soustraites à la volonté normale ;

et ainsi se serait automatiquement réalisée au dehors, sans la participation du Moi ordinaire lié par l'éducation et les convenances, l'idée instinctive de bombarder ce visiteur malappris. Noter l'*aura* douloureuse à la tempe et la fascination du regard qui ont, d'après le récit d'Hélène, précédé la première ébauche du phénomène, l'orange chutant et venant rouler à ses pieds.

2° Mais la supposition certainement la plus naturelle, c'est que M{ⁿᵉ} Smith a elle-même — je veux dire par l'usage ordinaire de ses membres — pris et lancé ces projectiles dans des accès d'automatisme musculaire inconscient [1]. Il est vrai que cela s'accorderait moins bien que la télékinésie avec la présence soit de son père et de M. H., soit de sa mère, lesquels ne l'ont point vue faire les mouvements supposés ; mais une distraction, même chez des témoins normaux, semblera toujours plus facile à admettre que la production authentique d'un phénomène supranormal.

Je n'insiste pas davantage sur ce sujet, que n'éclairciraient guère les autres épisodes du même ordre, d'ailleurs très rares (une demi-douzaine au plus), qui ont frappé M{ⁿᵉ} Smith et sa mère depuis que je les connais. Hélène n'a aucune conscience de posséder des facultés de mouvement à distance, et elle attribue toujours ces phénomènes à des interventions spirites. Léopold, d'autre part, n'a jamais reconnu en être l'auteur ; il prétend que c'est Hélène qui possède en elle-même des pouvoirs supranormaux, et qu'elle n'aurait qu'à vouloir les mettre en jeu pour y réussir, mais qu'elle ne veut pas [ou ne sait pas vouloir]. Toutes mes suggestions et instances répétées, auprès de Léopold et d'Hélène tant éveillée qu'en somnambulisme, dans l'espoir d'obtenir quelque phénomène physique en ma présence, ne fût-ce qu'un tout petit mouvement de table sans contact, sont restées vaines jusqu'ici.

---

[1] Comparez, par exemple, les faits de « fraude inconsciente » soit à l'état de veille, soit à l'état de trance, observés chez Eusapia Paladino. OCHOROWICZ, *La question de la fraude*, etc. Annales des sciences psychiques, t. VI, p. 99 et suivantes.

III. Télépathie.

On peut presque dire que si la télépathie n'existait pas, il faudrait l'inventer. J'entends par là qu'une action directe entre les êtres vivants, indépendamment des organes des sens, est chose tellement conforme à tout ce que nous savons de la nature qu'il est difficile de ne pas la supposer *a priori*, n'en eût-on aucun indice perceptible. Comment croire, en effet, que des foyers de phénomènes chimiques aussi complexes que les centres nerveux, puissent se trouver en activité sans émettre des ondulations diverses, rayons X, Y ou Z, traversant le crâne comme le soleil une vitre et allant agir, à toute distance, sur leurs homologues en d'autres crânes! C'est une simple affaire d'intensité.

Le galop d'un cheval ou le saut d'une puce en Australie fait rebondir le globe terrestre du côté opposé, d'une quantité proportionnelle au poids de ces animaux comparé à celui de notre planète; c'est peu, sans compter que ce déplacement infinitésimal risque à chaque instant d'être neutralisé par le saut des chevaux et des puces de l'autre hémisphère, de sorte qu'au total les secousses de notre monde terraqué, résultant de tout ce qui s'agite à sa surface, sont trop faibles pour nous empêcher de dormir. Peut-être en est-il de même des innombrables ondes qui viennent de tous les autres êtres vivants ébranler à chaque instant un cerveau donné : leurs effets se compensent, ou leur résultante est pratiquement trop infime pour être perçue. Mais ils n'en existent pas moins en réalité, et j'avoue de ne pas comprendre ceux qui reprochent à la télépathie d'être étrange, mystique, occulte, supranormale, etc. Au fond, si on lui trouve ce caractère, c'est qu'on a commencé par le lui prêter bénévolement, en faisant de ce lien impondérable des organismes entre eux une communication purement spirituelle, d'âme à âme, indépendante de la matière et de l'espace. Qu'une telle union métaphysique existe en soi, je le veux bien, mais c'est commettre gratuitement la confusion des genres et tomber dans le sophisme de l'ignorance de la question que de substituer ce problème de haute spéculation — qui abandonne le terrain proprement scientifique et renie le principe du parallélisme psychophysique — au problème empirique de la télépathie, lequel s'accommode fort bien du parallélisme et ne contredit en rien les sciences établies.

Quant à savoir si cette télépathie théorique a des résultats accessibles à une constatation expérimentale, c'est-à-dire si ce réseau de vibrations intercérébrales dans lequel nous sommes plongés exerce une influence notable, pratiquement appréciable, sur le cours de notre vie psychique, et s'il nous arrive d'éprouver dans certains cas des émotions, des impulsions, des hallucinations, que l'état psychophysiologique de tel ou tel de nos semblables induirait directement en nous, à travers l'éther et sans l'intermédiaire ordinaire du canal des sens, — c'est une question de fait relevant de l'observation et de l'expérience. On sait combien cette question est débattue actuellement, et difficile à résoudre d'une façon décisive, tant à cause de toutes les sources d'erreurs et d'illusions auxquelles on est exposé en ce domaine, que parce qu'il faut probablement toujours un concours de circonstances très exceptionnel (que nous ne savons pas encore réaliser à volonté) pour que l'action particulière d'un *agent* déterminé vienne à l'emporter sur toutes les influences rivales et à se traduire d'une façon suffisamment marquée et distincte dans la vie psychique du *percipient*. Tout bien pesé, j'incline fortement du côté de l'affirmative; la réalité des phénomènes télépathiques me paraît difficile à rejeter devant le faisceau de preuves très diverses, indépendantes les unes des autres, qui militent en sa faveur [1]. Sans doute, aucune de ces

---

[1] « Cent mauvaises preuves n'en font pas une bonne », a-t-on souvent objecté à la télépathie. Mais le vague même de cet aphorisme sonore lui enlève toute portée. Qu'est-ce qu'une mauvaise preuve et une bonne ? Dans les sciences de faits empiriques (et en laissant de côté la question des mathématiques), nous avons bien rare-

preuves n'est absolument probante prise isolément, mais leur frappante *convergence* vers un même résultat donne à leur ensemble un poids nouveau, considérable, qui fait pencher la balance à mes yeux — en attendant une oscillation inverse si l'on arrive un jour à détruire cette convergence ou à l'expliquer par une commune source d'erreur. Je comprends fort bien, d'ailleurs, que ceux pour qui la télépathie reste un principe mystique et hétérogène à nos conceptions scientifiques lui fassent une opiniâtre résistance; mais pour moi qui n'y vois rien d'étrange, je n'hésite pas à l'admettre, non — est-il besoin de le répéter? — comme un dogme intangible, mais comme une hypothèse provisoire, correspondant mieux que toute autre à l'état actuel de mes connaissances, assurément bien incomplètes, dans ce département des recherches psychologiques.

Bien que prédisposé en faveur de la télépathie, je n'ai pas réussi à en trouver des preuves éclatantes chez Mlle Smith, et les quelques expériences que j'ai entreprises avec elle sur ce sujet, n'ont rien eu d'encourageant.

J'ai essayé plusieurs fois d'impressionner Hélène à distance, de lui apparaître par exemple le soir, lorsque je pense qu'elle est rentrée à son domicile, distant du mien d'environ un kilomètre. Je n'ai pas obtenu de résultats satisfaisants, car mon seul cas de réussite frappante, perdu au milieu d'une foule d'insuccès, s'explique aussi bien par une pure coïncidence lorsqu'on tient compte de toutes les circonstances accessoires, et il ne mérite pas les longueurs où m'entraînerait sa narration.

En fait de télépathie spontanée, quelques indices donneraient à penser que Mlle Smith subit parfois mon influence involontaire. Le plus curieux est un rêve (ou une vision) qu'elle eut de nuit, à une époque où je tombai subitement malade pendant une villégiature à

ment affaire — peut-être même jamais — à une preuve absolument mauvaise ou absolument bonne, et, par conséquent, d'un poids nul ou infini. Toutes nos preuves sont relatives, d'un poids fini et variable, et chacune doit être étudiée concrètement, en elle-même et dans ses relations avec les autres. De même pour les réfutations ou preuves contraires. Nous ne sortons pas des probabilités. Et de la réunion de plusieurs preuves isolément médiocres peut fort bien jaillir une preuve nouvelle, une probabilité supérieure, une quasi certitude — tout comme aussi, dans d'autres cas, un affaiblissement réciproque, une contradiction qui les ruine; cela dépend de leur nature et de leurs connexions, et l'on ne peut rien dire de général là-dessus C'est l'examen concret et détaillé des multiples arguments de faits, pour et contre la télépathie, qui, actuellement, me paraît aboutir à une forte résultante *pour*.

vingt lieues de Genève : elle entendit sonner à sa porte, puis me vit entrer tellement amaigri et paraissant si éprouvé qu'elle ne put s'empêcher, le lendemain matin, de faire part à sa mère de ses inquiétudes à mon sujet. Malheureusement, ces dames ne prirent aucune note de l'incident ni de sa date exacte, et Hélène ne le raconta que plus de trois semaines après, à M. Lemaître, au moment où celui-ci venait de lui apprendre ma maladie dont le début remontait bien à l'époque approximative du rêve. Comme valeur évidentielle, c'est faible. En d'autres occasions, Mlle Smith m'annonça que je devais avoir eu tel jour un ennui inattendu, une préoccupation pénible, etc., à en juger par ses rêves ou de vagues intuitions à l'état de veille ; mais les cas où elle est tombée juste se balancent avec ceux où elle tombait à faux.

Avec d'autres personnes, il ne semble pas que les relations télépathiques d'Hélène soient plus précises qu'avec moi, et de la plupart des cas, d'ailleurs peu nombreux, dont j'ai eu connaissance, aucun ne vaut la peine d'être cité. Une exception doit toutefois être faite pour un Monsieur Balmès (pseudonyme), qui fut employé pendant quelque temps dans la même maison de commerce que Mlle Smith, et à propos duquel elle eut plusieurs phénomènes vraiment curieux. Ce M. Balmès était lui-même « médium sensitif » d'une nature très nerveuse et vibrante ; il travaillait à l'étage au-dessus d'Hélène et s'arrêtait parfois quelques minutes à causer spiritisme avec elle. A cela se bornèrent leurs relations, qui ne s'étendirent point en dehors du bureau ; il ne semble pas y avoir jamais eu de sympathie personnelle ou d'affinité spéciale entre eux, et l'on ne sait à quoi attribuer le lien télépathique qui inspira à Hélène plus de visions véridiques, et de plus étonnantes, relativement à M. Balmès qu'à personne d'autre [1]. En voici quelques exemples.

1. M. Balmès prêta un matin à Hélène un journal où se trouvait un article sur le spiritisme. Il avait lui-même reçu ce journal d'un de ses amis, M. X., — un Français qui ne se trouvait à Genève que depuis une vingtaine de jours, et ne connaissait point Mlle Smith, pas même de nom — lequel avait marqué au crayon rouge l'article

---

[1] Ce lien n'était pas réciproque : M. Balmès n'a jamais eu d'impressions télépathiques relatives à Mlle Smith.

intéressant et y avait ajouté en marge une annotation au crayon noir. Hélène lut rapidement le dit article chez elle, pendant son repas de midi, mais ne prit pas la peine de lire l'annotation au crayon noir, faute de temps. Rentrée au bureau, elle se remit au travail. Cependant, à 3 h. ¼, ses yeux tombèrent sur l'annotation du journal, et comme elle prenait sa plume pour faire des calculs sur un block-notes, « je ne sais, m'écrit-elle, ni comment ni pourquoi je me mis à dessiner sur le talon de ce block une tête d'homme tout à fait inconnue de moi. En même temps, j'entendis une voix d'homme d'un timbre assez élevé, plutôt clair et harmonieux, mais, malheureusement, je n'en pus comprendre les paroles ; et je me sentis vivement portée à courir montrer ce dessin à M. Balmès, qui l'examina et parut consterné, car cette tête dessinée à la plume n'était autre que celle de l'ami qui lui avait prêté le journal marqué au crayon ; la voix, l'accent français, étaient à ce qu'il paraît tout à fait exacts... Comment se fait-il qu'à la simple vue d'une annotation, je me sois trouvée en communication avec un inconnu ?... M. Balmès, en présence de ce curieux phénomène, se hâta de faire, le soir même, une visite à son ami, et apprit qu'à l'heure où moi, tout à fait inconnue de ce dernier, je m'étais mise à dessiner son portrait, il était question de lui [M. Balmès] et qu'une discussion, sérieuse même, était engagée à son sujet [entre M. X. et d'autres personnes]. »

On peut, à la rigueur, réduire ce cas à des explications normales en supposant : 1° qu'au cours du séjour que M. X. venait déjà de faire à Genève, Mlle Smith (sans d'ailleurs le remarquer ni s'en souvenir consciemment) l'aurait aperçu se promenant dans la rue avec M. Balmès; en sorte que le journal, qu'elle savait avoir été prêté à M. Balmès par un de ses amis inconnu d'elle, aurait réveillé, grâce à une induction subconsciente, le souvenir latent de la figure et de la voix de l'inconnu déjà rencontré avec lui. 2° Qu'il n'y a qu'une coïncidence fortuite dans le fait que M. X. parlait précisément de M. Balmès à l'heure où Hélène traçait la figure et entendait la voix dudit M. X. dans un accès d'automatisme déclanché par la vue de son annotation sur son journal.

Dans l'hypothèse télépathique au contraire, les choses se seraient passées à peu près ainsi : La conversation de M. X. (point du tout calme, paraît-il, mais au contraire fort vive et agitée) au sujet de M. Balmès, aurait impressionné télépathiquement ce dernier[1] et réveillé subliminalement en lui le souvenir de M. X.; à son tour, M. Balmès, sans s'en douter le moins du monde consciemment, aurait transmis ce souvenir à Mlle Smith, déjà prédisposée ce jour-là

---

[1] Il est à noter que M. X. a une forte influence hypnotique sur M. Balmès et l'a souvent endormi avec la plus grande facilité.

par le prêt du journal, et chez laquelle ledit souvenir jaillit dans un automatisme graphique, auditif, et impulsif (le besoin de courir montrer son dessin à M. Balmès). Les couches subconscientes de M. Balmès auraient ainsi servi de chaînon entre M. X., dont elles subissent facilement l'influence, et M¹¹ᵉ Smith sur qui elles sont au contraire actives. Sauf, cela va sans dire, le reproche abstrait et général de *supranormal* qu'on peut faire à la télépathie, l'explication que je viens d'esquisser est, en somme, plus adéquate que la précédente aux circonstances concrètes du cas, et les complications de transmission subconsciente auxquelles elle fait appel n'ont rien d'inouï, mais trouvent leurs analogues dans de nombreuses observations publiées par la Soc. for Psych. Research.

2. « Une huitaine de jours après [le cas précédent], me trouvant dans une voiture ouverte de tramway, à midi et quelques minutes, au milieu de la rue, je vis devant moi le même M. Balmès discutant avec une dame dans une chambre paraissant attenante au tramway. Le tableau n'était point très net : une sorte de brouillard s'étendait sur cet ensemble, mais point assez fort cependant pour me cacher les personnages. Lui surtout était très reconnaissable, et sa voix légèrement voilée fit entendre comme terminaison ces paroles : *C'est curieux, extraordinaire!* Puis, tout d'un coup, subitement, je ressentis une commotion violente, le tableau s'effaçant au même instant. Je me trouvai alors roulant de nouveau sur la route, et d'après la distance calculée et l'avancement de la voiture, je compris que cette vision n'avait pas duré plus de trois minutes tout au plus. Il est à noter que pendant ces quelques minutes, je n'ai point perdu un seul instant le sentiment de ma situation présente, c'est-à-dire que je savais et sentais parfaitement que je me dirigeais chez moi en voiture comme j'avais l'habitude de le faire chaque jour, et je me sentais parfaitement moi, sans trouble d'esprit aucun[1].

« Deux heures plus tard, je montai chez M. Balmès, lequel se tient à l'étage supérieur du bureau. L'abordant franchement, je dirai même un peu brusquement, je lui parlai ainsi : — Avez-vous été satisfait de la petite visite que vous avez faite à midi et quelques minutes, et y aurait-il indiscrétion à vous demander ce que vous trouviez de *curieux, extraordinaire?* — Il parut confondu, atterré, fit mine même de se fâcher, et eut l'air de me dire de quel droit je me permettais de contrôler ses actions! Ce mouvement indigné se

---

[1] Cette description de M¹¹ᵉ Smith traduit très bien l'impression d'avoir été dans un état complètement éveillé et normal, qui s'attache au souvenir de leurs « visions » chez les personnes qui y sont sujettes ; mais cela n'exclut pas un certain degré d'obnubilation de la conscience pendant la vision, comme le prouve la phrase même d'Hélène un peu plus haut : « je me trouvai roulant *de nouveau* sur la route, etc. »

dissipa aussi vite qu'il était arrivé, pour faire place à un sentiment de curiosité très vive. Il me fit lui conter en détail ma vision le concernant, et m'avoua qu'en effet il était allé rendre visite à midi chez une dame, et qu'il avait été question avec ladite dame du cas [précédent, du journal de M. X.]. A un moment donné, il avait en effet prononcé les paroles que j'avais entendues : *C'est curieux, extraordinaire*; et, chose étonnante, j'appris également qu'à la fin de ces paroles, un violent coup de sonnette s'était fait entendre, et que la discussion entre M. Balmès et la dame en question avait été brusquement interrompue par l'arrivée d'un visiteur. La commotion ressentie par moi n'était donc autre chose que le violent coup de sonnette qui, mettant fin à l'entretien, avait sans doute mis fin à ma vision. » [1]

A moins de supposer — ce qui est logiquement faisable, mais ce que j'écarte par hypothèse — que M$^\text{lle}$ Smith et M. Balmès ont machiné ensemble cette histoire, ou ont été victimes d'hallucinations de la mémoire concordantes et de suggestions mutuelles, je ne vois guère de moyens normaux d'expliquer ce cas. Qu'une hallucination spontanée (car, d'après Hélène, ce qu'elle a éprouvé en tramway n'était point une simple idée ou image mentale ordinaire) jaillisse avec un contenu complexe correspondant trait pour trait à une scène réelle qui se passe au même moment hors de toute portée des sens, ce serait là un hasard d'une bien faible probabilité et difficile à admettre [2]. Au contraire, l'incident est tout à fait dans le goût et la manière habituelle des phénomènes de ce genre chez les personnes qui y sont sujettes; le fait qu'Hélène était l'objet de l'entretien de M. Balmès devait renforcer l'action télépathique de ce dernier sur elle, et le choc émotif qu'il a éprouvé au coup de sonnette inattendu a peut-être été l'appoint déterminant la transmission des derniers mots de la conversation.

3. Au début d'une séance, un dimanche après-midi, à 3 h. ³/₄, je présente à Hélène une boule de verre servant aux essais de *crystal-vision*. Au bout de peu d'instants, elle y aperçoit M. Balmès et son ami X., puis, au-dessus de leurs têtes, un pistolet isolé et qui semble n'avoir rien à faire avec eux; elle nous raconte alors que

[1] M. Balmès, après avoir lu ce récit d'Hélène ainsi que le précédent, les a apostillés d'une déclaration d'exactitude, et me les a oralement confirmés en tout ce qui le concerne dans une visite que je lui fis peu de jours après. Il y a toutefois entre M$^\text{lle}$ Smith et lui une divergence sur laquelle, pour faire preuve de bonne volonté envers le supranormal, je ferme les yeux en la mettant au compte de notre difficulté d'apprécier le temps : Hélène fixe sa vision à midi et dix ou douze minutes, tandis que suivant l'évaluation de M. Balmès, la phrase qu'elle a entendue télépathiquement n'a dû être prononcée qu'environ un quart d'heure plus tard.

[2] Hélène affirme (et M. Balmès pense également) qu'aucun indice ne pouvait lui faire prévoir que M. Balmès ferait la visite en question et y parlerait du cas de télépathie de la semaine précédente.

M. Balmès a reçu hier, au bureau, un télégramme qui l'a mis hors de lui et l'a obligé à partir le soir même pour S. (à cinq heures de Genève en chemin de fer); elle a l'air de prévoir quelque malheur pour lui, mais ne tarde pas à s'assoupir. Léopold, par des dictées digitales, nous apprend qu'il l'a endormie pour lui épargner des visions pénibles aperçues dans le cristal, qu'elle a le sentiment médianimique de tout ce qui se passe à S., et que le pistolet se rapporte à M. Balmès; impossible d'en savoir davantage, et la séance est occupée par tout autre chose.

M. Balmès, qui rentra à Genève le lundi et que je vis le même soir, fut très frappé de la vision d'Hélène, car il avait eu en effet, le dimanche après midi, une scène qui avait failli tourner au tragique et au cours de laquelle son ami X. lui avait offert un pistolet qu'il portait toujours sur lui. Mlle Smith et M. Balmès n'hésitent point à voir dans cette coïncidence un phénomène supranormal bien caractérisé. Je ne demande pas mieux, et y ai d'autant moins d'objection en principe que la puissance de la boule de verre et de tous les autres procédés de cristalloscopie pour « externaliser » des impressions télépathiques ou autres, qui resteraient latentes et inconnues sans cela, a été bien mise en lumière par une foule d'observateurs [1]. Il y a cependant une difficulté dans le cas particulier : c'est que l'incident du pistolet à S. n'eut lieu que plus de deux heures *après* la vision d'Hélène, et que M. Balmès affirme que rien ne le lui faisait prévoir au moment de cette dernière; il en résulte qu'il y aurait eu là une sorte de télépathie anticipée, une prémonition ressentie par un autre que le principal intéressé, ce qui soulève la grosse question de la connaissance supranormale d'événements à venir. Je trouve plus simple d'admettre que bien que M. Balmès ne prévît pas *consciemment* l'incident du pistolet, il en prévoyait subconsciemment la possibilité (lui-même n'élève pas d'objection contre cette hypothèse d'une inférence inconsciente basée sur les circonstances concrètes où il se trouvait) et que cette idée a passé télépathiquement chez Hélène.

Peut-être même pourrait-on expliquer le cas sans du tout recourir au supranormal. Mlle Smith connaissant le caractère de M. Balmès et jusqu'à un certain point ses circonstances personnelles, ayant assisté à l'explosion émotive due au télégramme de la veille, prévoyant (comme elle le disait à la séance) la gravité de la

---

[1] Voir entre autres : Miss X., *On the faculty of crystal-gazing*, Essays in psychical research, p. 103; *Recent experiments in crystal-vision*, Proc. S. P. R., t. V. p. 486; F. Myers, id., t. VII, p. 318-319; A. Lang, *Crystal-visions savage and civilised*, Making of Religion, p. 90. Dans une toute autre direction de pensée, P. Janet, *Sur la divination par les miroirs*, Névroses et idées fixes, t. I, p. 407; avec la réplique de Lang, *loc. cit.*, p. 367.

situation, pouvait très bien imaginer l'intervention d'une arme à feu dans l'affaire; aucun détail de sa vision n'indique d'ailleurs que le pistolet aperçu dans la boule de verre corresponde à celui de M. X. mieux qu'à un autre, et soit d'origine télépathique plutôt que d'être simplement un symbole approprié, fourni par la fantaisie subliminale pour résumer les inductions plus ou moins obscures d'Hélène sur ce que M. Balmès faisait à S. On ne sait jamais jusqu'où peut aller le sens délicat des probabilités et combien les inférences spontanées tombent parfois juste, chez les personnes d'une grande promptitude d'imagination; nous voyons sans doute souvent une connexion supranormale là où il n'y a en réalité qu'une coïncidence exacte, due à une divination ou prévision heureuse, mais n'ayant rien que de très naturel. Je dois ajouter que cette façon d'évincer le supranormal, en ramenant la vision du pistolet à une pure création de la fantaisie subliminale, semble inadmissible à Hélène, qui reste absolument convaincue qu'il y a eu là un éclatant phénomène de télépathie.

Mlle Smith a eu, paraît-il, beaucoup d'autres intuitions télépathiques concernant les faits et gestes de M. Balmès. Celui-ci, qui quitta le bureau au bout de quelques mois, avait fini par trouver assez importune et gênante cette sorte de surveillance occulte exercée sur sa vie privée par une tierce personne, laquelle d'ailleurs n'en pouvait mais, et se serait bien passée de ces mystérieuses échappées dans une existence étrangère qui l'intéressait fort peu. — Cet ensemble de phénomènes, joint à diverses visions analogues égrenées, relatives à d'autres gens de sa connaissance, me paraît constituer une certaine présomption en faveur d'influences télépathiques réelles subies par Hélène, sans toutefois que j'aie jamais réussi à en trouver un spécimen absolument probant. L'exemple 2 ci-dessus, qui est le meilleur à mon sens, n'est point encore irréprochable. Mais on sait combien il est rare en ce domaine, surtout lorsqu'on ne joue pas soi-même le rôle de percipient ou d'agent et qu'on en est entièrement réduit aux témoignages d'autrui, de rencontrer des cas satisfaisant à toutes les exigences de la démonstration.

IV. Lucidité.

Tous les faits de lucidité (clairvoyance, double-vue, etc., peu importe le nom) qu'on attribue à Mlle Smith, peuvent à la rigueur, supposés réels, s'expliquer par des impressions télépathiques provenant de personnes vivantes. C'est dire que non seulement j'admets d'emblée la *possibilité* de tels phénomènes en vertu du Principe de Hamlet, mais que, puisque la télépathie n'a rien de bien étrange à mes yeux, je n'éprouverais aucune difficulté subjective à accepter la *réalité* des intuitions supranormales d'Hélène — pour peu qu'elles présentassent quelques garanties sérieuses d'authenticité, et ne s'expliquassent pas plus simplement encore par des processus normaux et ordinaires; car enfin, si coulant que l'on se montre sur les preuves du supranormal, encore faut-il qu'elles se tiennent debout et ne s'effondrent pas au moindre souffle de l'analyse et du bon sens. Malheureusement, ce n'est guère le cas.

Léopold, qui se trouve mêlé à presque tous ces messages véridiques, — soit qu'il s'en reconnaisse l'auteur, soit qu'il accompagne simplement de sa présence leur manifestation par Hélène plus ou moins intrancée — Léopold n'a jamais daigné m'en octroyer un dans des conditions vraiment satisfaisantes, et il blâme mes exigences en ce domaine comme de vaines et puériles curiosités. Quant aux innombrables phénomènes dont d'autres personnes plus heureuses que moi ont été gratifiées, ils m'ont toujours offert cette singularité : lorsqu'ils paraissent vraiment de nature à fournir une preuve décisive et éclatante de leur origine supranormale, je ne réussis jamais à en obtenir un récit écrit, précis et circonstancié, mais seulement d'incertains et incomplets racontars, parce qu'ils se trouvent trop intimes et personnels pour que les intéressés consentent à leur divulgation[1]; tandis que lorsqu'on

---

[1] Je tiens à dire que Mlle Smith n'est pour rien dans ces refus de documents; elle ne demanderait pas mieux que de me les procurer, mais elle est elle-même très mal informée. Ses consultants, qui sont pourtant purement ses obligés, ne lui disent qu'incomplètement, ou même pas du tout, ce qu'ils ont obtenu de Léopold pendant ses somnambulismes suivis d'amnésie.

veut bien m'en rédiger une relation détaillée et répondre à mes demandes de renseignements exacts, le fait se réduit à si peu de chose qu'il faut vraiment une dose de bonne volonté qui me dépasse, pour y voir encore du supranormal. C'est jouer de malheur, et je serais en droit d'en tirer les conclusions les plus sceptiques. Je ne le fais pas cependant, et préfère me rabattre sur une interprétation moins sévère en rappelant le grand rôle de l'affinité élective et du *rapport* dans les processus psychologiques qui se déroulent en présence de nos semblables.

Tout bien pesé, en effet, je ne serais point éloigné de croire qu'il y a vraiment chez Mlle Smith des phénomènes réels de clairvoyance, ne dépassant pas d'ailleurs les limites possibles de la télépathie; seulement, pour qu'ils arrivent à se produire, il faut que « Léopold » — c'est-à-dire l'état psychique spécial d'Hélène nécessaire à la réception et à l'externalisation des impressions télépathiques — soit aidé du dehors par l'influence de certains tempéraments favorables, plus fréquents chez les spirites convaincus que chez des gens quelconques, et qu'il ne soit pas entravé d'un autre côté par la présence paralysante de tempéraments néfastes tels que celui d'un observateur critique. Il est bien regrettable que les croyants naïfs, qui inspirent et obtiennent de magnifiques phénomènes de lucidité, se soucient ordinairement si peu des desiderata de la science et redoutent par dessus tout de s'exposer à son examen dissolvant; tandis que les chercheurs en quête de preuves *probantes*, n'inspirent et n'obtiennent presque rien. Mais c'est assez compréhensible, et il est à craindre que cette antinomie, entre l'état d'âme indispensable à la production des phénomènes et celui nécessaire à leur vérification, ne soit l'épine au talon destinée à retarder longtemps encore la marche des Recherches Psychiques.

Quoiqu'il en soit, je donnerai quelques exemples des faits de lucidité de Mlle Smith, lesquels ne sont pas très variés et se laissent répartir dans les trois catégories des diagnostics et prescriptions médicales, des objets perdus retrouvés, et des rétrocognitions d'événements plus ou moins anciens.

1. *Consultations médicales.*

Je me suis trop avancé en promettant (p. 112, note) des spécimens de faits extraordinaires de ce genre. On m'en a beaucoup raconté ; comme, par exemple, Léopold dictant la recette inédite et compliquée d'une pommade pour faire repousser les cheveux, pommade destinée à un monsieur habitant l'étranger, et dont un seul pot suffit à recouvrir d'une abondante chevelure son crâne dénudé avant l'âge ; ou Léopold encore, consulté sur la santé d'une personne domiciliée bien loin de Genève, et révélant à la fois la nature véridique de son mal jusque-là méconnue par les médecins, son origine due à certains incidents insoupçonnés mais parfaitement exacts de son enfance, et enfin le traitement qui fut couronné de succès, etc. Mais l'absence de témoignages écrits et de renseignements précis, sur les circonstances concomitantes de ces cures merveilleuses, les réduit au rang d'amusantes historiettes sur la valeur desquelles il est impossible de se prononcer. Et en fait d'épisodes mieux attestés, je n'ai pu obtenir que des récits authentiques c'est vrai, mais où la probabilité d'un élément supranormal est réduite à un minimum... imperceptible pour moi. Je n'en cite qu'un cas.

M. et Mme G. ayant invité Mlle Smith à passer une journée chez eux à la campagne, à quelques lieues de Genève, dans le courant d'août, en profitèrent pour faire une séance afin de consulter Léopold sur la santé d'un de leurs enfants dont ils étaient inquiets. Je résume l'incident d'après le compte rendu écrit que M. G. m'en envoya dans la suite.

« Notre fillette, dit M. G., était fortement anémiée et retombait fréquemment en état de faiblesse, malgré des intervalles de mieux. On nous avait conseillé le D^r D'Espine pour notre retour à Genève. Le médium [Mlle Smith] ignorait tout cela, nous avions du reste fait en sorte qu'il n'en sût rien. » La séance débute par quelques bonnes paroles de Léopold, à qui M. G. demande alors s'il fera bien de consulter le D^r D'Espine : *Et moi donc,* répond Léopold, *ne puis-je rien pour vous ? Ingrats !* Mais lorsqu'on le prie d'indiquer un traitement, il réplique : *Attendez d'être à Genève.* On lui demande cependant si l'œuf et le cognac mêlés sont bons pour l'enfant ; il répond que l'œuf est bon, mais qu'il ne faut point de cognac dans son cas, puis recommande de lui faire faire tous les jours une promenade d'une heure au grand air ; quant à des prescriptions relatives à la nourriture, il répète *: Je vous ai dit d'attendre à Genève.*

Une fois rentrés à Genève au milieu de septembre, M. et Mme G. ont une nouvelle séance avec Hélène. Cette fois Léopold est plus précis, il conseille : pas trop de lait, mais quelques petits verres d'un bon vin naturel à chaque repas ; puis il ajoute : *Traitez l'anémie d'abord, et vous aurez raison des fréquentes angines qui finiraient par trop l'affaiblir. Le sang est si affaibli chez elle que le moindre refroidissement, la moindre émotion, et j'irai même plus loin, je dirai que la perspective d'un plaisir même, suffit à déterminer la crise de l'angine; vous avez dû le remarquer.* — « Léopold, note ici M. G., nous a fait toucher du doigt des détails que nous ne savions comment expliquer. Tout ce qui précède n'était absolument pas dans notre esprit et encore moins dans celui du médium. A chaque phrase, nous nous regardions ma femme et moi avec stupéfaction... » — Léopold ordonne encore beaucoup de légumes verts, des douches d'eau tiède salée pendant 3 minutes le soir, et : *maintenant la chose principale, c'est 5 gouttes de fer dans un demi-verre d'eau deux fois par jour avant le repas. Faites, et vous verrez le résultat dans un mois.* — Après quinze jours déjà de ce régime, la fillette était méconnaissable.

J'ai cité ce cas parce que c'est un de ceux qui ont le plus frappé M. et Mme G. et sur lesquels ils fondent leur conviction de l'existence indépendante et des connaissances supranormales de Léopold, en sorte qu'à défaut de grand intérêt médiumique il a celui de montrer combien peu suffit à alimenter la foi dans les milieux spirites. J'oubliais de dire que la famille G. était parfaitement connue de Mlle Smith, qui y avait fait des séances hebdomadaires pendant tout l'hiver et le printemps précédents ; aussi une seule chose m'étonne-t-elle, c'est que Léopold, lors de la première consultation improvisée, se soit trouvé pris au dépourvu au point de renvoyer ses ordonnances à plus tard et de devoir s'en tenir à des banalités telles que la promenade au grand air et la suppression du cognac. Dans la seconde séance, on voit l'effet d'un mois d'incubation : Léopold a eu le temps de retrouver dans la mémoire d'Hélène les souvenirs concernant la fillette anémique et sujette aux angines, ainsi que des prescriptions à coup sûr excellentes dans le cas donné, mais qui ne dénotent guère une science supranormale. Il n'est pas même besoin ici de la télépathie pour expliquer des messages dont le fonctionnement subconscient des facultés ordinaires de Mlle Smith suffit amplement à rendre compte.

On pourrait multiplier presque indéfiniment les exemples de ce genre tirés de la médiumité de Mlle Smith ; mais à quoi bon ? Je ne prétends pas, encore une fois, que sur le nombre Léopold n'ait jamais donné de consultations médicales dépassant les connaissances latentes d'Hélène et impliquant des pouvoirs supranormaux de clairvoyance ; je dis seulement que je n'ai point encore réussi à en trouver un seul cas où les preuves fussent à la hauteur de la conclusion.

2. *Objets retrouvés.*

Je ne connais aucun cas où Mlle Smith ait indiqué l'emplacement d'un objet égaré par quelqu'un d'autre, et sur la situation duquel elle n'aurait point pu avoir de renseignements par voie naturelle. Toutes ses découvertes consistent, pour autant que j'en puis juger, dans le retour, sous un aspect et avec une mise en scène spirites, de souvenirs soit simplement oubliés, soit proprement subliminaux d'emblée, selon que les incidents dont il s'agit ont d'abord appartenu à la conscience ordinaire, ou lui ont toujours échappé et se sont dès l'origine enregistrés dans la subconscience. Ce sont des faits de cryptomnésie pure et simple, c'est-à-dire explicables par un processus psychologique normal et très commun en son essence, bien que les enjolivements pittoresques que l'imagination médiumique vient y ajouter donnent à ces automatismes téléologiques une certaine apparence mystérieuse et supranormale qui, en d'autres milieux, vaudrait certainement à Hélène — ou plutôt à Léopold — une petite place aux côtés de Saint-Antoine de Padoue. Je me borne à deux exemples.

M`<sup>`lle`</sup>` Smith étant chargée de préparer les marchandises sortant de son rayon, on lui remet un jour un télégramme d'un client qui demandait qu'on lui expédiât immédiatement quatre mètres n° 13,459. « Cette demande laconique, dit Hélène, n'était point faite pour en hâter l'expédition. Comment trouver facilement ce n° 13,459 au milieu de 6 à 7,000 autres en magasin ? Pensive, le télégramme en main, je songeais comment je pourrais y arriver, et mon imagination se portait déjà sur une marchandise que je connaissais pour être très ancienne en rayon, lorsqu'une voix extérieure, mais très près de moi, me dit : *Non point celle-là, mais bien celle-ci*, et involontairement je me retournai, sans me rendre compte du pourquoi, puis ma main se posa machinalement sur l'objet que j'attirai à moi et qui portait bien, en effet, le n° 13,459. »

Point n'est besoin d'être médium pour connaître par expérience ces heureuses réminiscences ou inspirations, qui viennent parfois nous tirer d'embarras en jaillissant comme un éclair à l'instant opportun ; mais ce qui, chez le vulgaire, reste à l'état faible d'idée ou d'image interne, revêt volontiers, chez les tempéraments médiumiques, la forme vive et arrêtée d'une hallucination. Au lieu de simplement « se rappeler tout à coup » où était le n° 13,459, comme cela serait arrivé à quelqu'un d'autre, Hélène entend une voix extérieure, et sent sa main se porter d'elle-même dans une certaine direction. On remarque que c'est, sous forme auditive et motrice, le pendant de l'automatisme vocal et visuel que j'ai rapporté p. 55-56. C'est à ce même genre de faits, aujourd'hui bien connu et presque banal, qu'appartient également l'exemple suivant, quoique l'imagination subliminale l'ait entouré d'un plus riche décor, sous la forme d'une intervention de Léopold.

Un dimanche soir, en rentrant chez elle, M`<sup>`lle`</sup>` Smith s'aperçut qu'elle avait perdu une petite broche, qu'elle portait fixée à son corsage et à laquelle elle tenait beaucoup comme souvenir. Le lendemain elle retourna la chercher partout où elle avait été la veille, mais en vain, et un article qu'elle inséra aux Objets Perdus, dans la

Feuille d'Avis du mercredi, resta sans résultat. Ici, je lui laisse la parole.

« Bien persuadée que ma broche était tout à fait perdue, je fis mon possible pour n'y plus penser, mais cela m'était difficile, car une nuit je fus réveillée subitement par trois coups frappés contre mon lit. Un peu effrayée, je regardai autour de moi, sans y rien voir. Je voulus essayer de me rendormir, mais, de nouveau, plusieurs coups furent frappés, tout près de ma tête cette fois-ci. Je m'assis sur mon lit (j'étais agitée), afin de me rendre compte de ce qui se passait, et à peine assise, je vis une main me balançant devant les yeux ma petite broche perdue. Cette vision n'a duré qu'une minute, mais a été assez longue pour m'impressionner profondément. J'en ai parlé à mes parents de suite à mon réveil, et eux comme moi en furent frappés. »

Le mardi soir suivant (dix jours après la perte du bijou), Hélène se rendit pour une séance chez M. Cuendet, où se trouvaient encore deux autres personnes. Elle raconta l'aventure de sa broche, et la curieuse vision ci-dessus, puis l'on se mit à la table. Après une dictée typtologique sur un tout autre sujet, se produisit l'incident suivant, dont j'emprunte le récit au compte rendu que M. Cuendet en rédigea le lendemain et voulut bien me communiquer. (C'était en 1894, et je ne connaissais encore Mlle Smith que de réputation.)

« ...Notons que depuis le commencement de la séance, Mlle Smith nous signalait notre esprit familier [Léopold] qui tenait une lanterne à la main. Pourquoi? La table s'agite de nouveau, on va nous dire quelque chose; voici ce que l'on nous dicte : — *Levez-vous. Prenez une lanterne. Longez la promenade jusqu'au bâtiment des fêtes; prenez le sentier qui traverse le pré, et qui aboutit à la rue des bains. Au milieu du sentier, à gauche, à quelques mètres, se trouve un bloc de pierre blanche. Partant du bloc, à un mètre seulement, côté soleil couchant, se trouve la broche tant cherchée. Allez, je vous accompagne*[1]. — Je copie textuellement cette communication renversante, obtenue lettre après lettre; je n'ajoute rien, je ne retranche rien. — Stupéfaction générale! Nous hésitons! Enfin, nous nous levons tous quatre, nous allumons une lanterne, et nous sortons. Il était dix heures moins 20 minutes.

« Nous longeons la promenade, nous arrivons au Bâtiment

---

[1] Dans cette dictée où il s'agit de la Plaine de Plainpalais, M. Cuendet relève le curieux emploi de désignations autres que celles en usage : « bâtiment *des fêtes* au lieu de *électoral*; *rue* au lieu de *chemin* des Bains; *pré* au lieu de *plaine*. » C'est, en effet, un trait caractéristique de Léopold (Cagliostro) dans ses messages soit typtologiques, soit écrits ou oraux, qu'il remplace volontiers par des périphrases ou des équivalents les noms propres modernes et les termes actuellement consacrés. On comprend qu'un revenant du XVIIIme siècle ne soit pas très au courant de nos expressions contemporaines ou locales!

électoral, nous suivons le sentier qui conduit depuis là au Chemin des Bains. Au milieu, à gauche, à quelques mètres, en effet, nous trouvons le bloc indiqué. Nous cherchons un moment sans résultat et nous craignons de ne rien trouver. Enfin, côté soleil couchant, à un mètre du bloc, je trouve enfouie dans l'herbe, recouverte de sable et par conséquent toute sale, la broche indiquée. On a dû évidemment marcher dessus, car elle est légèrement déformée. Mlle Smith pousse une exclamation de surprise, et nous rentrons tous quatre à la maison, afin de nous remettre de cette émotion bien naturelle. »

Il est à noter que l'endroit où le bijou s'est retrouvé est en dehors de tout sentier battu, mais que Mlle Smith y avait précisément passé, en traversant l'herbe par exception, le dimanche où elle avait perdu sa broche.

Ce cas est resté aux yeux de Mlle Smith et de ses amis spirites l'une des preuves les plus éclatantes et irréfragables de la réalité objective et indépendante de Léopold. Pour le psychologue, il constitue un très bel et intéressant exemple de cryptomnésie, bien digne de figurer à côté des cas si instructifs rassemblés par M. Myers[1], où le souvenir d'une perception subliminale (c'est-à-dire enregistrée d'emblée sans frapper la personnalité normale) apparaît comme une révélation, dans un rêve du sommeil ordinaire ou sous quelque autre forme équivalente d'automatisme. Ici c'est « Léopold » — la subconscience d'Hélène — qui ayant senti tomber la broche et remarqué où elle allait rouler, s'est d'abord manifesté dans une vision nocturne passagère, puis a profité de la prochaine réunion spirite pour restituer complètement ses souvenirs latents. Il n'est pas d'ailleurs nécessaire de voir quelque chose d'intentionnel dans cette restitution, le simple jeu de l'association des idées suffisant à expliquer que le souvenir de l'emplacement de la broche, emmagasiné dans une couche subliminale et stimulé par le désir de retrouver l'objet perdu, soit mécaniquement réapparu au moment de la séance, grâce à l'autohypnotisation médiumique, et ait jailli sous la forme dramatique, naturellement appropriée

---

[1] *Hypermnesic Dreams*, Proc. S. P. R. t. VII, p. 381-392. — Voir aussi Miss X, *Essays in Psychical Research*, p. 112 et suiv.

au milieu, d'un renseignement en apparence supranormal fourni par Léopold.

Ce dernier, avec sa lanterne et ses indications typtologiques, est tout à fait l'équivalent de l'Assyrien qui montrait en songe à M. Hilprecht comment il devait s'y prendre pour découvrir le sens d'une inscription vainement cherché pendant la veille [1]. On retrouve ici l'évidente identité des procédés de l'imagination médiumique et de ceux du rêve. Peut-être ne manque-t-il pas de gens pour croire à l'existence de l'Assyrien, comme à celle de Léopold. Soit, tout est possible. Mais il est alors bien regrettable que si ces êtres qui peuplent nos états oniriques ou hypnoïdes sont autre chose que de pures créations subjectives de notre imagination, ils ne se soient pas encore avisés de moyens plus évidents pour nous convaincre de leur réalité. Pourquoi Léopold, par exemple, qui a toujours donné le cas de la broche perdue et grâce à lui retrouvée comme une preuve de son objectivité, n'a-t-il jamais daigné — au cours de tant de séances où il prétendait flotter dans l'atmosphère de la chambre, invisible, mais voyant tout et séparé de Mlle Smith tout en se communiquant par elle — me dire le mot écrit ou l'objet caché que je lui désignais hors du champ visuel de son médium?

3. *Rétrocognitions.*

Les révélations en apparence supranormales sur le passé, fournies aux séances de Mlle Smith, peuvent se diviser en deux groupes suivant qu'elles concernent des faits de l'histoire universelle, ou des incidents privés relatifs aux familles des assistants.

1. Les messages du premier groupe abondaient sous la forme de visions accompagnées d'explications typtologiques dans les séances d'Hélène tenues en 1894, mais ils avaient presque totalement pris fin lorsque je fis sa con-

---

[1] W. R. Newbold, *Cases of Dream Reasoning*, Psychological Review, t. III. p. 132; et Proc. S. P. R., t. XII, p. 14-20.

naissance et je n'en ai jamais été témoin. D'après les procès-verbaux que j'ai eus sous les yeux, toutes ces rétrocognitions portent sur l'histoire du Protestantisme ou sur celle de la Révolution française, c'est-à-dire sur deux ordres de faits qui sont d'entre les plus connus chez nous. Il va sans dire que le groupe spirite très convaincu où ces messages se produisaient, n'a jamais mis en doute que ce fussent les personnages eux-mêmes qui apparaissaient aux yeux d'Hélène avec leurs costumes du temps, et se communiquaient par la table en parlant à la 1re personne (sauf lorsque Léopold leur servait de barnum et dictait en son propre nom les explications demandées). Mais comme le contenu de ces messages est toujours la reproduction textuelle ou l'équivalent à peu près exact de renseignements qui traînent dans les dictionnaires historiques et biographiques, je ne puis me défendre de l'impression qu'il s'agit là de vulgaires faits de cryptomnésie.

Si l'on tenait absolument à y faire intervenir le supranormal, cela ne pourrait être que sous la forme d'une transmission télépathique des assistants au médium. En faveur de cette supposition, on peut faire valoir deux points. D'abord que Mlle Smith passait dans ce groupe pour dépourvue de toute culture historique, et qu'elle était fort surprise de ces révélations de faits totalement ignorés d'elle. Ensuite, qu'il y avait régulièrement à ces séances un ou plusieurs membres du corps enseignant, lesquels par leur instruction générale possédaient sans aucun doute, soit consciemment, soit d'une façon latente, toutes les connaissances historiques, en somme peu raffinées, déployées par Léopold.

Mais ces arguments ne pèsent guère à mes yeux. Pour commencer par le second, comme les assistants avaient les mains sur la table en même temps que le médium selon la coutume spirite, ils ont pu eux-mêmes, sans aucune télépathie proprement dite et simplement par leurs petits mouvements musculaires inconscients, diriger à leur insu les dictées de ce meuble, Mlle Smith ne faisant que subir et renforcer ces secousses venues de ses voisins. Il y a des médiums typtologues (j'en connais) dont tout l'art inconscient, et parfaitement sincère, consiste à soutirer par le guéridon les secrets subliminaux des personnes qui viennent les consulter. C'est le consultant qui dicte lui-même les réponses et règle les coups de la table : seul, il n'arriverait pas à la faire frapper, mais ses variations de pression imperceptibles et involontaires sont ressenties par les mains du médium, qui les traduit en secousses du meuble et joue ainsi sans s'en douter le rôle d'un appareil amplificateur. — Quant à la prétendue ignorance de Mlle Smith, elle n'est point du tout telle qu'on se l'est parfois imaginée, et les révélations historiques obtenues à ses séances ne dépassent aucunement le niveau de ce qu'elle a pu absorber, consciemment ou non, à l'école et dans son entourage. Aussi l'hypothèse qui me paraît la plus probable et à laquelle j'en reste, c'est que les messages venaient essentiellement d'elle, je veux dire de sa mémoire subliminale ; cela n'exclut point, d'ailleurs, la possibilité d'une certaine coopération des assistants, dont la conversation d'une part, l'action musculaire inconsciente sur la table d'autre part, ont souvent dû entretenir ou diriger le cours des idées subconscientes du médium et le déroulement automatique de ses souvenirs latents.

On pourrait encore imaginer que tout en provenant de dictionnaires et autres documents existants, et sans l'intermédiaire des assistants, ces renseignements historiques sont arrivés par une voie supranormale dans le cerveau d'Hélène. Mais j'ai déjà dit plus haut (à propos du cas, tout à fait semblable, de la citation de Marlès, p. 284-285) ce que je pense d'une telle supposition au point de vue méthodologique, et je n'y reviens pas.

2. Les rétrocognitions d'événements de famille qui agrémentent les séances de Mlle Smith ont généralement la saveur de l'inédit pour les assistants, par le fait qu'elles

concernent des incidents anciens et qui ne se trouvent imprimés nulle part, sauf dans la mémoire de quelques personnes âgées ou de certains amateurs d'anecdotes locales. Je n'hésite pas à voir dans ces histoires d'autrefois, jaillissant en visions et en dictées de la table au cours des hémisomnambulismes d'Hélène, des récits entendus dans son enfance, et depuis longtemps oubliés de sa personnalité ordinaire, mais reparaissant à la faveur de l'autohypnotisation médiumique, laquelle ramène à la surface les couches profondes, d'où le simple jeu de l'association fait tout naturellement jaillir les souvenirs relatifs aux familles des personnes présentes à la séance. Rien de supranormal en tout cela, malgré la forme dramatique, l'art piquant et imprévu, les amusantes broderies, dont s'avise l'imagination subliminale, je veux dire Léopold, dans son rôle d'historiographe et de metteur en scène du passé.

Le jugement que je viens d'émettre est le résultat d'une induction fondée sur les rétrocognitions de Mlle Smith concernant ma propre famille. Qu'on me permette d'entrer dans quelques détails destinés à justifier mon opinion.

Je note d'abord que toutes ces rétrocognitions, dont m'honora Léopold, eurent lieu dans les six premières séances que j'eus avec Hélène, après quoi il n'y en eut plus jamais aucune au cours des cinq années écoulées depuis lors. Cela parle bien en faveur d'un groupe limité de souvenirs latents que mon introduction aux séances a déclanchés, d'une sorte de poche ou sac subliminal qui s'est vidé une fois pour toutes à l'occasion de ma présence.

En second lieu, ces connaissances ne concernent que des détails extérieurs, susceptibles de frapper l'attention de la galerie et d'être colportés de bouche en bouche. Comme les histoires de famille n'ont pas grand intérêt pour les lecteurs étrangers, je me bornerai à citer à titre d'exemple la vision qui m'avait étonné dans ma première rencontre avec Hélène (p. 2), et qui a déjà été publiée par M. Lemaître [1]. Je reproduis son récit en rétablissant les noms véritables :

« Le médium [Mlle Smith] aperçoit une longue traînée vaporeuse qui enveloppe M. Flournoy : « Une femme ! » s'écrie le mé-

---

[1] Aug. Lemaitre, loc. cit., p. 72-73. Il y a, dans le second alinéa de cette page 73, divers points qui ne sont plus exacts aujourd'hui que nous sommes mieux renseignés.

dium, et un moment après : « Deux femmes !... assez jolies, brunes... toutes deux sont en toilette d'épouse... cela vous concerne, monsieur Flournoy ! » (La table approuve par un coup frappé). Elles restent immobiles, elles ont des fleurs blanches dans les cheveux et se ressemblent un peu ; leurs yeux comme leurs cheveux sont noirs ou en tous cas foncés. L'une, dans le coin, se présente sous deux aspects différents ; sous les deux formes elle est jeune et peut avoir 25 ans : D'une part, elle reste avec l'apparence déjà décrite (toilette d'épouse), et, d'autre part, elle se montre très lumineuse dans un grand espace [1], un peu plus mince de visage et entourée d'une quantité de jolis enfants, au milieu desquels elle paraît bien heureuse ; son bonheur se manifeste par l'expression, mais plutôt encore par l'entourage. Les deux femmes semblent prêtes à se marier. Le médium entend alors un nom qui lui échappe d'abord, puis qui lui revient peu à peu, quoique avec une certaine difficulté. Il dit : « An !... An !... Dan... Ran... Dandi... Dandiran ! » A laquelle des deux femmes se rapporte ce nom, demande M. Flournoy, à celle que vous voyez sous deux formes ou à l'autre ? — Réponse : A celle qui se présente sous deux formes. Le médium ne voit pas l'autre femme aussi nette, aussi dégagée que la première, mais distingue tout à coup à côté d'elle un homme grand, qui ne fait que passer. Et la table dicte : *Je suis sa sœur, nous reviendrons !* Après quoi, la scène change, et nous passons à un autre sujet. »

Cette vision roule toute entière sur le fait, d'ailleurs parfaitement exact, que ma mère et sa sœur se marièrent le même jour [2] ; qu'elles étaient brunes, assez jolies, et se ressemblaient ; que mon père était de haute stature ; que ma tante épousait M. Dandiran et mourut, jeune encore, sans enfants, etc.; toutes choses qui ont forcément défrayé, en leur temps, les conversations des amis et aboutissants de ma famille, et devaient en somme être plus ou moins de notoriété publique dans une petite ville comme Genève. Or, il en est de même de toutes les autres rétrocognitions de Mlle Smith à mon

---

[1] Dans la symbolique médianimique à laquelle Mlle Smith est accoutumée, les apparitions d'une personne dans un grand espace lumineux représentent son état actuel, désincarné, par opposition à ses états passés, terrestres, qui se révèlent dans d'autres visions moins éthérées et plus réalistes par le costume et autres détails concrets. Ici, la double apparition signifie que ma tante, qui, de son vivant, regretta toujours de n'avoir pas d'enfant, doit en être bien consolée et dédommagée dans son existence désincarnée actuelle !

[2] Ma mère et ma tante étaient des demoiselles Claparède (sœurs du naturaliste Ed. Claparède, mort en 1871). Leur double noce eut lieu le 17 septembre 1853.
— M. Dandiran, veuf au bout de quelques années, se remaria et devint professeur à l'Université de Lausanne dont il est aujourd'hui le vénéré doyen d'âge. Nous avons toujours conservé d'affectueuses relations, et c'est grâce à lui, comme on le verra tout à l'heure, que j'ai pu éclaircir avec certitude l'origine des rétrocognitions de Mlle Smith.

égard ; leur contenu est toujours véridique, mais tel qu'il ne pouvait manquer d'être connu d'une foule de gens. Cela m'amène, on le comprend, à douter qu'il y ait à la base de ces révélations une faculté vraiment supranormale de rétrocognition ; car pourquoi une telle faculté s'en serait-elle tenue exclusivement à des connaissances parfaitement explicables par une transmission orale oubliée, au lieu de s'étendre aussi à des faits plus intimes et plus personnels réfractaires à ce mode de propagation, comme c'est le cas chez d'autres médiums ? [1]

Un troisième trait frappant, c'est que toutes les rétrocognitions d'Hélène me concernant sont relatives à la famille de ma mère, et se rapportent à deux périodes précises et assez courtes, dont la première est antérieure de plusieurs années à la naissance de Mlle Smith. Cette limitation quant au temps et aux personnes me parut significative. En effet, si ces connaissances d'un passé qui m'intéresse provenaient soit d'une cause supranormale (transmission télépathique de mes propres souvenirs, conscients ou latents, à Hélène ; communications de désincarnés, etc.), soit d'une cause normale actuelle (renseignements pris par Hélène pour alimenter ses séances, etc.), je ne vois pas pourquoi elles se concentreraient sur une région aussi restreinte au lieu de se répartir au hasard sur une beaucoup plus vaste étendue ; car, sans remonter au delà de l'époque susdite, il n'y a pas moins de six champs bien distincts d'où la télépathie, les désincarnés, ou les racontars du public, auraient pu fournir d'abondants matériaux à la médiumité d'Hélène pour les rétrocognitions à moi destinées, à savoir : mon passé personnel, celui de ma femme (qui a assisté à la plupart des séances de Mlle Smith), et ceux de nos quatre familles paternelles et maternelles. Or, je le répète, toutes les prétendues révélations d'Hélène portent uniquement sur la famille de ma mère, et pendant un temps très limité. Cela me semble indiquer clairement, d'abord (ce qui est superflu pour moi dans le cas donné) la parfaite bonne foi du médium, qui n'aurait eu aucune peine à récolter dans les six champs dont je viens de parler, pour me les resservir aux séances, mille renseignements du même ordre que le contenu de la vision relatée ci-dessus ; ensuite, que le choix exclusif de ce groupe très limité d'événements anciens, tous connus en leur temps d'un public assez étendu, doit avoir eu pour cause très naturelle et

---

[1] On sait, par exemple, qu'une forte proportion des révélations de Mme Piper à ses visiteurs, concernent des détails qui ne sont connus que d'eux seuls et n'ont pu faire l'objet des conversations de tierces personnes. On ne saurait trop insister sur la différence entre les messages qui portent en quelque sorte l'empreinte évidente des informations extérieures et de la rumeur publique, et ceux dont la nature, rendant cette origine difficilement acceptable, parle au moins à première vue en faveur de la télépathie ou d'autres causes inconnues. Voyez entre autres F. PODMORE, *Discussion of the trance-phenomena of Mrs Piper*. Proc. S. P. R., vol. XIV, p. 50.

normale quelques récits ou traditions de l'époque, parvenus jadis aux oreilles d'Hélène, puis sortis peu à peu de sa mémoire consciente.

Pour tirer si possible la chose au clair, je m'adressai au dernier représentant de cette génération de ma famille, M. le professeur Dandiran à Lausanne, et lui exposai le cas. Il ne se souvint pas d'emblée si mes grands-parents Claparède avaient eu affaire, près d'un demi-siècle auparavant, avec la famille Smith; mais, le lendemain, je reçus de lui les lignes suivantes :

« ... Tu m'as fait une question sur le nom de [Smith]. Est-ce un effet des préoccupations que provoquait ta visite ? Le fait est qu'il m'est arrivé tout à coup de me rappeler fort distinctement que ma mère et ma tante[1], celle-là surtout, s'intéressaient beaucoup à une jeune femme de ce nom, qu'elles avaient déjà connue et employée comme couturière ou modiste avant son mariage avec un Hongrois. Je vois encore ce dernier [suit son signalement, très reconnaissable], quand il attendait sa femme en entretien avec ma mère et ma tante. Ce que je crois, sans pouvoir toutefois l'affirmer avec certitude, c'est que ces dames, par intérêt pour la jeune femme, la firent connaître aux Claparède. Mais c'est bien dans la cour de la pension de P., où habitaient ma mère et ma tante, que je place dans mes souvenirs la figure de M. [Smith] ... »

On devine que c'est par une raison de méthode que je ne m'étais point adressé en premier lieu à Mme Smith elle-même; mais je tiens à lui rendre cette justice que lorsque je la questionnai à son tour, elle me donna le plus obligeamment du monde tous les renseignements que je désirais, en parfaite concordance avec les souvenirs de M. Dandiran. Sans entrer dans des détails fastidieux pour le lecteur, il me suffira de dire que toutes les rétrocognitions qui m'intriguaient tant se rapportent précisément à deux époques où Mme Smith eut souvent affaire avec la famille de ma mère, époques séparées par un intervalle où ces relations se trouvèrent suspendues par le fait d'un séjour de plusieurs années que M. et Mme Smith firent à l'étranger. Hélène a pu — et selon ma conviction a certainement dû (bien qu'elle n'en ait plus le souvenir conscient) — connaître directement les faits de la seconde époque, où elle était âgée de cinq à six ans. Quant à ceux de la première, antérieurs de bien des années à sa naissance (tels que la double noce de ma mère et de sa sœur en 1853), il est évident que Mme Smith a eu maintes fois l'occasion de les raconter plus tard à sa fille, quoique ni l'une ni l'autre ne se le rappellent actuellement ; car, de quoi une mère ne parle-t-elle pas à ses enfants pendant les longs tête-à-tête ou les promenades du jeune

---

[1] Mlle Vignier, dont il sera encore question plus loin, sœur de la mère de M. Dandiran.

âge, et comment croire que des détails de la nature de ceux que j'ai rapportés ne se soient jamais glissés dans les entretiens d'Hélène petite fille avec sa mère !

Ab uno disce omnes. Bien que je sois moins au courant des rétrocognitions de Mlle Smith concernant d'autres familles, tout contribue à me prouver qu'elles s'expliquent de la même façon. Dans celles dont j'ai eu connaissance, il s'agit toujours d'anecdotes piquantes ou d'épisodes plus ou moins frappants, qui, en vertu de leur nature même, n'ont pas manqué d'alimenter les conversations des amis et connaissances et ont facilement pu pénétrer de proche en proche jusque dans l'entourage immédiat d'Hélène. De plus, dans deux cas au moins, la preuve est faite qu'à une certaine époque la mère de Mlle Smith s'est trouvée en rapports directs et personnels avec les familles dont il s'agit, exactement comme ce fut le cas avec mes grands-parents, et cette circonstance suffit à rendre compte des connaissances, très étonnantes au premier abord, contenues dans les révélations de Léopold.

En résumé, la cryptomnésie toute pure me paraît fournir une explication suffisante et adéquate des rétrocognitions d'Hélène, portant sur des événements de famille aussi bien que sur des faits historiques. Et pas plus dans ce domaine de la connaissance du passé que dans ceux des objets retrouvés ou des consultations médicales, je n'ai réussi jusqu'ici à découvrir chez elle le moindre indice sérieux de facultés supranormales quelconques.

V. Incarnations et messages spirites.

Le moment venu de parler du Spiritisme, je me sens mal à mon aise et gêné dans les entournures, pour des raisons fort diverses dont j'exposerai quelques-unes, sans chercher d'ailleurs à les légitimer ici. Car mon but est simplement, comme on l'a vu plus haut (p. 350), d'indiquer mes dispositions subjectives à l'endroit de cette doctrine, afin que le lecteur puisse en faire la part, si bon lui semble, dans mon appréciation des phénomènes de cet ordre présentés par Mlle Smith.

J'avoue d'abord que le Spiritisme est un sujet qui a le don de me mettre en gaîté et qui me porte d'instinct à batifoler. Je ne sais vraiment pas pourquoi, car rien de ce qui touche aux Morts et à l'Au-delà ne devrait être matière à plaisanterie. Mais c'est comme ça. Peut-être cela tient-il à la nature des intermédiaires et à la qualité des messages dont les esprits ont coutume de nous gratifier. Quoiqu'il en soit, j'ai ordinairement beaucoup de peine à garder mon sérieux en présence des manifestations des désincarnés. Or je me reproche amèrement cette humeur facétieuse lorsque je songe qu'elle s'exerce aux dépens de conceptions et de croyances qui ont soutenu les premiers pas de notre race en sa douloureuse ascension, et dont la survivance ou la réapparition atavique est aujourd'hui encore une source de force morale, de bienheureuses certitudes, de consolation suprême, pour une foule de mes contemporains, parmi lesquels plusieurs que j'ai appris à connaître et qui m'inspirent autant d'estime que d'admiration par la rectitude de leur vie, la noblesse de leur caractère, la pureté et l'élévation de leurs sentiments. Toute conviction sincère et vécue est absolument respectable, même lorsqu'on ne la partage pas ; aussi fais-je d'avance (et rétrospectivement) amende honorable à mes amis et connaissances spirites pour les écarts de plume qu'il pourrait (ou qu'il a déjà pu) m'arriver de commettre au cours de ce volume, tiraillé que je suis, je le répète, entre le respect que j'éprouve pour les personnes, et l'impression plutôt bouffonne que me laisse la doctrine avec son cortège de conséquences et de preuves à l'appui.

En second lieu, j'ai souvent fait la décevante expérience que, lorsqu'on en vient à la discussion, le Spiritisme a le grand avantage pour ses défenseurs, mais le grand inconvénient pour ceux qui voudraient le serrer de près, d'être fuyant et insaisissable par le fait de sa double nature — Science et Religion tout à la fois — qui lui permet de n'être jamais franchement ni l'une ni l'autre. Il me rappelle la chauve-souris du fabuliste :

        Je suis oiseau, voyez mes ailes !
        Je suis souris, vivent les rats !

Quand on voudrait analyser et contrôler, suivant les strictes méthodes scientifiques, les faits positifs sur lesquels il prétend baser sa thèse fondamentale — la réalité de communications avec les esprits des morts, par l'intermédiaire des médiums — aussitôt les adeptes vous déballent leur pacotille de théories (j'allais dire leurs théories de pacotille !), et s'étonnent du manque d'idéal de ces affreux scientistes-matérialistes-néantistes, qui s'acharnent à chercher la petite bête dans les démonstrations du Spiritisme au lieu de tomber à genoux devant la splendeur de ses enseignements. Que si alors, se laissant entraîner du terrain de l'observation rigoureuse sur celui de la philosophie morale et religieuse, on a le mauvais goût de ne pas apercevoir l'immense supériorité de cette doctrine sur toutes les autres, ils vous ferment la bouche en vous affirmant que seule, à la différence de ses rivales qui ne sont qu'erreurs ou hypothèses invérifiables, celle-ci a l'incomparable avantage d'être scientifiquement établie. Et le cercle recommence, tant et si bien qu'on se décourage de discuter un système qui de ses deux livrées, scientifique et religieuse, est toujours prompt, au rebours de Maître Jacques, à endosser précisément celle dont on n'a que faire pour l'heure.

Une troisième cause de mon malaise lorsqu'il me faut toucher à ce sujet, c'est la crainte d'être mal compris ou mal interprété, grâce à la classification naïve et simpliste qui prévaut dans les milieux où fréquentent les désincarnés. Spiritisme ou Matérialisme, telle est l'alternative brutale dans laquelle on se trouve pris malgré soi. Si vous n'admettez pas que les esprits des morts se révèlent par des coups de table ou les visions des médiums, c'est donc que vous êtes matérialiste. Si vous ne croyez pas que les destinées de la personnalité humaine se terminent au cimetière, c'est donc que vous êtes spirite. Pas de milieu, et tirez-vous de là ! — Cette question de nomenclature et d'étiquetage est assurément puérile. Personne cependant ne consent volontiers à être fourré dans des compagnies qui, pour honorables qu'elles soient, ne lui sont pas sympathiques; c'est une petitesse très humaine. Aussi tiens-je à dire que je repousse absolument l'alternative ci-dessus. Elle me fait penser à un rêveur en petit bateau qui, ne voyant plus que le ciel et l'onde, s'imaginerait que le monde est composé de gaz et de liquides, et oublierait l'existence des solides. Car il y a pourtant plus de choix que cela dans le musée de la pensée humaine. Au siècle dernier, par exemple, outre le Spiritisme de Swedenborg et le Matérialisme du baron d'Holbach, il y a eu encore le Criticisme d'un nommé Kant qui a fait quelque bruit dans le monde et dont la vogue n'est pas absolument éteinte. Je n'aurais pas craint de m'y rallier. Et de nos jours, s'il me fallait choisir entre Büchner et Allan Kardec comme les spirites semblent parfois le croire, je n'hésiterais pas à opter... pour M. Renouvier, ou tout simplement pour feu mon compatriote Charles Secrétan.

Mais tout cela, me dira-t-on, et cette collection de grands noms, ce sont des nuances d'école et des subtilités trop abstruses pour le gros bon sens, qui n'entend rien à ces distinctions de points de vue métaphysiques. Soit. Je ne tiens pas autrement à la philosophie et il me suffit, pour repousser tout ensemble le matérialisme et le spiritisme, d'être disciple — indigne, hélas, mais convaincu — du Nazaréen qui répondait aux matérialistes de son temps, non par des évocations spirites, mais par cette simple remarque : « Dieu n'est pas Dieu des morts, mais des vivants, car pour lui tous sont vivants »[1]. Je ne sais trop si cette raison persuada les Sadducéens, mais elle me plaît en sa simplicité, et je n'en désire pas d'autre. Si Dieu existe — je veux dire si la réalité suprême n'est pas la force-substance inconsciente et aveugle du monisme à la mode, mais la souveraine personnalité (ou *supra*personnalité) qui dans la claire conscience du Christ, mieux qu'en aucune de nos consciences troublées, faisait continûment sentir sa présence paternelle — si Dieu existe, ce n'est apparemment pas pour jouer le rôle d'un perpétuel entrepreneur de pompes funèbres qu'il consent à exister, et pour laisser choir à tout jamais dans le néant les pauvres créatures qui s'attendent à lui. Elles peuvent disparaître à nos yeux, mais elles ne disparaissent pas aux siens ; pour nous elles sont mortes, mais pour lui, et par conséquent dans la réalité vraie, elles sont vivantes. Autrement il ne serait pas Dieu. C'est tout ce qu'il me faut. Je n'entrevois rien, il est vrai, des conditions concrètes de cette autre existence, dont le mode même, si on me le dévoilait, resterait probablement lettre close pour mon intelligence empêtrée dans les liens actuels de l'Espace et du Temps. Mais que m'importe ! Ce que j'ignore, Dieu le sait, et en attendant qu'il m'appelle à rejoindre ceux qui m'ont précédé, il est assez grand pour que je m'en remette à lui du sort mystérieux de nos personnalités. « Pour lui, tous sont vivants. » Je n'en demande pas davantage, et des prétendues démonstrations du spiritisme, vraies ou fausses, je me soucie comme d'un fétu.

Ou plutôt je les souhaite fausses. Et si elles sont vraies, si réellement il est dans la loi de la nature que pendant de longues années encore, après cette terrestre existence, nous nous traînions lamentablement de table en table et de médium en médium, les meilleurs d'entre nous (pour ne pas parler des autres) étalant sans pudeur les preuves de leur décrépitude mentale en de pitoyables balivernes et d'ineptes vers de mirliton — eh bien tant pis ! C'est une misère et une honte de plus ajoutées à toutes celles dont est tissé ce satanique univers, une nouvelle calamité venant couronner les maux physiques et moraux d'un monde contre lequel le chrétien proteste toutes les fois qu'il répète : *Que ton règne vienne*, un scandale additionnel condamné à disparaître avec les autres quand Son Règne sera venu. Mais ce n'est en aucun cas ce que réclame ou espère la conscience

---

[1] Evangile de Luc, chap. XX, v. 38.

morale et religieuse de l'humanité ; cela est sans rapport avec la bonne nouvelle du christianisme. Il n'y a rien de commun entre les survivances empiriques, spatiales et temporelles, que prétend établir le spiritisme, et la « vie éternelle » proclamée par le prophète de Nazareth. Ces choses, eût dit Pascal, ne sont pas du même ordre. Voilà pourquoi je ne suis pas spirite.

Ici surgit un dernier point qui me tracasse quand je dois dire mon avis sur le spiritisme devant des spirites. — « Vous ne tenez pas personnellement, m'a-t-on souvent objecté, à ces communications des vivants avec ceux qui nous ont devancés dans l'au-delà, et vous faites fi des démonstrations du spiritisme. C'est fort bien pour vous, qui êtes un mystique et à qui l'existence du Dieu de Jésus-Christ paraît une garantie suffisante des destinées de la personnalité humaine et des palingénésies ultimes. Mais tout le monde n'a pas le même tempérament et ne prend pas si gaillardement son parti d'ignorer le genre de vie d'outre-tombe. Croire en Dieu, et lui abandonner les yeux fermés le sort de ceux qui nous quittent emportant les meilleurs morceaux de notre être, c'est bien beau, mais bien difficile. Le temps n'est plus du psalmiste qui pouvait dire : *Quand il me tuerait, je ne cesserais pas d'espérer en Lui*; et pour ce qui est du Christ, il fut certainement un médium très remarquable, mais ses simples affirmations ne sauraient être tenues aujourd'hui pour paroles d'évangile. La race des Thomas, née de son vivant et que d'ailleurs il ne condamna point, s'est généralisée ; il faut du solide et du palpable aux foules de notre époque, elles ne sont pas capables d'admettre un monde supérieur à celui des sens si on ne le leur fait pas toucher au doigt par les messages et les retours des défunts eux-mêmes. D'où il résulte que toute attaque, toute attitude hostile vis-à-vis du spiritisme, tend directement à ébranler le seul rempart qui soit désormais efficace contre le matérialisme et ses conséquences funestes : l'incrédulité, l'égoïsme, le vice, le désespoir, le suicide, et en fin de compte la décomposition et l'anéantissement du corps social tout entier. Au contraire, que la science reconnaisse et consacre enfin officiellement le Spiritisme, et aussitôt, avec la certitude tangible d'une autre vie, le courage et la force reviendront au cœur des individus, le dévouement et toutes les vertus se mettront à refleurir, et l'humanité relevée verra bientôt le ciel descendre sur la terre, grâce aux rapports rétablis et journellement pratiqués entre les vivants et les esprits des morts. »

On devine mon embarras. — D'un côté je n'admets aucunement l'objection précédente. Je ne pense pas que l'évangile ait fait son temps ou soit au-dessus de la portée des foules, puisque c'est à elles que son auteur le destinait ; je crois, au contraire, que la foi chrétienne, la foi du Christ ou la foi au Christ, est en son essence intime une réalité psychologique, une expérience personnelle accessible aux plus humbles, un fait de conscience qui survivra à l'oubli de tous les systèmes théologiques et à l'effondrement de tous les clergés, et dont la puissance vitale et régénératrice sauvera nos civilisations (si quelque chose doit les sauver) par le moyen des individus qu'elle aura renouvelés, sans rien devoir aux pratiques ni aux théories spirites. Inversement, je ne partage pas l'optimisme de ceux qui font du spiritisme une panacée sociale, et qui s'imaginent que là où la conscience morale et la conscience religieuse ont cessé de se faire écouter, les messages des désincarnés auront plus de succès [1].

Mais d'un autre côté, il y a des cas individuels intéressants et qui méritent certainement des égards. On me cite des gens, et j'en ai connu, à qui ce serait porter un coup fatal que de leur ôter les béquilles spirites sans lesquelles ils ne savent plus marcher dans la vie. Pour l'un, qui s'est constitué l'apôtre militant de la nouvelle doctrine, toute l'existence serait ruinée si l'on venait à briser son idole. Tel autre a l'habitude, chaque soir avant de se mettre au lit, de recourir à son guéridon pour faire un petit bout de causette avec ses chers disparus; pourquoi, au nom du ciel, aller lui enlever cette joie bien innocente en lui disant que son dialogue n'est qu'un monologue et qu'il converse simplement avec lui-même et ses souvenirs latents? Celui-ci reçoit à tout moment, par l'écriture automatique, sur les menus faits de la vie journalière, les confidences ou les opinions du tiers et du quart désincarnés, et ce serait une désillusion aussi dure qu'inutile de lui montrer que tout cela est un pur délayage de ses propres observations et inductions subconscientes. Celui-là, dans toutes les circonstances embarrassantes, interroge une parente défunte qui lui dicte aussitôt sa ligne de conduite; à quoi bon détruire sa confiance dans la réalité de cette précieuse pythonisse invisible, et le renvoyer à sa réflexion personnelle, où il trouverait les mêmes conseils utiles et souvent de meilleurs, mais dont l'autorité lui semblerait beaucoup moindre, de sorte qu'il perdrait certainement au change sous le rapport de la promptitude et de la fermeté des décisions. Et ainsi de suite. Pour des millions de personnes et à cent titres divers — croyance religieuse, consolation morale, rite solennel et mystérieux, vieille habitude, distraction préférée, etc. — le spiritisme est aujourd'hui le pivot et le soutien de l'existence; ne fait-on pas dès lors plus de mal que de bien en l'ébranlant, et ne vaut-il pas mieux laisser les choses aller leur train? Pourquoi empêcher l'homme de se repaître de rêves si tel est son plaisir? D'autant

---

[1] « S'ils n'écoutent pas Moïse et les Prophètes, ils ne se laisseront pas non plus persuader quand même l'un des morts ressusciterait. » Luc, XVI, 31.

plus qu'en définitive... qui sait?! *Tout est possible*, et n'est-ce point justement aux revenants que pensait Hamlet dans l'apostrophe célèbre d'où j'ai tiré ce principe ?

Telles sont mes perplexités. En attendant d'y trouver une issue, et pour me résumer, il me semble indispensable de séparer nettement le Spiritisme-Religion, qui est un ensemble de croyances et de pratiques chères à beaucoup de gens, du Spiritisme-Science, simple hypothèse destinée à expliquer certains phénomènes relevant de l'observation. Le premier ne me dit rien, ou plutôt il m'amuse ou me répugne suivant les circonstances; mais les sentiments plus relevés et dignes de tout respect qu'il inspire à ses adeptes, m'imposent le devoir de le laisser hors de cause et de l'ignorer ici. Le second, en revanche, ne manque pas de m'intéresser comme il intéresse tous les curieux de la nature.

Car ce n'est pas une question banale que de se demander si les individualités humaines ou animales continuent à intervenir d'une façon effective dans les phénomènes physiques, physiologiques ou psychologiques de cet univers, après la perte de leur organisme corporel et visible. S'il y a des faits qui l'établissent d'une manière péremptoire, que de problèmes en jaillissent, et quel champ inattendu d'investigation cela n'ouvre-t-il pas à nos sciences expérimentales ! Et si l'hypothèse est fausse, quoi de plus captivant que l'étude des singuliers phénomènes qui ont pu lui donner naissance, la recherche des causes véritables dont l'enchevêtrement parvient à simuler avec plus ou moins de perfection le retour des défunts dans notre monde observable ! On comprend donc que, même dépouillée de tous les accessoires émotionnels dont elle s'enveloppe si facilement dans le cœur et l'imagination des hommes, la question de l'immortalité empirique et des interventions spirites, apparentes ou réelles, conserve son importance scientifique et mérite d'être discutée avec la calme sérénité, l'indépendance, la rigueur d'analyse, qui sont le propre de la méthode expérimentale.

Il va sans dire qu'à priori l'hypothèse des *Esprits*, pour expliquer les phénomènes des médiums, n'a rien d'impossible ou d'inepte. Elle ne contredit pas même nécessairement, comme on se l'imagine quelquefois, le principe directeur de la psychologie physiologique — le parallélisme psychophysique — qui demande que tout phénomène mental ait un corrélatif physique. Car malgré notre habitude de considérer les phénomènes moléculaires ou atomiques du cerveau, le catabolisme des neurones, comme le vrai concomitant des processus conscients, il se peut fort bien, il est même assez vraisemblable, que ces mouvements moléculaires ne constituent pas le terme physique ultime côtoyant immédiatement le monde mental, mais que les véritables corrélatifs physiques (spatiaux) des phénomènes psychologiques (non-spatiaux) doivent être cherchés dans les vibrations de la matière impondérable, l'éther, où les atomes et molécules pondérables sont plongés un peu comme les grains de poussière dans l'atmosphère, pour employer une comparaison sensible quoique bien inexacte.

Le corps éthéré, périsprital, astral, fluidique, etc., des occultistes et de beaucoup de penseurs qui ne le sont point, n'est une notion scientifiquement absurde que quand on en fait un intermédiaire équivoque et nuageux entre l'âme et le corps, un *tertium quid* inassignable, un médiateur plastique dont nul ne sait s'il est matériel, ou spirituel, ou autre chose. Mais conçu comme un tourbillon ou un système de mouvements de l'éther, il n'a rien d'absolument anti ou extra-scientifique par nature; le rapport entre les faits de conscience, subjectifs, et les faits matériels, objectifs, reste essentiellement le même — également inintelligible vu l'hétérogénéité de ces deux ordres de phénomènes, mais également susceptible (au moins en théorie) de déterminations empiriques et de lois précises — soit que l'on considère le monde matériel sous la forme impondérable de l'éther, ou sous la forme pondérable des atomes chimiques, des molécules physiques, et des éléments anatomiques. Rien ne s'opposerait donc radicalement, du point de vue des sciences naturelles, à l'existence d'esprits *désincarnés* promenant dans l'espace leurs tourbillons d'éther ; tandis que nous autres, esprits *incarnés,* nous y traînons par surcroît un lourd revêtement d'atomes pondérables, à travers lequel nous subissons peut-être (surtout les médiums) certaines influences, de la part de ces voisins intangibles mais sources de vibrations diverses, dont nos organismes laisseraient passer les unes et absorberaient les autres, comme pour toute espèce d'ondes.

Voilà qui est pour faire plaisir à mes amis spirites. Voici deux points qui leur plairont moins. D'abord je me sépare d'eux quand ils passent prématurément des pures possibilités, abstraites et en l'air, à l'affirmation des réalités. Peut-être l'événement leur donnera-t-il raison un jour, voire même prochain, mais nous n'y sommes pas encore tout à fait. Je reconnais volontiers que jamais les circonstances ne leur ont été aussi favorables qu'à l'heure présente. Le retour authentique de Georges Pelham et d'autres défunts, par l'intermédiaire de Mme Piper intrancée, semble admis par tant d'observateurs perspicaces et qui n'étaient point jusqu'ici suspects de crédulité [1] ; les phénomènes observés depuis quinze ans chez ce médium incomparable sont à la fois si merveilleux et entourés de si solides garanties scientifiques ; le cas est en un mot tellement inouï et stupéfiant à tous égards, que ceux qui ne le connaissent que de loin, par les rapports imprimés et les récits oraux de témoins immédiats, se sentent en mauvaise posture pour formuler leurs doutes et leurs réserves à ce sujet. Plaise aux Esprits rendre bientôt leur démonstration irréprochable — en nous révélant le moyen d'éliminer l'action combinée de *l'imagination subliminale,* dont on connaît fort bien la malice, et de la *télépathie* dont on ne connaît pas du tout les limites ! Mais pour le moment il ne faut pas oublier que le procès est encore pendant.

Je crains en second lieu, pour les médiums et les spirites pratiquants, que lorsque leur hypothèse aura été scientifiquement démontrée, le résultat n'en soit fort différent de ce que beaucoup s'imaginent. Il pourrait bien arriver que le culte du guéridon, l'écriture mécanique, les séances et tous autres exercices médianimiques reçussent précisément leur coup de mort de la reconnaissance officielle des esprits par la science. Supposons, en effet, que les recherches contemporaines aient enfin prouvé clair comme le jour qu'il y a des

---

[1] Voir R. Hodgson, *A further record*, etc. Proc. S. P. R. vol. XIII, p. 284.

messages venant réellement des désincarnés : il ressort déjà de ces mêmes recherches, avec non moins d'évidence, que dans les cas les plus favorables les messages véritables sont terriblement difficiles à démêler de ce qui n'est pas authentique. Ils se présentent noyés dans une si formidable mixture de confusions, d'erreurs, d'apparences illusoires de toutes sortes, que vraiment — à moins d'avoir le temps et la patience du Dr Hodgson, et un médium aussi remarquable que Mme Piper (ce qui est bien exceptionnel), — c'est une folle prétention que de vouloir, dans un cas donné, assigner ce qui proviendrait véritablement des désincarnés, et le discerner avec certitude au milieu de ce qui doit être au contraire attribué aux souvenirs latents du médium, à son imagination subconsciente, aux suggestions involontaires et insoupçonnées des assistants, à l'influence télépathique de vivants plus ou moins éloignés, etc. Quand les gens auront compris que ce triage est presque toujours au-dessus de notre pouvoir, ils se dégoûteront peut-être d'expériences où ils ont quatre-vingt-dix-neuf chances contre une d'être dupes d'eux-mêmes ou d'autrui et où, chose encore plus vexante, même s'ils avaient le bonheur de tomber sur la centième chance, il n'auraient aucun moyen certain de le savoir !

On ne voit guère de gens chercher de l'or dans les sables de l'Arve, où il y en a pourtant, parce que le jeu ne vaut pas la chandelle et que nul ne se soucie de remuer tant de boues pour une paillette problématique ; et cependant nous possédons des pierres de touche et des réactifs permettant de reconnaître à coup sûr le précieux métal de ce qui n'est pas lui ! Pareillement, à moins que les désincarnés ne daignent nous octroyer un réactif commode, une pierre de touche magique, pour distinguer leur présence réelle de toutes les admirables contrefaçons auxquelles les facultés subliminales exposent sans cesse les médiums et leur entourage, il me paraît probable que les pratiques spirites perdront de plus en plus de leurs charmes à mesure que la science mettra mieux en lumière la rareté des purs messages authentiques, et la quasi impossibilité de les reconnaître en fait. Il est vrai qu'aux enfants le similor et le strass feront toujours le même effet que des bijoux véritables...

Ce sujet, décidément, m'est fatal. Je m'y perds en digressions — fort inutiles, car peu importe au fond, pour l'examen actuel des messages fournis par Mlle Smith, le verdict que l'avenir prononcera sur la théorie des Esprits, avec ou sans corps éthéré. Même devenu vérité scientifique, le spiritisme ne nous dispensera jamais d'apporter à l'analyse des prétendues communications autant de soin et de rigueur que lorsqu'il n'était qu'une hypothèse indémontrée ; chaque cas particulier demandera toujours à être scruté pour lui-même, afin d'y faire le départ entre ce qui selon toute vraisemblance ne relève que des multiples causes non-spirites, et le résidu éventuel pouvant provenir des désincarnés. Je dois dire d'emblée qu'en ce qui concerne les phénomènes médiumiques d'Hélène, leur analyse attentive ne m'y a révélé aucun vestige évident de l'au-delà, pas même des traces certaines d'une transmission télépathique de la part des vivants. Je n'ai réussi à y apercevoir que de très beaux et très instructifs exemples de la tendance bien connue de l'imagination subliminale à reconstituer les défunts et à feindre leur présence, surtout lorsque les suggestions favorables du milieu ambiant l'y incitent. N'étant point infaillible et me souvenant du principe de Hamlet, je me garderai bien d'affirmer que ces pastiches et simulacres soient absolument purs d'une collaboration spirite ; je me contente de répéter que je n'ai pas su la découvrir et qu'elle me parait au plus haut degré improbable ; à d'autres d'en démontrer la réalité, s'ils croient pouvoir le faire. Quelques exemples pris dans les principales incarnations de Mlle Smith me permettront d'exposer d'une façon plus concrète ma manière de les envisager.

1. *Cas de Mlle Vignier.*

On devine que ce cas n'a aucune valeur probante puisqu'il y a eu jadis (comme on l'a vu p. 386), entre la famille Vignier et Mme Smith, des relations qui suffisent à expliquer les connaissances véridiques manifestées par Hélène dans cette incarnation. J'en donne néanmoins le récit abrégé, à cause de certains points psychologiquement intéressants. Aucun des spectateurs ne se doutait d'ailleurs des susdites relations, au moment de cette scène absolument inattendue et énigmatique pour tous.

Dans une séance chez moi (3 mars 1895, après la vision hindoue décrite p. 261), Mlle Smith voit apparaître une dame inconnue dont elle donne ce signalement : « nez courbé et crochu comme celui d'un aigle ; petits yeux de souris très rapprochés ; bouche avec trois dents seulement ; sourire méchant, expression moqueuse ; mise simple, collerette pas à la mode actuelle ; elle s'approche de ce portrait [1] et le considère, pas méchamment ». On demande le nom de cette personne, et la table [Léopold] commence à épeler : *Mademoiselle...* mais refuse d'aller plus loin, tandis qu'Hélène voit l'apparition rire « d'un air narquois » ; comme on insiste pour savoir son nom, la table dicte : *Cela ne vous regarde pas*, puis se met à sauter et gambader sur place comme fort aise de se moquer ainsi de notre curiosité. Bientôt Hélène s'endort et entre en somnambulisme : elle quitte la table et se dirige vers le portrait en question devant lequel elle reste comme figée, incarnant complètement la dame inconnue de sa vision. Je décroche le portrait et le mets à sa portée sur un fauteuil : aussitôt elle s'agenouille et le contemple avec attendrissement ; puis tenant le cadre de la main droite tandis que la gauche très agitée joue avec le cordon, elle finit, après beaucoup de vains essais, par dire en bégayant fortement : *J... j... je l'aimais b... b... beaucoup ; je n'aime pas l'autre... j... j... je ne l'ai jamais aimée, l'autre... j'aimais bien mon neveu... adieu !... je le vois !* Impossible d'obtenir aucun éclaircissement sur cette scène incompréhensible, jusqu'à ce qu'ayant glissé sous la main d'Hélène un crayon et un cahier, elle y griffonne fiévreusement, d'une écriture qui n'est point la sienne, ces deux mots : *mademoiselle Vignier* ; puis elle tombe dans une phase cataleptique dont elle se réveille amnésique au bout d'une demi-heure.

Ce nom de Vignier évoque en moi de lointains souvenirs et me rappelle vaguement que le professeur Dandiran (qui avait épousé, comme on a vu, la sœur de ma mère) devait avoir une parente de ce nom ; serait-ce elle qui revient m'exprimer par le canal de Mlle Smith sa prédilection pour ma mère, dont elle a si attentivement considéré le portrait, et ses regrets peut-être que son neveu ne l'ait pas préférée à ma tante ? — D'autre part M. Cuendet se souvient d'une demoiselle Vignier qui fut une amie de sa famille, mais qui ne répondrait point au signalement de la vision d'Hélène ; il se promet de prendre des informations, et m'écrit en effet le lendemain :

« Cher Monsieur, voici quelques renseignements au sujet de notre séance d'hier. Ce matin je demande à ma mère : As-tu connu une autre demoiselle Vignier que celle qui a été ton amie ? — Après une seconde de réflexion : Oui, me répond-elle, j'en ai connu une autre. C'était la tante de M. Dandiran, de Lausanne, la sœur de sa

---

[1] Un petit portrait à l'huile de ma mère, pendu dans un panneau près duquel Mlle Smith voyait l'apparition.

mère. Elle bégayait et n'était pas toujours très bienveillante; elle avait trois grandes dents qui avançaient, et un nez à crochet. — Inutile de vous dire que c'est la première fois que j'en entends parler ; je n'ai fait aucune [autre] question à ma mère et me suis borné à lui demander si elle avait entendu parler de cette demoiselle Vignier. »

Cette indication cadrant avec mes souvenirs et la vision d'Hélène, me fut ultérieurement confirmée par M. Dandiran, qui me donna les renseignements suivants : Sa tante Mlle Vignier, morte il y a 35 à 40 ans [1] aimait en effet beaucoup son neveu; mais elle fut ravie de son mariage, et la phrase prononcée devant le portrait de ma mère, *je l'aimais beaucoup, je n'ai jamais aimé l'autre*, ne saurait se rapporter à une différence de sentiment à l'égard des deux sœurs pour qui elle eut toujours une égale affection. Cette phrase s'explique au contraire à merveille par le fait suivant. Ma mère et sa sœur se trouvant fiancées en même temps, on fit faire par le même peintre leurs deux portraits à l'huile, en buste de grandeur naturelle; mais ces portraits, qui se font pendant [ils sont actuellement en la possession de mon frère], réussirent inégalement et Mlle Vignier, qui s'occupait elle-même de peinture, trouva toujours celui de ma mère excellent, tandis qu'elle n'aimait point l'autre, celui de ma tante. — Mlle Vignier était très vive, et M. Dandiran trouve que l'épithète de narquois et la scène de la table dictant : *Cela ne vous regarde pas*, en gambadant de joie, expriment assez bien son caractère; elle n'était cependant pas du tout méchante ni moqueuse au fond, mais il est certain que les personnes la connaissant peu pouvaient avoir cette impression. Elle avait trois ou quatre dents proéminentes et bégayait fortement. Sur sa photographie, elle a une collerette blanche, un nez assez long et arqué, mais les yeux sont plutôt grands et écartés. Elle portait toujours des lunettes d'or, dont le médium n'a pas parlé.

Si le lecteur a eu la patience de lire ces détails, il aura remarqué que les traits distinctifs de Mlle Vignier dans la vision et l'incarnation par Hélène (le bégaiement, les dents, la forme du nez, l'air méchant) coïncident avec ceux spontanément indiqués par Mme Cuendet, qui l'avait peu connue ; et que si M. Dandiran, mieux au fait du caractère de sa tante, trouve fausse la note de méchanceté ou de manque de bienveillance, il reconnaît que les gens du dehors pouvaient s'y tromper. Qu'est-ce à dire, sinon que l'imagination de Mlle Smith n'a fait que réaliser le souvenir extérieur, le signalement de notoriété publique en quelque sorte, que Mlle Vignier a laissé après elle ? Et si l'on se rappelle qu'à l'époque où les deux fiancées

---

[1] Vérification faite à l'état-civil, Mlle Vignier mourut en 1860, soit bien avant la naissance de Mlle Smith.

furent portraiturées, Mme Smith fut mise en relations avec mes grands-parents maternels par la sœur même de Mlle Vignier, il devient d'une probabilité touchant à la certitude que ce sont des souvenirs contemporains, racontés une fois ou l'autre à Hélène par sa mère, qui ont fait la matière de cette personnification somnambulique. — Quant aux mots *mademoiselle Vignier* écrits à la fin de l'incarnation, je les ai comparés avec des lettres originales de Mlle Vignier et de sa sœur, Mme Dandiran ; ces mots ne rappellent point la signature de la première, mais se rapprochent beaucoup de l'écriture de la seconde. On dirait qu'il s'agit là d'un cliché visuel provenant de quelque lettre ou billet où Mme Dandiran aurait nommé sa sœur. Je ne vois en tout cas pas sur quoi on pourrait se fonder pour attribuer à ces mots une origine supranormale.

Dans cet exemple, auquel j'en pourrais joindre plusieurs analogues, le *contrôle spirite* apparent se réduit à des souvenirs latents de récits entendus jadis par Hélène. Dans d'autres cas, où faute d'informations il a été impossible jusqu'ici de retrouver cette filiation purement naturelle des renseignements, la simple analyse des circonstances et du contenu des communications indique que, selon toute probabilité, elles proviennent de réminiscences et impressions appartenant à des individus vivants bien plutôt qu'aux désincarnés. Autrement dit, ces messages et personnifications reflètent trop évidemment le point de vue du médium ou d'autres gens actuels, pour qu'il soit permis d'y voir l'intervention de défunts dont le point de vue serait vraisemblablement tout autre.

C'est ce que je vais essayer de montrer en prenant comme échantillons, pour éviter jusqu'à l'apparence d'un choix arbitraire favorable à ma thèse, ceux-là même que M. Lemaître a déjà publiés comme étant des plus frappants.

2. *Cas de Jean le carrieur.*

Il s'agit ici d'un message spirite bien curieux concernant Mme Mirbel, dans lequel je ne puis m'empêcher de voir de purs souvenirs de cette dernière — transmis je ne sais comment (mais pas forcément d'une façon supranormale) à Mlle Smith — plutôt qu'une communication authentique du désincarné prétendu.

Je ne parle pas des messages, provenant soi-disant de son fils réincarné en Esenale, qu'on a pu remarquer au cours du cycle martien; car les quelques détails exacts qui s'y trouvent (les sentiments d'affection qu'Esenale témoigne à sa mère, sa façon de lui prendre la main, le petit nom de Linet du texte 3) peuvent trop facilement être mis au compte d'une reconstitution imaginative ou de souvenirs latents de la part du médium, pour fournir une présomption notable en faveur de la présence réelle de feu Alexis Mirbel; sans compter que la télépathie suffirait à combler les lacunes possibles de ces explications ordinaires. Je veux parler de la séance citée par M. Lemaître [1], où Hélène, en l'absence de Mme Mirbel, eut l'hallucination d'une très forte odeur de soufre, puis la vision d'une carrière du pied du Salève où elle aperçut et décrivit en détail un homme inconnu qui, par les dictées de la table, déclara être *Jean le carrieur* et chargea les assistants d'un message affectueux pour Mme Mirbel. Celle-ci interrogée le surlendemain reconnut, dans le signalement très précis de cet homme et tous les traits de la vision d'Hélène, des faits parfaitement exacts de son enfance, sortis depuis plus de vingt ans du cercle habituel de ses idées : il s'agissait d'un ouvrier employé dans les carrières de son père et qui, lorsqu'elle était petite fille, lui avait toujours témoigné une affection particulière, au point de la porter un jour sur ses épaules jusqu'au haut du Salève.

Supposons — en l'absence de toute preuve que Mlle Smith ait jamais entendu parler de ces souvenirs d'enfance de Mme Mirbel — qu'il faille recourir au supranormal pour l'explication de ce cas. Il n'en résulterait point encore une intervention réelle du carrieur défunt et M. Lemaître a eu bien raison, à mon sens, de s'en tenir à la télépathie en hasardant l'idée d'une influence éthérique subie par Hélène de la part de Mme Mirbel qui, à l'heure de cette séance, se trouvait passer à un demi-kilomètre de là. Sans sortir du domaine de la télépathie je préférerais encore, à cette action à grande distance sur le moment même, une transmission antérieure au cours d'une des séances auxquelles avait assisté Mme Mirbel. Il n'est en effet pas contraire à ce qu'on croit savoir de la suggestion mentale, d'admettre que le subliminal d'Hélène, dans l'état d'Esenale par exemple, a pu pomper en quelque sorte dans le subliminal de Mme Mirbel des souvenirs latents, qui ont ensuite couvé plus ou moins longtemps chez elle avant d'être prêts à reparaître à une séance où elle avait quelque raison de penser que Mme Mirbel serait de nouveau présente.

[1] *Loc. cit.* p. 74-77 (Mme Mirbel y est désignée sous le nom de Mme Nadaud).

Quoi qu'il en soit du mode de transmission, le contenu même de cette vision me paraît indiquer clairement qu'elle a son origine dans les souvenirs personnels de Mme Mirbel plutôt que dans la mémoire posthume de Jean le carrier. Pour ne relever qu'un détail, je ne vois pas comment, venant de ce soi-disant désincarné songeant encore avec affection à l'enfant de son ancien patron, la vision aurait pu débuter par une odeur de soufre; il n'y a aucune raison pour que de toutes les impressions sensorielles qui remplissaient la vie journalière du carrier, celle-là précisément se soit soudée dans son esprit au souvenir de Mme Mirbel. Chacun a remarqué le rôle énorme des impressions olfactives dans l'évocation du passé ; on peut dire qu'à toute scène, personne, ou localité, qui nous a frappés par une odeur spéciale, cette odeur (ou son idée) s'attache dans la mémoire comme un signe caractéristique et une sorte d'étiquette; aussi ne serait-il point surprenant que chez l'ouvrier carrier le souvenir de la fillette du patron fût resté joint à celui de quelque parfum d'eau de Cologne, de pommade, ou simplement de fraîche peau de jeune fille, contrastant avec les odeurs de mines explodées, de poussière et de sueur qui formaient son atmosphère professionnelle ; mais pourquoi cette association avec du soufre? On comprend au contraire fort bien, et pour la même raison, que dans la mémoire latente de Mme Mirbel l'odeur frappante et désagréable des mèches soufrées (dont elle se souvient parfaitement) se trouve encore indissolublement liée au souvenir de ses visites aux carrières de son père et des ouvriers qu'elle y rencontrait. Il en est de même des autres traits de la vision (la grande taille et l'absence de chapeau du carrier, etc.) : tous semblent pris du point de vue de Mme Mirbel, et non pas de celui du soi-disant désincarné.

Je conclus que toutes les présomptions sont ici en faveur d'un souvenir de Mme Mirbel, et non pas d'une véritable communication de l'au-delà. L'aspect personnel des messages, soi-disant dictés par le carrier, ne constitue pas un obstacle à mon interprétation et une garantie d'authenticité spirite, cet aspect étant, comme bien l'on sait, la forme que les automatismes revêtent habituellement chez les médiums, même lorsqu'il est prouvé qu'il s'agit de pures créations de la fantaisie subliminale.

3. *Cas de Mme Flournoy.*

Ma mère (décédée en 1875) s'est incarnée deux fois en Mlle Smith. De ces scènes somnambuliques je me bornerai à relever et à discuter, à titre de spécimens, les deux épisodes mentionnés dans l'article de M. Lemaître (*loc. cit.* p. 78), et montrerai qu'ils ne fournissent aucun indice valable en faveur de la prétendue présence de ma mère.

1. Ma mère, très rhumatisante, ne pouvait étendre complètement l'annulaire et le petit doigt, qu'elle avait toujours plus ou moins fléchis; or cette attitude me frappa pendant quelques moments dans les mains d'Hélène, et je la fis remarquer aux assistants. Je me l'expliquai alors par quelque suggestion mentale involontaire de ma part, mais ce n'est plus nécessaire depuis que je sais les relations de Mme Smith avec mes grands-parents. Car comment prouver qu'Hélène n'a jamais entendu parler, ou même été directement témoin dans son enfance, de ce trait spécial des mains de ma mère? or il suffirait de cela pour comprendre qu'elle l'ait naturellement reproduit d'une façon automatique en personnifiant cette dernière.

2. Le second fait cité par M. Lemaître — l'insistance d'Hélène, incarnant ma mère au dire de Léopold, à entrer dans une pièce attenante à ma bibliothèque et son arrêt devant une armoire basse, de mesquine apparence, qu'elle finit par ouvrir — s'explique en réalité comme un mouvement de curiosité instinctive du médium beaucoup mieux que par l'authenticité de l'incarnation supposée. Je fus, il est vrai, très frappé sur le moment de l'attrait d'Hélène pour cette armoire, le seul des meubles de cette pièce que ma mère eût connu jadis, et j'inclinais à y voir de nouveau une influence télépathique de mes propres souvenirs. Mais l'analyse plus minutieuse des circonstances m'a fait apparaître ce cas sous un jour différent. Il y avait en réalité dans cette chambre un autre objet également familier à ma mère, quoique je n'y aie point pensé ce jour-là, à savoir une épée, pendue au mur, qui avait appartenu à mon père et qui était jadis un des ornements de la chambre à coucher de mes parents. Il est certain pour moi que, de l'armoire ou de l'épée, c'est ce dernier objet qui devait posséder le plus fort coefficient émotionnel dans les souvenirs de ma mère et aurait par conséquent dû l'attirer en premier lieu, tandis qu'il passa inaperçu, quoiqu'il fût bien en vue et ait nécessairement traversé plusieurs fois le champ visuel d'Hélène pendant sa station et ses allées et venues dans cette chambre. Rien d'étonnant au contraire à ce que l'armoire fermée, frappante par sa laideur même, ait piqué la curiosité d'Hélène plus qu'aucun des autres meubles ou objets environnants.

D'une façon générale, toute cette scène d'incarnation s'explique très bien du point de vue du médium, mais absolument pas si on la rapporte à la personne défunte. Si vraiment il y avait eu là ma mère retrouvant avec intérêt une vieille armoire au milieu d'objets nouveaux qui ne lui disaient rien, comment ne se serait-elle pas livrée à ce même triage dans la bibliothèque où avait lieu la séance, laquelle est toute pleine de meubles, tableaux, livres et objets variés formant un mélange de choses anciennes qu'elle a connues et aimées et d'acquisitions postérieures à son décès ? Or le seul objet qu'elle y ait regardé et touché est son portrait, facilement reconnaissable par Mlle Smith, qui ne sait rien en revanche de l'origine du reste.

De même, le violent désir de pénétrer dans la pièce attenante à la bibliothèque, contrastant avec une indifférence totale pour le contenu de cette dernière, ne se comprend pas du tout si on suppose la présence réelle de ma mère ; il s'explique à merveille au contraire si on y voit une impulsion naturelle et bien légitime du médium lui-même. Mlle Smith était déjà familiarisée avec ma bibliothèque, où c'était la troisième fois qu'elle donnait une séance ; mais cette porte toujours fermée, faisant pendant à la porte d'entrée, devait l'intriguer et susciter en elle l'envie de savoir où elle conduisait. Ce n'est pas qu'Hélène soit curieuse à l'état de veille ; elle est au contraire extrêmement discrète et réservée. Mais point n'est besoin d'être bien fin psychologue pour avoir observé sur soi-même qu'on ne saurait être reçu plus d'une fois dans une chambre sans avoir l'*idée* — qui est déjà la curiosité à l'état naissant — de ce qui peut bien se trouver derrière les portes closes ou dans les armoires qu'on y aperçoit. Or les inhibitions artificielles, créées par l'éducation et le sens des convenances sociales, sont d'entre les premières que l'hypnose supprime ; aussi n'est-il pas surprenant que dans un état d'autosuggestibilité où l'on s'imagine être la mère du propriétaire de céans, on ne soit plus retenu par la gêne d'aller enfin voir ce qu'il y a dans la chambre voisine et d'y ouvrir une armoire bizarre.

Ce serait m'engager dans des longueurs superflues que de rapporter les autres incidents des prétendues incarnations de ma mère, leur analyse aboutissant aux mêmes conclusions négatives.

4. *Cas divers.*

On est toujours mal placé pour juger des réapparitions de défunts qu'on n'a pas connus, et dont l'identité saute aux yeux de leurs aboutissants. M. Lemaître en a cité deux cas, l'incarnation d'une personne « très vive et aimant à faire des nettoyages » [ce qui pouvait se savoir en dehors de sa famille immédiate], et celle de Mme Du-

boule qui revint dire des choses intimes à son mari [en fait
elle lui demandait pardon, ce qui n'étonna personne]. Il y
a eu bien d'autres cas encore. Tous, je crois, ont entraîné
la conviction des assistants intéressés. Ces scènes d'incarnation, qui sont souvent très pathétiques et où d'autres
fois le rose se mêle au gris et le burlesque au tragique, ne
vont jamais sans un certain effet nerveux sur les simples
spectateurs ; on conçoit ce que ce doit être pour les parents et amis ! Mais des effets nerveux et des impressions
organiques — palpitations, constriction de la glotte, pers-
piration froide le long du nez et des joues, petits frissons
dans les téguments du dos, etc. — tout cela peut bien engendrer psychologiquement un certain *cœfficient de réalité*,
donner comme une sensation immédiate de la présence
authentique du défunt : cette conviction subjective ne
constitue point un argument que l'on puisse rationnelle-
ment peser. Il m'est donc impossible de me prononcer.

Car si je déclare que, dans tous ceux de ces phénomènes que l'on m'a racontés ou dont j'ai été témoin, je
n'ai rien su voir qui dépassât, non pas l'hypothèse télépathique, mais tout bonnement la reconstitution artificielle
du prétendu désincarné par l'imagination hypnoïde travaillant sur des données de notoriété publique et des
inductions très naturelles ; si je dis que dans la voix de
Mlle Smith intrancée je n'ai jamais perçu que des altérations suffisamment explicables par son état émotif passa-
ger, tandis que ceux qui avaient connu le défunt croyaient
y retrouver son timbre de voix et ses intonations, leurrés
qu'ils étaient selon moi par un processus archi-vulgaire[1] ;
si je fais œuvre de critique en un mot au lieu de m'abandonner à l'impression esthétique générale et immédiate,
— je passerai inévitablement pour un affreux sceptique,
un homme de parti pris, un empêcheur de danser en rond,
etc. Aussi ferai-je mieux de me taire après mon refrain

[1] Fusion des éléments actuels de la perception avec les images mnésiques reproduites; concrétion d'Ampère, assimilation de Herbart, etc.

habituel : *Tout est possible,* même le retour des décédés par l'entremise de Mlle Smith ; mais vraiment les preuves qu'on m'en a offertes ne sont pas encore d'un poids proportionné à l'énormité d'un pareil fait.

5. *Cas du syndic Chaumontet et du curé Burnier.*

Voici un dernier cas, tout récent, où l'hypothèse spirite et l'hypothèse cryptomnésique subsistent l'une en face de l'autre, immobiles comme deux chiens de faïence se faisant les gros yeux, à propos de signatures données par Mlle Smith en somnambulisme et qui ne manquent pas d'analogie avec les signatures authentiques des personnages défunts dont elles sont censées provenir.

Dans une séance chez moi (12 février 1899), Mlle Smith a la vision d'un village sur une hauteur couverte de vignes ; par un chemin pierreux, elle en voit descendre un petit vieux qui a l'air d'un demi-monsieur : souliers à boucles ; grand chapeau mou ; col de chemise pas empesé, aux pointes montant jusqu'aux joues. etc. Un paysan en blouse qu'il rencontre lui fait des courbettes, comme à un personnage important ; ils parlent patois, de sorte qu'Hélène ne les comprend pas. Elle a l'impression de connaître ce village, mais cherche vainement dans sa mémoire où elle l'a vu. Bientôt le paysage s'efface, et le petit vieux, maintenant vêtu de blanc et dans un espace lumineux [c'est-à-dire dans sa réalité actuelle de désincarné ; voir la note 1, p. 384], lui paraît s'approcher. A ce moment, comme elle est accoudée du bras droit sur la table, Léopold dicte par l'index : *Baissez-lui le bras.* J'exécute l'ordre ; le bras d'Hélène résiste d'abord fortement, puis cède tout à coup. Elle saisit un crayon, et au milieu de la lutte habituelle relative à la façon de le tenir (v. p. 98) : « Vous me serrez trop la main », dit-elle au petit vieux imaginaire qui, suivant Léopold, veut se servir d'elle pour écrire ; «vous me faites très mal, ne serrez pas si fort... qu'est-ce que ça peut vous faire que ce soit un crayon ou une plume! » A ces mots elle lâche le crayon pour prendre une plume et, la tenant entre le pouce et l'index, trace lentement d'une écriture inconnue : *Chaumontet syndic* (v. fig. 44). Puis revient la vision du village ; sur notre désir d'en savoir le nom elle finit par apercevoir un poteau indicateur où elle épelle *Chessenaz,* qui nous est inconnu. Enfin, ayant sur mon conseil demandé au petit vieux, qu'elle voit encore, à quelle époque il était syndic, elle l'entend répondre : *1839.* Impossible d'en apprendre davantage ; la vision s'évanouit et fait place à une incarnation totale de Léopold, qui de sa grosse voix italienne nous parle longuement de choses diverses. J'en profite pour le questionner sur l'incident du village et du syndic inconnus; ses réponses entrecoupées de longues digressions se résument ainsi : « Je cherche... je me suis dirigé en pensée le long de cette grande montagne percée dessous dont je ne sais pas le nom [1]; je vois ce nom de Chessenaz, un village sur une hauteur, une route qui y monte. Cherche dans ce village, tu trouveras certainement ce nom [Chaumontet], cherche à contrôler sa signature ; cette preuve-là, tu la trouveras ; tu trouveras que l'écriture a été de cet homme [2]. » A ma demande s'il voit cela dans les souvenirs d'Hélène et si elle a été à Chessenaz, il répond négativement sur le premier point, évasivement sur le second : « demande-le lui, elle a bon souvenir de tout, je ne l'ai pas suivie dans toutes ses promenades. »

Réveillée, Hélène ne put nous fournir aucun renseignement. Mais le lendemain je trouvai sur la carte un petit village de Chessenaz dans le département de la Haute-Savoie, à 26 kilomètres de Genève à vol d'oiseau et non loin du Crédo. Comme les Chaumontet ne sont point rares en Savoie, il n'y avait rien d'invraisemblable à ce qu'un personnage de ce nom y eut été syndic en 1839 [3].

Quinze jours plus tard il n'y avait pas de séance, mais je faisais visite à Mme et Mlle Smith, lorsqu'Hélène prend soudain l'accent et la prononciation de Léopold, sans se douter de ce changement de voix et croyant que je plaisante quand je cherche à le lui faire remarquer [4]. Bientôt l'hémisomnambulisme s'accentue; Hélène voit reparaître la vision de l'autre jour, le village, puis le petit vieux (le syndic) mais accompagné cette fois d'un curé avec qui il paraît au mieux et qu'il appelle (à ce qu'elle me répète toujours avec l'accent italien de Léopold) *mon cer ami Bournier*. Comme je demande si ce curé ne pourrait pas écrire son nom par la main d'Hélène, Léopold me promet par une dictée digitale que j'aurai cette satisfaction à la prochaine séance; puis il se met à me parler d'autre chose par la bouche d'Hélène qui est maintenant entièrement intrancée.

A la séance suivante chez moi (19 mars), je rappelle à Léopold sa promesse. Il répond d'abord par le doigt : *Désires-tu beaucoup*

---

[1] En disant cela, Léopold-Hélène se tournait vers une fenêtre de ma bibliothèque donnant du côté du Fort-de-l'Ecluse, où se trouve en effet le tunnel du Crédo, sur la voie ferrée de Genève à Bellegarde. (Sur son ignorance des noms propres, v. p. 378, note.)

[2] Noter cette préoccupation constante chez Léopold, de me fournir des preuves du supranormal pour m'amener au spiritisme.

[3] La Savoie faisant alors partie des Etats Sardes. Sa cession à la France en 1860 a entraîné la substitution des *maires* aux *syndics*.

[4] Cet accès inattendu et exceptionnel d'hémisomnambulisme *spontané* pendant une de mes visites, est probablement dû au fait que c'était justement le jour et l'heure ordinaires des séances.

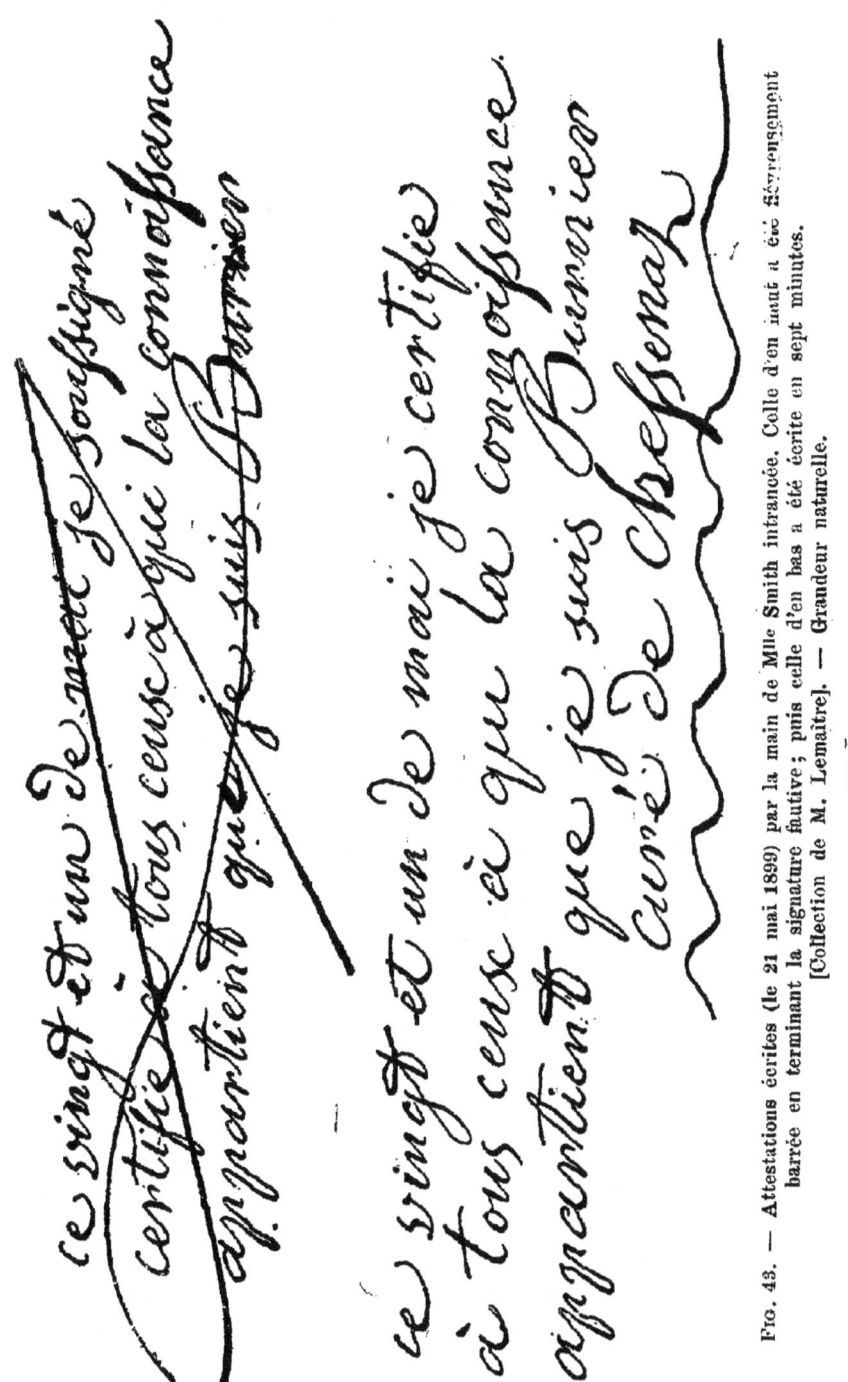

Fig. 43. — Attestations écrites (le 21 mai 1899) par la main de Mlle Smith intrancée. Celle d'en haut a été sévérement barrée en terminant la signature fautive ; puis celle d'en bas a été écrite en sept minutes. [Collection de M. Lemaître]. — Grandeur naturelle.

cette *signature?* et ce n'est que sur mes instances qu'il y veut bien consentir. Hélène ne tarde pas alors à revoir le village et le curé, qui, après divers incidents, vient s'emparer de sa main comme l'avait fait le syndic, et trace très lentement à la plume les mots : *Burnier salut* (fig. 44); puis elle passe à d'autres somnambulismes.

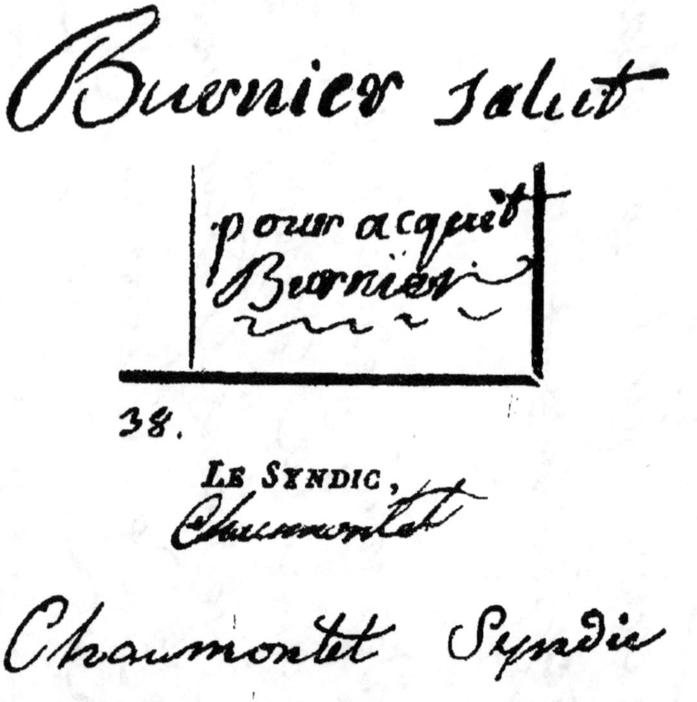

Burnier salut

pour acquit Burnier

38.

LE SYNDIC, *Chaumontet*

Chaumontet Syndic

FIG. 44. — Comparaison des signatures authentiques du syndic Chaumontet et du curé Burnier, avec leurs prétendues signatures de désincarnés données par Mlle Smith en somnambulisme. — Au milieu de la figure, reproduction d'un fragment d'un mandat de paiement de 1838. Au-dessus et au-dessous, les signatures fournies par la main d'Hélène. — Grandeur naturelle.

Le moment était venu d'éclaircir la chose. J'écrivis à tout hasard à la Mairie de Chessenaz. Le maire, M. Saunier, eut l'extrême obligeance de me répondre sans retard. — « Pendant les années 1838 et 1839, me disait-il, le syndic de Chessenaz était un Chaumontet, Jean, dont je retrouve la signature en divers documents de cette époque. Nous avons aussi eu pour curé M. Burnier, André, de novembre 1824 jusqu'en février 1841 ; pendant cette période tous les actes des naissances, mariages et décès, tenus alors par les ecclésiastiques, portent sa signature... Mais je viens de découvrir dans nos Archives un titre revêtu des deux signatures, celle du syndic Chaumontet et celle du curé Burnier. C'est un mandat de payement ; je me fais un plaisir de vous le transmettre. » — J'ai fait reproduire au milieu de la figure 44 le fragment de ce document original (daté du 29 juillet 1838) portant les noms des deux personnages ; le lecteur peut ainsi juger par lui-même de la similitude assez remarquable qu'il y a entre ces signatures authentiques et celles automatiquement tracées par la main de Mlle Smith.

Ma première idée fut, on le devine, que Mlle Smith avait dû voir une fois ou l'autre des actes ou documents signés du syndic ou du curé de Chessenaz, et que c'étaient ces clichés visuels oubliés, reparaissant en somnambulisme, qui lui servaient de modèles intérieurs lorsque sa main intrancée retraçait ces signatures. On devine également si une telle conjecture fit bondir Hélène, qui n'a aucun souvenir d'avoir jamais entendu le nom de Chessenaz ni de ses habitants présents ou passés. Je ne regrette qu'à moitié mon imprudente supposition, car elle nous a valu une nouvelle et plus explicite manifestation du curé, lequel s'emparant derechef du bras de Mlle Smith à une séance ultérieure (21 mai, chez M. Lemaître), vint nous certifier son identité par l'attestation en bonne et due forme de la figure 43. Comme on le voit, il s'y prit à deux fois : s'étant trompé à la signature, il barra incontinent avec dépit ce qu'il venait d'écrire si soigneusement, et recommença sur une autre feuille; ce second libellé, où il a omis le mot *soussigné* du premier, lui prit sept minutes à tracer, mais ne laisse rien à désirer comme évidence et précision. Cette calligraphie appliquée est bien celle d'un curé campagnard d'il y a soixante ans, et, à défaut d'autre pièce de comparaison, elle présente une indéniable analogie de main avec l'acquit authentique du mandat de paiement de la figure 44.

Ni Mlle Smith ni sa mère n'avaient la moindre notion du curé ou du syndic de Chessenaz. Elles m'apprirent cependant que leur famille avait eu quelques parents et connaissances dans cette partie de la Savoie, et qu'elles sont encore en relations avec un cousin qui habite Frangy, le bourg important le plus rapproché (une lieue) du petit village de Chessenaz. Hélène elle-même n'a fait qu'une courte excursion dans cette région, il y a une dizaine d'années; et si, en suivant la route de Seyssel à Frangy, elle a traversé des coins de paysage répondant bien à certains détails de sa vision du 12 février (qu'elle avait le sentiment de reconnaître, comme on a vu p. 406), elle n'a par contre aucune idée d'avoir été à Chessenaz même, ni d'en avoir entendu parler. D'ailleurs, dit-elle, « pour ceux qui pourraient supposer que j'ai pu passer à Chessenaz sans m'en souvenir, je m'empresserai de leur objecter et de leur affirmer que même y serais-je allée, je n'aurais point été y consulter les archives pour y apprendre qu'un syndic Chaumontet et un curé Burnier y avaient existé à une époque plus ou moins reculée. J'ai bonne mémoire et j'affirme hautement qu'aucune des personnes qui m'ont entourée pendant ces quelques jours passés loin de ma famille ne m'a jamais montré aucun acte, aucun papier, rien en un mot qui pourrait avoir emmagasiné dans mon cerveau un pareil souvenir. Ma mère a fait, à l'âge de quatorze ou quinze ans une course en Savoie, mais rien dans ses souvenirs ne lui rappelle avoir jamais entendu prononcer ces deux noms. » — Les choses en sont là, et je laisse au lecteur le soin de conclure comme il lui plaira.

Ce cas m'a paru digne de couronner mon rapide examen des apparences supranormales qui émaillent la médiumité de Mlle Smith, parce qu'il résume et met excellemment en relief les positions respectives, antinomiques et inconciliables, des milieux spirites et des médiums d'une part, parfaitement sincères du reste mais par trop faciles à contenter, — et des chercheurs quelque peu psychologues d'autre part, toujours poursuivis par la sacro-sainte terreur de prendre des vessies pour des lanternes. Aux premiers, la moindre chose curieuse, une vision inattendue du passé, des dictées de la table ou du doigt, un accès de somnambulisme, une ressemblance d'écriture, suffisent à donner la sensation du contact de l'au-delà et à prouver la présence réelle du monde désincarné. Ils ne se demandent jamais quelle proportionnalité il peut bien y avoir entre ces prémisses, si frappantes soient-elles, et cette formidable conclusion. Pourquoi et comment, par exemple, les défunts, revenant au bout d'un demi-siècle signer par la main d'une autre personne en chair et en os, auraient-ils la même écriture que de leur vivant? Les mêmes gens qui trouvent cela tout naturel, bien qu'il n'en aient encore point vu de cas certains, tombent des nues lorsqu'on invoque devant eux la possibilité de souvenirs latents, dont la vie courante leur fournit pourtant des exemples quotidiens — qu'ils n'ont, il est vrai, jamais pris la peine d'observer. Les psychologues en revanche ont le diable au corps pour aller regarder derrière les coulisses de la mémoire et de l'imagination, et quand l'obscurité les empêche d'y rien distinguer, ils ont la marotte de s'imaginer qu'ils finiraient bien par y trouver ce qu'ils cherchent — si seulement on pouvait y faire de la lumière. Entre deux classes de tempéraments aussi disparates, il sera, je le crains, bien difficile d'arriver jamais à une entente satisfaisante et durable.

CHAPITRE XI

Conclusion.

Ce volume me rappelle la montagne accouchant d'une souris. Sa longueur n'aurait d'excuse que s'il marquait un pas en avant sur le terrain physiologique, ou psychologique, ou dans la question du supranormal. Comme ce n'est pas le cas, il reste impardonnable, et je n'ai plus qu'à constater ses déficits sous ce triple rapport.

1. Au point de vue physiologique, on a vu que Mlle Smith, comme sans doute tous les médiums, présente pendant ses visions et somnambulismes une foule de troubles de la motilité et de la sensibilité, dont elle paraît tout à fait indemne dans son état normal. Mais ces petites observations ne suffisent point à résoudre le problème neuropathologique de la *médiumité*, et la question reste ouverte, de savoir si ce terme correspond à une catégorie spéciale de manifestations et à un syndrôme distinct, où s'il ne constitue qu'un heureux euphémisme pour diverses dénominations scientifiques déjà en usage.

Pour tenter de fixer les rapports de la médiumité avec les autres affections fonctionnelles du système nerveux, il faudrait d'abord posséder des lumières précises sur nombre de points importants encore enveloppés d'obscurité. Au sujet de quelques-uns d'entre eux, tels que les phénomènes de périodicité, d'influences météorologiques et saisonnières, d'entraînement et de fatigue, etc., nous n'avons que des indices très vagues et incomplets [1]. Et nous ne savons à peu près rien d'autres questions encore plus essentielles, comme les relations d'équivalence et de substitution entre les diverses modalités de l'automatisme (visions nocturnes, états crépusculaires, trances complètes, etc.), l'effet des exercices spirites et spécialement des séances sur la nutrition ou la dénutrition (variations de la température, de l'urotoxicité, etc., qui permettraient de comparer les accès spontanés et provoqués de médiumité à ceux des grandes névroses), les phénomènes d'hérédité similaire ou transformée, etc. Souhaitons qu'un avenir prochain place quelques bons médiums et leurs observateurs dans des conditions pratiques favorables à l'élucidation de ces divers problèmes, et que l'on arrive un jour à trouver la vraie place de la médiumité dans les cadres nosologiques.

2. Au point de vue psychologique, le cas de Mlle Smith, quoique trop complexe pour se ramener à une formule unique, s'explique *grosso modo* par quelques principes reconnus, dont l'action successive ou concourante a engendré ses multiples phénomènes. C'est d'abord l'influence si souvent constatée des chocs émotifs et de certains traumatismes psychiques sur la dissociation mentale, d'où la naissance d'états hypnoïdes pouvant devenir le germe, soit de personnalités secondes plus ou moins caractérisées (on a vu que les premières manifestations de Léopold, dans l'enfance d'Hélène, sont attribuables à cette cause), soit de romans somnambuliques qui sont comme l'exagération des histoires et rêveries à demi-inconscientes auxquelles s'adonnent déjà tant de gens (peut-être tout le monde) à l'état normal. C'est ensuite l'énorme suggestibilité et autosuggestibilité des médiums, qui les rend si sensibles à toutes les influences des réunions spirites, et favorise

[1] Je ne connais qu'un cas où Mlle Smith ait essayé de donner deux séances à vingt-quatre heures d'intervalle. Il s'agit d'un lundi, jour férié, où ayant eu le dimanche une fort belle et longue séance chez moi, elle fut invitée dans un milieu spirite qui lui est extrêmement sympathique et où elle présente toujours de très remarquables phénomènes; or ce jour-là on n'obtint absolument rien; Hélène ne réussit pas à quitter son état normal, et après plus d'une heure d'attente, la séance fut levée de dépit. On dirait que ses facultés médiumiques épuisées par la séance de la veille n'avaient pas encore eu le temps de se refaire. En fait de périodicité, Mlle Smith a remarqué d'elle-même qu'il y a ordinairement une recrudescence et comme une bouffée d'automatismes spontanés trois ou quatre jours avant les époques cataméniales (où Léopold lui interdit tout exercice médiumique), surtout sous la forme de visions le matin au moment du réveil.

l'essor de ces brillantes créations subliminales où se reflètent à la fois les idées doctrinales du milieu ambiant, et les tendances émotionnelles latentes du sujet lui-même ; on s'explique aisément de cette manière les développements de la personnalité de Léopold-Cagliostro à partir du moment où M{ᵐᵉ} Smith commença ses séances, ainsi que le rêve martien, et les antériorités de la princesse hindoue et de la reine de France. C'est enfin la cryptomnésie, le réveil et la mise en œuvre de souvenirs oubliés, qui rend facilement compte des éléments véridiques contenus dans les grandes constructions précédentes et dans les incarnations ou visions égrenées de M{ᵐᵉ} Smith au cours de ses séances.

Mais à côté de cette explication générale, que de points de détail d'une part qui restent obscurs, comme l'origine précise du sanscrit d'Hélène et de beaucoup de ses rétrocognitions, faute de renseignements sur les mille incidents de sa vie quotidienne d'où ont pu provenir les données alimentant ses somnambulismes ! Et quelle difficulté d'autre part de se faire une juste idée d'ensemble de son cas, par suite de la grossièreté de nos notions actuelles sur la constitution et la formation de l'être humain, de notre ignorance presque totale de l'ontogénie psychologique !

Sans parler des incarnations éphémères d'Hélène (où j'ai montré qu'il n'y a aucune raison de voir autre chose que des pastiches dus à l'autosuggestion), les diverses personnalités beaucoup plus stables qui se manifestent dans sa vie hypnoïde — Léopold, Esenale et les acteurs du roman martien, Simandini, Marie-Antoinette, etc., — ne sont à mes yeux, comme je l'ai indiqué à mainte reprise, que des états psychologiques variés de M{ˡˡᵉ} Smith elle-même, des modifications allotropiques pour ainsi dire ou des phénomènes de polymorphisme de son individualité. Car aucune de ces personnalités somnambuliques ne tranche suffisamment avec sa personnalité ordinaire par les facultés intellectuelles, le caractère moral, la séparation des mémoires, pour justifier l'hypothèse d'une *possession* étrangère, qu'on a déjà tant de peine à défendre (y a-t-il même un seul cas où on y ait vraiment réussi?) dans les plus fameux exemples d'automatisme ambulatoire et de double conscience, bien autrement accusés et frappants que celui de M{ˡˡᵉ} Smith.

Mais la théorie du polymorphisme psychique est encore bien

imparfaite et inadéquate à rendre les nuances embryologiques qui éclatent dans les produits subliminaux d'Hélène, la perspective rétrograde qu'ils ouvrent sur les différents étages ou moments de son évolution. On a vu que le cycle martien, avec sa langue inédite, trahit une origine éminemment puérile et le déploîment d'une aptitude linguistique héréditaire, peut-être ancestrale, enfouie sous le Moi ordinaire d'Hélène ; tandis que le roman hindou dénote un âge plus avancé, et que celui de Marie-Antoinette semble issu de couches encore plus récentes, contemporaines de la personnalité normale actuelle de Mlle Smith. Peut-être aurais-je dû mettre davantage en lumière le fait que Léopold, lui aussi, est une sorte de création archaïque, une excroissance de couches infantiles, comme cela ressort non-seulement de sa précoce éclosion dans la vie de Mlle Smith, mais surtout de ses attaches intimes avec certaines sphères et fonctions organiques très profondes, et de son caractère enfantin et naïf jusque dans ses ingéniosités dialectiques ; on y peut joindre sa manie de versifier, qui le domine souvent même dans sa prose apparente (v. p. ex. fig. 8, p. 131, son certificat de santé composé de deux alexandrins bien évidents et rimants).

Ce fait, de la nature primitive et des âges différents des diverses élucubrations hypnoïdes de Mlle Smith, me paraît constituer le point psychologique le plus intéressant de sa médiumité. Il tend à montrer que les personnalités secondes sont probablement à leur origine, comme on en a parfois émis l'idée, des phénomènes de réversion de la personnalité ordinaire actuelle, des survivances ou des retours momentanés de phases inférieures, dépassées depuis plus ou moins longtemps et qui normalement auraient dû être absorbées dans le développement de l'individu au lieu de ressortir en d'étranges proliférations. De même que la tératologie illustre l'embryologie, qui l'explique, et que toutes deux concourent à éclairer l'anatomie, pareillement on peut espérer que l'étude des faits de médiumité contribuera à nous fournir un jour quelque vue juste et féconde sur la psychogénèse normale, qui en retour nous fera mieux comprendre l'apparition de ces phénomènes curieux, et la psychologie tout entière y gagnera une meilleure et plus exacte conception de la personnalité humaine.

3. Quant au supranormal, j'ai eu beau me mettre en quête de phénomènes réels de cet ordre dans la médiumité de Mlle Smith, je suis revenu bredouille. Je crois bien y avoir aperçu un peu de télékinésie et de télépathie, mais de loin seulement, et je ne mettrais point ma main au feu de ne pas avoir eu la berlue. En fait de lucidité et de

messages spirites, je n'y ai rencontré que de ces brillantes reconstitutions que l'imagination hypnoïde, aidée de la mémoire latente, excelle à fabriquer chez les médiums. Je ne m'en plains pas, car pour le psychologue qui n'est pas féru de merveilleux, ces pastiches admirablement réussis sont aussi intéressants et instructifs, par les lueurs qu'ils jettent sur le fonctionnement intime de nos facultés, que les cas les plus stupéfiants de supranormal authentique, devant lesquels on en est encore réduit à rester bouche bée sans y rien comprendre.

Il va sans dire que Mlle Smith et son entourage voient les choses autrement que moi. A les entendre, il fallait bien mon hostilité de parti pris contre le médianimisme pour conclure comme je le fais; car tout, ou peu s'en faut, serait supranormal chez Hélène, depuis les réminiscences de ses vies de Marie-Antoinette ou de Simandini (étant donné qu'elle est absolument sûre de n'avoir jamais rien lu ni entendu sur ce sujet), jusqu'au martien (qu'assurément elle n'a point composé elle-même), et aux incarnations de Cagliostro, de Mlle Vignier ou du curé de Chessenaz (qu'elle n'a pu connaître, puisqu'elle n'était point née!).

Il n'est pas jusqu'au jugement final que Mlle Smith porte sur cet ouvrage qui ne semble être, lui aussi, d'une origine et d'une autorité supranormales. En effet, bien qu'il exprime l'opinion approximative de sa personnalité ordinaire, c'est une voix extérieure inconnue, autre que celle de Léopold et venant de droite (tandis que Léopold lui parle d'habitude à gauche), qui a fait retentir ce jugement à ses oreilles un beau matin avant qu'elle se levât. Elle l'inscrivit aussitôt, fort heureusement car il lui fut impossible de se le rappeler dans le courant de la journée ni les jours suivants, encore que la voix le lui ait répété à son réveil plusieurs matins consécutifs. Je me fais un devoir, sur sa demande, de publier textuellement cette dictée automatique qui m'épargne la peine de formuler moi-même le verdict de Mlle Smith sur mon travail : « *Elle prétend que, cherchant et m'emparant de tout ce qui peut être défectueux à la cause spirite, je dénature à plaisir, par une critique savante et voulue, les cas les plus intéressants de sa médiumnité et ses plus jolis phénomènes psychologiques.* »

Avant de courber la tête sous cette condamnation, je demande à faire une distinction entre les cas ou phénomènes, et leur interprétation. Je ne crois pas avoir « dénaturé » aucun des premiers, que je me suis au contraire appliqué à rendre avec toute l'exactitude possible d'après les documents originaux, procès-verbaux de séances, notes prises sur le moment même, etc. Quant à leur interprétation, je reconnais l'accusation fondée en ce sens que, n'étant point adepte de la philosophie spirite, je n'ai pas de motif de témoigner à cette doctrine des égards spéciaux, extra-scientifiques, et n'éprouve aucune tentation de dissimuler ses défectuosités ni de faire en sa faveur des passe-droits à ses rivales lorsqu'il s'agit d'expliquer des faits donnés. Or on sait que les Esprits prennent facilement pour un scepticisme déplacé, et une injustice à leur endroit, ce qui n'est au fond que de l'impartialité ou une prudente réserve, et qu'ils regardent volontiers comme étant *contre* eux quiconque n'est pas d'emblée *pour* eux. Aussi ne suis-je point surpris qu'ils me voient d'un mauvais œil; d'autant qu'en attendant la preuve enfin irréfutable et scientifiquement valable de leurs interventions dans notre monde, je m'en tiens au principe méthodologique que j'ai plus d'une fois rappelé, mais qu'ils n'ont pas l'air d'apprécier beaucoup : c'est qu'en cas d'incertitude et d'obscurité, il est légitime et d'une saine raison de donner la préférence (au moins provisoirement, jusqu'à démonstration contraire,) aux bonnes vieilles explications ordinaires et normales, qui ont fait leurs preuves, plutôt qu'aux hypothèses extraordinaires et supranormales, dont les belles apparences flattent assurément notre badauderie et nos penchants innés vers le merveilleux, mais ont un peu trop la fâcheuse habitude de se dissiper comme un mirage quand les circonstances permettent d'examiner les faits de plus près.

Et maintenant, admettons par hypothèse que je me sois abusé, que je n'aie pas su voir le supranormal qui me crevait les yeux, et que mon aveuglement seul m'ait empêché de reconnaître la présence réelle de Joseph Balsamo, de ma propre mère, de la princesse hindoue, etc., — ou tout au moins d'Esprits réels, désincarnés et indépendants, — dans les personnifications de Mlle Smith. C'est évidemment regrettable; mais ça ne l'est en somme que pour moi, qui en aurai la courte honte le jour où la vérité éclatera. Car pour ce qui est du progrès de nos connaissances, il a tout à redouter de la crédulité facile et du dogmatisme obstiné, mais il ne saurait être arrêté, ni sérieusement retardé, par les erreurs possibles commises de bonne foi en vertu d'une sévérité exagérée et d'une trop stricte observance des principes mêmes de toute investigation expérimentale; bien au contraire, les obstacles et les difficultés que les exigences de la méthode amoncellent sur sa route lui ont toujours été un puissant stimulant à de nouveaux bonds en avant et à de plus durables conquêtes basées sur de meilleures démonstrations. Mieux vaut donc à mon avis — dans l'intérêt bien compris et pour l'avancement même de la science, en un domaine où la superstition est toujours prête à se donner carrière — mieux vaut pécher par excès de prudence et de rigueur, au risque de se tromper peut-être parfois et de laisser momentanément échapper quelque fait intéressant, que de se relâcher dans les surveillances nécessaires et d'ouvrir la porte aux folles imaginations.

Quant à Mlle Hélène Smith, à supposer que j'aie méconnu en elle des phénomènes réellement supranormaux (que d'autres observateurs, dans ce cas, finiront bien par mettre en évidence), elle aura néanmoins plus fait pour la découverte du vrai, quel qu'il puisse être, en se soumettant avec désintéressement à mes libres critiques, que tant de beaux médiums inutiles, apeurés du grand jour, qui dans leur vaine hâte de voir triompher la cause qui leur est chère, se dérobent aux investigations trop minutieuses et voudraient être crus sur parole. Ils oublient le mot célèbre et sans cesse confirmé de Bacon : *La vérité est fille du temps, et non pas de l'autorité.*

FIN

TABLE DES MATIÈRES

	Pages
Préface	v
Chapitre premier. — Introduction et Aperçu général	1
Chapitre II. — Enfance et Jeunesse de Mlle Smith	14
Chapitre III. — Mlle Smith depuis son initiation au Spiritisme	31
i. Débuts médiumiques de Mlle Smith	32
ii. Mlle Smith dans son état normal	36
iii. Phénomènes automatiques spontanés	45
1. *Permanence de suggestions extérieures*	46
2. *Irruptions des rêveries subliminales*	49
3. *Automatismes téléologiques*	55
iv. Des séances	56
Chapitre IV. — La personnalité de Léopold	75
i. Psychogenèse de Léopold	79
ii. Personnification de Balsamo par Léopold	93
iii. Léopold et le vrai Joseph Balsamo	105
iv. Léopold et Mlle Smith	114
Chapitre V. — Le Cycle martien	135
i. Origine et naissance du cycle martien	136
ii. Développement ultérieur du cycle martien	146
iii. Les Personnages du Roman martien	164
Esenale	167
Astané	172
Pouzé. Ramié. Personnages divers	182
iv. Sur l'auteur du roman martien	184

	Pages
Chapitre VI. — Le Cycle martien (suite) : la Langue martienne	190
I. Automatismes verbaux martiens	192
II. Les textes martiens	202
III. Remarques sur la langue martienne	223
1. *Phonétique et Ecriture martiennes*	227
2. *Formes grammaticales*	232
3. *Construction et Syntaxe*	234
4. *Vocabulaire*	235
5. *Style*	239
IV. Mlle Smith et l'inventeur du martien	241
Chapitre VII. — Le Cycle martien (fin) : l'Ultramartien	245
Chapitre VIII. — Le Cycle hindou	257
I. Apparition et développement du cycle oriental	260
II. Sivrouka et M. de Marlès	275
III. Les éléments arabes du cycle oriental	286
IV. Du langage hindou de Mlle Smith	292
V. Sur les origines du rêve hindou	318
Chapitre IX. — Le Cycle royal	323
Chapitre X. — Apparences supranormales	340
I. De l'étude du supranormal	341
II. Phénomènes physiques	352
1. *Apports*	352
2. *Mouvements d'objets sans contact*	354
III. Télépathie	363
IV. Lucidité	372
1. *Consultations médicales*	374
2. *Objets retrouvés*	376
3. *Rétrocognitions*	380
V. Incarnations et messages spirites	387
1. *Cas de Mlle Vignier*	397
2. *Cas de Jean le carrier*	400
3. *Cas de Mme Flournoy*	402
4. *Cas divers*	404
5. *Cas du syndic Ch. umontet et du curé Burnier*	406
Chapitre XI. — Conclusion	412

www.ingramcontent.com/pod-product-compliance
Lightning Source LLC
Chambersburg PA
CBHW050907230426
43666CB00010B/2066